语言服务书系·华文教育研究

华文教育研究

（第3集）

Overseas Chinese Education

主 编 曾毅平
副主编 杨万兵 匡小荣

暨南大学出版社
JINAN UNIVERSITY PRESS
中国·广州

图书在版编目（CIP）数据

华文教育研究．第3集／曾毅平主编；杨万兵，匡小荣副主编．— 广州：暨南大学出版社，2021.9
（语言服务书系．华文教育研究）
ISBN 978－7－5668－3037－1

Ⅰ.①华…　Ⅱ.①曾…②杨…③匡…　Ⅲ.①华文教育—文集　Ⅳ.①G749－53

中国版本图书馆CIP数据核字（2020）第216956号

华文教育研究（第3集）
HUAWEN JIAOYU YANJIU（DISANJI）
主　编：曾毅平　副主编：杨万兵　匡小荣

....

出 版 人：张晋升
策划编辑：杜小陆
责任编辑：朱良红　陈俞潼
责任校对：张学颖　孙劭贤　陈皓琳
责任印制：周一丹　郑玉婷

出版发行：暨南大学出版社（510630）
电　　话：总编室（8620）85221601
营销部（8620）85225284　85228291　85228292　85226712
传　　真：（8620）85221583（办公室）　85223774（营销部）
网　　址：http://www.jnupress.com
排　　版：广州良弓广告有限公司
印　　刷：佛山市浩文彩色印刷有限公司
开　　本：787mm×960mm　1/16
印　　张：22.25
字　　数：476千
版　　次：2021年9月第1版
印　　次：2021年9月第1次
定　　价：89.80元

目　录

课程与教材研究

教学法研究

教学测试研究

『一带一路』倡议与华文教育

“一带一路”倡议背景下的汉语国际传播

苏延烨
（广东财经大学华商学院）

引言

语言作为人类重要的交际工具，它能表述历史，承载文化，记忆一个民族的兴衰过往，是生活中不可或缺的，也是社会发展的重要条件。在日趋加快的国际化融合的背景下，语言传播能更好地发挥自身作用，为不同种族的人们带来新的文化思潮，其中汉语言传播成为主要语言传播之一。随着世界各地的人们对中国文化越来越关注与喜爱，孔孟之道和唐诗宋词等国学知识的推广传播，吸引着更多国际友人的加入。“一带一路”倡议的实施，给汉语言国际化传播带来了良好机遇，我们要把握这一历史机遇，将我国优秀文化更深更远地传播到世界各地。

1 “一带一路”推动汉语言传播

“一带一路”是我国最先提出以带动沿线国家合作共赢的发展倡议，对所经区域的经济发展和文化交流都带来了巨大的影响，其中语言文化交汇是重要环节。而我国在汉语国际需求增长的背景下，有责任有义务将汉语言文化进行更广泛的发扬传播。但是传播地域不平衡且差异较大，发达国家比经济欠发达国家更看重汉语的学习推广。对此我国有望通过“一带一路”倡议改变这一现状，使汉语的传播分布更均匀。再有，以往汉语传播受到很大局限，纵观历史，汉语文化多受经济贸易往来带动才在周边小范围内传播，达不到全球性的推广传播。而借助“一带一路”倡议可以更广泛地推广中国文化。另外，“一带一路”倡议能让汉语传播方式途径增多，从简单的单向交流变成国家之间、地区之间的传播交流。这让汉语传播体系更加多元立体化。最后，人们主动学习汉语的积极性被提高，“一带一路”加强了地区经济往来，也改变了人才战略。更多企业用工时青睐会汉语的人才，因此多语种人才将更有发展前景。这也激发社会上各层次的人们主动学习汉语，将汉语作为谋生活的一技之长，以便在大好发展趋势下不被时代淘汰。

2 “一带一路”带来汉语国际传播新挑战

第一是对国际通用语英语的冲击。世界发展历史中，西方殖民者将殖民地扩张到世界各个角落，并带去他们的文化和语言，以便于统治管辖。就像印度，过去一度是英国殖民地，虽然有自己的母语，但是至今在官方交际和学生教育中仍然使用英语，显然英语的影响根深蒂固。我国提出“一带一路”共赢发展倡议受到各国欢迎，但在开展实施中存在很多问题，语言交流就是最重要的一种。这将是汉语传播对英语的一次挑战，亦将打破长久以来由英语统占的局面。第二是对沿路国家民族语言的冲击。根据相关资料，全球范围内的追本溯源活动较以往更频繁。世界和平趋势加快，加之更多的人意识到保留本民族文化的重要性，会有意排斥外来文化，而语言是一个民族团结的标志和重要组成部分，故此势将扩大下去。因此，这对“一带一路”助推汉语传播有一定的阻碍。第三是汉语学习的难度挑战。我国拥有五千多年的辉煌历史，汉语是文化的精华，它的应用经过历史更迭不断被修缮优化，我们本民族的人在学习汉语时都有一定困难，因为用法多、字数多、一字多义是其最大特征，何况外民族的人学习。英语成为国际通用语的原因之一，就是在各大语系里它的使用和学习相对简单。汉语言体系丰富、复杂，学习起来不管是运用还是表达都有一定难度，而且沿路国家在师资配备、教学方法使用上都有一定缺陷，所以汉语言学习实践普及需要沿路国家政府层面的支持。第四是对“一带一路”认知的不同。尽管这一倡议是实现沿路国家共同繁荣、合作共赢的良好机遇，但也不排除有一些国家由于条件限制或是理解不同而不赞同倡议。为此“一带一路”发展会受到客观因素制约，而汉语传播亦是如此。除以上因素外，贸易垄断、贸易摩擦、地区不稳定等客观因素都将给汉语国际传播带来挑战。

3 加强汉语国际传播的力度

此次汉语国际传播是我国历史发展中最大规模的，它既不是日常的语言交流学习，也不是普通的对外汉语教育，而是国家行为政策的传播推广。因此更具号召力与感染力，但在传播时要规范实施以下涉及的范围。

3.1 站在国家立场创新汉语国际传播方式

全球各地区开设的孔子学院是汉语传播的基地，能深入传播应用型的汉语，并且传播效果十分显著。国家对此也十分鼓励支持，希望有更多类似的教学场所给更多的人提供学习平台。国家在应对汉语国际传播遇到的阻碍时应理性解决，要站在长远发展角度去考虑。因为汉语国际传播是全球重新认识中国的新时机，也是彰显大国风范的好时候。因此汉语国际传播方式必须站在国家立场去考虑，不能急于求成。

3.2 国家行为的支持是汉语国际传播的有效保障

在国家层面传播汉语，应具备正确的态度和坚定的信心，它的目标不仅是将汉语融入各地区的生活，也会涉及政治经济方面的切磋，为此国家政策的支持是最安全有效的保障。首要前提是明确本地区的语言应用的现状以及民族划分，这对汉语循序渐进地融入有一定的帮助。对此，在研究汉语传播方式方法时，要着重考虑社会因素，创设一个新的学术研究课题，对汉语国际传播进行科学系统的分析设计，结合不同区域的人文历史、社会状态，凝练出相应的传播方案，多元化传播，避免形式主义，实现汉语国际传播方式的科学合理。

3.3 拓宽汉语国际传播视角

在国家政策推广支持下的汉语国际传播，必须要拓宽传播视角，不能局限在固有模式中，要仔细分析研究对外汉语教育存在的问题和当地对外来文化的接受力。只有掌握了这些基本条件，我们才能在传播模式上不断拓展，按照本地区的发展规律制定匹配的传播战略。这就要求我们时刻观察区域经济政治变化，了解当地的文化习俗，通晓人际交流的主要方式，进而准确深入地将汉语传播开来。

3.4 着重钻研汉语国际传播的历史

探究汉语国际传播历史，无疑是文化的助推器。我国自古以来对外贸易频繁，在语言文化的传播中更是看重对外贸易。纵观历史，我国对外交流发展的脚步从没有停歇，就如古代丝绸之路、郑和下西洋，都带来了经贸与文化的交流。因此我们要借鉴历史，勇于创新，找到适合我国现状的汉语国际传播的发展战略。

从近代历史上各大国际院校到华交流学习的情况来看，他们都为推动汉语走向国际作出了伟大的贡献。像马可·波罗来中国学习了汉语并将其传播一样，很多有识之士都在为汉语言传播尽一份力。但是由于我国以往国际影响力低，对外教学模式在师资配备、教材、方法方面都有很大不足。学习汉语不应该只局限于书本和课堂，语言学习应加强交流对话才能使成绩突飞猛进。我国教育部门加紧对汉语传播模式的研究，经过多次研讨、翻阅历史资料以及与外国学者沟通交流，终于创建了中国特色的汉语观，即尊重本区域的历史文化，按其所需进行汉语传播学习，科学合理地制定传播战略，创造汉语传播的新维度。

4 结语

“一带一路”在能源开发、信息技术、交通建设、医疗项目等方面的投资与合作在沿路国家遍地开花，而汉语言传播作为重要环节将借助“一带一路”扩大对外传播能力。综上所述，“一带一路”倡议背景有力推动着汉语国际化的新走向，从而扩展其传播的深度与广度。作为国家形象的代表，我们深知传播汉语的重要性与必要性，这是实现合作共赢的基本条件，也是促进经贸往来的必要手段。因此，我们要不断提高汉语言研究力，努力把中国文化更好地呈现给世界各地。

参考文献

[1] 胡雪儿，李佳琪．“一带一路”背景下孔子学院建设探析：基于媒介传播力的视角［J］．新闻研究导刊，2017（7）．

[2] 王立军，邢源源，李翘楚．“一带一路”背景下东南亚汉语国际网站建设问题探析［J］．图书馆学研究，2017（6）．

[3] 钱伟，何山燕．中国高校在东南亚办学的新探索［J］．高教探索，2017（3）．

【作者简介】

苏延烨，广东财经大学华商学院讲师，主要研究方向为汉语国际教育。Email：799232213@ qq. com。

“一带一路”与巴基斯坦的语言教育政策[①]

李火秀
（江西理工大学巴基斯坦研究中心）

引言

巴基斯坦（全称为巴基斯坦伊斯兰共和国）位于南亚次大陆的西北部，1947 年 8 月 14 日巴基斯坦宣布独立。巴基斯坦是一个多民族多语言的国家，主要民族有旁遮普族、信德族、普什图族、俾路支族等。巴基斯坦的语言繁多，地方土语和方言多达几十种。主要用语有：孟加拉语、英语、旁遮普语、普什图语、信德语、乌尔都语、俾路支语。按照 1973 年的宪法规定，乌尔都语为巴基斯坦国语。在国内政治、文化生活等基本方面，乌尔都语占统治地位。[②] 各省有权使用本地语作为国语的补充。不过，英语的地位不容忽视，2015 年之前，官方文件、法律条文等基本使用英语，彰显巴基斯坦语言系统的丰富性与复杂性。

语言教育政策是一个国家语言政策的重要组成部分，也是教育政策的重要内容。巴基斯坦系“一带一路”沿线支点国家之一，对其语言教育政策的发展历程、基本特征、总体趋向、发展方略等加以研究，对深入了解巴基斯坦经济社会发展，加强中巴的互联互通具有不容忽视的重要作用。本文将巴基斯坦语言教育政策置于政治、经济、社会、文化等多种影响因素下加以分析，通过系统梳理巴基斯坦语言教育政策发展历史，指出各种语言教育政策在不同时期的相互博弈，展现巴基斯坦在服务国家战略、经济全球化外语教育、官方语言调整、语言规划等因素下的综合考量。

1　巴基斯坦语言教育政策的历史变迁

巴基斯坦建国后，语言问题引发较大争论乃至流血事件。不同历史时期的当政者都力图解决这一困扰。

1.1　建国伊始至 20 世纪 50 年代

巴基斯坦独立前，信德语和普什图语是被用作教学媒介的本土语言。1948 年，巴基斯坦国父穆罕默德·阿里·真纳支持乌尔都语作为国语，采取的举措是改变教学语

---

① 教育部国别和区域研究项目“巴基斯坦语言政策研究”，2017 年度江西省高校人文社科项目（JC1534）。

② 见云南省历史研究所编．巴基斯坦［M］．昆明：云南省历史研究所，1980：18－20.

言。此年，信德省有69所使用乌尔都语教学的学校，共有18 440名学生。1948年6月第一次教育顾问委员会会议召开，会上呼吁“小学阶段教学语言应该是母语”。第二次会议时，还组建了研究乌尔都语的委员会，并就大学采用乌尔都语取代英语的问题进行了探讨。1954年，使用乌尔都语教学的学校有187所，使用信德语教学的学校有76所。不过，与殖民统治时期一样，这一时期英语仍然占主导地位。

1.2　20世纪50年代末至60年代

这一时期巴基斯坦的总统是穆罕默德·阿尤布·汗将军。他禁止本土语言的使用，赞同学校使用英语。在他创办的一些军事院校中，使用的交际语都是英语。1959年，国家教委宣布乌尔都语为普通学校6年级以上的教学语言。有些大学（如卡拉奇大学、旁遮普大学、信德大学）在学士课程考试中改用乌尔都语，乌尔都语成了所有中小学的必修课，高校入学考试也用乌尔都语。但是，这些举措并没有撼动英语的主导地位。1966年，信德族的种族和民族主义情绪日益增长，力图在信德大学使用信德语作为教学语言和考试语言。政府禁止大学采纳这一建议。由于莫哈吉斯·考米运动对乌尔都语的支持，信德语只能在农村学校使用。

1.3　20世纪60年代末至70年代

此时期由穆罕默德· 叶海亚· 汗执政，公开支持精英教育。乌尔都语团体提议：各级学校的教学语言全部改为孟加拉语（今孟加拉国）和乌尔都语（今巴基斯坦）。而其他各省则坚持用本地语言教学。1972年，佐勒菲卡尔·阿里·布托执政。当政者于1973年在《宪法》中承认乌尔都语为国语，《宪法》第251条这样规定：

（1）巴基斯坦的国语是乌尔都语，在15年之内应该安排乌尔都语用作官方语言和其他目的。

（2）根据（1），英语可以用作官方语言直至安排乌尔都语取而代之。

布托此举，对于奉行英语的精英群体来说无疑是一种挑战，而用“15年”之期为乌尔都语正名，对于坚守乌尔都语的中、下层阶级而言也不是什么值得欣喜的事。

1.4　20世纪70年代后期至80年代

1977年7月5日，穆罕默德·齐亚·哈克实施军法统治。齐亚· 哈克被称为“乌尔都语的保护人”。他最重要的措施是命令从1979年起，所有学校从一年级起都用乌尔都语授课。1978年，巴基斯坦政府颁布新的教育政策，明确规定巴基斯坦教育分3个阶段：小学和初中为初等教育；高中、中间学校为中等教育；专科学院和正规大学为高等教育。初等教育，根据教学大纲的要求，小学一般开设语言、数学、巴基斯坦知识、伊斯兰教、体育、艺术和卫生等课程；初中阶段再增加英语和职业课程。学校可以使用乌尔都语或者本省民族语言授课。实施初等教育的学校包括私立学校和公立学校。私立学校采用英语授课，很多教师都有到国外接受培训的经历。公立学校的教学用语多为乌尔都语。[①] 1983年10月11日，齐亚·哈克宣布不可能完全放弃英语。10月28日《巴基斯坦时报》报道称：联邦教育部已经决定全国中学的自然科目课程除了用乌尔都语或各省地方语言以外，还可以继续使用英语。

1.5 20世纪80年代末至90年代

1988年11月至1990年8月，贝·布托任总理，她对英语作为教学语言给予明确的支持。1989年教育部召开高层会议，目的是讨论废除或缩小精英教育和大众教育的差距问题。在教育部5月2日发表的声明中写道：从一年级开始，所有课程都可以选择英语作为教学语言。如果教学语言是乌尔都语或各省地方语言的学校，从一年级开始还必须另外开设英语课。[②]

1.6 2000年至今

2000年以来，乌尔都语在全国广泛应用，但由于英国在印巴100多年的殖民统治，英语在大中城市相当普及。[③] 因此，英语始终保持着任何语言都不能取代的地位。此外，伴随"汉语热"的兴起，巴基斯坦掀起学习汉语的热潮。[④] 汉语作为巴基斯坦的重要外语被纳入国民教育体系之中。巴基斯坦总统扎尔达里2010年访华期间，提出在信德省中小学开设汉语课程计划。2011年9月，信德省政府宣布从2013年起在全省所有学校和教育机构6年级以上学生中设立汉语必修课，以推广汉语教育。2012年9月5日，巴基斯坦首个中文必修课在信德省海军附属学校正式开课。校方把汉语课程开设在低年级，保证每个年级一周有三节汉语课。2015年，巴基斯坦最高法院颁布命令：政府部门将乌尔都语定为国家官方语言，[⑤] 全面取代英语的地位。按计划，巴基斯坦联邦政府及4个省份要在3个月内完成"官方语言转换"工作。[⑥]

2 巴基斯坦语言教育政策的总体特征

通过梳理巴基斯坦语言教育政策的历史演变，我们可知其主要特征是：

第一，充分展现语言教育政策作为国家意志的一部分，不仅是多民族之间调节民族关系的有力手段，而且与执政者的执政理念、利益权衡等诸多因素的考量密切联系。语言教育政策在调节民族关系、维护社会稳定和国家统一中发挥着重要作用。从巴基斯坦语言政策的历史发展轨迹来看，早期的语言政策主要服务于殖民地宗主国的

---

① 参见牛健，等. 巴基斯坦阿拉玛·伊克巴尔开放大学研究［M］. 北京：中央广播电视大学出版社，2015：9－10.

② 参见官忠民，王锐俊. 巴基斯坦独立后的语言规划及纷争［J］. 东南亚纵横，2004（7）.

③ 于庆茂，张锡英. 乌尔都语还是英语？［J］. 世界知识，1988（12）.

④ 崔晓飞. 巴基斯坦国立现代语言大学中文系的汉语教学［J］. 云南师范大学学报（对外汉语教学与研究版），2007（2）.

⑤ 裴彤. 巴基斯坦掀"汉语热"，计划列汉语为必修课［J］. 海外华文教育动态，2013（6）.

⑥ 巴基斯坦将取消英语国语地位　定乌尔都语为官方语言［EB/OL］.（2015－09－10）. http://www.xinhuanet.com/world/2015－09/10/c_128215174.htm.

利益。摆脱了殖民统治之后，巴基斯坦语言政策更多反映了当权者在国家发展方向上的理念与利益诉求。国内语言立法、语言教育政策随着社会政治、经济、文化等方面的状况、发展需求和趋向经历了一系列的变化与改革。而巴基斯坦在各地学校所奉行的多种教学语言的冲突同样反映集团间或群体间的利益冲突。

第二，由于巴基斯坦的多语言社会背景，巴基斯坦官方语言政策在实施过程中充满问题和冲突，语言政策、举措的颁布、实施总是引来争议。事实上，“语言问题是引发社会冲突的重要变量之一，其中多民族国家在国语、官方语言的选择及推广上若处理不当极易引发族际冲突，对其和谐关系的构建产生不利影响”①。可以说，语言教育政策展露出统治阶层隐形权力的膨胀。如巴基斯坦独立后，当权者试图弱化英语的影响，大力推广乌尔都语，推行“乌尔都语为国语”，这一举措不仅使奉行英语的精英阶层极为不满，也招致其他民族和宗教群体的怨恨，如讲信德语的民族主义者、西北边疆省（the North West Frontier Province）民众，讲俾路支语的俾路支人（Baluchistan）和使用锡耐基语地区的民众。他们希望依照多种族原则将本地语言作为教学媒介，而巴基斯坦民族主义者和统治精英则对此加以拒绝，由此引发权力阶层与种族和民族主义者之间的斗争。20世纪五六十年代巴基斯坦因“国语”问题导致了严重的流血冲突即是突出的例子。② 事实上，独立国家根据本国国情选择一种或几种本土语言作为国语无可厚非。不过，对于国语、官方语言的选择，还是需要根据本国语言状况的实际，推行新的语言教育政策也不能操之过急，遑论以强制措施加以推行。

第三，外语使用的区域化，展现了巴基斯坦语言教育发展的不均衡性。巴基斯坦语言教育政策的颁发、实施，与巴基斯坦不同时期执政者的理念密切相关，其间政策几经变更，并且在推行国家语言教育政策过程中多有变数，存在着区域性的差别。巴基斯坦是多民族国家，各民族都有自己的语言、文化，共同的地域和经济生活。这也造成巴基斯坦国内语系繁杂，但乌尔都语的国语地位使其有别于其他语言。

不过，巴境内使用人数最多的语言却是旁遮普语。③ 尽管巴基斯坦当局采取立法和行政手段确定某一种或几种语言在国内诸民族语言中享有特殊地位，如乌尔都语确认为“国语”，英语仍长期被公认为“官方语言”，而其他地方方言却被当地学校认可为学校的教学语言。巴基斯坦至今仍然存在这一多语现象。乡村和中小城市的中小学，一般都用乌尔都语或地方语言教学；在多数大中城市，小学仍用乌尔都语教学，贵族中学一般用英语教学，普通学校用乌尔都语教学；在大中城市的贵族学校一般用英语作为教学语言，乌尔都语作为必修课程，在一些普通学校和宗教学校英语则是外国语。

---

① 何俊芳．国外多民族国家语言政策与民族关系［J］．中南民族大学学报（人文社会科学版），2011（4）．

② 蒙苏尔·穆萨．巴基斯坦的语言规划政治与一个新国家的诞生［M］//周庆生，中国社会科学民族研究所，等．国外语言政策与语言规划进程，北京：语文出版社．2001：103－105．

③ 满在江，谢妍，艾佳．巴基斯坦的语言与民族关系探析［J］．徐州师范大学学报（哲学社会科学版），2011（3）．

3 "一带一路"背景与巴基斯坦语言教育政策的展望

首先，需要构建尊重多元的语言教育政策发展方略。这里涉及母语教育与少数民族语言保护问题，也涉及国语、官方语言与各地方言的关系问题。当代的巴基斯坦语言政策仍然是国家发展战略的一部分。从政策层面来看，巴基斯坦主要对官方语言、国语和外语（主要是英语和汉语）在本国的教育进行了规划，这符合其国内语言环境的现实，同时也顺应了巴基斯坦在国际、国内层面的发展需求。在全球化世界中，"学校正迅速成为复杂的多语言环境。语言教育政策必须在全国通用语言读写技能的较高要求和几种非母语语言不断提高的水平之间找到新的平衡。语言教育政策不仅对于语言技能非常重要，而且对提高跨文化意识以及提高对'他者'的积极认同产生深远影响"①。可以说，不管是从外部环境、因素的推动，还是国内自身构建和谐民族关系的角度看，巴基斯坦在推广国语、官方语言的过程中，适应新形势的发展，坚持多语主义政策，培养公民多语言能力，应当是其主要的发展方向。

同时，需要重塑开放、国际化的外语教育政策。全球化的复杂性使我们认识到提高各种语言能力，以及扩展语言、文化和交流各个方面知识的重要性。关于外语教育，语言学专家王辉对英语在国际政治、国际组织和教育领域的广泛使用进行分析，认为英语无疑是目前世界上使用最广泛的语言，也是最重要的语言。② 这表明英语语言教育的普遍化与深入化，而国际化趋势势必使英语在日后的国际交流中占据举足轻重的地位。"英语作为一种多元文化语言的概念基于这样一个事实，即在亚洲及世界其他地方，英语注定是国内和（或）国际间交流不可或缺的语言。……作为一种多元文化语言，英语的传播引起或即将引起一些现实和潜在的不便；作为对这些问题的教学回应，通过语言意识教学来教授多样化管理，被当作跨文化素质/意识的一个不可或缺的组成部分。"③ 虽然英语对文化内部和国家内部意图来说有种离心倾向，但它对文化之间和国家间的融入交流却有一种向心力。

此外，值得注意的是，巴基斯坦国内近十年日渐兴起的"汉语热"已成为新的语言发展动向。伴随"一带一路"倡议深入推进，巴基斯坦语言教育政策也日益开放，应时而上。目前，汉语基本是他们的第二外语甚至是第三外语。笔者曾于2017年9月至12月，针对巴基斯坦人进行一次在线问卷调查，回收有效问卷58份。受访者构成：俾路支省1人（1.72%）、开伯尔—普什图省8人（13.79%）、旁遮普省27人（46.55%），其他22人（37.93%）。关于汉语重要性方面的答题，74.14%认为很重

---

① 布鲁诺·德拉·基耶萨，等. 全球化世界中的语言：为促进更好的文化理解而学习［M］. 陈家刚，等译. 上海：华东师范大学出版社，2016：513.

② 王辉. 全球化、英语传播与中国的语言规划研究［M］. 北京：社会科学文献出版社，2015：18.

③ 布鲁诺·德拉·基耶萨，等. 全球化世界中的语言：为促进更好的文化理解而学习［M］. 陈家刚，等译. 上海：华东师范大学出版社，2016：265.

要，25.86%认为“一般”，而认为“不重要”的为“0”。86.21%的人表示愿意持续不断地学习汉语，仅有1.72%表示愿意学习但不太确定是否一直持续学习。可见，伴随中国经济快速发展、中巴关系的稳固，巴基斯坦人把汉语学习作为个人事业开拓、促进经济和社会发展的可利用的资源。由于中巴之间越发亲密，越来越多的巴基斯坦人开始意识到学习汉语可以为他们未来的发展带来更多机遇。30年前，伊斯兰堡国立现代语言大学汉语课程招收到的学生寥寥无几。如今，报读这一课程的学生已达200多人。一些学生希望通过学习汉语到中国公司上班，或是到中国留学。更重要的是，一些巴基斯坦人认为，中国这个东北部邻国不会让他们觉得自己受排斥。①

4　巴基斯坦语言教育政策对中国语言政策的启示

中国与巴基斯坦在地缘、外交和语言文化等方面有着深厚的历史渊源，观察和阐析巴基斯坦的语言状况和语言教育政策，可以为当前中国的语言政策提供启示。

（1）重视国内的汉语教育，切实提高国人汉语水平，同时，重视海外汉语传播，使中国的汉语成为沟通世界的桥梁。巴基斯坦建国后，较为重视乌尔都语的普及和教育来培养国民统一的民族身份认同和国家意识，这值得我们借鉴。结合近年来我国的语言状况，国内语言教育中“英语热、汉语冷”的现象比较突出，中国面临的语言问题较为突出的是英语的冲击。为了促进国际交往和改革开放，中国外语教育中的第一外语是英语，而且在升学、就业、专业发展、职务晋升、出国等方面，英语水平都成为衡量指标。与之相对应的是近年来海外“汉语热”，汉语在海外的传播呈现飞跃式发展。“与在海外传播汉语及其文化的力度相比，国人学习汉语的热情相对较低。这一现象折射出的是母语教育和文化认同的问题。”② 实质上，“母语是民族的元素，是文化的符号，是一个国家的标志。认同母语就是认同民族、认同民族文化，加强母语教育就是增强民族文化的认同感，增强民族的自豪感”③。因而，我们在热衷学习英语的同时，应重视并提高国人汉语水平及其文化修养，并且在“一带一路”倡议深入推进的新形势下，大力发展沿线国家的对外汉语教学，这是经济发展、合作的需要，也是汉语国际化的必由之路。

（2）尊重多元语言与文化，保护少数民族语言资源。巴基斯坦的少数民族语言文化资源丰富，虽然在地方的语言教育中存在“不成文规定”，即允许地方学校运用方言从事教育教学。但是，少数民族语言长期以来未能得到巴基斯坦国家层面的重视和保护，这种类似割裂的现象值得我们警醒。中国是统一的多民族的社会主义国家，民族多，语言文字也多，这是中国国情的一个特点。中国的语言政策、语言规划就是从

---

① 裴彤．巴基斯坦掀“汉语热”，计划列汉语为必修课［J］．海外华文教育动态，2013（6）．

② 王辉．“一带一路”国家语言状况与语言政策：第二卷［M］．北京：社会科学文献出版社，2017：59．

③ 周玉忠，王辉．语言规划与语言政策：理论与国别研究［M］．北京：中国社会科学出版社，2004：67－68．

这样的国情出发的。中国有 56 个民族。其中汉族占人口总数的 91.95%（据 1990 年第四次全国人口普查资料），达 11.3 亿多。其余 55 个少数民族加起来占人口总数的 8.04%，一共有 9 000 多万。从语言在各种社会领域中的使用程度看，汉语毫无疑问是强势语言，不但使用人口最多，而且在行政、文化、教育、经济等各个领域中都被优先选用。根据中国社会科学院民族学与人类学研究所编写的大型国情专著《中国的语言》统计，中国境内的 129 种语言，目前正在使用的大概有 80 多种，而已经消亡的古代语言则不计其数。根据当前的情势，129 种语言中，有近 20% 的语言属于濒危语言，有几种少数民族语言，如满语、畲语、赫哲语等，基本失去交际的功能。因而，政府要更加重视各种语言的关系，实施更为“主体多样”的语言政策。[①] 其中主体性政策，是指《中华人民共和国宪法》（以下简称《宪法》）规定的“国家推广全国通用的普通话”；所谓多样性政策，是指《宪法》中规定的“各民族都有使用和发展自己的语言文字的自由”。这两条规定是中国语言政策的总原则。同时，政府应落实《国家通用语言文字法》规定的各民族都有使用和发展自己的语言文字的自由，落实对民族语言文字保护和发展的相关法律规定，“可以预见，在今后相当长的时期内，对待我国的语言政策要做到尊重语言文字的发展规律，注重主体性和多样性的辩证统一，在发挥国家通用语言文字主导作用的前提下，依法处理好少数民族语言文字、方言和繁体字以及外国语言文字的学习使用问题，使它们按照法律的要求各得其所、各展所长，科学保护各民族语言文字，从而切实保障社会语言生活的和谐健康”[②]。

（3）制定和实施多语种的外语教育政策，为“一带一路”倡议培养多元语言人才。巴基斯坦现行的国语和官方语言皆是乌尔都语，其重视外语教育，之前偏重英语，近年来持续不断地加大学习汉语的力度。种种迹象表明，巴基斯坦顺应国际形势，在语言管理上采取积极主动的态度。我国的外语教育主要以英语为主导，其他外语望尘莫及。目前“一带一路”倡议的深入推进，体现在语言教育上，便是急需多语种能力的复合型语言人才。粗略地统计，“一带一路”沿线 65 个国家大致包含 50 多种国家通用语和 200 多种民族语言。这些语言大多是非通用语种。目前我国面向非通用语种的语言资源匮乏，“语种资源储备明显不足，国内高校能开设的课程不超过 70 个语种，而且语言资源建设大都停留在语言教学阶段，在国别与区域研究等方面相对滞后，难以充分满足国家战略发展需要”[③]，“语言人才奇缺，语言服务滞后，远远不能满足‘一带一路’语言互通的需要”[④]。因此，“一带一路”语言资源建设应该覆盖沿线国家全部语种，除了以英语教育为主，另增加 1 ~2 门第二外语选修课程，如俄语、

① 周庆生．中国“主体多样”语言政策的发展［J］．新疆师范大学学报（哲学社会科学版），2013（2）．

② 周庆生．中国“主体多样”语言政策的发展［J］．新疆师范大学学报（哲学社会科学版），2013（2）．

③ 聂丹．“一带一路”亟需语言资源的互联互通［J］．人民论坛·学术前沿，2015（22）：66 –71．

④ 聂丹．“一带一路”亟需语言资源的互联互通［J］．人民论坛·学术前沿，2015（22）：66 –71．

德语、阿拉伯语、西班牙语等。并能够在高校设置相关语言专业，“为高校大学生（外语专业和非外语专业学生）提供学习多种外语（如阿拉伯语、波斯语、朝鲜语、西班牙语、德语、东南亚国家的语言等）的机会，为高等教育人才的出国深造、专业发展、职业规划提供选择余地，扩大发展空间，增加就业机会，扩大语言服务范围，提高语言服务质量，增加个人和国家经济效益”①，大力发挥“一带一路”语言铺路的作用。

当然，在第二外语教育政策中，我们应当明确一个基本的原则，即母语教育永远是根本，外语教育始终要为母语教育服务。在“一带一路”建设中，中国的外语教育政策必须围绕这一基本原则来规划、制定、实施和评估。总之，在维护母语教育主体地位的同时，积极构建和实施多语种的外语教育政策是全球化外语教育发展的趋势，这将有力地推动“一带一路”建设，有助于加速推进中国经济的繁荣发展。可以想见，伴随全球化步伐的加速，多种语言和多语交流将是未来可期的发展图景，而我们每一个人都需要以一种更为宽广的跨国界、跨文化意识积极融入并有所作为。

参考文献

[1] 牛健，等. 巴基斯坦阿拉玛·伊克巴尔开放大学研究 [M]. 北京：中央广播电视大学出版社，2015.

[2] 王辉. 全球化、英语传播与中国的语言规划研究 [M]. 北京：社会科学文献出版社，2015.

[3] 聂丹. “一带一路”亟需语言资源的互联互通 [J]. 人民论坛·学术前沿，2015 (22).

[4] 何俊芳. 国外多民族国家语言政策与民族关系 [J]. 中南民族大学学报（人文社会科学版），2011 (4).

[5] 成尚荣. 母语教育与民族文化认同 [J]. 教育研究，2007 (2).

[6] 崔晓飞. 巴基斯坦国立现代语言大学中文系的汉语教学 [J]. 云南师范大学学报（对外汉语教学与研究版），2007 (2).

[7] 周庆生. 中国“主体多样”语言政策的发展 [J]. 新疆师范大学学报（哲学社会科学版），2013 (2).

[8] 官忠民，王锐俊. 巴基斯坦独立后的语言规划及纷争 [J]. 东南亚纵横，2004.

[9] 于庆茂，张锡英. 乌尔都语还是英语？[J]. 世界知识，1988 (12).

[10] 周玉忠，王辉. 语言规划与语言政策：理论与国别研究 [J]. 北京：中国社会科学出版社，2004.

① 聂丹. “一带一路”亟需语言资源的互联互通 [J]. 人民论坛·学术前沿，2015 (22)：66－71.

［11］蒙苏尔·穆萨．巴基斯坦的语言规划政治与一个新国家的诞生［M］//周庆生，中国社会科学院民族研究所，等．国外语言政策与语言规划进程．北京：语文出版社，2001.

［12］满在江，谢妍，艾佳．巴基斯坦的语言与民族关系探析［J］．徐州师范大学学报（哲学社会科学版），2011（3）.

［13］布鲁诺·德拉·基耶萨，等．全球化世界中的语言：为促进更好的文化理解而学习［M］．陈家刚，等译．上海：华东师范大学出版社，2016.

【作者简介】

李火秀，博士，江西理工大学副教授。主要研究方向为华文教育、现代文学与文化。Email：lhxzj527@163.com。

“一带一路”背景下印尼汉语传播的策略研究

郝　雷
（中央民族大学国际教育学院）

引言

随着中国综合国力的不断攀升以及国际地位的不断提高，汉语国际传播配合国家“走出去”和提升“文化软实力”等的重要意义和价值越来越凸显。“一带一路”倡议的提出，不仅为中国和沿线国家的共同发展提供了前进的方向和宏伟的蓝图，更为汉语国际传播提供了良好的机遇和条件。

印度尼西亚作为最大的东盟国家，海上丝绸之路的重要节点，在“一带一路”建设中具有重要的地位和价值。但过去几十年，印尼对华语①的打压和限制，导致印尼汉语传播的长期中断。随着中国的快速发展，中印两国交往合作的日渐频繁，印尼汉语学习也逐渐升温。为了应对建设“一带一路”过程中印尼对汉语人才的大量需求，加快印尼的汉语传播进程，解决传播过程中出现的问题和困难，刻不容缓。

1　“一带一路”的内涵

习近平总书记在2013年9月访问哈萨克斯坦期间和同年10月访问印尼期间，先后提出了共同建设“丝绸之路经济带”和“21世纪海上丝绸之路”（简称“一带一路”）倡议。2015年3月28日在海南博鳌亚洲论坛上，中国国家发展改革委、外交部和商务部联合发布了《推动共建丝绸之路经济带和21世纪海上丝绸之路的愿景与行动》。该文件明确提出“一带一路”旨在促进经济要素有序自由流动、资源高效配置和市场深度融合，推动开展更大范围、更高水平、更深层次的区域合作，共同打造开放、包容、均衡、普惠的区域经济合作架构。

“一带一路”是中国为推动经济全球化深入发展而提出的国际区域经济合作新模式（刘卫东，2015）。其核心目标不仅是促进地区间、国家间各项资源、人才、技术、信息和经济要素等的有效配置、合理流通，加深多方市场的相互补充、深度融合，也是推动语言和文化的彼此交流、互学互鉴、多元发展，在更大范围内加速经济发展、加深政治互信、加强技术支持、加强文化理解、加强教育合作。“一带一路”与“经

① 本文中所提的“华语”“华文”与“汉语”的意思相同，不作区分。

济全球化”相比，具有更高的目标，更新的合作方式，更开放包容的心态，更丰富多元的思想。通过“政策沟通、道路联通、贸易畅通、货币流通、民心相通”共同打造人类的“利益共同体、命运共同体和责任共同体”。

2 印尼在“一带一路”建设中的重要地位

2.1 印尼地理位置十分重要

印尼地跨南北半球，是沟通印度洋和太平洋的重要通道。位于马来半岛与印尼苏门答腊岛之间的马六甲海峡，是与苏伊士运河和巴拿马运河齐名的重要国际贸易交通水道和港埠。每年约有5万艘船通过马六甲海峡，世界四分之一的海上贸易、四分之一的原油都要经过此地运输。随着中国经济的崛起，世界贸易量的激增，未来20年马六甲海峡恐将承担比现在多一倍的货运压力。

印尼疆域辽阔，东西长度在5 500千米以上，由17 508个岛屿组成，是除中国之外领土最广泛的亚洲国家。在世界各国领土、领海和专属经济区总面积的排序中，印尼排名第八（印尼国土面积为1 919 440平方千米，其陆地面积排名世界第十五位）①。重要的位置、辽阔的疆域都为“一带一路”的未来发展提供了更多机遇。

2.2 印尼人口庞大、文化多元

印尼不只面积辽阔，更是一个多民族、多文化、多宗教的人口大国。截至2017年11月，印尼人口为264 160 107人②，占世界人口总数约3.6%，仅次于中国、印度和美国，为世界人口第四大国。根据印尼政府2014年公布的数字，印尼有300多个民族，文化多样、语言丰富。其中爪哇族占人口总数的45%，巽他族占14%，马都拉族占7.5%，马来族占7.5%，华人约占人口总数的5%，超过1 000万人，是除中国外华人最多的国家。印尼是个几乎全民信教的国家，约87%的人信奉伊斯兰教，约6.1%的人信奉基督教新教，约3.6%信奉天主教，约1.7%信奉印度教，约1%信奉佛教、孔教和原始拜物教等。此外，印尼是世界上穆斯林人口最多的国家。庞大的人口、多元的民族宗教文化，都成了“一带一路”建设的发展基石和动力源泉。

2.3 印尼资源丰富

印尼拥有丰富的资源。由于地处热带，其国内无论是石油、矿产、森林、动物还是渔业资源等都极其可观。印尼的煤炭、石油、天然气、镍、锡、金刚石的储量在世界上占有重要地位。此外，铀、铁、铜、锌、铝土矿、锰等储量也很丰富。印尼是世界上生物资源最丰富的国家之一。据不完全统计，印尼有40 000多种植物，其中药用植物最为丰富。印尼的森林资源极为丰富，覆盖率为67.8%。印尼盛产各种名贵的热

---

① 维基百科．https：//en.wikipedia.org/wiki/Indonesia.

② 维基百科．https：//en.wikipedia.org/wiki/Indonesia.

带树种，如铁木、檀木、乌木和柚木等均驰名世界。印尼海域广阔，鱼类资源极为丰富，苏门答腊岛东岸的巴干西亚比亚是世界著名的大渔场。由于印尼与中国地理情况的差异较大，因此两国在资源和物产上有很多优势互补之处，使两国"一带一路"建设能够取长补短、相互补益、更快发展。

2.4 印尼的国际影响力日渐增强

2012 年印尼就已成为世界第十六大经济体，其国际影响力日渐攀升。2014 年 11 月，在缅甸内比都东亚峰会上，印尼总统佐科·维多多正式提出"全球海洋支点"战略，表示要把印尼建设成世界海洋强国和海上交通要道国家。这与我国海上丝绸之路在建设内容、实施区域方面契合，印尼作为最大的东盟国家、G20 和七十七国集团成员国，参与了亚太经合组织、亚洲发展银行，两国具有很大的合作空间。

除此以外，因印尼扼守太平洋和印度洋的重要位置，在世界大国相互博弈、相互制衡的过程中，印尼起到了重要的平衡和支撑作用。在"一带一路"建设中，作为海上丝绸之路的重要节点国家，无论是经济价值、文化价值还是战略意义，印尼对中国来说都十分重要。

由于印尼在"一带一路"建设中具有重要的价值和意义，加强与印尼在各个层面上的沟通与合作就是极其重要的。这其中"民心相通"既是合作的基础，又是合作得以顺利实施的保障，因此尤为重要。而民心相通有赖于语言相通。通过语言这座桥梁，才能彼此了解、传情达意。因此，语言的相互学习尤为重要。中国不仅要学习印尼的语言文化，更要做好在印尼的汉语传播工作，为"一带一路"的顺利建设做好铺垫。

3 印尼汉语传播的现状

印尼是世界上除中国外华人最多的国家，华语曾经是华人的母语。但经过长达 32 年的禁锢，华文遭到了严重的打压。1999 年印尼总统哈比比发布了批准复办华文教育的第 4 号总统令，为印尼华文教育的复兴提供了法律依据，印尼的华语地位才得以慢慢恢复，之后汉语在印尼的传播逐渐扩延到其他方面。

2002 年印尼国民教育部基础教育司把华文纳入中学文科的外语选修课程。但作为外语，每周校内学习时间仅为一学时。国立高中允许专门设立汉语专业，可以不受学习时间的限制。2004 年 1 月，"雅加达华文教育协调机构"正式成立，以推广华文教育为宗旨，联合印尼各省华文教育协调机构共同发展，协调本地区的各类华文教学工作，辅助印尼国民教育部完成华文教育各项任务等。（王孟依，2014）从 2004 年起，国家汉办每年向印尼派遣汉语教学志愿者，为印尼汉语教学事业作出了巨大的贡献。

为了迎合世界"汉语热"的发展趋势，为了加强印尼与中国在文化、教育领域方面的合作，提升印尼汉语教学的水平和质量，印尼教育部高教总司选出了 6 所大学建设孔子学院。2010 年 6 月 28 日，印尼国民教育部与孔子学院总部正式签署孔子学院合作协议。截至2017年12月31日，印尼共有6所孔子学院和2所孔子课堂。孔子学院的建立为印尼汉语传播起到了中介作用，成为极其重要的有生力量。

表1　印尼孔子学院汇总

孔子学院名称	中方合作院校	主办学校性质	揭牌时间	所在城市
阿拉扎大学孔子学院	福建师范大学	私立大学	2010-11-09	雅加达市
玛拉拿达基督教大学孔子学院	河北师范大学	私立大学	2011-02-09	西爪哇省万隆市
哈山努丁大学孔子学院	南昌大学	国立大学	2011-02-22	南苏拉威西省望加锡市
玛琅国立大学孔子学院	广西师范大学	国立大学	2011-03-14	东爪哇省玛琅市
泗水国立大学孔子学院	华中师范大学	国立大学	2011-05-19	东爪哇省泗水市
丹戎布拉大学孔子学院	广西民族大学	国立大学	2011-11-26	西加里曼丹省坤甸市

在汉语教学之外，印尼的大众传媒工具也是汉语传播的重要平台。华文解禁后，印尼第一份华文报纸《和平日报》于2000年2月创刊，此后其他华文媒体也逐渐发展壮大。除了官方的《印度尼西亚日报》，各地都相继出版了华文报刊，如《国际日报》《世界日报》《印度尼西亚商报》《千岛日报》《坤甸日报》等。这些华文报纸不仅报道最新的国际、国内大事要闻，各华人社团的动态情况，与华文教育相关的各项资讯，还刊登一些文学作品和学习汉语的心得体会，以及学习者的汉语习作。此外，印尼也有华语电视台美都电视台和ESA电视台。雅加达、泗水等几个大城市也都相继开办了华语电台或栏目。华人社团每逢中华传统节日，都会举办相应庆典和各种庆祝活动。华人社团、宗教团体等也会在社区内开展不定期的中华文化介绍等。

4　现阶段印尼汉语传播存在的问题

4.1　印尼政府支持不足，对汉语教学依然有所限制

印尼总统哈比比于1999年发布了批准复办华文教育的第4号总统令，为印尼华文教育的复兴提供了法律依据，成为印尼华文教育真正解冻的标志。（宗世海、刘文辉，2007）同年印尼文教部颁布第269号决定书——关于兴办实用汉语培训的决定书，允许民间开办华文补习班。（肖祥忠，2007）之后，印尼中小学相继开设了汉语选修课程，大学也开设了汉语专业。汉语教学在印尼似乎已经如火如荼、十分火爆了。但实际情况并非如此。在学生人数最多、影响范围最广的国立学校中，汉语往往只是作为外语选修课。按照印尼教育部门的有关规定，每周校内学习汉语时间仅为一

学时。而同样身为外语的英语课程，却每天都有一学时授课时间。虽然国立高中允许开设专门的汉语专业，但实际授课时间也无法与英语相提并论。众所周知，学习一门语言，时间的长短能够直接影响到学习效果。对于国立学校非汉语专业的学生而言，仅通过每周一节课的学习就想掌握汉语，是无论如何也不可能的。与此同时，印尼教育部门对于汉语周课时进行限制的做法和态度，也间接导致了学生对学习汉语的重视不足。虽然有些三语学校、国际学校十分重视汉语课程的设置，提供较为充足的课时安排，但这些学校毕竟数量较少，因此影响有限。许多汉语教师认为，"虽然印尼政府对汉语教育持开放式的态度，但是在支持汉语教育发展的语言政策上还是存在一定程度缺陷"（张萌，2013）。

4.2 汉语传播渠道较为单一，效果不明显

目前，印尼汉语传播的渠道有学校和补习班进行的汉语教学、华人社团的文化活动、华文媒体、互联网等，这其中仍以汉语教学为最主要的汉语传播途径。孔子学院在汉语传播上起到了举足轻重的作用，培养了大量的汉语专业毕业生，开设了汉语兴趣班，开办了当地汉语教师的培训班，为提升当地汉语教学水平作出了突出的贡献。但由于孔子学院数量有限，尽管其汉语传播的相关工作十分出色，其影响力仍然有限。

华文在印尼重新获得合法地位后，印尼各地的华人社团纷纷开始举办各种中华文化活动，出资兴办教育，恢复过去曾被封禁的华校，并兴办各华文媒体。但就目前印尼大众普遍的汉语水平来看，能够通读华文报刊、无障碍听懂汉语节目的往往是老年华人，数量占比小、影响范围窄。而大多数中青年华人和印尼本地人，则很少收听收看华语节目。说明华文媒体的汉语传播的力度有限。新兴的互联网教学具备方便、快捷、价格低廉等优势，是汉语传播的新渠道。但因其发展时间较短、尚不成熟，因此学生的"掉线率"极大，能够坚持学习的人很少。

4.3 师资不足、教学方法落后、本土教材缺乏

印尼华文教学恢复以后，各地各学校纷纷开设了汉语课。近几年，随着中国经济的高速发展，"一带一路"建设的不断深化，在带动大批学生开始学习汉语的同时，印尼在华文教师师资方面也暴露出不少问题。首先，教师严重缺乏，教师数量的增长远比不上选择学习汉语人数的增长。其次，目前的汉语教师年龄普遍偏大，性别比例严重失调。再次，教师队伍学历层次较低，专业水平不足，教育学、心理学理论欠缺。最后，教师待遇不高，难以吸引高水平汉语人才从教，中青年教师流失较严重。缺乏充足的教师储备、教师的教学水平有待提高，这给汉语在印尼的广泛传播带来极大的负面影响。

目前在印尼的国立学校中，从事汉语教学一线工作的仍是一些年龄较大的教师。他们的教学法普遍陈旧，主要体现在三个方面：一是教学理念陈旧；二是教育技术应用不足；三是课堂教学缺乏互动。（吴应辉，2016）难以适应新时代对汉语教学的要

求。虽然很多年轻教师或是从中国留学归来，或是参加过教师培训，掌握了一些较为先进的教学方法和理念。但在实际教学过程中，由于受教材所限、教学设备欠缺、教学时间不足、教学目标不明确等因素，采用老式教学法进行汉语教学的教师，仍大有人在。教学方法的老旧直接导致了学生学习兴趣不足、学习热情不高，从而难以达到理想的学习效果。

教材既是教学的依据和出发点，也是最终的落脚点。优秀的汉语教材在汉语教学中的作用不言自明。近年来根据印尼教育部调查数据显示：将近30%的学生认为当前的汉语教材相当不错；超过半数的学生则认为当前汉语教材只有一部分适合印尼人学习；而近14%的学生认为当前汉语教材根本不适应印尼的实际情况。既然汉语教学仍然是当前印尼汉语传播最主要的方式和渠道，那么，为学习者提供逻辑清晰、层次递进、难易适度、所学内容与印尼生活息息相关的教材就十分必要了。而就目前情况看，印尼的汉语教学普遍采用新加坡、马来西亚或中国编订的汉语教材，很少有印尼本地出版的优秀教材。而且，在汉语教材的使用上还凸显出一个很大的问题，就是频繁更换版本，这既不利于教师系统、连贯、稳定、高效地开展教学，也造成了资金和时间的重复浪费。

4.4 华人社会对内对外汉语传播力度不足

华人是中华文化在海外最主要的传承者和传播者。但由于印尼汉语学习中断了32年，导致印尼年轻一代华人对于汉语、汉文化早已比较陌生。尽管目前华人社会越来越重视本族语言和文化的重拾和传承，但由于中断已久、积重难返，而恢复的时日又尚短，且相应的措施不充足，因此效果并不理想。

由于华人是外来民族客居印尼，在异域环境中艰难生存发展，因此只有抱团取暖才能立稳脚跟。过去华人很少与当地人发生过多的接触和联系，华校招生方面也只招收华族子弟，很少吸纳外族学生。正因对外族采取语言和文化的封闭方式，且又彼此很少深入沟通交流。即便到了今天，华人社会和友族开始一定程度的文化交流，也往往局限于节庆日的民俗表演和庆典活动。汉语、汉文化的族外传播力度和深度仍有所欠缺。

5 “一带一路”下加快印尼汉语传播的策略和建议

中国与印尼“一带一路”建设的构想是加深两国资金、人才、技术、信息等的流通和共享。在经济、文化、教育、科技等领域取长补短、相互促进。而做好汉语、汉文化在印尼的传播工作，正是为两国互联互通打下坚实的基础，更是为彼此“民心相通”提供必要的保障。

5.1 加强两国“政策沟通”，促进印尼官方对汉语传播的支持力度

加快汉语国际传播要先理清哪些是首要问题，哪些是次要问题，而语言输入国的语言及其相关政策无疑是汉语在该国能否顺利传播的首要因素。在“一带一路”建设

中，中国与印尼在语言、文教政策上的协调和沟通，既是汉语在印尼传播的前提条件，也是传播工作得以顺利实施的基础支柱。而两国政策的协调沟通，则更多有赖于中国自身的发展壮大、繁荣富强，以及对外交往的平等互惠、互谅互让。

5.1.1 提高自身实力，创造汉语学习需求

国家硬实力是语言国际传播的决定性因素。（吴应辉，2011）大力发展中国自身政治、经济、军事、科技、文教等各方面的建设，持续提高自身综合实力。这不只是在提高中国的国际地位和国际影响力，同样也是汉语国际传播得以顺利实施的根本动力。在"一带一路"建设中，只有中国的不断发展和富强，才能为其他国家带来更多机遇和实惠，才会有更多国家愿意主动开放、制定政策，鼓励民众学习汉语、了解中华文化。

5.1.2 搞好两国关系，加强两国"政策沟通"

国家间外交关系决定语言国际传播的大方向，营造良好的外交关系是推动语言国际传播的有效途径。（吴应辉、何洪霞，2016）回顾汉语在印尼的传播历史不难发现，中印两国国家关系友好时期，汉语传播也十分顺畅。而两国交恶和断交时期，则是华语和华人遭受打压之时。面对"一带一路"的未来建设，促进中国与印尼发展并维护良好的外交关系，对汉语在印尼的传播起到了关键作用。在两国关系友好的前提下，两国应多在语言和文教政策上密切联系、平等协商、互谅互让、取长补短，为汉语传播事业奠定良好的政策基础，实现建设两国"利益共同体"的美好愿望。

5.1.3 解除汉语教学限制，加大对汉语教学的支持力度

印尼目前对中小学汉语教学的限制，极大压制了学生汉语学习的热情，也难以满足学生学习汉语的需求。国立学校大部分学生一周只能学习一课时的汉语，若想学得更多，势必要再参加补习班进行汉语学习。这样大大增加了时间成本和经济成本。对于广大印尼普通民众来说，这无疑是一笔不小的开支。通过两国的政策沟通、相互协商，希望印尼政府和相关部门切实了解印尼公民学习汉语的热情，预见普通学生学会汉语后所带来的实际便利，进而解除对汉语教学的限制，重视汉语教学的价值，从顶层制定相应政策，加强对汉语教学的支持力度。在资金、设备、师资等方面建立保障体系，设置完善的大纲和分级教学目标，给予更多地区、更多学校自主选择汉语课时数量、课程类型的自由，让更多学生有机会在国立学校内学好汉语，吸引更多生源，开设更多汉语课程，并因此创造更多的就业岗位。

5.2 拓宽汉语传播渠道，加强互联网汉语教学力度

目前印尼汉语传播最主要、最有效、影响最大的途径是汉语教学。除此以外，印尼虽然有华文报纸、华文电台、华文电视台，但由于受众范围多限于老年华人，影响力有限，传播效果并不十分明显。印尼汉语传播主要的目标群体是中青年和儿童。因此，应该了解、掌握这些人群的兴趣点、关注点和需求所在，按图索骥，按需而设，运用更现代化、更喜闻乐见、更方便快捷的方式进行汉语传播。

5.2.1 加强网络汉语教学

现如今网络早已深入社会生活的方方面面，汉语教学也不再只依赖课堂里面对面的知识传授。通过网络，学生获得的教学资源更丰富，课程类型更多元，选择空间更大，个性化更强，且没有时间和次数限制，因此加强汉语网络教学的意义非常重大。目前印尼本土汉语教学网站比较少，网络汉语教学发展不太成熟，而且，网络教学缺乏相应的激励机制和监督机制，学生很难坚持长期学习。为此，中国应与印尼联手协作，利用自身语言影响力、技术等方面的优势条件，和印尼一道开发汉语教学网站和手机 App，并在网站内设置相应奖惩机制和考评体系。如选择优秀的汉语教学网站或 App，与大学中文系合作，学校承认其网络课程的课时和考核结果，并给予相应学分。修满一定的学分并达标者，即可授予相应文凭。这样既广泛地传播了汉语，扩大了学校的生源，又让学习者低价高效、随时随地地进行自主学习并获得文凭，可谓一举数得。

5.2.2 加强中国影、视、歌等文艺作品的传播力度

汉语教学虽然是目前印尼汉语传播的主要力量，但就其传播速度和受众效果来看，远不及影、视、歌这些文艺作品。十几年前一首《老鼠爱大米》风靡了印尼大街小巷，许多友族为了学唱此歌而选择学习汉语。电影《新少林五祖》不仅在印尼热播，还带动了翻拍版的出现。汉语传播如果能借助这些喜闻乐见又润物无声的方式进行传播，那么传播效果不仅事半功倍，而且潜移默化。

国内不仅要提高影、视、歌这些文艺作品的质量和思想艺术性，还要针对印尼文化和学生特点，相应制作一些浅显易懂，既具中国特色又富时代气息的剧集、动画和节目，或者制作与教学配套的短剧、歌曲、动画、视频等。既吸引了更多人的关注，提高了学生的学习兴趣，又降低了学习的难度，还加强了汉语在印尼传播的效果和力度。

5.3 加强印尼汉语师资的培养，联合开发优质本土教材

汉语教师师资水平的高低直接影响汉语国际传播中汉语教学效果的好坏。因此，培养出合格的汉语教师就是印尼汉语传播最重要的任务之一。针对目前印尼汉语教师存在年龄普遍偏大、学历偏低、教学理念陈旧、教法研究不足、教育技术的应用欠缺等问题，应加大师资培养的力度，规范教师的各项建设。除此之外，开发高质量的本土教材，也是提高汉语教学质量，做好汉语国际传播的有效途径。

5.3.1 增加师资培养力度、规范教师队伍建设

印尼近些年的汉语师资很大程度上依赖中国汉办、侨办，以及各大学派遣的汉语教师，但这种“输血”方式无法保证汉语师资可持续的健康发展。只有加强印尼自身汉语师资的培养和建设，再结合中国高水平教师的尖端培养，才能为印尼汉语传播提供源源不断的优秀教师。

首先，加强师范类学生的培养力度。从课程设置、教学观摩、教学实习等方面进行长期训练，做好学业质量的评价工作，让汉语师范生在学习期间就反复进行高强

度、密集型的实操训练，并熟练运用各种教学技术和设备。其次，严格岗前选拔。挑选真正热爱汉语教学工作，愿意从事汉语传播事业，具有高尚品质又兼具良好教学素养的教师。再次，加强定期的岗中培训、轮训。可以与附近孔子学院合作进行教师培训，也可以参加“华文协调机构”或其他教育团体举办的岗中培训。中国可以促进更多国内的高校与印尼教育部门合作，邀请更多的印尼汉语教师假期来华培训，从教学理念、教学方法、教学技巧、教学技术等全方位对教师进行密集训练。

此外，培养更多具有高学历的“超本土”汉语教师，以实现印尼汉语传播高水平人才队伍的建设。“超本土”即“具有良好专业素养，高度本土化了的输入型汉语教师和以汉语为母语的优秀本土教师。他们兼有汉语母语教师和汉语非母语本土教师优势，但又消除了二者各自的劣势和不足，具有双语双文化特征”（吴应辉，2016）。最后，协助印尼教育部门做好印尼汉语教师的资格认证和评价考核工作，扩大本土汉语的培训范围，真正实现印尼汉语教师的本土化。

5.3.2 联合开发优质本土教材

两国在教材开发上可以发挥优势互补的特点，各展所长。在选择教材内容方面，既要符合适龄儿童的心理发展、认知发展、词汇能力发展，又要紧跟时代和社会前进的脚步，呈现中国当代的建设成就，并将“一带一路”构想的蓝图和阶段成果，选取难度适宜、层次递进、生动有趣又与印尼生活紧密联系的内容作为素材编进教材中。既增强了学生认识中国、认识印尼、认识世界的知识和能力，又使学生预见了学习汉语后的未来前景，从而更好地激发学生的学习热情和学习积极性。而在出版发行方面，要充分利用市场机制，引入汉语传播相关机构参与，（吴应辉、何洪霞，2016）增强市场运作能力，提高教材的认知度，拓展教材的推广范围，加速教材的普及程度。

5.4 适当增设孔子学院，合理布局、辐射周边

根据汉办网站的数据，截至2017年12月31日，亚洲共有孔子学院118所，而印尼却只有6所孔子学院。就数量上看，对比2.6亿的印尼人口和1 919 440平方千米的国土面积来说，6所孔子学院实在是屈指可数、难以顾及全局。而从辐射范围上看，爪哇岛的4所孔子学院分布在雅加达、万隆、泗水和玛琅。四座城市中雅加达与万隆、泗水与玛琅相距都在200公里内。而地处中爪哇印尼文化的发源地日惹，“一带一路”上的历史名城“三宝垄”，以及印尼第三大城市棉兰等地，却无孔子学院。

5.4.1 增设孔子学院、雪中送炭

为了凸显孔子学院在汉语国际传播中“桥头堡”的价值和作用，为了扩大汉语汉文化的影响力和知名度，为了加强孔子学院对当地汉语教学的支持力度，也为了切实体现汉语国际传播资源配置中的“发展中国家优先战略”（吴应辉，2015），国家汉办应考虑适当增加印尼孔子学院的数量，扩大印尼各地院校与国内高校合作共建的范围，将更多办学经费、师资力量、教学设备等教学资源给予真正需要孔子学院支持的

地方和学校，真正达到“雪中送炭”的效果。

5.4.2　合理布局、辐射周边

在印尼孔子学院增设的问题上，应充分考虑设置地区的经济情况、政治情况、人口密度、汉语教学情况、华人华社情况、当地种族宗教情况等因素。选取综合水平较好的地区进行设置。依托孔子学院开展当地教师培训、校际合作、地区合作，将孔子学院的资源向周边学校和社区辐射。同时，也要考虑到当地中小学和幼儿园的实际条件，为日后开设孔子课堂提前做好筹划和准备，合理布局、放眼长远。

5.5　加强华人内部的文化传承和外部的文化交往

印尼绝大多数华人已是印尼正式公民。华语曾是很多人的母语，有很多人是在华语和印尼语双语环境中成长起来的。因此在汉语传播过程中，印尼华人身份合法、双语精通，具有了解中华文化又熟悉印尼国情的得天独厚优势。

5.5.1　做好族内语言和文化传承

印尼华人往往按照祖籍地来源、姓氏宗亲关系、华校教育背景等因素形成不同的华人社团，同乡、同姓、同学间形成相互帮助、同气连枝的社群，而这些社群中的骨干力量恰是1965年前后封办华校时在读的华人。时至今日他们年事已高，目前他们最担心的，也是华人社团内普遍存在的危机，就是后继无人。由于之前印尼对华人和华语的长期限制，新生一代华人出现了华语断层的现象。因此，做好族内华人语言、文化的恢复和传承工作，是当务之急、刻不容缓的。

5.5.2　做好族间文化交流和帮扶工作

在做好华人内部中华文化新老交替的同时，重视与友族的文化交流互鉴，将中华文化的先进精髓传播给当地民众。如定期举办专门针对特定社团的文化活动或教学活动，从喜闻乐见的风俗习惯、养生饮食、中医知识等开始进行介绍，让友族人民更加了解中华文化，懂得中医养生并从中获益，进而对学习汉语产生兴趣和需求。与此同时，为孤寡老人、困难群众、失学儿童等提供力所能及的帮助。从社会舆论角度扩大华人、华语、中华文化的正面影响，不仅可以创造一定的汉语学习需求，提供更好的汉语传播效果，也为当地华人的生存发展提供了和谐的社会环境和人文基础。

6　余论

印尼作为“一带一路”上的明珠国家，重要性十分明显。在“一带一路”建设不断深化的今天，加强汉语在印尼的传播是中国与印尼“五通三同”的人文基础。反思印尼汉语传播的发展情况，虽有许多可喜之处，也仍存在许多亟待解决的问题。面对这些问题，中国和印尼应本着平等交流、发展共赢的宗旨，不断拓展思路进行探讨和改进，让汉语国际传播事业更好地服务“一带一路”建设，服务两国人民。随着两国合作空间的深化、合作领域的融合、合作项目的增多，印尼汉语传播一定会翻开新的一页。

参考文献

[1] 吴应辉. 国家硬实力是语言国际传播的决定性因素：联合国五种工作语言的国际化历程对汉语国际传播的启示 [J]. 汉语国际传播研究，2011 (1).

[2] 吴应辉. 汉语国际传播事业新常态特征及发展思考 [J]. 语言文字应用，2015 (4).

[3] 吴应辉. 东南亚华文教育发展问题的表象、本质、措施与机遇 [J]. 浙江师范大学学报 (社会科学版)，2016 (1).

[4] 吴应辉. 国际汉语师资需求的动态发展与国别差异 [J]. 教育研究，2016 (11).

[5] 吴应辉，何洪霞. 东南亚各国政策对汉语传播影响的历时国别比较研究 [J]. 语言文字应用，2016 (4).

[6] 王孟依. 印尼中小学汉语教学现状调查 [D]. 武汉：华中师范大学，2014.

[7] 肖祥忠. 印尼汉语教育的制约因素及对策探讨 [J]. 佳木斯大学社会科学学报，2007 (2).

[8] 张萌. 印度尼西亚汉语教育现状分析及发展趋势 [D]. 福州：福建师范大学，2013.

[9] 宗世海，刘文辉. 印尼华文教育政策的历史演变及其走向预测 [J] . 暨南大学华文学院学报，2007 (3).

[10] 刘卫东. “一带一路”战略的科学内涵与科学问题 [J] . 地理科学进展，2015 (5).

【作者简介】

郝雷，中央民族大学博士生，研究方向为汉语国际传播、汉语国际教学。Email：H3L3@163. com。

多元语言文化背景与华文教育

华裔、非华裔混合班两类学生的汉语需求差异与教学策略

李宏亮
（电子科技大学国际教育学院）

引言

在汉语国际教育领域，教学对象千差万别，其在母语文化背景、汉语基础、学习动机、学习需求、学习风格等方面存在较大差异。而教学活动诸方面如教学目标、教学内容、教学方法、教材编写等应以学生为中心，围绕学生的需求展开。同时，在教学实践中，常常出现华裔和非华裔学生混合编班的情况，两类教学对象的差异，给教学活动带来了很大的挑战。调查清楚两类学生的需求差异，有利于在开展教学活动时，做到因材施教，进行针对性教学。

为了获知华裔和非华裔的汉语需求差异，本文采用拓展个案分析方法，这是一种质性研究方法，可以深入透彻地了解两类群体的需求差异，并对现有的理论框架作出反思。

1 文献综述和研究的问题

既有的关于语言需求分析的研究文献，大体可划分为两类：需求分析理论研究和应用研究，前者主要由国外学者提出并发展。需求分析指通过内省、访谈、观察和问卷等手段对需求进行研究的技术和方法（陈冰冰，2009）。

1.1 国外理论研究

“外语需求分析”这一概念由 West M. 在20 世纪初首次明确提出（李佳，2014）。他在孟加拉国从事英语教学时，对孟加拉国人的英语学习需求进行了研究，目的是了解学习者在外语目标环境中用外语做什么和学习者怎样在学习期间以最佳的方式掌握外语，然而当时并没有引起足够的重视。需求分析在各个领域中都有着非常强大的应用，在第二语言教学这一领域的运用主要是从 19 世纪 70 年代开始的，需求分析的第一个模型是由 Richterich 在 1972 年提出的，当时是为了满足学习者在未来的语言使用环境中的沟通需求，也被称为目标情境分析（TSA）。Hutchinson 和 Waters（1987）将需求分为两个方面：目标需求和学习需求。目标需求是指学习者在目标情境下需要做什么，而学习需要意味着学习者为了学习需要做些什么，包括他们的知识、技能、策

略和学习情况的条件。Brindley（1989）将学习者的客观和主观需求分开研究，客观需求主要指学习者的生活目标、学习者的语言目标、个人资源以及语言使用模式、语言能力和语言障碍等。主观需求主要包括学习策略、交际策略和学习活动的选择以及学习速度、学习态度等。Dudley-Evans 和 St. John（1998）在前人的基础上加以创新，提出了最新的关于需求分析的理论，此理论的研究对象依旧是专门用途英语，其中包括学习者的专业信息、学习者的个人信息、学习者的语言掌握情况、学习者所缺乏的知识与技能、学习者的目的语交际信息、学习者的课程需求、学习者对课程运行环境的需求。

1.2　国内理论研究

国内也有学者进一步发展需求分析的理论模型。夏纪梅、孔宪（1999）提出要通过需求分析确保外语课程设计的科学性，认为需要按情况、学习目的、雇主或职业需要三类进行分析，并确立了以语言“交际功能”为原则的模型。束定芳（2004）在外语学习需求调查中，将需求分析分为社会需求分析和学生个人需求分析两大类。他以在上海市一所外国语学校开展的问卷调查为例，介绍了学生个人需求分析的内容和方法。在对外汉语领域，李宇明（2005）首次提出“外籍人士的汉语学习的需求，是对外汉语教学事业发展的基础，需要认真研究”。文章将汉语学习需求分为 6 个方面，并在此基础上归纳了 3 个层次的学习目标，即初始汉语、常态汉语和高深汉语。

1.3　国内应用研究

在我国，需求分析理论首先被应用于外语教学领域，这也是目前研究成果集中的领域。近十几年来，需求分析也被引入汉语作为第二语言教学研究领域，尤其是 2011 年之后相关研究逐渐增多。倪传斌（2006）总结归纳了外语教学的六大特性，并分析了在中国的外国留学生的汉语学习需求。陈芳和郭鹏（2008）从目标需求和学习需求两个角度，具体分析和阐述了商务汉语教学需求的内涵和基本框架。刘芳芳（2010）以来华长期进修的留学生为调查对象，对其在阅读课教材方面的需求进行了实证研究。此外，在专门用途汉语方面，成果主要集中在商务汉语需求，如张黎（2012）、刘乐宁（2012）、张婷燕（2012）等。张雨婷（2017）以山东大学来华医学院英语授课（MBBS）的留学生为例，调查了这类学生的汉语学习动机和需求，研究表明：学习者对汉语课程认同度低，技能需求极重口语，对考试认同度低，动机强度变化异常。最后他提出对 MBBS 留学生应开设情感目标与技能目标相结合的汉语课程。

1.4　华裔汉语需求

有关华裔留学生汉语学习风格、学习困难、文化认同、文化适应等的研究较多，但对其汉语需求的研究成果很薄弱，目前的研究仅有 3 篇：张玲娟（2012）调查了浙籍青少年华裔的暑期夏令营汉语需求，对调研结果的分析表明该群体汉语学习需求更多地受到社会性需求的影响；其所在国和祖籍地的文化，会造成学习者学习风格和对学习内容喜好的差异；汉语学习困难主要集中在汉字书写问题上；他们对综合实践课程的需求远远高于对知识性课程的需求；在教材内容的选择上，更倾向于趣味性强的内容。林德玲（2014）对上海部分高校的华裔留学生关于商务汉语需求进行分析，结果发现“满足父母要求，有利于将来工作和觉得自己是华人”等方面占比重最大，反映出他们学习汉语时有强烈的融入性倾向，这些方面与非华裔学生有着本质区别。学生出于出国留学和了解中国文化的目的而选择学习汉语的人数较少。闫丽（2014）调查了新疆籍少数民族华裔留学生汉语学习需求，发现其具有如下特点：①来华新疆籍华裔留学生工具动机、文化融入动机较强；②“说”是最需要掌握的汉语技能，也是难度最大的项目；③喜欢实地文化体验型的汉语学习活动；④希望了解中国各方面的文化知识，对传统艺术文化兴趣很高；⑤希望使用双语教材；⑥对会说维语、哈语的教师有亲切感，认同度较高。

1.5 华裔、非华裔对比研究

有关华裔非华裔学生的对比研究取得了一定的成果，这种差异比较包括学习动机、学习特点、语言要素学习情况等领域。陈奕容（2007），刘国芝、李清柳（2016）对比了华裔、非华裔留学生的学习动机差异，前者指出这种差异是多重的，不能简单以血统为划分标准。李海燕（2016）调查了华裔与非华裔留学生汉语叙述语篇连接手段差异；张娟娟（2016）对比了东南亚国家两类群体的汉字正字意识差异；张博慧（2017）经过调查分析得知泰北华裔与非华裔高中生的汉语语言环境、汉语使用状况、汉语学习经历、汉语学习动机都有所差异，因此两者所采用的学习策略的情况也有所差异。李国平（2017）调查了印尼坤甸华裔和非华裔学生汉字读写水平差异，发现前者汉字水平比后者高。

1.6 本文的研究价值

通过以上文献梳理可以发现，在语言学习领域，需求分析作为一种有效的研究方法，正被学界接受，用需求分析进行实证研究正蓬勃发展。在对外汉语领域，国内学者基于需求分析的方法，对众多层面、不同区域的学生展开了研究。有学者也调查了华裔留学生群体的汉语需求，但该领域的研究成果相当薄弱，需要加强研究。同时，学界对华裔和非华裔留学生的差异也进行了研究，但目前尚缺乏对两类群体的汉语需求对比分析。

前人的研究对本文有重要的借鉴意义，本文的研究将在前人的研究基础上，专门对比华裔和非华裔的汉语需求差异，并用现有的理论解释引起这种差异的原因，对这种差异进行反思，从而能更加深入地提出有效的教学对策。

2 研究方法

要调查留学生的需求差异，我们可以采用定量的问卷调查法，这也是目前的研究中普遍采用的研究方法，也有学者采用个案分析法。前者是一种定量方法，后者是质性的研究方法。两者各有优劣，前者的数据统计具有较大的说服力，但标准化的调查问卷难以深入发现存在的问题，个案分析法可以较为深入，但正如罗云、张雯闻（2018）所指出的，目前个案研究普遍存在的问题是仅仅由个例就推广为普遍存在的现象，逻辑上缺乏说服力。因此，我们运用拓展个案分析法（extended case analysis）来避免一般的个案法和调查问卷法容易导致的问题。所谓扩展个案研究，是在个案研究中作立足点的转移，研究专注的焦点不是个案现象描述，而是转向个案背后的宏观结构，将个案所置身的社会情境脉络当作经验考察的对象，从有关国家、经济、法律秩序等已有的一般性概念和法则开始，去理解那些微观处境如何被宏大的结构所形塑，其逻辑是说明一般性的社会力量如何形塑和产生特定环境中的结果（Michael Burawoy，1998）。在个案中概括，即研究不是要从个案中寻找普遍性，而是对个案中具有重要意义特征的解释与概括，这种解释与概括在与相关概念、理论的比较与对话中展开。

本论文运用拓展个案分析方法，在 Hutchinson 和 Waters 的需求分析模型基础上，本研究结合实际情况对该模型作了修改。笔者对所在学校的 3 名华裔留学生和 3 名非华裔留学生进行了深入访谈。这 6 名学生中的 5 位来自同一个班级，1 名华裔学生来自另一个班级，但他们所学课程均为中文授课。访谈的问题主要包括学生的背景、目前的汉语水平、来华学习的目的、对中国文化的认同和态度、汉语目标需求和汉语学习过程的需求等。访谈分为小组和个人两种形式共同进行，前后持续约 4 个小时。

3 访谈结果

3.1 非华裔学生

通过访谈，本文得出的结果如下：三名非华裔学生均来自柬埔寨，目前为大一新生，刚来中国 1 个多月，汉语水平均为 HSK4 级，专业均为工商管理。他们来中国学习的工具性动机较为强烈，他们提到因为中国经济发达，离柬埔寨近，毕业后有中国学位，掌握好汉语可以从事与中国贸易有关的工作，获得较好的收入。有 1 位同学提到对中国文化感兴趣，但是仔细追问，她的目的也是为了更好地掌握汉语语言文化，为以后的工作做好准备。毕业后会优先选择在中国工作或国内的中资企业，因此掌握好汉语很有必要。有 1 位同学提到会继续读博士，但是不希望做大学教师，因为在柬埔寨大学教师待遇不高，但是她不清楚在中国大学教师待遇如何。在课程安排上，他们认为目前每周 4 节的汉语课课时足够，因为还有专业课程学习。但是他们也提到，他们的汉字能力、汉语综合技能都远远不够，需要进一步提高，最好是能达到中国人那样的水平。当问到对目前的课程开设是否满意时，2 位同学表示满意，1 位同学提到希望开设 HSK 培训课程，并加一门商务汉语的课程，这样有利于以后的工作。

通过对三位非华裔学生的访谈得知，他们无论是来中国留学和学习汉语的动机，还是毕业后的工作地点和职业选择，以及汉语学习本身需求，都表现出高度的工具型需求，以职业发展和获得高工资收入为第一考虑因素。

3.2　华裔学生

3名华裔学生的基本情况如下：2名来自缅甸，祖籍为云南，1名是第3代华裔，1名是第4代华裔；1名来自澳大利亚，祖籍是广东，是第2代华裔。前两名均通过HSK6级考试，后1名在澳大利亚通过HSK4级考试，但是通过在中国一年半的学习，水平据自评已达到6级，3名学生的汉语听说能力均达到母语水平，非常熟练，但在汉字和阅读写作方面与中国学生有一定差距。3名学生的专业均为通信工程。

在来中国留学和学习汉语的动机方面，3名同学有较大差异。有1名缅甸学生表现出强烈的融入型动机，如希望和中国学生住在一起，交更多的中国朋友，不希望被当作外国人看待，毕业以后优先选择留在中国工作。当被问及家庭背景时，她提到她自小由中国奶奶养大，家人每年都要回云南祭祖，因此她对中国感情很深，认为自己的根在中国。另1名缅甸学生工具型动机大于融入型动机，她表示来中国留学是为了以后获得更好的工作，至于是和留学生还是中国学生住在一起无所谓，也不一定要刻意交中国朋友，一切看彼此的兴趣和缘分，毕业后不排斥留在中国工作，但是更愿意回到缅甸工作。在谈到家庭背景时，她提到她小时候由缅甸籍的保姆照看，没有回中国祭祖的行为，而且经常听到有关中国的负面评价。澳大利亚的华裔学生来华留学和学习汉语的融入型动机较大于工具型动机，但是和缅甸学生有较大的不同。她提到她来中国留学，一方面是“寻根之旅”，看看祖先曾经生活过的地方是什么样子，也想弄明白为什么她父母的观念（中国式的）和她以及澳大利亚主流社会有很大的不同；另一方面也是为了体验文化差异，在这方面中国和法国的文化都很吸引她。在未来的目标需求方面，3人均表示汉语很重要，以后工作中会用到汉语；1名缅甸籍学生倾向于优先选择在中国工作，另1名更倾向于回缅甸；澳大利亚籍的学生希望在中国获得一定的工作体验，然后回国工作。在汉语学习过程需求方面，3人均表示对中国开设课程不太满意；2名缅甸籍学生表示80%的内容在本国的华校课堂上学习过，澳籍学生表示在课堂上开设的课程没有亲自体验更有效果，因此她积极参加中国学生的社团，参加中国社区活动或去旅游体验。而由于她们的汉语水平较高，目前的汉语课程内容她们均已掌握，不能满足她们更高级的需求，因此都申请了免修。当问及对课程有何建议时，她们表示自己的汉语水平还有待提高，但不能通过课堂学习得到提高，她们认为可以通过自学提高，1名缅甸籍学生提到可以开设高级写作课以提高她的写作水平。

4　访谈结果讨论

4.1　需求对比

通过对6名留学生的深入访谈，可以发现他们总体上体现出较大的差异：第一，非华裔学生工具型需求远远大于华裔学生，前者来华留学的目的和学习汉语的动机都是为了以后更好的职业发展，而并非为了融入中国社会；华裔学生的工具型需求和融入型需求有较大的差异，没有明显的共同特征。第二，非华裔学生的目标需求和华裔学生也有较大不同。前者更乐意选择在中国工作，后者各有不同，1 名优先考虑，2 名更倾向于回所在国工作生活。不过在汉语使用上，6 名学生都表示汉语未来很有用，希望进一步提高自己的汉语水平。第三，在汉语学习过程需求方面，华裔和非华裔学生的差异明显。非华裔学生都准时参加课堂学习，对目前的课程设置较为满意，希望在听说读写和中国文化课程上，进一步提高汉语技能。1 名学生提出希望开设更多汉语课程。华裔学生都已经申请汉语课程免修，多希望自学。分析其根本原因，是由于华裔学生和非华裔学生的汉语基础不同，后者在入校前汉语已达到较高的水平，或者由于家庭内部说汉语，听说能力较好。在对中国文化的感情需求方面，两组学生的差异比较复杂。华裔学生中的 1 名有较为强烈的文化感情需求，希望得到中国社会的认可，1 名中等，1 名澳籍学生是为了体验文化差异、寻找自己和父母的思维差异原因所在，有寻根的因素，但不是最重要因素。通过访谈得知，3 名学生的差异与母国背景和家庭背景有很大关系。非华裔学生对中国文化没有感情需求，他们对中国文化的兴趣和体验，是为了以后得到更好的工作。

4.2 族群认同的解释和反思

考察了华裔和非华裔留学生的汉语需求差异之后，本文希望进一步探究引起两类群体较大差异的根本原因何在。华裔和非华裔以及华裔内部的需求差异表现在各个层面上，可以从其族群认同的理论框架进行分析。

族群的概念和民族、种族不同，族群是某一群体成员在与其他群体的接触下，在自识和他识的过程中形成的，它是一种边界式的主观心理归属感。此种主观心理归属感的边界，可以不是共同语言、共同地域、共同经济生活而主要是表现于共同文化上的共同心理素质，这种“自我认定的归属和被别人认定的归属”，是族群的最重要的区分特征。“认同”是指个人即行为的主体和个人以外的对象即客体，包括个人、团体、观念、理想及事物等之间，产生心理上、感情上的结合关系（崔贵强，1989）。“族群认同”与个体态度、价值观有密切关系，是个体在社会经验中形成的对自身属于某一群体的主观归属感，涉及个体对族群内部与外部的信念与看法，以及由此衍生出的行为后果（章石芳，2011）。

依据以上有关“族群认同”的理论基础，我们可以发现访谈的 6 名留学生尽管在汉语需求上表现出各类差异，但是决定这种差异的根本原因是对中华的族群认同不同导致的。非华裔的 3 名柬埔寨留学生工具型需求强烈，而融入型需求弱，是因为他们不是华裔族群，来中国学习不是为了“寻根”，学习汉语是为了职业发展。3 名华裔留学生都表现出一定的融入型需求，因为他们认为自己与中国人有一定的关系，在出生国家与当地人的族群归属不同，是当地的少数派。在目标需求方面，非华裔学生表面上看更乐意在中国工作，但他们的意图是为了获取高收入，并不是为了“成为中国人”；华裔学生目标需求复杂，同样与族群认同有关。那名选择在中国工作的缅甸学生，是因为内心认同中国文化，把中国当作自己的根。那名更倾向于回缅甸工作的学生，是因为听到有关中国的负面评价，家里没有回国祭祖的传统，不太认同中国。另一名澳大利亚籍的学生，愿意毕业后在中国工作两年，体验中国的工作环境，也是因为她从内心里对中国有正面评价，如强调中国发展速度快，生活丰富多彩。在学习过程本身需求方面，由于华裔同学的身份，她们的父母认为自己是华裔，要求孩子在本国要么从小去华校读书，要么在家庭内部用汉语交流，因此汉语水平较高。相比之下，非华裔学生在中小学阶段，并没有华族认同的概念，没有学习汉语的机会，所以汉语水平远不如前者。

至于为何华裔学生内部在汉语需求方面存在差异，本文通过访谈后，结合族群认同的概念分析后认为，学生的家庭情况是最大的决定性因素。深刻认同中国族群，愿意积极融入中国的那名缅甸籍学生，从小由中国血统的奶奶抚养成人，学说中国话。其奶奶对中国的正面言行和养育之恩，使他们对祖根地有好感，有憧憬。而从小没有由中国血统抚养的那名缅甸籍女生，在孩提时代没有亲密接触中国文化，成长过程中没有受到家庭内部积极的中国因素影响，因此对中国没有归属感。加上受当地媒体对中国的负面评价的影响，也加剧了她分离中国族群认同的倾向。因此，我们认为，族群认同是一个复杂的过程，其形成与家庭教育有密不可分的关系。

5 教学策略和小结

通过以上考察，我们发现华裔留学生和非华裔留学生需求差异较大。在混合型的班级中，要重视其客观差异，满足其不同需求。具体来说，可以针对华裔留学生单独开班，或者布置符合其汉语需求的学习任务，以自学加答疑的形式进行培养。同时，加大文化需求类活动的开展，如可以安排他们和中国学生居住在同一宿舍，定期去中国当地家庭体验生活、民俗节日，组织中国文化深度游等。如果要培养知华亲华的国际友人，不能仅仅重视来华后的留学生本人培养，要重视其家庭的重大作用，让孩子从小在家庭中培养起对中国的好感，甚至认同感。这方面可以由当地大使馆和孔子学院联合，定期组织华人华侨联欢活动，介绍中国的新面貌新情况，拉近海外华人和祖籍地的心理距离，让他们去积极正面地影响自己的孩子。

参考文献

［1］陈冰冰．国外需求分析研究述评［J］．外语与外语教学，2009（2）．

［2］陈芳，郭鹏．商务汉语教学需求分析的内涵和框架［J］．沈阳师范大学学报（社会科学版），2008（4）．

［3］陈奕容．多重动因结构：华裔留学生来华学习影响因素分析——兼与非华裔

留学生对比［D］. 厦门：厦门大学，2007.

［4］崔贵强. 新马华人国家认同的转向：1945—1959［M］. 厦门：厦门大学出版社，1989.

［5］李艳. 汉语作为第二语言学习需求研究述评［J］. 海外华文教育，2017（6）.

［6］李宇明. 语言学习需求与对外汉语教学［M］//李晓琪. 汉语教学学刊：第1辑. 北京：北京大学出版社，2005.

［7］梁焱. 新疆高校中亚留学生汉语学习需求调查研究：以新疆大学为例［J］. 新疆大学学报（哲学·人文社会科学版），2010（1）.

［8］刘乐宁. 商务汉语的教学与实践［M］//王惠玲，卢惠惠. 语言学理论与商务汉语教学研究. 上海：学林出版社，2009.

［9］罗云，张雯闻. 质化研究：超越小样本迈向更大研究意义之可能［J］. 全球教育展望，2018（6）.

［10］倪传斌. 汉语作为外语的需求分析［M］. 南京：河海大学出版社，2006.

［11］束定芳. 外语教学改革：问题与对策［M］. 上海：上海外语教育出版社，2004.

［12］夏纪梅，孔宪煇. 外语课程设计的科学性初探［J］. 外语界，1999（1）.

［13］闫丽. 新疆籍华裔留学生汉语学习需求调查分析［J］. 语言文化研究辑刊，2014（2）.

［14］张黎. 汉语在国际商务领域使用状况调查与分析［J］. 语言教学与研究，2012（1）.

［15］张玲娟. 浙籍华裔青少年的汉语学习需求研究：以2011杭州青少年活动中心唐龙华裔夏令营为例［D］. 杭州：浙江大学. 2012.

［16］章石芳. 族群文化认同视野下菲律宾华族移民母语教育发展及方略研究［D］. 福州：福建师范大学，2011.

［17］张雨婷. 来华医学留学生（英语授课）汉语学习动机与需求调查及应对思路：以山东大学医学院留学生为例［D］. 济南：山东大学，2017.

［18］庄颖. 缅甸、老挝、柬埔寨华裔留学生对中华文化了解和认同情况的调查与分析：以暨南大学华文学院华文教育系缅、老、柬籍华裔留学生为例［D］. 广州：暨南大学. 2012.

［19］李佳. 需求分析与转型时期的大学英语教学［J］. 新教育时代电子杂志（教师版），2014（13）.

［20］BRECHT R D & RIVERS W P. Language needs analysis at the societal level［M］//LONG M H. Second language needs analysis. Beijing：Foreign Language Teaching and Research Press，2011.

［21］ BURAWOY M. The extended case method ［J］. Sociological theory，1998，16（1）.

［22］ LONG M H. Second language needs analysis ［M］. Beijing：Foreign Language Teaching and Research Press，2011.

［23］ WEST R. Needs analysis in language teaching ［J］. Language teaching，1994（27）.

【作者简介】

李宏亮，电子科技大学副教授，主要研究方向为汉语国际教育。Email：86594705@qq.com。

多语环境华族儿童的华语特征
——以新加坡为例①

［新加坡］吴福焕[1]　赵春生[2]　郭秀芬[3]
（南洋理工大学华文教研中心）

引言

新加坡的多元种族和多元文化造就了其独特的语言环境。在新加坡建国和经济发展的需求下，这个语言环境（自20世纪70年代）就在语言政策的指导下产生了改变（Zhao & Liu，2010）。以华语为例，在建国初期，为了消除不同籍贯华人的语言隔阂，新加坡推广了"讲华语运动"，将华语作为不同籍贯华人的共同语言（也称"官方母语"）（Tan & Ng，2011）。同时，在国家发展的考量下，为了与西方接轨，新加坡在语言政策上把英语作为行政语言（吴元华，2004）。这样的两项调整最终让新加坡的语言环境产生了较大的变化，出现了语言不平衡发展的现象，形成了现在独有的多语环境。这个环境的独特性在于，占人口绝大多数的华族，于近20年来选择放弃以方言及华语作为家庭用语，而改用英语进行日常的沟通。

在这种语言环境中孕育出来的华语教育于21世纪的今天面临了许多挑战，其中之一便是华族儿童华语能力的日益式微。1999年后的两次华文教育检讨报告和最近一次的母语教育检讨报告都指出：母语使用的最后堡垒（即家庭）已被英语挤占（Zhao & Liu，2010）。在1999年的报告中，相关委员会以家庭语言环境的骤变为引子，指出当时的华语文教育已不切合学生对华语的掌握程度，因而必须简化教材便于学生学习（华文教育检讨委员会，1999）。而2004年的报告则以"华文难学"为基调，再次重申华语教育必须顾及学生的家庭语言背景与学习能力（华文课程与教学法检讨委员会，2004）。最近一次的2010年各族母语教育检讨报告中进一步提出了以生活功能为目标的母语教学指导方针（母语教育检讨委员会，2010）。这三次检讨的结果，意味着华语在应用上，从文化与知识的载体，逐步蜕变为一种日常生活的技能。在如此艰难的环境中，华语文教育应该何去何从是新加坡华语文教育工作者迫切关注的问题。

---

① 本研究是新加坡教育部资助的"新加坡小学华语口语语料库"项目的部分研究成果。在本项目的研究中，我们得到了教育部、小学老师、学生、家长和相关人士的大力支持，在此一并表示感谢。

1　文献回顾与理论基础

如前所述，新加坡的华语处于一种独特的双语环境，独特之处恰恰反映在华族子弟的家庭语言背景中。要较为真实地描述新加坡华族子弟入学前的语言能力就必须先界定新加坡华族子弟家庭语言背景的分布。传统上，新加坡的华族子弟被分为两类：来自讲华语家庭、来自讲英语家庭（华文教育检讨委员会，1999；华文教材与教学法检讨委员会，2004；吴英成，2010），而这种家庭语言背景儿童的华语能力也被假定为两种情况：来自讲华语家庭的儿童，其华语能力较强；来自讲英语家庭的儿童，其华语能力较弱。这样的二分法只抓住了华族子弟的两种极端典型，忽视了介于两者之间（且占绝大部分）的双语家庭。Zhao 等（2007）在对新加坡华族儿童家庭语言背景进行分类时，就主张将儿童的家庭语言背景划分为三类（即“华语家庭”“双语家庭”以及“英语家庭”）。这样的分类虽然顾及到了处于中间状态的双语家庭，但还只能局部地反映不同家庭语言背景的情况，难以完整体现双语家庭的实际复杂情况。较为合理表述新加坡华族子弟家庭语言背景的方式，应该是一个双语连续体（Bilingual Continuum）。Valdés（2001）在研究美国拉丁裔学生学习英语时就指出，理想（即双语完全平衡）的双语人并不多，更多双语人的两种语言并不是平行发展的，其两种语言的知识量也不是平衡的。Valdés 认为双语人实际处于一个连续体，图 1 概括了这一观点。

A	AbAbAbAbAbaBaBaBaBaBaB	B
Monolingual		Monolingual

图 1　Valdés 的双语连续体观点（Gass & Selinker，2008：29）

根据图 1，双语人的两种语言多半处于“一大一小”的状态（或 Ab 或 aB），即其中一种语言的知识量与运用能力通常大于另外一种语言，而这两种语言知识量的大小是相对的，且处于一种动态的变化状态。根据语言知识量与运用能力的相对大小，双语人实际形成一个连续体，其中一种语言的知识量与运用能力极端大的双语人无异于单语者（Monolingual），他们会处于连续体的一端（或 A 或 B），而双语趋向平衡的人会形成连续链，他们之间并没有很明显的疆界可以区分。

对双语持有连续体观点的还有著名双语教育学家 Nancy Hornberger。Hornberger（2004）的“双语能力连续集”（Continua of Biliteracy）就尝试综合了社会中各种影响双语能力的条件。Hornburger 将这个连续集分为三个子连续集，分别为：双语能力的环境、双语能力的个人因素以及双语能力的媒介。在这三个子连续集中，又各有三个连续体，分别涵盖九种影响双语能力的条件（见表 1）。

表 1　双语能力连续集（Hornberger，2004：7－25）

子连续集	连续体
双语能力的环境	微观—宏观、口头—书面、单语—双语
双语能力的个人因素	接收—产出、口语—书面语、第一—第二语言转移
双语能力的媒介	同时—前后接触、语言结构相似与否、文本的近似与否

借由上述连续集，Hornberger 明确提出，许多影响双语的条件或维度都是两极间的连续，无法断然分开，而这些连续体交叉纵横形成连续集，相互作用和影响双语社会中人们的语言发展和所需要的教育模式。有鉴于 Valdés 与 Hornberger 两位学者的连续体概念，Goh（2017）结合了两位学者的双语连续体的观点，提出了“语言能力与语言背景连续集”的分析框架。该框架假设新加坡华族子弟的华语能力与家庭语言背景为一个连续集，不同家庭语言背景的儿童的华语能力会因为接触华语的多寡而有所不同，随着家庭语言背景的不同，他们的词汇、语法和语用表现也会有所不同。以下是该连续集的图示：

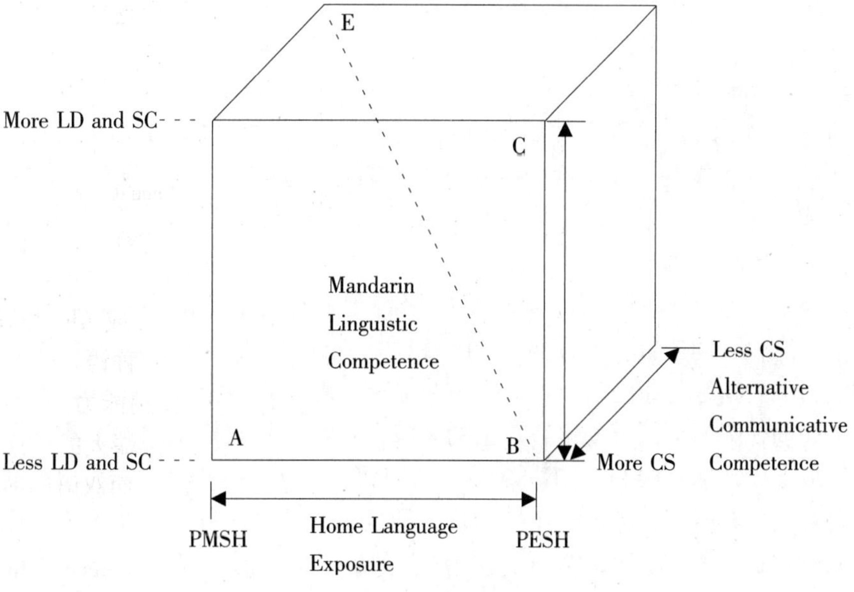

图 2　语言能力与语言背景连续集（Goh，2017）

如图 2 所示，“语言能力与语言背景连续集”由三个连续体组成，分别为“家庭语言背景连续体”“华语能力连续体”和“替代性语用能力连续体”。这三个连续体相互作用，形成以下三个假设：

（1）在日常交际中，来自讲华语家庭的儿童，其华语能力（体现为“词汇丰富度”与“语法复杂度”）要比来自讲英语家庭的孩子高，而讲双语家庭的孩子，其华语能力则介于讲华语家庭与讲英语家庭的儿童之间，进而形成连续体。

（2）在日常交际中，来自讲华语家庭的儿童，其替代性语用能力（体现为“语码转换程度”）要比来自讲英语家庭的孩子低，而讲双语家庭的儿童的替代性语用能力则介于讲华语家庭与讲英语家庭的儿童之间，进而形成连续体。

（3）综合家庭语言背景与语言能力，讲华语家庭的儿童有较丰富的词汇，能产出较复杂的语法结构，且不十分依赖于其替代式语用能力（即语码转换）；相比之下，讲英语家庭的儿童，其词汇较不丰富，能产出的语法结构也相对简单，且十分依赖于语码转换；讲双语家庭的儿童的词汇丰富度、语法复杂程度和语码转换程度则游走于讲华语家庭和讲英语家庭的儿童之间。基于这里所列举的三项指标，这些来自不同家庭语言背景的儿童实际构成一个复杂的连续体。这个连续体的轴心介于上图中的B到E，而实际上新加坡的华族儿童会因为上述三个条件的不同而游走和围绕于这个轴心。

在上述分析框架的指引下，Goh（2017）分析了80名新加坡不同家庭语言背景儿童（5～6岁）的对谈语料。他发现家庭语言背景与华语的词汇丰富度、句子长度和复句的产出数量有直接的关系，在家里接触华语较多的儿童，其词汇较丰富，其句子的语法也较复杂。在家里接触华语较少的儿童则需借助整句（甚至于整段）的英语话际语码转换，才能顺利完成表达。然而，无论来自华语或英语家庭的儿童，他们在表述较长的华语句子时都或多或少需要嵌入一些英语的单词，尤其是连词（如：then），以实现话语表达的连贯。基于这些研究，“语言能力与语言背景连续集”框架的假设得到了证实。除Goh以外，探讨过新加坡华族儿童家庭语言背景的还有Zhao等（2007）以及Puah与Tan（2015）。Zhao等（2007）在分析180名不同家庭语言背景儿童（5～6岁）的对谈录音后发现，家庭语言背景对儿童语言的影响主要体现在华语和英语词总数、词条数、句子数、句长和词汇丰富度等方面。然而，在众多指标中，词汇相关的指标与家庭背景的关系较为显著，句子相关指标与家庭语言背景的关系则较为薄弱，因为不同家庭语言背景的儿童在这些相关指标上的差距不算大。Puah与Tan（2015）则在分析11名不同家庭语言背景儿童（5～6岁）的对谈录音后发现，家庭语言背景对儿童语言的影响主要体现在词条数和句长两方面。他们还注意到，被试儿童的语言缺乏虚词类（如：连词、介词等），所以导致儿童无法产出较长和较合规范的句子。

基于上述几项研究，可知新加坡华族儿童的华语能力确实与家庭语言背景有关。然而，这些研究无独有偶地都将研究对象锁定在了5～6岁的学前儿童。家庭语言背景在这年龄段之后的作用是否依然强烈有待进一步的研究。根据这几项研究，他们共同发现家庭语言背景主要影响了词汇丰富度与句长，其他的指标在他们个别的研究中关系强弱不一。这似乎意味着新加坡华族双语儿童在语言上的复杂性。而要解决这一复杂的华语教育问题，就必须对不同年龄、不同家庭语言背景儿童的语言使用情况进行收集和分析。通过对这些语料的分析，我们才能较全面地了解这些儿童的需要，进而制定出适合他们的课程、教材和教学方法。因此，本文将通过实际语料的比较和分析，对以下 2 个问题进行探讨：

新加坡不同年龄段的小学生，在词汇和语法上的表现如何？

新加坡不同家庭语言背景的小学生，在词汇和语法上的表现如何？

在探讨上述两个问题的基础上，本文将尝试对课程的开发和教学提出建议，并重新审视“语言能力与语言背景连续集”这一分析框架对多语环境复杂性的适用性。

2 研究方法——数据来源

为了解新加坡儿童华语的情况，新加坡华文教研中心在新加坡教育部委托下，建设了“新加坡小学生日常华语口语语料库”，旨在找出不同年龄段、不同家庭语言背景学生所能基本具备的词汇与句型。这个语料库的建设分为 3 个阶段，一是语料采集，二是语料处理，三是语料分析。本文将重点介绍语料采集的部分以说明本文分析的内容基础。有关语料库的语料处理，可参考吴福焕等（2016）。

新加坡小学生日常华语口语语料库的建设首先设定了 3 种数据收集的方法，以求全面捕捉小学生的口语情况或能力。这 3 种数据收集方法包括一对一访谈、课堂实录和家庭对话。一对一访谈主要采取研究员诱导学生说话的方法来采集语料。这种方法能较为直接有效地取得大量的口语语料，然而它相对不自然，属于非自然的口语语料。课堂实录则是通过老师组织口语活动的方法让学生在活动中自发地产出口语语料。这种方法能提供相对自然的语料，因为课堂上的互动原本就是学生使用口语的一种情景。家庭对话则是在家长配合下录制学生于家庭活动中以华语交谈的做法。这种数据最自然，因为学生是在一种自己熟悉的氛围下，随需要产出华语的。表 2 是这 3 种数据收集方法所收集的数据量。

表 2　口语语料库取样对象的分布

数据收集方法	学校类型	小一	小三	小六	总数	小时
一对一访谈（人数）——诱导型语料	特选学校	60	60	60	180	90
	传统英校	60	60	60	180	90
	邻里学校	120	120	120	360	180
	合计	240	240	240	720	360

（续上表）

数据收集方法	学校类型	小一	小三	小六	总数	小时
课堂实录（班级数）——半自然语料	特选学校	4	4	4	12	12
	传统英校	4	4	4	12	12
	邻里学校	8	8	8	24	24
	合计	16	16	16	48	48
家庭对话（家庭数）——自然语料	特选学校	6	6	6	18	18
	传统英校	6	6	6	18	18
	邻里学校	12	12	12	36	36
	合计	24	24	24	72	72

如表2所示，该语料库预计收集720名学生的一对一访谈语料，然而因为学生缺席和录音设备故障，最终只收集到699名学生的一对一访谈语料。在课堂实录方面，该库收集到所预计的48堂课的语料，而在收集上数量最少且最珍贵的家庭对话也如预期，完成了72名学生和家人的生活对话语料收集。这里必须一提的是在进行语料收集前，课题组向学生发放了两份问卷，第一份是一个有关学生家庭语言使用情况的调查，这个调查将最终为每名学生计算出反映其家庭语言背景的“华文接触指数，CEI”［分别为：主讲华语家庭（CEI 指数介于1.0～0.51）、双语偏华家庭（CEI 指数介于0.5～0.0）、双语偏英家庭（CEI 指数介于0.0～－0.5）和主讲英语家庭（CEI 指数介于－0.51～－1.0）］。另一份问卷则主要调查学生们所喜爱的话题，调查的结果则用于设计一对一访谈中的诱导题目和课堂实录中进行的口语活动，这是为了让学生在最熟悉的话题里，最大限度地发挥自己的口语能力。

在完成语料的收集后，所有语料都被转写成文字（即逐字稿）并根据吴福焕等（2016）提到的语料库数据处理方式与建库方法进行建库。该语料库最终得词次1 285 096，词条8 371个。这八千余词条中，普通词汇（即汉语中有的词汇）7 358个，包括成语的语块164个，人名、地名专名等849个。这些词之外，课题组还发现了290个新加坡、马来西亚及中国港台地区才使用的特有词汇（也可视为未规范的词汇）。在句类与句型方面，全库共有299 394个句子。其中，绝大部分是陈述句，占全库句子数的90.46%；其次是疑问句，占全库句子数的6.91%；再者为感叹句和祈使句，分别占全库句子数的2.20%和0.41%。在单句方面，以动词谓语句、简略句和独词句较为常见，分别占句子总数的28.55%、22.80%和9.73%。至于复句方面，较常见的3种句型包括因果复句中的“因为……所以……”、承接复句中的“……然后……”和假设复句中的“如果……就……”，分别占全库句数的3.15%、0.97%及0.77%。

3 数据分析

在上述语料库的基础上，本文尝试整理了学生语料在年级与家庭背景上的词汇与句型情况。由于班级对话无法追踪到个别儿童，而家庭自然对话的话题无法等同看待，因此以下的数据描述和分析仅就699名学生一对一访谈的语料进行汇报。

表3 词类在年级的分布

词类	词条数	小一覆盖	小三覆盖	小六覆盖	词类	词条数	小一覆盖	小三覆盖	小六覆盖
形容词	726	30.44%	40.63%	63.36%	拟声词	49	30.61%	20.41%	24.49%
名词	3 384	31.53%	42.55%	63.56%	量词	135	50.37%	68.89%	79.26%
动词	2 062	35.45%	49.81%	74.39%	方位词	62	56.45%	75.81%	77.42%
处所词	47	40.43%	61.70%	68.09%	叹词	32	65.63%	59.38%	65.63%
时间词	109	44.95%	55.05%	72.48%	助词	21	66.67%	61.90%	85.71%
介词	39	46.15%	61.54%	74.36%	代词	94	71.28%	73.40%	87.23%
副词	268	47.76%	57.84%	76.12%	语气词	27	77.78%	74.07%	70.37%
连词	66	48.48%	59.09%	81.82%					

表3显示的是语料库中各年级学生在15类词中覆盖的词条数（type）比例。总体上，在多数词类中（比如形容词、名词、动词、处所词、时间词、介词、副词、连词、量词和代词），低年级的学生覆盖该类词条的比例比较低，而高年级的学生覆盖同类词的词条比较高，这些词类的覆盖率，在各年级中基本呈递增趋势。换言之，年龄越大的学生，他们覆盖的词汇也就越多，这点基本符合一般的语言发展规律。然而，值得注意的是，虽然这些词类的覆盖率符合语言发展规律，但在不少词类中，不少学生的覆盖率都无法过半，比如名词、动词和形容词。在这些词类中，小一和小三的学生仅能覆盖30%~49%。此外，上表也显示，小一学生覆盖较少的词类，包括处所词、时间词、介词、副词和连词。小三和小六的词类覆盖率虽然多数过半，但主要在学生所产词汇的70%左右。小六学生能覆盖80%以上的词类也不多，只有连词、助词和代词。这里值得注意的是拟声词，三个年级学生的覆盖率相当低，不超过25%。

表 4 句型在年级的分布

句型	总数	小一产出比例	小三产出比例	小六产出比例
单句	53 801	33.02%	30.76%	36.21%
复句	11 890	20.03%	30.56%	49.40%
兼语句	2 090	22.39%	32.82%	44.78%
连动句	54	12.96%	27.78%	59.26%
把字句	586	9.39%	30.72%	59.90%
被字句	311	9.00%	26.69%	64.31%

在句型方面，单句和复句在三个年级的产出比例略有不同（见表 4）。单句方面，三个年级学生产出的单句比例基本持平，都有约 30% 的产出。复句方面则明显出现了递增的情况，小一学生产出复句的比例最小（约 20%），小三学生产出的复句比例次之（约 30%），而小六学生产出的复句最多（将近 50%）。在特殊句式方面，兼语句、连动句、把字句、被字句在三个年级间体现了递增的情况。也就是说，小一学生产出这四种特殊句型的比例最低（介于 9% 到 22%），小三学生产出这四种特殊句型的比例居中（介于 26% 到 32%），小六学生产出这四种特殊句型的比例最高（介于 44% 到 64%）。表 4 的数据显示，三个年级的学生基本掌握了单句，而复句和其他特殊句型则明显随着年级的上升而上升。这也基本符合语言发展在年龄上的预期，即年龄小的语言使用者其语言趋于简单，而年龄大的语言使用者，随着年龄的增长和思想的成熟，其思维变得复杂，因此在语言表述上也会趋于复杂。

表 5 词类在家庭背景的分布

	词条数	英语家庭	双语偏英	双语偏华	华语家庭
家庭语言背景指数（CEI）		-1.0 ~ -0.51	-0.5 ~ 0	0 ~ 0.5	0.51 ~ 1.0
人数		98	256	173	9
名词	3 384	22.87%	49.02%	50.47%	12.85%
形容词	726	28.93%	46.14%	54.55%	15.01%
处所词	47	44.68%	72.34%	48.94%	19.15%
动词	2 062	30.65%	56.98%	61.45%	18.14%
量词	135	37.04%	69.63%	70.37%	25.93%
副词	268	37.69%	61.57%	69.03%	27.61%

（续上表）

	词条数	英语家庭	双语偏英	双语偏华	华语家庭
时间词	109	39.45%	66.06%	58.72%	22.02%
连词	66	43.94%	71.21%	72.73%	25.76%
介词	39	46.15%	66.67%	74.36%	43.59%
拟声词	49	10.20%	28.57%	28.57%	2.04%
方位词	62	50.00%	67.74%	66.13%	35.48%
助词	21	57.14%	76.19%	71.43%	42.86%
叹词	32	62.50%	68.75%	62.50%	25.00%
代词	94	65.96%	80.85%	80.85%	50.00%
语气词	27	66.67%	81.48%	70.37%	48.15%

在解读表5之前，这里必须声明一个情况，在根据家庭语言背景问卷区分儿童的家庭语言背景时出现了一种状况，就是来自华语家庭的儿童人数偏低，仅有9人，因此在统计他们的词条覆盖率的时候，这组儿童的覆盖率明显低了许多。由于这是基于语言产出的统计，统计的基数（base）相当关键。基于这组儿童太少，语言产出量可能无法体现华语家庭儿童的情况，在以下分析中，本文就不纳入讨论，而仅以英语家庭、双语偏英、双语偏华三组儿童的语言产出进行描述和解读。

表5显示的是语料库中不同家庭语言背景儿童在15类词中覆盖的词条数比例。总体上，有7类词（即名词、形容词、动词、量词、副词、连词、介词）呈现递增趋势，即家庭语言背景越偏向英文的儿童，其覆盖该类词条的比例就较低，而家庭语言背景偏向华语的儿童，其覆盖同类词的词条就比较高。还有6类词出现了类似抛物线的结果，即在处所词、时间词、方位词、助词、叹词、语气词方面，英语家庭的词条覆盖率较低，双语偏英家庭儿童的词条覆盖率最高，而双语偏华家庭儿童的覆盖率则略微比双语偏英家庭儿童低一些。另外，还有两种词类（代词、拟声词）的覆盖率则出现英语家庭儿童词条覆盖率较低，而双语偏英和双语偏华家庭儿童同样高的分布。从上述三种情况看来，英语家庭儿童词汇量偏低的情况相当明显，而双语家庭却出现了较为复杂的情况。双语偏英和双语偏华家庭儿童的词条覆盖率都偏高，有些词类双语偏英儿童覆盖率高一些，有些词类的覆盖率则大致相同。跟之前的年级分析一样，表5中的一些词类，英语家庭和双语偏英儿童的覆盖率无法过半，比如名词、形容词和处所词。在这些词类中，英语家庭和双语偏英家庭儿童仅能覆盖10%～49%。此外，表5也显示，英语家庭语言背景的学生覆盖较少的词类，包括动词、量词、副词、时间词、连词、介词，基本介于30%～46%。和之前的词类描述一样，这里值得

注意的是拟声词，因为三个家庭背景儿童的覆盖率相当低，不超过 30%。

表 6　句型在语言背景的分布

	总数	英语家庭	双语偏英	双语偏华	华语家庭
家庭语言背景指数（CEI）		-1.0 ~ -0.51	-0.5 ~ 0	0 ~ 0.5	0.51 ~ 1.0
人数		98	256	173	9
单句	53 801	17.32%	47.43%	33.29%	1.97%
复句	11 890	12.73%	46.85%	38.24%	2.17%
兼语句	2 090	11.34%	47.42%	39.28%	1.96%
连动句	54	11.11%	50.00%	35.19%	3.70%
把字句	586	9.39%	48.46%	38.40%	3.75%
被字句	311	9.00%	36.01%	52.09%	2.89%

根据表 6 可以看出，在句型方面，单句和复句在三组家庭语言背景中呈现抛物线的情况，来自英语家庭的儿童产出的单句和复句都偏低（分别仅有 17.32% 和 12.73%）。双语偏英的儿童产出的单句和复句最高，分别为 47.43% 和 46.85%。双语偏华的儿童产出的单句和复句比双语偏英的儿童略少，分别为 33.29% 和 38.24%。在四种特殊句型中，有三种句型呈现抛物线的情况，分别是兼语句、连动句和把字句。三种特殊句型中，英语家庭儿童的产出量最低，介于 9% 至 12% 之间；双语偏英的儿童的产出最高，介于 47% 至 50% 之间；双语偏华的儿童的产出比双语偏英的儿童略少，介于 35% 至 39% 之间。总的来说，上述数据显示英语家庭的儿童在单复句和四种特殊句型的产出上普遍较低，双语偏英的产出则较高。这里值得注意的是被字句的产出逐组递增，英语家庭儿童的产出最少，双语偏英儿童的产出次之，双语偏华儿童的产出则最高。

4　总结

综上所述，在词汇量方面，就年级而言，各年级的词类覆盖率呈现递增的趋势，基本符合年龄与语言发展的规律。然而，值得注意的是，到达小六阶段，许多受调查的学生多数词类的覆盖率仅有 60% ~70%。课程编写者可能需要核查学生未覆盖的词是否为必要学习的，从而纳入新教材。就家庭语言背景而言，英语家庭学生的词汇覆盖率仍然较低，教师可能要多关注英语背景的学生，拓展其词汇量。至于句型方面，不同年级的学生仍然呈现一种递进的趋势，而不同语言背景的学生也呈现类似情况。值得注意的是，英语家庭学生在把字句和被字句的使用上和小一的比例相当接近。老师也需要设法帮助英语家庭的学生学好把字句和被字句。由于本文仅就原始数据进行描述和分析，且每组人数的比例差异较大，可能会对结果有所影响。如果接下来能将每组的人数统一，再描述分析词汇和句型分布会更加有意义。

结合本文的上述发现与前人的研究，不难看出新加坡儿童的华语能力在其家庭语言背景的作用下明显存在差异，且若将背景接近的儿童放在一起，则可以看到他们语言能力上共同存在的特征。然而，正如之前所强调的，这样的分组是为了陈述需要而进行的方法，他们的实际情况往往比所陈述的还要复杂。Goh（2017）对这种复杂的关系进行了探究式的三维坐标图示（见图3）。

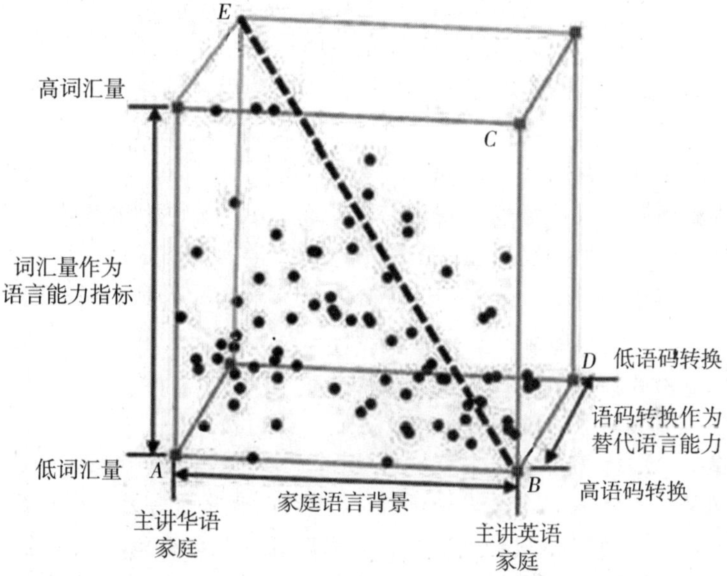

图3　家庭语言背景与语言能力三维坐标图（Goh，2017）

图3的BE虚线代表着家庭语言背景、词汇能力与语码转换三者之间应存在的关系，也可以看作是新加坡不同家庭语言儿童应该排列的预期位置。然而，当将实际指标标记在图上时（由数据点标示每名儿童在连续集的位置），Goh发现儿童其实散落在整个三维连续集的不同角落，部分儿童较为聚集，部分儿童则较为疏离。但总体上，多数儿童还是围绕在*BE*虚线的中轴周围。这个图示清楚展现了儿童家庭语言背景和语言能力的复杂关系。这种复杂关系并非杂乱无序的，在特定条件的组合区块中，一些儿童会展现某些特质或共性。这个复杂的情况可以借用Lansen Freeman的复杂系统理论进一步说明。Lansen Freeman（1997）指出一个人文现象可被视为科学中的复杂系统，因为它具备以下特征：

首先，这个现象是动态的（dynamic），其成员之间的关系是复杂的（complex），且这些关系是非线性的（nonlinear）。

其次，这个现象一定程度上是紊乱的（chaotic），难以预测（unpredictable），且对于现象的初始条件极为敏感（sensitive to initial conditions）。

再次，这个现象基本是开放的（open），其成员对反馈敏感（feedback sensitive），能自我调节/组织/演化（self-organizing），具有很高的适应能力（adaptive）。

最后，这个现象中的成员在受到某个特殊的引力者（strange attractors）的牵引时，会出现非比例式的巨大变化（如蝴蝶效应），而每个成员又具备整个现象的完整形态特征（fractal shape）。

Lansen Freeman 认为二语习得有很多面向、维度或层次，每个面向自身是一个系统，系统内有很多成员。成员本身关系复杂，而系统与系统之间也存在关联性，形成一个很复杂的、动态发展的体系。这个体系无法用两极化的分类来描述，必须从整体上去看待这些成员和各个系统，以及他们之间的关系。这里值得强调的是这些因素和系统之间的复杂性并非紊乱性（chaos），因为这些成员和系统并非无迹可寻，他们会在发展的过程中逐渐形成趋势或展现出共同点/特质。图3所示的儿童坐标也体现出家庭语言背景与语言能力的复杂性。在图中，那些坐标看似紊乱，但其实部分语言背景相近的儿童似聚集为一个个群体，这些群体之间未必看得到明显的壁垒，但大致的聚集表象仍依稀可见。这些聚集在一起的坐标一般存在一些共性，而这些共性若经适当提取，将能作为课程编写和教学的重要参考。

参考文献

[1] 丁永寿. 对外汉语教学参考 [M]. 北京：北京语言大学出版社，2010.

[2] 华文课程与教学法检讨委员会. 华文课程与教学法检讨委员会报告书 [R]. 新加坡：华文课程与教学法检讨委员会，2004.

[3] 华文教育检讨委员会. 新加坡华文教学与学习报告书 [R]. 新加坡：新加坡教育部，1999.

[4] 李宇明. 儿童语言的发展 [M]. 武汉：华中师范大学出版社，1995.

[5] 陆俭明. 新加坡华语语法的特点 [M] //周清海. 新加坡华语词汇与语法. 新加坡：玲子传媒私人有限公司，2002.

[6] 周清海. 新加坡华语词汇与语法 [M]. 新加坡：玲子传媒私人有限公司，2002.

[7] 母语教育检讨委员会. 乐学善用：新加坡母语教育检讨委员会报告书 [R]. 新加坡：新加坡教育部，2010.

[8] 史慧中. 中国儿童青少年语言发展与教育（一）：3—6岁儿童语言发展与教育 [M] //朱智贤. 中国儿童青少年心理发展与教育. 北京：中国卓越出版社公司，1990.

[9] 朱智贤．中国儿童青少年心理发展与教育［M］．北京：中国卓越出版公司，1990.

[10] 吴福焕，林进展，周红霞．新加坡教育专用语料库的建设与应用［J］．文化教学与研究，2016（3）．

[11] 吴英成．汉语国际传播：新加坡视角［M］．北京：商务印书馆，2010.

[12] 吴元华．华语文在新加坡的现状与前景［M］．新加坡：创意圈出版社，2004.

[13] 赵守辉，刘永兵．新加坡华社家庭用语的社会语言学分析［J］．社会科学战线，2008（8）.

[14] GASS S M & SELINKER L. Second language acquisition: an introductory course [M]. London: Routledge/Taylor and Francis Group, 2008.

[15] GENESEE F, PARADIS J & CRAGO M B. Dual language development and disorders: a handbook on bilingualism and second language learning [M]. Baltimore: Paul H Brookes Pub Co, 2004.

[16] GOH H H. Mandarin competence of Chinese-English bilingual preschoolers: a corpus-based analysis of Singaporean children's speech [M]. Singapore: Springer Singapore, 2017.

[17] HORNBERGER N H. The continua of biliteracy and the bilingual educator: educational linguistics in practice [J]. International journal of bilingual education and bilingualism, 7 (2/3), 2004.

[18] LIU Y and the Team. An investigation of Singaporean Chinese Children's oral linguistic competence in Mandarin: a corpus-driven study [R]. Singapore: CRPP, NIE, Nanyang Technological University, 2008.

[19] MALVERN D D, RICHARDS B J, CHIPERE N et al. Lexical diversity and language development: quantification and assessment [M]. Basingstoke: Palgrave, 2004.

[20] MUYSKEN P. Code-switching processes: alternation, insertion, congruent lexicalization [M] //PUTZ M. Language choices: conditions, constraints, and consequences. Amsterdam: John Benjamins Publishing Company, 1997.

[21] PUAH L D & TAN C L. Effect of home language on the Chinese lexical ability of 6-year-old Singaporean Children [J] . Taiwan journal of Chinese as a second language, 2015, 10 (1).

[22] POPLACK S. Sometimes I'll start a sentence in English y termino en Espanol [M] //LI W. The bilingualism reader. London, New York: Routledge, 2000.

[23] SOH K C. English-Chinese code-switching of primary school children in Singapore [R]. Singapore: Institute of Education, 1987.

［24］VALDÉS G. Learning and not learning English：Latino students in American schools［M］. New York：Teachers College Press，2001.

［25］YARUSS J S. Utterance length，syntactic complexity，and childhood stuttering［J］. Journal of speech，language，and hearing research，1999，42.

［26］ZHAO S & LIU Y. Chinese education in Singapore：Constraints of bilingual policy from the perspectives of status and prestige planning［J］. Language problems & language planning，2010，34（3）.

［27］ZHAO S，LIU Y & HONG H. Singaporean preschoolers' oral competence in Mandarin：a corpus study. Language policy，2007，6（1）.

【作者简介】

1. 吴福焕，南洋理工大学新加坡华文教研中心研究科学家，主要研究方向为华语文教育。Email：hockhuan. goh@ sccl. sg。

2. 赵春生，南洋理工大学新加坡华文教研中心，主要研究方向为华文教育。

3. 郭秀芬，南洋理工大学新加坡华文教研中心，主要研究方向为华文教育。

弟子规现象
——论华文教育的文化教学问题

[中国台湾] 任　弘
(华侨大学华文教育研究院)

引言：语言教学中的文化问题

母语环境下的语言教学通常是用“语文教学”这个词，学语言不仅要能听会说，写字阅读作文是一体的，学语言就是学文化。对于外语学习而言，听说重于读写，涉及的文化问题就不单纯，文化问题一直困扰着教学理论和教学方法的拟订。文化教学在语言学习中既重要又微妙，忽略文化的语言教学令人有隔靴搔痒之感，过于强调文化或有文化帝国主义之嫌。

西方研究第二语言教学的学者在 20 世纪 70 年代初，如 Campbell 和 Wales (1970)、Hymes (1972)、Savignon (1972)、Munby (1978) 等就曾先后对语言使用 (language use)、交际能力 (communicative competence) 提出见解与定义，建立了“交际语言教学理论”。① Seelye (1974) 提出学习一种语言不仅要掌握其语法、词汇等规则，同时还要了解语言所反映的文化信息。到了 90 年代，随着跨文化交际学理论在西方的接受与传播，人们更加注意到文化的学习是一个单独的认知体系，相关理论更臻成熟。许多学者提出的文化教学目标则是从文化出发，并试图建立文化学习的系统，从而使培养跨文化交际能力成为文化教学的总目标，这点如今已经成为第二语言教学界的共识。②

文化在对外汉语教学（汉语国际教育）中的重要性，中国大陆学界在 80 年代中期开始关注，90 年代“汉语热”发酵时受到重视，中国学者引用西方的理论，将文化分为交际文化和知识文化，前者指交际时能直接影响信息准确传递的语言和非语言文化因素，后者指不直接影响信息准确传递的语言和非语言文化因素（张占一，1990）。对外汉语教学界也曾进行过一场语言与文化、语言教学与文化教学关系问题

---

① 何所思．AP 中文“5C”教学目标与《国际汉语教学通用大纲》之比较［J］．今日南国（理论创新版），2009 (4).

② 如美国学者 SEELYE H N. Teaching culture: stratagies for intercultural communication［M］. Lincolnwood: National Textbook, 1974. 参见赵明．对外汉语文化教学的误区和目标［J］．云南师范大学学报（对外汉语教学与研究版），2013，11 (3).

的热烈争论。当时的主流意见是："语言教学为主，文化教学为辅。"对外汉语教学的性质是第二语言的教学，首要任务是学好汉语，不能把文化课的内容无限扩大，改变了语言教学的任务。[①] 后来美国和欧洲的外语教学界对文化在语言学习中应具有何种地位，相继制定出一些"学习标准"，基本上处理了这个问题，并成为中国汉办推展汉语国际教育参考的对象。至于华文教育中的文化问题，一向被视为理所当然，却没有深入的思考，以致一直未能在华文教育体系中建立起理论规范。近 15 年来，《弟子规》教学从东南亚华校扩散到全球的华教体系，为我们思考文化教学的内容和定位提供了一个重要的启示。

1 欧美外语教学对文化的规范

1990 年前后，国际"冷战"氛围消解，全球化成为主流，跨文化的交流频繁，影响层面甚广。许多国家的国民教育体系特别重视外语的学习，同时也很严肃地处理"跨文化"与"文化认知"等问题。美国和欧洲先后制定了一些学习标准，很认真地处理了文化在语言学习中的定位问题。

美国是移民大国，外语教育多元发展，理论与实践均属先进，美国外语教学委员会（American Council on the Teaching of Foreign Languages，简称 ACTFL）于 1999 年修订颁布的《21 世纪外语学习标准》（*Standards for Foreign Language Learning in the 21th Century*）[②]，特别强调外语教学与文化的关系，该标准揭橥的中心目标即为著名的"5C 标准"（5C's Standards）：Communication（沟通）、Cultures（文化）、Connections（贯连）、Comparisons（比较）、Communities（社区），即在语言交际、文化认知、外语与其他学科的联系、语言文化方面的比较以及社区等校内外环境运用语言 5 个方面来制定外语教育的培养目标。[③] 美国在 1996 年开始制定《21 世纪外语学习标准》时，就特别关注文化问题，当时提出"3P 文化"的概念，将文化分为三类：文化观念（perspectives，包括概念、态度、价值观、观念等）、文化习俗（practices，包括社会交往方式）与文化产物（products，包括书籍、食品、工具、法律、音乐、游戏等）。三者互相联系、互相影响。习俗和产物都与观念相关，并都体现出社会文化的观念形态。[④] 由于理论与实践兼顾，成为语言教学理论学者和第一线教学者均接受的典范。

---

① 参见刘珣《对外汉语教育学引论》"第四节 对外汉语教育的学科定位与争论"，北京语言大学出版社 2000 年出版。刘珣虽然也提到美国的 5C 标准，但理解的方向和本文不同。中国对外汉语学界对文化的讨论可参见亓华．中国对外汉语教学界文化研究 20 年述评［J］．北京师范大学学报（社会科学版），2003（6）．

② 这个标准的第一版是在 1996 年公布的。

③ 5C 的政策目标在 1996 年就已制定，但在 1999 年始有完整的论述。

④ 罗青松．美国《21 世纪外语学习标准》评析：兼谈《全美中小学中文学习目标》的作用与影响［J］．世界汉语教学，2006（1）；包延新．美国《21 世纪外语学习标准》研究［D］．上海：华东师范大学，2010；张涵颐．基于"3P 文化"的对外汉语文化教学模式的行动研究［D］．长春：东北师范大学，2015．

5C 标准颁布后，全美中小学中文教师协会（Chinese Language Association of Secondary-Elementary School，简称 CLASS）很快采纳了相关概念，据此颁布了《全美中小学中文学习目标大纲》（*Goals and Standards for K-12 Chinese Language Learning*）。[①]

2006 年美国大学理事会（The College Board）在中学开设 AP 汉语与文化课程（AP Chinese Language and Culture），让中学阶段的学生提前学习大学课程中的中国当代社会与历史文化，通过相关考试可获取相应学分。[②] AP 汉语与文化课程没有相应的文化教学项目，但《AP 汉语与文化课程概述（草案）》对文化的具体内容作了非常详细的说明："学生要学习当代中国社会的各个方面，包括时事、地理以及人口，民族以及地区差异，旅行以及交通，气候以及天气，节日以及食物，运动以及游戏等。他们也要探索中国社会关系领域，探究家庭成员之间、老年人之间以及青年同龄人之间的各种人际关系，并且把这些知识融会到他们的人际交往过程中。""AP 汉语与文化课程为学生介绍中国历史上的重大人物、重要文化产物以及重大主题，其中将涉及中国人在诸多领域的贡献，比如传统哲学思想、行政管理制度以及艺术门类（诸如书法、绘画、文学、音乐、民间艺术和文化）。"[③]

"5C"标准，高度重视学习者对所习得的语言的运用能力，并且提高了文化在语言学习中的地位和作用，将文化教学提升为语言教学的教学内容的一部分，要求教师能将目的语的文化观念、文化产物和文化习俗都融入常规的课堂教学内容。《全美中小学中文学习目标大纲》与 AP 汉语与文化课程，都是依据"5C"标准设计的，因此在理论与实践上建立了中文外语教学与文化的关系，对中国汉语国际教育的文化教学有很大的启发，但就华文教育的文化教学而言，仍有许多问题有待厘清。

欧洲方面，欧洲理事会（the Council of Europe）[④] 在 1990 年为了促进不同欧洲国家之间语言教师的相互合作而设立文化合作教育委员会。委员会最初为评介一个教师是否具有相应的语言能力设立了一套标准。1996 年欧洲的教育专家创建了统一的语言教学与评估纲领草案，经过反馈和研讨，于 2001 年由剑桥大学出版社正式发行出版了《欧洲语言共同参考框架：学习、教学、评估》（*The Common European Framework of Reference for Languages*：*Learning*，*Teaching*，*Assessment*，简称 CEFR。以下简称《共同框架》），是欧洲理事会为其成员国制定的一部在欧洲范围内推行语言政策和语言教育所遵循的纲领性文件，包含了语言学习、教学及评估的整体指导方针，新型的语言政策和标准。[⑤]《共同框架》是欧洲应用语言学和语言教学方面的专家对几十年以来

---

① 竹露茜．全美中小学中文学习目标大纲［EB/OL］．http：//www. tw. org/newwaves/54/3 – 1. html.

② 王若江．关于美国 AP 汉语与文化课程中三种交际模式的思考［J］．语言文字应用，2006（A1）．

③ 娄毅．关于 AP 汉语与文化教材文化内容设计的几点思考［J］．语言文字应用，2006（A1）．

④ 欧洲理事会成立于 1949 年，是与欧盟的三大机构（欧盟理事会、欧盟委员会、欧洲议会）不同的机构。

⑤ CEFR 有中译本出版。欧洲语言共同参考框架：学习、教学、评估［M］．刘骏、傅荣，等译．北京：外语教学与研究出版社，2008．

欧洲语言教学理论与实践的系统总结，体现了欧洲现代语言教学及学习的新理念。《共同框架》全面介绍了外语学习者使用外语实现交际所必须学习的内容，详细列数了外语学习者具备有效的言语行为所必须掌握的知识和能力，其中包括支撑语言的文化因素，也对跨文化意识与能力提出了具体定义。《共同框架》认为，跨文化的能力与技能应当包括："在本国文化与外国文化之间建立联系的能力；对文化意念的敏感性；能辨别并运用不同的策略与异域文化的人进行交际的能力；在本国文化和外国文化之间扮演文化中介角色的能力；能有效处理文化误解和冲突以及超越表面的定型观念的能力。"《共同框架》是关于语言学习、教学及评估的整体性指导方针与行动纲领，为全欧洲语言教学计划的制订，课程设置、语言测验及教科书的编写等提供了一个共同的理论基础和统一的参考标准。①

《共同框架》一书的第四章和第五章是关于语言学习方面的内容。论述了语言学习者的文化能力问题。《共同框架》认为：语言的学习者正在成为语言的使用者，并"以行动为导向"对语言学习者或使用者语言能力的各个等级进行了分类。学习者正在获得的第二语言（或称为外语）及文化能力与其母语和文化能力是不能截然分开的，学习第二语言及其文化并不意味着学习者原有母语能力和母语文化能力的丧失。所以，学习者不是在获得两种迥异的行为和交际方式，而是通过第二语言的学习使原有的语言能力得以改变，并增进跨文化意识，增强交际技能和能力，丰富个性，提高语言学习和接受新文化的能力。②

美国《21世纪外语学习标准》的5C与3P理论，欧洲《共同框架》中对外语学习的跨文化意识与能力的重视，基本上已处理了语言学习与文化之间的关系，剩下的是实践和考评的技术问题。欧洲《共同框架》对评估的重视，比美国略胜一筹。但是就针对汉语学习而言，美国发展出AP，又有另一番的影响力。

2 汉语教学与华文教育中的文化教学：传承与传播

美国的5C标准和欧洲的《共同框架》的制定，让中国汉语学界思考（讨论甚至争论）作为第二语言教学之语言与文化的关系，以及汉语作为第二语言教学之文化教学理念的问题，欧美的标准产生了引领作用。

国家汉办在2008年制定颁布了《国际汉语教学通用课程大纲》（以下简称《通用课程大纲》）。2013年，为适应国际汉语教学的新形势新变化，国家汉办修订了《通用课程大纲》，对具体的课程目标及学习者所应具备的语言知识、语言技能、策略和

① 王添淼．《欧洲语言共同参考框架：学习、教学、评估》评析［J］．海外华文教育，2012（2）．

② 王添淼．《欧洲语言共同参考框架：学习、教学、评估》评析［J］．海外华文教育，2012（2）．

文化能力等目标进行了分级分类描述。[①] 其中“文化能力”由文化知识、文化理解、跨文化意识、国际视野四部分构成。与5C标准相比较，《通用课程大纲》中的文化能力的重点更多地放在文化知识的输入和对跨文化能力的培养上，将文化能力作为语言综合运用能力的一部分，没有涉及对文化概念的分类，没有涉及具体文化教学模式和从深层次阐释文化观念。[②] 目前《通用课程大纲》已将“文化意识”作为与语言知识、语言技能和策略并举的国际汉语教学目标内容之一，并附加有“汉语教学话题及内容”建议表、举例表供教师进行参考。此外，《通用课程大纲》还特设“中国文化题材及文化任务举例表”，不仅将文化题材及文化任务进行分级处理，对学习任务进行详细描述，而且还对跨文化交际思考提出了建议。[③]

国家汉办也在2007年制定了一个《国际汉语教师标准》，对文化教学提出七项要求：①能了解文化及跨文化交际在语言教学中的作用，能在语言教学过程中具有跨文化意识。②能解释在课文和教学材料中出现的各种文化概念。③能在安排课堂任务和课堂活动时考虑学习者的文化背景。④能根据学习者的文化背景和语言水平选择适当的教学方法和教学手段。⑤能在不同的文化氛围下有效地开展语言教学。⑥能够帮助学习者克服在语言学习过程中由文化的不同和交际失误而引起的各种困难。⑦能够在跨文化交际的场合下帮助学习者建立文化敏感意识。

中国经过多年对外汉语的教学实践，《通用课程大纲》参考美国和欧洲的标准处理了文化问题，但仍留下许多未解的观念和困境，对于如何与传统的“汉学”和以广大华侨华人为对象的“华文教育”区分，尤其是语言推广是否要具有文化传播的功能等问题仍存有不少争论。

20世纪90年代随着国际“冷战”结束，全球化时代的来临，美国兴起“文明的冲突”的理论，同时提倡“软实力”，“文化帝国主义”以另一种面貌出场。中国也在经济崛起，国力增强，“汉语热”不断升温之时，成立了国家汉办，在世界各地普遍设立孔子学院，对外汉语教学被赋予“汉语国际推广与中国文化传播”的任务，借助汉语教学来推广中华文化。语言学习加了“推广”与“传播”，使得“文化”的角色变得复杂，同时影响了我们在汉语国际教育和华文教育中处理文化问题的方式。

针对华裔子弟的汉语学习，我们用了许多不同的名称，基本上中国惯用“华文教育”之名，华人居住国则使用传承语言（heritage language，亦有译为“源流语言”）

---

① 孔子学院总部，国家汉办．国际汉语教学通用课程大纲［M］．修订版．北京：北京语言大学出版社，2014．

② 汉办《国际汉语教学通用课程大纲》与美国5C标准和“3P文化”的渊源，参见：何所思．AP中文“5C”教学目标与《国际汉语教学通用大纲》之比较［J］．今日南国（理论创新版），2009（4）；张涵颐．基于“3P文化”的对外汉语文化教学模式的行动研究［D］．长春：东北师范大学，2015．

③ 何所思．AP中文“5C”教学目标与《国际汉语教学通用大纲》之比较［J］．今日南国（理论创新版），2009（4）．

或族裔语言（ethnic language）学习，不论用什么名称，都有一个共同点：它不是单纯的语言学习，文化占有很高的分量，甚至具有“文化传承”的“使命”（mission）。文化传承与文化传播虽有区别，但依然会与复杂的“认同”问题纠缠不清，这也是孔子学院在海外有些地区遭遇困难的原因。所以我们处理华文教育的文化教学问题时就需要戒慎恐惧，避免引起不必要的困扰。

在这些困扰或论争的过程中，一部清代的小书《弟子规》被海外的华教体系广为接纳，是一个很值得深入讨论的现象。

3 《弟子规》的推广与流行

东南亚是华文教育发展最早也最兴盛的地区，“二战”后从华侨到华人，从侨民教育到华文教育的演变过程中，各国华侨体系对于如何处理族裔文化的传承以及文化教学，经历了各种调适。近年来《弟子规》教学的发展无疑是一个很好的观察点。

（1）关于《弟子规》。

《弟子规》原名“训蒙文”，为清朝康熙年间的秀才李毓秀（1647—1729）所作，后来经过乾隆时期的贾存仁（1724—1785）修订，改名《弟子规》。[①] 内容采用《论语·学而》第六章“弟子入则孝，出则悌，谨而信，泛爱众，而亲仁，行有余力，则以学文”为大纲编撰而成。这本小册子共有360句、1 080个字，三字一句，两句或四句连意，合辙押韵，朗朗上口。在古代童蒙读物中，《弟子规》是晚出的读本，它在清代不是经典，在民国时期也不属于“国学”。2005年前后，《弟子规》教学席卷海外华校，从马来西亚到东南亚，再到北美、欧洲、大洋洲的周末制中文学校，成为最受欢迎的文化教材。在中国大陆因为2010年7月复旦大学教授钱文忠先生在中央电视台《百家讲坛》栏目上讲解《弟子规》，该书被部分人士提升到了“国学经典”的地位。[②] 有资料显示，进入21世纪以来，在全世界有华人的地方，约有一亿多人在学习《弟子规》。在中国期刊网上以“弟子规”和“三字经”分别为关键词进行检索：1956—2000年几乎没有人提到“弟子规”，但从2004年开始，它的曝光率飞速上涨，到2008年曝光率超过“三字经”。2004年之后的十年间，“三字经”的使用率膨胀了2.4倍，而“弟子规”的使用率膨胀了70倍。《弟子规》在文献数据库中的检出率对应着它在社会上的知名度，在最近十年里，远远超出《三字经》和《论语》。[③]

---

① 2008年，贾存仁的墓志在山西浮山县左村出土。参苏胜勇.《弟子规》传奇［M］.太原：北岳文艺出版社，2016.

② 任弘.《弟子规》与音韵蒙书对华文教育的启示［M］//曾毅平.海峡华文教学论丛：第2辑.广州：暨南大学出版社，2016.

③ 黄晓丹.《弟子规》的传播是场骗局?［Z/OL］.“新京报书评周刊”微信公众号，2015-12-16.

中国台湾的情况也差不多，直到2000年才得到重视。[①]

（2）《弟子规》流行的两大推手：王财贵教授与净空和尚。

《弟子规》学习在中国大陆的火热，连著名的美国期刊《外交政策》（*Foreign Policy*）网站都在留意其意义。[②]《弟子规》在大陆的读经（国学）热潮与“华语热”的烘托下，也在海外华教体系大流行，时间是近15年的事。最大推动者是在台湾倡导“读经运动”的王财贵教授[③]和台湾净土宗净空和尚，两人关系非常密切，曾经进行对话。他们推广《三字经》《弟子规》等传统蒙书，宣扬儒家学说，认为弘扬中国儒学就是实现强国富民的根本方法，并说弘扬儒学是向中国文化认祖归宗。目前推广《弟子规》最力的有蔡礼旭、陈大惠[④]等人，都是净空和尚的徒弟、信徒。

马来西亚广大的华人社团组织和华文学校，是海外《弟子规》研习运动的发源地。其读经教育始于两个华人佛教组织，成立于1995年的马来西亚净宗学会和吉隆坡崇德文教研习会。1997年9月12日至20日，崇德文教研习会邀请王财贵教授到马来西亚做全国巡回演讲，向马来西亚华教人士推介其儿童读经理念，反应甚为热烈。1998年进而成立“马来西亚儿童导读中心”（Children Literature Recitation Center Malaysia）。2003年，马来西亚孔学研究会成立，同年7月1日至17日王财贵教授受孔学研究会之邀再度在西马来西亚各地巡回演讲，进一步宣传读经教育。[⑤] 读经在马来西亚华人社会日益受重视。

净空，本名徐业鸿，1927年生于安徽省庐江县，幼居福建建瓯。1949年到台湾，服务于实践学社，研读经史古文、哲学、佛经十三年。1959年净空于台北市圆山临济寺剃度，法名觉净，字净空。受具足戒后，在台湾外弘扬佛法，讲述《华严经》《法华经》《楞严经》《圆觉经》《六祖坛经》《金刚经》及净土五经等大乘经论数十种，五十余年从无间断。净空首开风气之先，使用视听教育之方法，弘扬佛法，大量制作佛法讲经录音带、录像带、光盘，分送世界各地，以及倡印赠送《大藏经》暨各种经

---

① 林丽贞.《弟子规》及其传承与运用之研究［D］. 屏东：屏东教育大学，2013；刘雅苓. 清代蒙书《弟子规》之析论及对E世代大学生人格建构的七项修炼［D］. 台北：台湾师范大学，2009.

② 《外交政策》被公认为世界上最有影响力的国际时事刊物之一。2014年1月7日《外交政策》杂志网站发表文章称：“……反映了人们对儒家经典的一种态度转变。自清朝覆灭后，中国的学校和教育当局基本上‘放弃’了对儒家经典的学习，转而苦学数学和科学等更现代的课程。但是如今，《弟子规》以简洁通俗的语言倡导的儒家思想——一种对家庭和社会等级极端尊崇的思维方式……”见《参考消息》网2014年1月10日报道，http://china.cankaoxiaoxi.com/2014/0110/329337.shtml。

③ 王财贵教授生于1949年，毕业于台湾师范大学国文系，先后获硕士、博士学位。在台湾推广“儿童读经教育”不遗余力，并努力在大陆和海外华人社会宣讲。

④ 蔡礼旭，1973年出生于台湾，师范教育和信息专业，曾任小学教师，课余从事儿童经典教学，后远赴澳大利亚净宗学院研习传统文化，专精研修和推广中国传统文化。陈大惠，出生于河北省唐山市，前中央电视台主持人。为了推动和传播中国传统文化，从2009年7月起，从青岛、唐山、石家庄、沈阳、抚顺、牡丹江一路走到鸡西，举办百余场弘扬《弟子规》的免费公益论坛讲座。

⑤ 谢川成. 读经教育在国家教育体制内的实践：以马来西亚为例［J］. 语文教育学报，2013（1）.

论、善书、多种佛菩萨像，流通全球。净空和他的弟子、信众在各地广设净宗学院或净宗学会，马来西亚、澳大利亚为主要基地。目前世界各地共建有150多个学会。相关的网站也很多。

2002年推展该会出版的“儿童读经教育系列读本”和诵读光盘。为了更有效地推行儿童经典导读，该会先出版《儿童经典教师讲习手册》。《儿童经典教师讲习手册》对“经”和“经典”给予解释，同时详细列出儿童读经的深远益处。净宗学会看准华裔家长重视孩子的人格教育，因此在推动儿童经典导读时就以“教育的根本在于培养德性”为主导方向。

2004年底，净空在其故乡安徽庐江汤池小镇成立“庐江文化教育中心”，2005年建成了现代化的教学场馆，在全国广招种子老师和志愿者，传授儒家经典，并全盘复古，还原孔子提倡的理想生活。净空法师提出一个“三年目标”：三年之后，汤池镇没有一起刑事案件，家家户户都能实践《弟子规》，都能讲《弟子规》。

2006年汤池于联合国教科文组织总部展示成果，感动了全世界192个国家地区的大使。净宗弟子在2007年5月到吉隆坡成立“马来西亚庐江教育中心”，后来改称“马来西亚中华文化教育中心”。2012年净空在马来西亚首相全力支持下，倡建“马来西亚汉学院”。

（3）《弟子规》：简化的读经运动。

海外华人社会对于具有中华文化特色的传统价值、人伦关系和生活礼节仍有极高的期待。但用“读经”的方式推动，对华校师生而言太复杂，所以很难成为“运动”，因此较为简单的《弟子规》就成为传承族裔文化的一个依托。马来西亚的《弟子规》推广活动大概起源于2007年8月5日，马来西亚全国校长职工会与中国庐江文化教育中心签署了《弟子规》师资培训班协议书。之后，职工会在2007年10月，派了30位校长到中国庐江上课、考察和学习。这30位校长回来之后纷纷在各自的学校里设立《弟子规》学习班。2008年5月，职工会再委派149位团员到中国庐江文化教育中心学习。全国校长职工会计划从2007年开始，在未来五年内完成在全国华小推广《弟子规》的目标。他们把全国分成四个区域，雪隆为中马区（已经在2007年开始推行）。接下来是东海岸区，亦即吉兰丹、彭亨一带，在2008年推展。第三个区域是北马区，包括霹雳、槟城、吉打和玻璃市，于2009年11月主办《弟子规》的师资培训营。再下来是南马区，包括森美兰、马六甲和柔佛，也于2010年推广《弟子规》。槟城的钟灵独中从2009年开始将《弟子规》设为初中班级的一堂正课，实施之后不仅成效良好，还得到学生家长和校董的大力支持，甚至专门举办《弟子规》的师资培训。

多数华校除了专门开设《弟子规》课程外，还在课外开设《弟子规》生活营，让学生们给师长们敬茶、行礼，参与环保、社区活动等，让学生在实践活动中体会中华民族的传统美德。

（4）《弟子规》效应的扩散。

马来西亚的经验很快就在东南亚的华校以及欧洲、美国、澳大利亚各地周末制的中文学校推行。

印尼华文教育在1999年解禁，许多传统老华校以三语学校的形态复校。这个新兴的华文教育体系几乎为《弟子规》旋风横扫。以雅加达的八华学校为例，该校2007年复校，继承印尼最早开始实施现代化教育的中华会馆学校，是印尼第一所开设中文、英文、印尼文的三语平民化学校。八华学校素以“教书育人”为己任，“既成人，又成才”是八华教育学生的目标，学校不仅重视学生的知识学习，同时也非常重视学生的良好品行的养成教育，包括学生的礼仪常规、生活行为习惯及孝敬父母、友爱兄弟姐妹等品德养成教育，都是以《弟子规》为主导的。2009年9月5日在校内第4层会议大厅，邀请《弟子规》传授者杨瑞旭主讲《弟子规》。目前学校的幼儿园学生已会背诵《弟子规》，小学生也开始了解《弟子规》蕴含的思想。“行为规范、举止文明、见人有礼貌”已成为八华学生的品行目标。

泰国清莱中华文化教育协会（前身为泰北华文教育国际援助会）是一个扶助泰国北部金三角清莱山区66所华文学校的民间慈善组织，该协会也公开致力协助泰北地区各华校开展、实施《弟子规》教育。

张伟慈是吉兰丹国民型中学毕业生，留学新西兰，十多年来在华社和华校推广《弟子规》教育运动。2008年，他在哥打巴鲁创办“丹江弟子规教学中心”。初期困难重重，如今这个中心已有一定的影响力，据统计，到此中心上《弟子规》课程的学生已达上千人，每天到中心的素食馆用餐的人数近500人，初一和十五超过一千人。

意大利都灵中文学校是一个以中国新移民子弟为生源的学校，2013年开展了一次《弟子规》观想传播活动，通过集体观赏有关《弟子规》的视频动画及相关内容，让学生们了解中华文化和传统美德。活动过程中学生们认真观看，时而被故事情节所感染，时而被其中诙谐之处逗得笑声不断，整个播放过程融洽愉快，观看结束后学生们纷纷讨论其中内容。活动结束后老师表示，学生们对本次《弟子规》观想传播活动兴趣浓厚，各有不同心得感受。这也更加坚定了学校将学习《弟子规》、做有道德的中国人的活动办下去的决心。

《弟子规》成为全球不同体制的华校都能接受的文化教材，必有其内在理路，要深入探讨其意义。

4 “弟子规现象”的文化解读

笔者将《弟子规》如此成功的发展现象称为“弟子规现象”，这个现象具有很重要的文化意义，需要深入解读，对汉语的文化传播或文化传承都有很大的启示。

东南亚的华文教育在1965年之后全面衰落，弟子规现象是在中国崛起、“华语热”、东南亚国家对华文教育解禁之后的新现象；它不是母国有计划推动的，反而是华人社会自主的选择，具有民间性。长期受压抑的东南亚华人社会，在20世纪90年代各国政府逐渐放宽华文教育的法令限制时，传统华校复校走的是三语学校或国际学校的教学模式，基本上仍受居住国"国民教育"政策和法律的管制，属于"强化型的国民学校"，能以华语为教学语言的课程有限，大部分学校的华文教学都是以综合课的形式进行的，没有专门的听力课和口语课。[①] 只有少数的学校如雅加达的八华学校每个年级都开设道德课，他们选择专门讲解《弟子规》有其深层的思考。

对于《弟子规》在海外华校的盛行，有许多的解读，其中最需谨慎的就是华人的文化认同问题。刘宏将东南亚土生土长的华人对华人文化和身份认同的再确认或新寻求（包括同中国及祖籍地联系的建立与强化），界定为"再华化"（Resinicization）。[②] 施蕴玲（Caroline Hau）认为："再华化指的是那些被贬值的、被封闭的和被压抑的华人性（Chineseness）的复兴，广义地说，它指的是在东南亚和其他地区华人更为公开和活跃、被接受和更强的自信心。"[③]"弟子规现象"是否为再华化的表征，是一个需要深入讨论的议题，不宜骤下定论。因为"弟子规现象"不仅限于东南亚华校，北美、欧洲、大洋洲新华人移民的周末制中文学校亦有"弟子规热"，"再华化"概念对新移民子弟（大都为第二代）不适用。

海外华人对族裔文化的传承是一个选择性的创造过程，包含三方面的内容，首先是对中华文化的选择、其次是对居住国文化的选择、最后是对未来文化的选择。[④] 华校里的华裔子弟对文化传承并没有选择权，《弟子规》以孝顺为中心的伦理规范，反映的是华人社会与华人父母对子弟保有什么文化传统（认同）的选择，也可以说是一种期待。因此，与其将《弟子规》视为文化教学，不如当作是"具有中华文化特性的品德教育"，一种浅层的"行为"，而非深层的"思维"。在中国的文化传统中，忠与孝是具有功利主义性质的。放大一点视野，加一些理想主义来观察，早期移民时代的华人将儒家伦理视为面对异族的优势，也是借以区别"他者"的文化特质。新一代的华人移民也有相同的困扰，学者在荷兰的调查显示，大约37.2%的华人家长认为他们在当地出生成长的孩子的行为举止已经当地化了。[⑤] 可见海外华人社会对于保持中华文化特色的传统价值、人伦关系和生活礼节仍有极高的期待。因此选择一个"教孝"为主的行为规范，虽达不到文化认同的程度，但可避免招致新的"排华"的

---

① 见陈友明．印尼三语学校华文教学考察探析［M］//吴应辉，吴伟平．汉语国际传播研究：第2辑．北京：商务印书馆，2014. 华人办的三语学校仍受教育部的基础教育司（小学）和中等教育司（中学）管辖。细节可参见程桂芝．华文教学在印尼三语学校的发展模式探析［D］．郑州：郑州大学，2016.

② 刘宏．海外华人与崛起的中国：历史性、国家与国际关系［J］．开放时代，2010（8）；刘宏．中国崛起时代的东南亚华侨华人社会：变迁与挑战［J］．东南亚研究，2012（6）.

③ HAU C., Becoming "Chinese" – but what "Chinese"? – in Southeast Asia［J］. Journal of current Southeast Asian affairs, 2012, 30.

④ 权宁民．当代美国华人的文化传承及教育策略选择研究［D］．兰州：西北师范大学，2015.

⑤ 李明欢．从《半月报》载文看荷兰华人心态［J］．华侨华人历史研究，1991（2）.

问题。

海外华人对华文教育与传承族裔文化的重视，是世世代代华人移民坚持不懈的优良传统，如何追寻，用何种方式保持，依据不同的环境有不同的做法，不是单纯的文化认同与政治认同可以解释的。

5　“弟子规现象”对华文教育的启示

《弟子规》在海外的流行具有几个特点：①《弟子规》在海外华校的推广与学习是非典型的，它没有公权部门在背后支撑，王财贵与净空和尚及其弟子们以宗教情怀和志工精神，为《弟子规》的推广打出一片天。②华校体系接纳《弟子规》是自主的选择，背后没有任何政治力量在主导。③《弟子规》的品德教育特性很明显，易教、易学，更重要的是易行（可实践），使得学校、老师、家长、学生都能接受。④文化教学不等同于读经，《弟子规》算不上是经，但也不是刻板的文化教学。

以上几个特点给我们思考华文教育带来的文化教学带来很大的启示。首先，在定位上，中华传统文化在华教体系中的教学是在当地化的基础上进行的；其次，在内容上，具有族裔文化的教学内容，是以“礼俗”或道德教育（品德教育）的名称实施。以新加坡为例，为了在中小学中进行母语和东方传统文化教育，政府专门编写《华人礼俗节日手册》作为华族小学生的辅助读物；1982 年后中学三、四年级将《儒家伦理》列入道德教育选修课，近年来又被以“五大共同价值观”为主要内容的新的中学道德教育课程所替代。①

从中国的角度来看，海外华文教育一向将“传承”族裔文化作为核心目标，因而文化教学就成为华文教育不可回避的问题，从如何界定文化课程的内容、如何向华人社会与现代世界推广具有中华文化特色和现代意义的生命价值观的高层次问题，如何传授华裔子弟可传承、可实践的行为规范，到文化课程的“三教”问题（教师、教材、教学法），都需理论的支撑且有待厘清。

在我们一直争论语言教学的文化问题和华文教育如何处理文化教学的问题之时，海外的华教体系，如一直保持自主的马来西亚华校，20 世纪 70 年代在北美兴起的周末制中文学校，华文教育解禁后的印尼三语学校，以及泰北华校，都已作出了选择。他们怀着“排华”的历史记忆，遵守居住国法令规范，不再自陷于政治认同的漩涡，以传承族裔语言文化的方式争取学习的空间。也因为如此，华语为母语的大陆和台湾，首先要放弃向华裔输出“祖国文化”的观念，或放弃赋予延续中华传统文化的使命，应改用华人“族裔语言文化的原乡”自居，深入了解居住国的外语教学和族裔语言政策，从中寻求一个平衡点。早在 1956 年，中国的侨务领导人就呼吁“华侨要尊

---

① 朱晓文．华文教育中的文化教学［J］．理论界，2006（1）．

重所在国，尤其不要大国主义……所有刺激当地的事情都应该避免”①。

海外许多地区的华文教育已从母语学习走向第二语言教学，即便如此，华文教育体系在教学材料选取和教学过程中，仍期待放入丰富的族裔文化元素。首先面临的问题是：第一，如何选择适合的文化内容；第二，如何将这些文化元素编写成教材；第三，如何教。从“弟子规现象”得到的经验是，台湾和大陆要依据前面所谈的定位原则，精选文化教材的内容，但将选择权留给华人。其次，要了解各地不同体制的华校华语实际教学的情形，因地制宜，与当地的学者与教师共同编写教材，不宜一厢情愿。最后，教师进行文化教学需要专业的能力，提供教师培训和教学方法的训练，是一直存在的需求。

目前的文化课程缺乏必要的规范性，其中也存在一些问题：首先是没有系统的课堂教材，文化教材虽已是遍地开花，但是缺乏经典的和真正适合学生课堂使用的，像国务院侨办组织编写的《中华文化常识》虽然内容系统、图文并茂、中英文对应，但是中文表述却太文太难，一般学生无法完全读懂，也就无法作为教材在课堂上采用。②

语言是文化的载体，学习语言自然会涉及文化认知的方面，文化借由语言学习而“置入性行销”（placement marketing）是自然而然的。因此提供给华教体系的教材，不论是二语学习的“语言”教材，或是近于母语学习的“语文”教材，在编写原则上亟应多花心思建立一套置入（或植入）文化的“规范”，此处不用“标准”，以免有强制之嫌。应善加利用汉字的能量与魅力，汉字承载的文化内涵极为丰富，学习汉字的过程中，可以充分发挥文化教学的功能，可惜华文教育体系对于汉字的认读与书写，至今未建立规范，未能充分利用这个独门武器，只有个别的教师自由发挥。此外，华人社会对传统文化中的“艺”的部分不但情有独钟，甚至保持得比原乡还要地道，如舞龙舞狮、击鼓、茶艺、武艺等，这也是我们可以发挥运用的文化教材。本文第一节提及美国“3P文化”的概念，主张从文化习俗、文化产品入手去理解文化观念，试图从文化的一些比较感性的内容方面着手，达到对深层文化观念的理性认识。③而最受华人社会欢迎的华语流行歌曲、电影等大众文化产品，我们却未能善加利用。

6 结语

华文教育和对外汉语教学（汉语国际教育）有很多地方难以区别，尤其在二语教学上有很大的共性，但华文教育有其独特性，对待文化的态度就是一大差异。海外华

---

① 廖承志在1956年6月第四次侨务扩大会议上的讲话，见廖成志文集、传记编辑办公室．廖成志文集：上卷［M］．北京：人民出版社，1990：297. 当时中国决定采用单一国籍政策，全国侨联也在当年成立。

② 廖崇阳．华文教育文化教学中的课程探索［J］．海外华文教育，2013（1）．侨办出版的文化教材《中国历史常识》《中国地理常识》《中国文化常识》（香港中国旅游出版社，2002年初版，2007年再版）是“中国文化大赛”的主要参考书，内容偏难。

③ 朱瑞平．汉语国际推广中的文化问题［J］．语言文字应用，2006（S1）．

人社会是一个复杂的、持续变化的有机体，中国新移民不断涌入传统华社，并在全球各地发展出新华人社区，具有母语能力的二代华人子弟大量增长，为华文教育提供了更新的发展远景。① 华文教育在新时代面临新机遇，加强华文教育的科研迫在眉睫，建立文化教学和汉字教学的理论体系是最重要的两个基础工程，也是华文教育和对外汉语教学最大的分野。

美国5C标准和欧洲《共同框架》已就外语教学中的文化问题，在理论与实践上做了现代化的处理，国家汉办《通用课程大纲》也跟进效仿。但是以华裔子弟为对象的华文教育在面对文化问题时，要考虑的就不仅是单纯的“语言学习”或“文化传承”，还牵涉到不同地区华教体系的差异、各侨居国的族裔语言政策等非教学问题。

在“华语热”与华文教育在东南亚解除禁忌之时，《弟子规》旋风般成为华教体系最受欢迎的文化教材。厘清了海外华校“弟子规现象”的文化意涵，我们发现“文化传承”不是那么简单，“传承文化”任重道远；祖国故乡的中心主义未必能解决华人社会的“族裔文化”学习，尚有许多值得深省之处。

在新时代华文教育有大好机遇之时，除了加强本体研究外，深入研究“二战”后华人社会与华文教育在海外发展的微妙变化，新移民（新华人）对华教的需求，参考引进语言文化的教学理论，掌握理论与实际，始能落实为可教可学可用的现代化文化教材。

学习族裔语言文化是国际人权的一部分，② 要谨慎但不必过于担心引发更大的文化冲突。华文教育文化教学的领域需要更多的理论研究和更精致的做法，尤其面对中国新移民发展趋势、区域性的差别等问题，仍有很多需要努力的空间！

参考文献

[1] 刘珣．对外汉语教育学引论［M］．北京：北京语言大学出版社，2000.

[2] 欧洲语言共同参考框架：学习、教学、评估［M］．刘骏，傅荣，等译．北京：外语教学与研究出版社，2008.

[3] 孔子学院总部，国家汉办．国际汉语教学通用课程大纲［M］．北京：北京语言大学出版社，2014.

[4] 赵明．对外汉语文化教学的误区和目标［J］．云南师范大学学报（对外汉语教学与研究版），2013（3）.

[5] 张占一．试议知识文化和交际文化［J］．语言教学与研究，1990（3）.

① 新移民对华文教育的冲击，见任弘．“一带一路”与侨务新思维［R］//华侨华人蓝皮书：华侨华人研究报告（2017）．北京：社会科学文献出版社，2017.

② 在1966年通过，1976年执行的《经济、社会和文化权利国际公约》和《公民及政治权利国际公约》同为“国际人权宪章”的重要组成部分和联合国人权规范体系的重要支柱，它们同时通过也几乎同时生效。

[6] 亓华．中国对外汉语教学界文化研究20年述评［J］．北京师范大学学报（社会科学版），2003（6）．
[7] 朱晓文．华文教育中的文化教学［J］．理论界，2006（1）．
[8] 罗青松．美国《21世纪外语学习标准》评析：兼谈《全美中小学中文学习目标》的作用与影响［J］．世界汉语教学，2006（1）．
[9] 竹露茜．全美中小学中文学习目标大纲［EB/OL］．http：//www. tw. org/newwaves/54/3 - 1. html，2009．
[10] 王若江．关于美国AP汉语与文化课程中三种交际模式的思考［J］．语言文字应用，2006（A1）．
[11] 何所思．AP中文“5C”教学目标与《国际汉语教学通用大纲》之比较［J］．今日南国（理论创新版），2009（4）．
[12] 娄毅．关于AP汉语与文化教材文化内容设计的几点思考［J］．语言文字应用，2006（A1）．
[13] 王添淼．《欧洲语言共同参考框架：学习、教学、评估》评析［J］．海外华文教育，2012（2）．
[14] 苏胜勇．《弟子规》传奇［M］．太原：北岳文艺出版社，2016．
[15] 任弘．《弟子规》与音韵蒙书对华文教育的启示［M］//曾毅平．海峡华文教学论丛：第2辑．广州：暨南大学出版社，2016．
[16] 任弘．“一带一路”与侨务新思维［R］//华侨华人蓝皮书：华侨华人研究报告（2017）．北京：社会科学文献出版社，2017．
[17] 陈友明．印尼三语学校华文教学考察探析［M］//吴应辉，吴伟平．汉语国际传播研究：第2辑．北京：商务印书馆，2014．
[18] 刘宏．海外华人与崛起的中国：历史性、国家与国际关系［J］．开放时代，2010（8）．
[19] 刘宏．中国崛起时代的东南亚华侨华人社会：变迁与挑战［J］．东南亚研究，2012（6）．
[20] 廖崇阳．华文教育文化教学中的课程探索［J］．海外华文教育，2013．
[21] 朱瑞平．汉语国际推广中的文化问题［J］．语言文字应用，2006（S1）．
[22] 程桂芝．华文教学在印尼三语学校的发展模式探析［D］．郑州：郑州大学，2016．
[23] 林丽贞．《弟子规》及其传承与运用之研究［D］．屏东：屏东教育大学，2013．
[24] 包延新．美国《21世纪外语学习标准》研究［D］．上海：华东师范大学，2010．
[25] 张涵颐．基于“3P文化”的对外汉语文化教学模式的行动研究［D］．长

春：东北师范大学，2015.

[26] 权宁民．当代美国华人的文化传承及教育策略选择研究 [D]．兰州：西北师范大学，2015.

[27] HAU C. Becoming "Chinese" – but what "Chinese"? – in Southeast Asia" [J]. Journal of current Southeast Asian affairs, 2012, 30.

【作者简介】

任弘，台湾高雄人，华侨大学华文教育研究院特聘教授，主要从事华侨华人历史、华文教育、侨务政策、中国书法史研究。Email：jenhong1215@126.com。

国际汉语的学习和应用

［中国香港］杨耀邦
（香港商业学会）

引言

我们处在一个新时代，按照国家发展的大方向，中国语文不单从学科的角度应重新整合，以适应时代的发展；更重要的是，它应是整个中华文化的平台载体，承担着引领国家走向小康、走向长期稳定繁荣、走向国际、走向国民凝聚力、走向不断创新的重大任务。这当然就意味着在国际汉语方面，需要加上很多原来并没有利用好的要素，从而大幅筛选、比较、整合有关资料。实际上，已有很多学者从理论或实践的角度，提出不少在原有基础上修改和补充的意见，本论文是笔者这十多年来的相关反思及打造学习工具的经验总结。

1　学与用的关系应以用为主

脱离实践的语文学习，一般并不会受欢迎，这在国际汉语学习工具的打造方面尤为明显。过去的国际汉语教材设计，明显在应用方面考虑不足，很多是以中国教师为中心，要求外国学员以生硬模仿的方式学习，从而使很多学员感到反感而放弃学习。改善的方法当然是把学习工具做好（详见后文），把语文的基础概念与应用语境、相关人物关系、沟通表达形式、表达内容等因素融合好。例如，在我们开发的普通话会话辅导学习材料中，有一篇课文是讲在餐厅用餐的，如用 AR 视频形式拍出来的话，应用语境马上就出来了。接着我们突出顾客跟服务员说话的身份和调子的区别，再谈不同城市不同菜系的饮食文化背景，学员就能深入掌握有关语言的微妙之处。例如“吃饭”一词，并不一定指吃的是米饭，而是表示正规地吃和喝一些东西，相当于外文表达的“用餐”。从这个例子延伸，行业性、职业性学习应在未来比一般性学习更需我们关注。

2　要能用外语授课

过去的对外汉语教学，就是把对外看成是对内的简单延伸，没有充分考虑教师能否掌握用外语授课的能力。所谓“掌握”，以笔者熟悉的法国学员为例，他们期待教汉语的老师能在中法语言学的比较基础上，说出汉语跟法语的用词用字的文化差别，而不是停留在中式法语的生硬翻译上。对外汉语教学要提升到培养会讲汉语的外国汉学家和中国问题专家的层次，从而大幅增强国家的外交能力。所以，我们必须重视这方面的专业人才，一些缺这方面专才的单位宜引进能用多门外语深入地讲授有关汉语、汉语文化、中国旅游、中国商业、中国国情等方面内容的专家，否则要求人家一如国内高校生那样听懂用汉语讲的课，比如中国地理课，并不切实际。为什么不找懂双语或者三语的教授讲呢？以巴黎大学为例，就有教授用法语讲授中国地理，作为世界地理的一部分。如中方的教授能配合使用法语讲课，学员当然很快就能通过汉语、法语的比较，既学好中国地理，又掌握相关汉语的使用。

3　要善用数码科技

现时，在国内和发达国家，基本上成人和青少年是人手一部手机，数码产品成为生活的必需品。所以，将来可能再不用要求学员定时回校上课。在对外汉语教学方面，如果有好的趣味性教材放到网上，全球各地的学员就能在网上上课。作为补充，我们可在学校暑假期间办些汉语实习营之类的班，经考评后发证书，从而代替传统的教学模式。腾出来的时间，学员就可在具备一定汉语水平的基础上，学一个跟他们职业相关的专业。当然，在这种情况下，学习工具的打造便成了对外汉语教学的关键和起动点，工具和辅导代替了传统的面对面授课。以中方投资在法语区非洲国家的基建项目为例，我们完全可以用微电影拍实景的方法，拍摄当地的施工环境，然后找国内一些对外汉语研究中心，配上附注当地语言的汉语学习 AR 视频。所谓“大数据”和 AR 拍摄，完全可以发挥其作用。

4　大联盟势在必行

中国语文学科，从 20 世纪 50 年代开始，基本上就成型了。现时，应是从事这方面研究和教学的学者专家，考虑某种程度上调整思维和做法的关键时刻。笔者认为，如果把中国语文看成是平台的话，从事有关工作的志同道合者，就很有必要打破学科、学院、职业、地域的界限，实行在国家总政策下的大联盟。

总的来说，国际汉语教学，要以研究为起点，再进行学习材料的开发。在此基础上，从师资培训入手，搞教学、辅导和应用。学习心理分析，应在开发学习材料时就融入，然后在辅导方面大幅介入，以便取得教学上因材施教的效果。整个计划有四个要点：第一是强调创新思维，革新教学模式。第二是用对比语言学的方法开发有关的学习材料，进行教学。第三是理论与应用结合，找出不同地域、阶层、行业和文化背景下语文使用上的异同。第四是提倡趣味学习，包括使用概念图、流程图、电脑游戏、VR 影视短片等学习汉语。

【作者简介】

杨耀邦，香港商业学会会长，主要研究语文教育、普通话推广、职业教育等。Email：businessinstitute@ 126. com。

斯里兰卡语言规划沿革及其走向

李洁麟
（暨南大学华文学院）

1 斯里兰卡的语言状况

斯里兰卡是个多元民族与宗教的国家，但民族构成并不复杂，岛上唯一的土著民族是维达族（Veddah），人口最多的主体民族是僧伽罗族，占全国人口的74.9%；最大的少数民族是泰米尔族，占15.3%；人口较多的少数民族是摩尔族（Moors）和伯格人（Burghers），其中摩尔族占全国人口的9.2%；人数较少的是非洲人后代卡菲尔人和斯里兰卡唯一的游牧民族吉卜赛人等，与伯格人一道占全国人口的0.5%。[①] 这些民族都是在不同历史时期迁徙到岛上的。据世界银行统计数据，2017年斯里兰卡人口达到21 444 000。[②] 除僧伽罗语和泰米尔语外，少数民族语言还包括摩尔语、马来语，土著民族的维达语，游牧民族吉卜赛人的泰卢固语等。

僧伽罗语是斯里兰卡的主体民族语言，僧伽罗人是世界上唯一使用这种语言的民族。该语属印欧语系的印度—伊朗语族印度语支，与北印度许多语言相近。斯里兰卡北方省以外的大部分地区都通用僧伽罗语，使用人口约1 300万。一般认为，僧伽罗语起源于印度的一种方言，大约形成于公元前6世纪印度—雅利安人进入斯里兰卡岛的时期，最初派生于婆罗米字母；公元前3世纪，佛教传播使僧伽罗语得到发展，并与巴利语、梵语和泰米尔语经历了多次融合与转化；公元4世纪后独立发展，7—8世纪基本形成现在的僧伽罗字母；16—19世纪斯里兰卡曾被葡萄牙、荷兰和英国殖民，僧伽罗语在发展的过程中也吸收了大量殖民语言。

泰米尔语是斯里兰卡最大的少数民族泰米尔族的民族语言，来源于印度南部，属于达罗毗荼（Dravidian）语系南部语族，是达罗毗荼语系中最重要的语言，全球的使用人口约有7 400万。分布在斯里兰卡东部和北部的泰米尔族以及居住在西北沿海的

---

① 中华人民共和国外交部．斯里兰卡国家概况［EB/OL］．（2021－01－16）．http：//www. fmprc. gov. cn/web/gjhdq_676201/gj_676203/yz_676205/1206_676884/1206x0_676886/.

② 世界银行．斯里兰卡［EB/OL］．（2021－01－16）．https：//data. worldbank. org. cn/country/sri－lanka.

马纳尔行政区和一些东部沿海地区的摩尔族[①]使用此种民族语言，使用人口约250万。泰米尔文属于南婆罗米文字，已有超过两千年的历史和文学传统，2004年被印度政府定为古典语言。大约在公元前300—前100年间，泰米尔语形成了自己的文学语言，现代泰米尔文即由此发展而来。历史上，泰米尔语作为商业通信广泛使用的主要语言，对斯里兰卡沿海与印度南部海岸商业往来的作用很大，也是中东阿拉伯商人与泰米尔人的主要沟通语言。

1948年2月4日，斯里兰卡宣告独立，成为英联邦内的自治领。1977年7月21日，斯里兰卡第二部共和宪法《斯里兰卡民主社会主义共和国宪法》获得通过（同时废止了1972年的第一部共和宪法），并于1978年8月16日颁布执行。截至2015年5月，该宪法已历经19次修订，2015年的修订版[②]规定：国家语言为僧伽罗语和泰米尔语，官方语言是僧伽罗语，泰米尔语可作为官方语言在斯里兰卡北部和东部省份使用；中小学教育系统的教学语言采用僧伽罗语和泰米尔语，高等教育系统则可以非国语为教学语言，通常为英语；非教育机构的考试语言、国家机关行政语言、公文语言、司法语言等均为僧伽罗语和泰米尔语，其中，行政语言特别规定为官方语言，但允许北部东部省份也可用泰米尔语；法律和派生立法应用两种国语连同英译文一并制定、颁布和发表（若有不一致处，以官方语言僧伽罗语文本为准）；全斯里兰卡法院采用官方语言僧伽罗语，但在北部和东部省份行使司法权的法院可使用泰米尔语，包括记录和诉讼。

此外，斯里兰卡媒体使用的语言主要有僧伽罗语、泰米尔语和英语。宗教语言方面，由于宪法给予了佛教最高地位，故而被称为巴利语系佛教，保留了巴利语佛教的教育传统，并用僧伽罗文为佛教经典注疏。僧侣懂多种语言文字，包括僧伽罗语、泰米尔语、巴利语、梵语和英语等，以研读经典、传承佛教。

2 斯里兰卡语言政策的四个时期

从欧洲殖民地社会发展到民族独立国家，斯里兰卡语言问题一直与政党纷争、权力分配有着无法隔离的种种错综复杂的关系。由语言问题引发的频繁的流血事件和民族冲突，上升为政党和政治权力的纷争，最终酿成了长达26年的内战。宏观来看，斯里兰卡的语言政策发展经历了欧洲殖民地和独立发展两个不同形态的历史阶段；从语言规划和政策类型来看，其演变过程涵盖了单语制、双语制和多语制。

---

① 斯里兰卡的摩尔族分斯里兰卡摩尔人和印度摩尔人。斯里兰卡摩尔人操“阿拉伯式泰米尔语”，含有大量阿拉伯词汇，这可能与当时在印度洋地区的海上贸易中使用泰米尔语密切相关，因而许多斯里兰卡摩尔人也能说阿拉伯语；印度摩尔人是指葡萄牙和英国殖民统治时期从印度的不同地区来到斯里兰卡的商人，他们大部分使用自己故乡的语言。

② Parliament of the Democratic Socialist Republic of Sri Lanka. Nineteenth amendment to the constitution [EB/OL]. (2015－05－15). http://www.parliament.lk/files/pdf/constitution.pdf.

2.1 英殖民时期（1818—1948）：以英语为官方语言的单语制

葡萄牙和荷兰殖民时期，虽然殖民语言文化对斯里兰卡产生了较大的影响，使僧伽罗语中出现了许多殖民语言的外来词，但当时的殖民政府并没有将葡萄牙语和荷兰语纳入官方语言。英殖民时期则大不相同，殖民政府展开了全面统治，在斯里兰卡建立了一个本土知识阶层。1829 年，英国派驻的资源利用调查团对斯里兰卡展开了实地考察。该调查团的报告首次涉及了语言规划和语言教育问题，建议定英语为官方语言，并作为教学语言在各级各类学校中使用。这是斯里兰卡历史上首份来自政府部门关于语言规划的报告书，其意义在于：确立了殖民时期英语至上的单语制，并进一步推行基于英语的殖民文化与价值观念。随后，英殖民者建立了很多英语学校，教育课程实行标准化，英语教育取代当地语言的教育，包括教会学校也都改为英语教育。英语在英殖民时期成为僧、泰两族的联系语言，但其时普及程度不高，只有上层精英和政府官员才使用。

英语地位的攀升使本土民族语言被边缘化。19 世纪末和 20 世纪初，在斯里兰卡古典僧伽罗文学作家的号召和努力下，掀起了僧伽罗语和佛教的复兴思潮，作家们纷纷坚持使用古僧伽罗语进行文学创作，宣传僧伽罗语言和文学。如斯里兰卡著名文学家穆尼达莎·库马拉通加（Munidasa Cumaratunga）发起的僧伽罗语净化运动。1941 年，他创立了“纯僧伽罗语兄弟会”（Hela Havula），这对斯里兰卡语言规划产生了较大的影响。同时期，为反对英语一语独大，僧、泰两族共同发起了本族语运动（The Swabhasha Movement），提倡以各自民族语作为国家行政语言和教学语言。这场运动使民族语言的地位渐渐提升。1946 年 12 月，一份以僧伽罗语和泰米尔语出版的“特别委员会报告”，从语言资源论的角度将国家语言视为最宝贵的资产之一，并讨论了斯里兰卡语言及未来发展的范围，介绍了与僧伽罗语有关的语言资料库规划工作，关注英语对斯里兰卡语言的影响等。[①] 这份报告是斯里兰卡国家语言规划和语言政策演变的重要文献，为独立后国家语言政策的制定提供了社会条件和语言声望基础。

2.2 独立早期（1948—1977）：以僧伽罗语为官方语言的单语制

1948 年斯里兰卡摆脱了英国殖民统治，宣告独立，定国名为“锡兰”，并组建了联合政府，成为英联邦内的自治领。独立早期，由于使用本土语言仍无法使各民族之间有效沟通，故英语一直担任官方语言、行政语言和教育语言等角色，其地位实际上并没有改变。由于早前英殖民政府利用民族矛盾实行“分而治之”政策，人为加大了僧、泰两族之间的界限，人口较少的泰米尔人因英语水平较高等原因而处于比僧伽罗人优越的地位。这强烈刺激了主体民族僧伽罗人的民族感情，引发了两个民族由来已久的敌对情绪。1956 年，僧伽罗民族主义情绪高涨，联合政府通过了《官方语言法

---

① 余波．从单语制到多语制：斯里兰卡语言规划与政策的历史演变［J］．东南亚南亚研究，2017（3）．

案》（*Official Language Act No. 33 of 1956*）[①]，这份法案是独立后关于官方语言的第一次立法，其积极作用在于为国家和民族逐渐褪去殖民色彩迈出了语言规划上的重要一步。该法案宣布斯里兰卡唯一的官方语言是僧伽罗语，英语不再作为斯里兰卡的官方语言使用。法案中对泰米尔语也作出一些具体规定，如：受过英语和泰米尔语教育的人可以通过英语或泰米尔语考试而担任公职；地方机构可以决定自己的办公用语；个人可以用自己的语言同政府沟通等。[②] 泰米尔族因其民族语言未能获得官方语言的重要地位而表达了强烈不满，认为该方案牺牲了其民族权益，而僧伽罗族则不能接受法案对泰米尔族的让步，也公开表示反对，民族情绪一触即发，双方随后发生了流血冲突，伤亡严重。同年 6 月，泰米尔联邦党提出：建立泰米尔语言邦，号召泰米尔族抵制僧伽罗语。为缓和民族矛盾，1957 年 4 月政府与联邦党达成了《班达拉奈克—契尔文纳亚甘姆协议》，承认泰米尔语为少数民族语言，规定泰米尔语是北方省和东方省的行政语言，并保证此二省僧伽罗族的语言权利等，但泰米尔族并不满足。双方持续对峙，1958 年爆发了独立以来国内首次大规模的民族骚乱。同年 8 月，议会通过《泰米尔语（特别条款）法案》[*The Tamil Language*（*Special Pro-visions*）*Act*]，对泰米尔语的地位和作用作出具体规定：泰米尔语作为泰米尔族的教学语言和必要的公共考试用语，泰米尔社区的官方通讯以及在斯里兰卡北方省和东方省增加使用泰米尔语，但不影响使用官方语言僧伽罗语。[③] 该法案承认泰米尔语是斯里兰卡的少数民族语言。此种妥协因并未得到两族认可而失败，但其关于泰米尔语的特别规定，为此后 1972 年和 1978 年的共和宪法修订语言条例奠定了立法基础。

1959 年，总理班达拉奈克遇刺身亡，骚乱最终平息，但语言纷争引起的民族冲突和政党政权争夺却一直没有停止，致使国内政局不稳，人民生活贫困，失业率走高。1971 年 3 月政府宣布国家进入紧急状态。1972 年 5 月 22 日，联合阵线政府颁布了第一个共和宪法，改国名为斯里兰卡，结束英国自治领时期（继续留在英联邦）。该宪法由于继续采用僧伽罗语为唯一官方语言，定《泰米尔语（特别条款）法案》为附属立法，取消了保护少数民族利益等不利于泰米尔族的条款，又引起了泰米尔族的强烈反对。1973 年政府实行“标准分制度”，规定泰米尔族学生大学录取分数高于僧伽罗族学生，再次激化了泰米尔族的敌对情绪。1976 年泰米尔联合阵线通过了建立独立泰米尔国家的决议。

此阶段僧、泰两语的语言纷争并未对英语的继续使用产生太大的影响和冲击。1956 年之前，英语仍在政府部门、教育行业、大众传媒、宗教机构及部分社会上层的家庭中居主导地位，并作为僧、泰两族的联系语言。1953 年，讲英语的人数占比已增

---

① Government of Sri Lanka. Official Language Act No. 33 of 1956 [M]. Colombo: Government Press, 1956.

② 王兰. 斯里兰卡 [M]. 北京：社会科学文献出版社，2004：83.

③ 余波. 从单语制到多语制：斯里兰卡语言规划与政策的历史演变 [J]. 东南亚南亚研究，2017（3）：82.

至9.6%。[①] 1956年《官方语言法案》出台后，英语则不再充当官方语言和教学语言，而此前建立的英语学校基本也停止了英语教学，纷纷改用民族语言教学。1960年后，政府曾禁止使用英语。但由于当时僧、泰两语的语言地位与声望都还未达到足以满足国内各项语言生活的要求，亦因殖民时期英语独大政策的深厚影响，英语并未真正退出斯里兰卡公共领域。

2.3 发展中期（1978—1988）：以僧伽罗语和泰米尔语为国语的双语制

1978年8月16日，统一国民党政府在1972年第一部共和宪法[②]的基础上制订了第二部共和宪法《斯里兰卡民主社会主义共和国宪法》（*The Constitution of the Democratic Socialist Republic of Sri Lanka*），废除英式内阁制，采用法式总统制，国家名称正式确定为"斯里兰卡民主社会主义共和国"。1978年宪法为了国家稳定和民族和解，在语言问题上对泰米尔族作出让步：保留僧伽罗语的官方语言地位，确定僧、泰两语为国家语言，承认两种语言都是斯里兰卡的民族语言，具有平等的地位。这标志斯里兰卡"唯一僧伽罗语"的单语制时期结束，转而进入一个新的发展阶段：采用双语制，平等对待各民族及其语言文化。随后政府于1979年修订该宪法，并正式在全国范围内实施双语制。

1978年宪法保障了斯里兰卡各民族人民使用母语的权利。该宪法的出台对僧、泰两族之间的民族矛盾起到了阶段性的缓解作用，但并未完全满足泰米尔族的要求，其对民族语言权利的诉求和实现又反复关联并多次引起了经济和政治上的敌对情绪和过激做法。1983年7月，泰米尔猛虎组织的大规模报复行为引发了自独立以来规模最大的一场骚乱，内战爆发。政府尝试多次联合各政党、国内各宗教组织协商寻求停止内乱、和平相处的解决方案，对未来国家的语言规划亦非常重视，多次修订和增补了宪法中的语言条例。其中，1983年的修订，将英语规定为僧、泰两族的联系语言；1987年，在第13次《宪法增补法案》中，英语再次被规定为僧、泰两族的联系语言，并定此两种民族语言为官方语言；[③] 同年的第16次修订中，进一步明确了英语在行政和立法领域的作用和地位；[④] 1988年，作为宪法修正案的一部分，泰米尔语被提升到官方语言的地位。同年，官方语言专员和国际民族问题研究中心在首都科伦坡召开了关于审查双语影响和有效实施语言政策的会议，通过了"现在""过渡"和"长期"这

---

① COPERAHEWA-S. The language planning situation in Sri Lanka［J］. Current issues in language planning, 2009, 10（1）: 69－150.

② 1972年的第一部共和宪法在1978年第二部共和国宪法颁布的同时被废除。

③ FERNANDO C. The post-imperial status of English in Sri Lanka 1940－1990: From first to second language［M］//FISHMAN J A, CONRAD A W & RUBAL-LOPE Z A. Post-imperial English. Berlin: Mouton de Gruyter, 1996: 485－512.

④ LIM L. Kaduva of priviledged power, instrument of rural empowerment? The politics of English（and Sinhala and Tamil）in Sri Lanka［M］//WEE L, GOH R & LIM L. The politics of English: South Asia, Southeast Asia and the Asia Pacific. Amsterdam: John Benjamins Publishing Company, 2013: 61－80.

三个阶段如何实施语言政策的 20 项建议。[①] 实际上，尽管有了立法依据，泰米尔语作为官方语言的使用范围仍基本限于本民族。

此外，内战爆发后，1987 年 7 月 29 日，斯里兰卡与印度签署了旨在结束僧泰民族冲突的《为在斯里兰卡建立和平与正常秩序的印度—斯里兰卡协议》（简称《印斯和平协议》），协议的主要内容之一是承认僧伽罗语、泰米尔语和英语是斯里兰卡官方语言。[②] 该协议的积极意义在于，为斯里兰卡民族和解、进入多语制社会奠定了政策基础。

2.4　全球化时期（1988 至今）：强调民族双语并加强英语的多语制

1988 年开始，为化解民族之间的语言障碍，斯里兰卡政府提倡使用僧、泰两语，采取双语制，鼓励国家公务人员在执行公务时采用双语。1991 年，斯里兰卡政府通过第十八号法案成立了“官方语言委员会”（The Official Language Commission，简称 OLC），认为泰米尔语作为官方语言不仅是法定的，也是惯例化的，支持双语制。

1998 年，根据宪法的规定，国家公共行政部决定向懂得多种语言的公职人员提供奖励津贴，激励他们主动学习第二种官方语言。2003 年，《国家教育委员会报告》对英语教育给予了高度关注，认为英语是信息、通信等科技领域最重要的语言，是毕业生求职时应掌握的一门重要语言。由于泰米尔语的使用人口和使用区域比较集中且相对有限，民族间的冲突亦仍持续存在，国内各民族间的语言障碍仍没有得到较好的改善，2005 年，OLC 的报告再次建议在全国继续采用双语制，其建议备忘录认为泰米尔语的使用与宪法规定之间仍有巨大差距，政府并未给僧、泰两语地区的民众提供足够的两种民族语言服务，也没有培训足够的能操两种官方语言的公共服务人员等。为落实官方语言政策，2007 年 6 月斯里兰卡议会颁布了《国家语言教育和培训学院法案》（*The National Institute of Language Education and Training Bill*），专事政府人员的语言强化培训。此时期，英语在宪法和政策的支持下全面回归，成为斯里兰卡商业、科技、传媒和工业等领域的重要语言，成为与国际社会接轨的一门重要外语。2009 年，时任总统拉贾帕克萨公开宣布当年为“英语信息科技年”，强调英语在斯里兰卡迈向国际化进程中的重要作用，强调国民的三语能力。[③] 同年，持续 26 年的内战结束。

2011 年，斯里兰卡政府任命的“课程学习与调整委员会”（The Lessons Learned and Reconciliation Commission，简称 LLRC）公开发布了一份报告，建议斯里兰卡继续朝向三语目标迈进，使国民成为操僧伽罗语、泰米尔语和英语的三语人，强调僧、泰两族学生应互相学习对方的语言，以融通民族感情，促进民族和谐，并将英语作为一种共同语言来学习，促进斯里兰卡社会逐步国际化。此外，政府采纳了该报告的一些

---

① 余波．从单语制到多语制：斯里兰卡语言规划与政策的历史演变［J］．东南亚南亚研究，2017（3）：83.

② 郭雷庆．斯里兰卡的宪政改革与民族冲突［J］．当代世界社会主义问题，2015（4）：66－67.

③ 潘巍巍．斯里兰卡的语言之争［J］．语言政策与规划研究，2016（1）：57.

关于机构设置的建议，如建设“官方语言部”（Department of Official Languages）、“国家语言与社会平等部”（The Ministry of National Languages and Social Integration）等，这些国家机构对官方语言在全国范围内的推广和提升采取了很多积极的举措。其中，“国家语言与社会平等部”致力于提升本土语言，如在国家公务员中开展全国范围的学习两种官方语言的各类语言培训和强化项目，任命地方官员协调官方语言政策在全国各地的实施。该部还承担了“国家语言计划”（National Language Project，简称NLP），旨在加强僧、泰两族国民之间的友好关系，使语言权、语言多样性、双语主义等观点逐步得到彼此的尊重，以增进社会和谐。①

2012年，政府发布了《斯里兰卡国家三语制度十年计划（2012—2021）》（*Ten-Year National Plan for a Trilingual Sri Lanka* 2012—2021）。该计划旨在推动和促进僧、泰两语在各个领域中的平等发展，强调英语作为一种生活技能语言亦须得到重视和熟练掌握。十年计划分起步、加强和巩固三个阶段：起步阶段将建设好“斯里兰卡语言机构”（Language Agency of Sri Lanka）及“国家语言研究与培训机构”（National Agency for Language Research and Training），其主要任务是监督和协调与僧伽罗语、泰米尔语和英语语言教学有关的政策和规定，加强现有教学语言的机构建设，包括语言教师培训、语言课程开设等；加强阶段将重点建设“国家翻译局”（National Translation Bureau）和“国家三语社会促进基金会”（National Foundation for the Promotion of Trilingual Society）；巩固阶段则是在该计划的最后两年实现斯里兰卡社会多元文化的整合和加固。②

2015年，斯里兰卡政府对宪法进行了第19次修订，共有11条关于语言的立法规定，成为当前斯里兰卡语言管理的最高准则。宪法第四章命名为“语言”，用一章的篇幅专述语言管理问题，可见语言管理问题在宪法中的重要地位。此外，宪法第三章“基本权利”给予国内各种语言平等的地位，并强调母语权；第六章“国家政策指导原则和公民的基本义务”保证全体公民享有接受各级教育的普遍和平等的权利，国家促进人民文化和语言的发展等；第十六章“高级法院”强调司法领域的语言权利等。

3 斯里兰卡的语言教育

虽然经历了长期的内乱，国家发展受到严重阻滞，但斯里兰卡对教育一直非常重视，把教育政策作为最高的优先政策，实行免费教育，受教育人口的比例在当前发展中国家居于前列，是亚洲国家中识字率最高的国家，适龄人口的初级教育入学率达到

---

① HERATH S. Language policy, ethnic tensions and linguistic rights in post war Sri Lanka [J]. Language policy, 2015 (14).

② LIYANAGE I. & CANGARAJAH S. Interethnic understanding and the teaching of local languages in Sri Lanka [M] //GORTER D, ZENTOZ V & CENOZ J. Minority languages and multilingual education bridging the local and the global. Dordrecht: Springer, 2014: 128 - 129.

了100%。据统计，2014年，政府教育开支占GDP的1.9%，居民识字率达92.5%。全国有学校10 850所，私立学校840所，在校学生423万多人，教师23.6万人。①

当前，斯里兰卡教育实行中央和省市两级管理，多部门分权治理的模式。② 教育层级分小学（一～五年级）、初中（六～九年级）、高中（十～十一年级）、大学预科（十二～十三年级）和大学。绝大部分的中小学以僧、泰两语作为教学语言，英语是学习人数最多的外语，但因英语师资严重匮乏，大部分中小学不可能做到以英语为教学语言授课，但国际学校则主要采用英语作为教学语言。斯里兰卡教育部2010年的统计数据显示，在9 685所公立学校中，6 350所学校采用僧伽罗语作为唯一的教学语言，2 783所学校采用泰米尔语作为唯一的教学语言；45所学校同时采用僧、泰双语作为教学语言，327所学校采用僧伽罗语和英语这两种语言作为教学语言，106所学校采用泰米尔语和英语这两种语言作为教学语言；34所学校采用僧、泰、英三语作为教学语言。③

3.1　语言教育的发展演变

在西方文化进入斯里兰卡之前，教育主要与佛教传承密切相关。僧侣在当时社会中是最有文化的僧伽罗人，因此也充当教师角色，在寺庙学校用僧伽罗语教授上层人士及其子弟学习佛教文献。泰米尔人的学校则一般开设在神庙附近。当时教育无法普及，普通民众绝大部分是文盲。若想要继续接受教育，则须出家，进入佛学院，学习巴利文佛经。

16世纪开始，由于殖民入侵，西方文化及其语言开始在斯里兰卡传播，寺庙教育逐渐没落。较早在斯里兰卡沿海地区开设学校的是16世纪的葡萄牙传教士。后来荷兰人取代葡萄牙人的统治，开始组建小学教育体系。1760年，斯里兰卡境内已有130所学校，学生人数近6.5万人。④ 英殖民时期，1830—1833年，殖民政府将英语引入斯里兰卡各层级学校，作为教学语言，从而确立了英语的地位。1870年前后，尽管学校教育得到发展，但在校人数和殖民当局的本土人，尤其是能熟练掌握英语的人员严重不足，阻碍了殖民者的统治。因此，英殖民者决定着力推广英语教学，增加公立学校的数量，并允许私人开办私立学校和教会学校。其时教育发展不平衡，学校主要开设在斯里兰卡西南部城市，农村地区基本没有学校，且殖民当局控制了教育系统，主要传播基于英语的基督教文化，本土语言及其文化受到较大压制。当时的学校主要服务于斯里兰卡上等阶层人士的子女，小学仍继续使用僧、泰两语作为教学语言，中学

① Parliament of the Democratic Socialist Republic of Sri Lanka. Nineteenth Amendment to the Constitution [EB/OL]. (2015-05-15). http://www.parliament.lk/files/pdf/constitution/.pdf.

② 官品．斯里兰卡教育现状［J］．东南亚南亚研究，2017（1）：93.

③ Sri Lanka Ministry of Education. Sri Lanka education information [EB/OL]. Colombo: SriLanka Ministry of Education, 2010.

④ 王兰．斯里兰卡［M］．北京：社会科学文献出版社，2004：156.

则普遍教授英语。20世纪30年代开始，随着民族运动的发展，本土教育的呼声越来越强烈。20世纪30～50年代，僧、泰两族曾发起“本族语运动”，提出以各自民族语言作为教学语言（独立后这个建议曾短期被斯里兰卡政府采纳）。殖民当局迫于压力，开始放宽限制，承认本土教育，并在农村地区开办小学和技校。1941年，卡南拉克特别委员会提出了三项重要改革建议：在农村设立国立学校；从幼儿园到大学逐步实行免费教育；用本国语言取代英语作为初等学校的教学语言。[①] 在这三项重要改革建议的指导下，1947年，全国实行了从幼儿园到大学的免费教育；1948年独立时，已基本形成了从小学、中学到大学的完整的现代国家教育体系。

独立后虽长期处于战乱，但政府重视教育事业的投入和发展。20世纪60年代继续调整教育制度，如在农村设立中央学校，扩大中等教育；所有国立学校采取免费教育；发展职业、技术、工艺教育等。在语言教育方面，提倡民族文化，在中小学采用民族语言教学，用僧、泰两语逐步取代英语教学。不过，英语仍然是斯里兰卡政治、经济和科技等诸多领域的主要语言，尤其在独立后的大学教育中，英语一直作为升入大学的考试用语。20世纪60年代中期开始，政府实行民族化教育政策，大学考试开始采用僧、泰两语，这使中学毕业生也能通过民族语言考试顺利进入大学学习。

20世纪70年代，民族矛盾加剧，对教育造成了很大影响。由于僧伽罗族的英语水平普遍较弱于泰米尔族，导致其在政府机构的就业率走低。就业不平衡促使政府先后出台了一系列压制泰米尔族的教育政策，进一步激化了民族矛盾。20世纪70～80年代，由于实施开放的经济政策，许多经济部门都需要从业者有较高的英语能力，而政府因长时间强调了学校的民族语言教育，当时毕业生的英语水平都不高，农村地区情况则更加突出，就业形势严峻。为提高就业率，政府重视职业教育和人才培训，成立了许多技术培训机构，培训无业的年轻人。同时，对教育开展了一系列的调查和改革。1982年的教育白皮书对语言教育提出了一些改革建议，如：注重学生在读、写和计算等基础知识方面的提升，英语作为第二外语在初级教育阶段的三年级开始学习；中等教育阶段的六年级至八年级可根据学校的教学安排，设置僧、泰两语的课程教学；九年级至十一年级，可将“艺术”课程换为僧、泰两语课程；十二年级至十三年级的大学预科阶段，公共科目中包括了第一国语和英语两门语言课程；在考试制度改革中，十一年级的“普通教育修业证书考试”必考的五个科目包含了第一国语和英语。[②] 该白皮书的建议虽然在提出时遭遇了国内各党派和各层级的不同声音，但后来许多具体目标都实现了，其中，对英语教育的重视逐渐得到了来自政府方面的支持。20世纪90年代，各级各类学校逐步将英语定为必修课程和核心课程；1996年，政府

---

① 沙汉英．斯里兰卡普通教育的改革［J］．当代亚太，2000（4）：59.

② Sri Lanka Ministry of Education. Sri Lanka education information ［EB/OL］. Colombo：Sri Lanka Ministry of Education，2010：60－62.

在改革中强调了英语教学及其课程设置和教学方法的改革；1997年的通识教育改革中提出在职前和在职教育中注重三种语文的语言能力教育；同年，政府规定：小学一年级开始教授英语，五年级开始可以使用英语作为教学语言，在“政府教育证书”考试（The Government Certificate of Education，简称GCE）中将通用英语作为一门高级水平的科目等。

进入21世纪，随着内乱的逐渐平息，经济改革的逐步推进，语言教育进入强调民族双语并加强英语的多语制阶段，即除了僧、泰两语外，英语教育继续成为斯里兰卡语言教育政策中的重要部分。教育部先后颁布了多部教育规划和制度，明确提出了“三语”的教育目标和具体课程设置。如2008年出台的《国家政策和关于教育促进社会团结和和平的综合行动框架》（*National Policy and a Comprehensive Framework of Actions on Education for Social Cohesion and Peace*），① 加强第二国家语言的教学成为框架中的七大战略目标之一，认为第二种国家语言的教学和学习对斯里兰卡民族融合和凝聚力至关重要，作为一个多民族、多宗教、多元社会的国家，每一位斯里兰卡人都要学习一种其他民族的语言，这是国家教育目标之一。又如2013年出台的《教育优先的斯里兰卡》（*Education First Sri Lanka*），② 明确教育阶段“三语”的重要作用：在初级教育阶段，语言（母语）是四门主课之一；英语口语课程作为活动类课程开设，以保证学生通过每日的英语接触而为三年级的英语作为第二语言的学习做好准备；同时，三年级的僧伽罗族学生开始学习泰米尔语，泰米尔族学生开始学习僧伽罗语，以加强民族间的团结。初级中等教育阶段九年级的GCE普通考试，六门主要考试科目中包括了第一语言的考试，学生通过了才可进入GCE高级考试的课程学习。在高级中等教育阶段，所有学生必须学习普通英语课程，以提高英语水平。再如在2012—2017年教育部门发展框架计划中，中等教育阶段的教育目标将第一和第二国家语言的教育、英语和其他外语的教育、双语教育作为教育重点。

除英语作为外语教学外，日语是斯里兰卡教育部认可的语言之一，可作为高中考大学的外语课程之一。斯里兰卡部分大学的外语系开设日语课程，如凯拉尼亚大学的外语系等。除高校外，日语教育协会（Japanese Language Education Association）每年大约为1 000名学生提供日语培训，日本驻斯里兰卡大使馆语言与文化交流中心等机构也提供一些学习培训的机会。韩语是近年来在斯里兰卡流行的外语之一，学习和参加韩语考试的人数越来越多，主要是为了去韩国工作。一些大学的外语系也开设韩语课程，学生可在大学期间选修韩语。

---

① Sri Lanka Ministry of Education, Social Cohesion and Peace Education. National policy and a comprehensive framework of actions on education for social cohesion and peace [EB/OL]. Colombo: Sri Lanka Ministry of Education, 2008.

② Sri Lanka Ministry of Education. Education first Sri Lanka [EB/OL]. Colombo: Sri Lanka Ministry of Education, 2013.

3.2 内战后快速发展的汉语教学

一般认为，汉语最早登陆斯里兰卡发生在公元410年，当时中国高僧法显赴斯里兰卡游学，汉语便开始在斯里兰卡传播，但随后便鲜有关于汉语教学的历史记载。直到1972年，斯里兰卡凯拉尼亚大学现代语言系开设汉语课程，正规意义的汉语教学才由此起步。后又因长达26年的内战而基本处于停滞状态。2009年内战结束后，斯里兰卡汉语教学进入一个全新的快速发展阶段。2013年，在中国“一带一路”倡议下，斯里兰卡是首个以官方声明形式支持中国建设海上丝绸之路的国家，也是南亚地区积极响应的国家之一。近年来，两国在语言教育、文化交流、人才培养、经济贸易等方面促成了多方位的合作。目前，斯里兰卡已形成了以孔子学院和孔子课堂为主体，本地大、中、小学和各类汉语培训机构为补充的汉语教学格局。[①]

在斯里兰卡普通教育中，中小学阶段的汉语教学开始于20世纪70年代，当时教育部将汉语纳入高中课程，规定学生可使用汉语参加高等学校入学考试；1980年，规定在十一年级和十二年级开设汉语课程，教授汉语基础知识；2011年，高中开设汉语课程提前到十年级，即高中一年级；同年10月，汉语作为公立中小学应开设的10门外语选修课中的一门纳入了外语选修课程体系，学生在小学六年级后则可选修汉语，标志着汉语作为一门外语选修课程正式进入小学教育。大学阶段的汉语教学开始于1972年，凯拉尼亚大学向社会人员开设了一年级汉语进修课程，这是斯里兰卡教育部承认的非学历教育；20世纪90年代后期，该校为全日制本科生开设三年制汉语选修课程，规定学生须在英语之外选修两门外语方可获得毕业证书，这提升了汉语作为一门外语在高等教育中的地位。后萨巴拉格慕瓦大学成立汉语系开展汉语言本科学历教育，这是斯里兰卡目前唯一一所授予汉语言专业本科学士学位的高校，标志着汉语教学已从非学历教育阶段进入学历教育阶段。可见，斯里兰卡汉语教学无论是在中小学阶段还是高等教育阶段，不管是必修课还是选修课，都与每个阶段学生的毕业相关，是教育系统的一门重要外语。

以孔子学院和孔子课堂平台传播汉语的模式始于斯里兰卡内战结束前期。2007年，斯里兰卡首家孔子学院在凯拉尼亚大学成立；2009年，首家孔子课堂“中国国际广播电台兰比尼孔子课堂”成立。其中，广播孔子课堂已成为当前斯里兰卡汉语传播的主力军。此外，据不完全统计，2013年，斯里兰卡各类汉语机构累计培养学生人数5 000余人，仅2013年已有2 000余人，通过其他渠道学习汉语的人数在万人左右，当年的汉语学习人数是2009年内战结束时的10倍，增幅在南亚诸国中是最快的。[②]

3.3 佛教教育中的语言教育

佛教教育是斯里兰卡教育中不可或缺的一个重要部分，“佛学院教育委员会”是

---

① 杨刚．斯里兰卡汉语教学与推广的现状、问题及前景［J］．东南亚南亚研究，2012（4）：65.

② 杨刚，朱珠．斯里兰卡汉语快速传播：小国经验的大启示［J］．印度洋经济体研究，2015（3）：131.

国家管理佛学院教育的专门机构。斯里兰卡佛教教育分国家教育体制内和国家教育体制外两部分，体制内是佛学院教育，它与普通教育是一种互补关系（图1[①]）；体制外主要以"星期日学校"为典型代表，这类学校早在斯里兰卡佛教复兴初期已存在，历史久远。

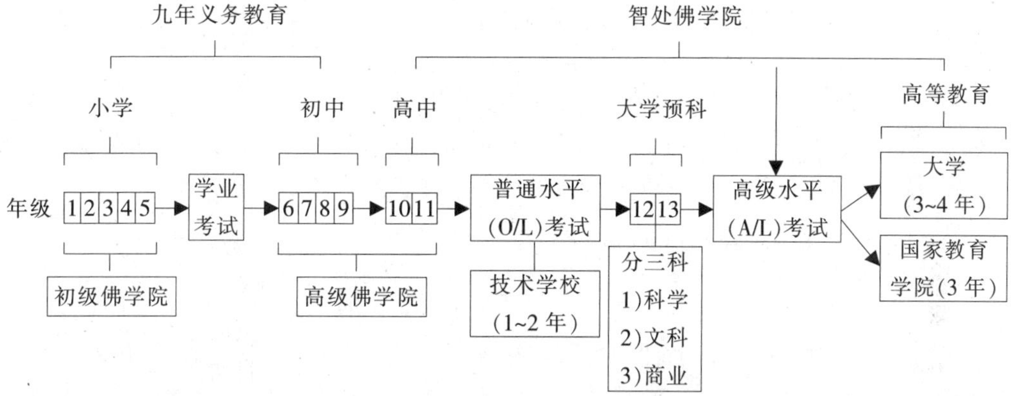

图1 斯里兰卡佛教教育体系

如图1所示，斯里兰卡教育体制内的佛学院分初级佛学院、高级佛学院和智处佛学院三个阶段，其办学目的之一是为比丘[②]在各学科和语言，包括佛教哲学、佛教文化、佛教史、僧伽罗语、巴利语和梵语等方面获得全面知识提供设施。[③] 可见，语言教育是佛学院教育中的一个重点内容。初级佛学院的语言课程包括僧伽罗语、梵语、巴利语、英语、泰米尔语，教材由政府免费发放。部分佛学院提供英文教学，以便学生提升个人能力，为弘法夯实语言基础。佛学院的高等教育主要基于东方语言研究，早在1902年成立的东方学学会，现属于斯里兰卡教育部下的一个国家教育机构，是斯里兰卡提升佛学院教育机构和语言研究的教育系统，主要研究僧伽罗语、巴利文、梵文和其他东方语言。学生通过该学会的考试可进入高等佛学院继续攻读哲士学位和文学智者学位。其中，哲士学位分东方哲士初级、东方哲士中级和东方哲士特级学位，其初级学位的必修课考试全为语言科目：僧伽罗语、巴利语和梵文，选修课中的语言科目包含印地语、泰米尔语和英语。此外，更高级别的东方哲士特级学位和文学智者学位对语言水平要求很高，其中，东方哲士特级学位课程共5门，僧伽罗语、巴利语和梵语为必修的3门语言科目，第4门则是从这3门语言科目中选一门进行专业

① 惟善．当代斯里兰卡佛教教育现状［J］．中国佛学，2015（37）：350.

② 比丘来源于梵语 bhiksu 的音译，一般意译为"乞士"，俗称"和尚"。佛家指年满二十岁，受过具足戒的男性出家人。

③ 惟善．当代斯里兰卡佛教教育现状［J］．中国佛学，2015（37）：350.

考试，第5门是诗歌写作。1981年，斯里兰卡政府建立了第一所佛教大学“佛教与巴利语大学”，比丘可在此寺院式的学习环境下直接攻读佛学博士学位，为传统佛教带去了现代的学习和研究方法。

国家教育体制外的“星期日学校”佛教教育，分12个年级，虽源于民间组织形式，但已得到政府的介入和支持，旨在培养青少年的佛教观念。几乎所有的孩子从小学一年级开始到大学都在寺庙里的星期日学校学习佛教，政府还组织考试。学校上课时间通常是周末和节假日的下午，语言课程有僧伽罗语类。

佛学院教师培训方面，对教师的语言水平也提出了较高的要求。斯里兰卡“教师培训学院”成立于1956年，其教师入学资格是通过东方哲士中级考试，年龄35岁以上。学院学制两年，语言科目包括英语、梵文、巴利文、兴都语等。

4 斯里兰卡语言规划主要特点

如上所述，斯里兰卡的语言政策经历了从单语制、双语制到多语制的演变，每个阶段的规划都直接与当时的政治环境密切相关，并直接聚焦于对僧、泰民族语言的地位争夺之上。可以说，其最大特点并非取决于语言本身，而是源于语言外部因素的冲突、控制与权力关系，尤以语言中的政治权力为最，它是斯里兰卡语言规划和政策中语言选择的强势决定性因素，即选择一种或多种语言作为国家语言、官方语言等主导语言的决定性因素，语言成为各党派争夺政治资源的外衣。

4.1 语言与民族之间的共生关系使语言成为敏感的政治议题，在语言民族主义的驱使下制定的语言规划和语言政策体现出过于集权的政治性

从英殖民时期开始的英语独大单语制，到独立后1956年“唯一僧伽罗语”，1978年僧、泰双语制，再到1988年僧、泰、英三语的多语制，短短半个多世纪就经历了三种语言规划类型，每个阶段的类型转变，都直接与当时的政治环境密切相关，具体体现在对僧、泰两种民族语言地位的争夺上，使语言成为民族冲突的主要根源之一，强化了语言民族主义的对立情绪，给国家语言规划和政策制定带来了极大的困难。一方面，人口占绝对优势的主体民族僧伽罗族认为僧伽罗语只在斯里兰卡使用，而泰米尔语不仅在斯里兰卡使用，还是印度的官方语言，且在全球范围内皆有较为固定的使用人口，如若泰米尔语获得了和僧伽罗语一致的官方语言地位，缺乏安全感的僧伽罗族则担心自身民族的命运；另一方面，早在英殖民时期实行的“分而治之”政策和泰米尔族长期为争取泰米尔语地位的做法一直遭到以僧伽罗族为首的政党和议会的压制，致使泰米尔族的语言民族主义逐渐上升为分裂主义而步入极端。再者，各民族分成不同的政治派别，各派别的政治抱负和诉求集中在权力和经济上，而非真正为了解决语言问题本身。理性来看，僧、泰两族都站在复兴自己民族的角度，过度强调了自身民族语言的地位及其独立性，并相互把这种强调推及对对方民族语言地位的不满和反对上，使语言被迫参与政党活动，被用于各种政治目的，导致民族冲突不断升级、

恶化。国内语言民族主义情绪高涨不下，刺激了民族分裂主义的滋生，成为斯里兰卡社会一系列不稳定的主要动因之一。由此可见语言规划和语言政策视角下的政治性，应妥善处理好语言及其使用中的政治因素，妥善处理与政治密切相关的语言问题，协调语际关系，才能增强民族团结，维护社会稳定。而强行压制民族语言，过分利用语言的政治性，违反了语言规划的基本原则，则其政策很难得到大众拥护，更罔言顺利执行。

4.2 长期依赖殖民体系而生的英语，无法从本质上承担融洽民族关系、建立国家认同的历史重任

英语是伴随着英殖民统治而进入斯里兰卡的。殖民时期，英语作为殖民语言依托殖民体系的权力结构而顺利登上语言权力等级的顶端，成为当时的官方语言、教学语言，具有其他民族语言无法企及的地位和声望；独立早期和初期，在以僧伽罗语为官方语言的单语制下，僧、泰两族纷争不断，无论是僧伽罗语还是泰米尔语，都未能起到促进各民族之间沟通和互信的作用，而英语则以其中立性的特征及较为稳固的语言声望基础继续活跃在斯里兰卡的行政、司法、商贸、教育等重要领域；内战时期，国内民族矛盾和冲突已走到无以复加的境地，出于解决争端的考量，1987 年政府通过宪法增补法案的形式将英语重新写入宪法，再次成为僧、泰两语的联系语言；近年来，在强调民族双语并加强英语的多语制下，英语以全新面貌再次荣登斯里兰卡语言舞台。可见，在僧、泰两语的语言声望还未稳固树立的情况下，英语以其较高的国际地位和语言声望顺利跨过了斯里兰卡的语言纷争，继续在新时期彰显其作为国际语言的重要地位。然而，回顾历史，我们发现，英语的语言权力和中立特征都被无限放大，似乎一直是缓和僧、泰两族关系，维护国家统一的最佳语言选择。诚然，选择英语作为僧、泰两族的联系语言有其历史事实上的合理性，而作为外来语，英语并无力从根本上促进民族团结，无法构建国族情感，更勿论国家认同。相反值得警惕的是，从殖民时期的“分而治之”起，英语便在殖民政府的规划下成为民族隔阂的根本因素之一；在独立建国后，又屡屡在求职就业、升学求学上分化出不同的社会阶层。解铃仍需系铃人，斯里兰卡的语言规划问题无法完全寄希望于外来语的英语及其独有的国际地位，对僧、泰两语的合理规划必须走在前端。

4.3 在斯里兰卡的显性语言政策发展历程中，含藏着来自各领域的隐性的语言规划因素

一百多年来，斯里兰卡语言规划、语言政策的调整和改变几乎都是通过不断升级的语言冲突和暴力事件得以推动和发展的。无论是“唯一僧伽罗语”的单语制，还是僧、泰两语的双语制，抑或是现阶段僧、泰、英的三语制，都是语言规划在显性上的政策表现。除了显性的语言立法和政策规约外，斯里兰卡政府还采取了一些有利于僧伽罗语的传播、竞争和地位提升的隐性政策：在宗教政策上，宗教是语言传播的主要手段：斯里兰卡政府定佛教为国教；在教育改革上，教育领域是语言政策最直接的用武之地：20世纪70年代在大学的招生上施行“标准分制”和“地区配额制”，使泰米尔学生的录取分数高于僧伽罗学生，减少泰米尔学生的大学分配名额，直接削弱其原有的教育优势；在经济制度上，使僧伽罗语与经济利益直接挂钩，如增加僧伽罗人的就业比率，缩减泰米尔人的就业机会等；在移民政策上，人口迁移是语言传播和扩散的主要动因，如独立后斯里兰卡政府加速向泰米尔族聚居的北方省和东方省迁移僧伽罗人，企图改变其区域人口结构等。可见，上述领域的政策和规定，显然是配合不同时期斯里兰卡政府的语言规划和政策而相应制定和执行的，其对国家的语言政策而言，是一种隐性的语言规划因素，在语言传播中发挥着不可忽视的作用。

5 新时期斯里兰卡语言规划走向

语言政策体现国家政治，国家层面的语言规划具有政治性，这是无可厚非的事实。解读斯里兰卡语言规划的历史表现，可见人民对语言权力、母语权利及语言平等的强烈诉求，体现了语言之于国家安全、民族团结、政局稳定的重要意义和作用。

5.1 平等对待民族语言，增强民族自信，创建和谐的语言生活环境

通常来说，在多元语言国家，少数民族主动反抗主体民族剥夺其语言文化权利是一种普遍存在。而斯里兰卡的语言纷争恰恰是主体民族因担忧自己的语言被侵蚀和驱赶而主动掀起的，这真切地反映了僧伽罗族的民族心理，即由于缺乏民族自信而拒绝在语言管理上与最大的少数民族泰米尔族妥协，更忽略其他少数民族语言与文化的存在，企图由单一民族单独控制国家政权。这与斯里兰卡的多元民族构成和多元语言文化现实是不相符的，导致民族对立，语言权利失去保障，语言管理与实践局面混乱，多元语言生态遭受破坏，内乱四起，国家发展成为空谈。可以说，20世纪90年代之前斯里兰卡的语言规划和语言政策缺乏现实性、前瞻性和包容性。进入新世纪后，随着全球化时代的来临和内战的结束，政府最终确立了强调民族双语并加强英语的多语制，这是新时期斯里兰卡实现民族进步与和平发展的必然选择。

5.2 合理、科学开展语言规划工作，制定适合国情的语言政策

多元民族、多元语言与文化的国家，有采用单语制的，如老挝；也有采用多语制的，如新加坡。无论采用何种政策类型，都必须根植于语言国情，必须遵循科学合理的规划原则。独立后斯里兰卡在语言政策上的反复调整，皆反映出被动、仓促、无奈和强制的一面，语言规划失去其应有的作用和价值，既伤害了民族情感，更降低了民族语言声望。斯里兰卡的语言问题揭示出语言规划必须立足于语言事实，平等对待民族语言，合理科学布局，循序渐进地分阶段开展，并在政策执行过程中根据语言实践的反馈，及时恰当地作出调整和改革。反观当前的语言生活，自发展中期实施双语制以来，僧、泰两族的民族语言使用范围基本上仍局限在各自民族内，双语政策的效果并未能达到预期。在此情况下实施多语制，特别是考虑到英语在新时期的地位和作用，则更需要进行科学规划，平衡主体与多样，即如何保持母语教育与开展外语教学，仍是今后斯里兰卡语言规划和政策研究中应重点关注的问题。

5.3 “一带一路”倡议下汉语作为斯里兰卡汉语教学将在未来一段时间内得到发展

地处印度洋的斯里兰卡，是古代海上丝绸之路的重要国家。自古以来，中斯之间有着历史悠久的友好交往。1957 年中斯两国正式建交，至今双边关系友好、稳定，近年来高层互访频繁。在我国“一带一路”倡议下，2016 年，中国首次成为斯里兰卡最大贸易伙伴和进口来源国，最重要的投资国之一，第二大游客来源国，双方在基础设施建设项目、贸易行业和旅游行业展开了深度合作。多语制下的斯里兰卡近年的汉语学习需求越来越大，许多企业和机构对汉语人才的需求量也在逐年增长，汉语教学自内战后进入了一个新的发展时期，汉语是斯里兰卡新时期的一门重要外语。与此同时，随着两国交往的深入，斯里兰卡的华侨华人数量在近年来提升幅度较大，这些华人华侨子女的教育问题也得到了来自政府和民间的关注。目前，在斯里兰卡开展华文教育的机构主要是“斯里兰卡华侨华人联合会”①、“斯里兰卡中国文化中心”② 以及“华侨华人互助中心”③，针对华侨华人子女的教育开展各类中文学习班、国学班，申请汉语外派教师，邀请国内专家到斯里兰卡开展文化讲座等。虽然目前的汉语教学和其他南亚、东南亚国家一样存在缺乏国别教材、本土师资不足、学校办学和运行机制落后、办学经费短缺等困难，但随着两国合作的持续推进，在未来一个时期内对汉语人才的需求仍将稳定发展，这也对汉语人才培养提出了新时期的新要求。结合当前现状，现阶段可通过整合有效资源开展各类符合社会需求的汉语课程及文化类活动，如定制商贸汉语和旅游汉语等职业汉语课程，编写符合斯里兰卡社会发展特点的专用汉语教材；同时，有效利用现有的本土化汉语师资，中斯两国政府和各大教育机构可继续通过“走出去”和“请进来”的方式开展相关的语言培训，创造更多的语言实践机会，提升教师、商务和公务人员的汉语水平，为新时期两国人民的友好交往和相互理解奠定语言基础。

参考文献

[1] 郭雷庆. 斯里兰卡的宪政改革与民族冲突 [J]. 当代世界社会主义问题，2015 (4).

[2] 官品. “一带一路”视阈下中国与斯里兰卡的教育交流策略研究 [J]. 重庆师范大学学报（哲学社会科学版），2017 (3).

[3] 潘巍巍. 斯里兰卡语言之争 [J]. 语言政策与语言规划，2016 (1).

[4] 沙汉英. 斯里兰卡普通教育的改革 [J]. 当代亚太，2000 (4).

① 简称“华联会”，成立于 2012 年，是斯里兰卡华侨、华人、留学生以及华侨华人公司的联合体，是非政治、非营利组织。

② 2014 年 9 月中斯两国领导人共同为该中心揭牌，这是中国在南亚地区设立的首个文化中心。

③ 2015 年 9 月中国国务院侨务办公室支持兴办的斯里兰卡“华侨华人互助中心”（简称互助中心）。

［5］王兰．斯里兰卡［M］．北京：社会科学文献出版社，2004.

［6］惟善．当代斯里兰卡佛教教育现状［J］．中国佛学，2015（37）.

［7］杨刚，朱珠．斯里兰卡汉语快速传播：小国经验的大启示［J］．印度洋经济体研究，2015（3）.

［8］杨刚．斯里兰卡汉语教学与推广的现状、问题及前景［J］．东南亚南亚研究，2012（4）.

［9］余波．从单语制到多语制：斯里兰卡语言规划与政策的历史演变［J］．东南亚南亚研究，2017（3）.

［10］周庆生．中国“主体多样”语言政策的发展［J］．新疆师范大学学报（哲学社会科学版），2013（2）.

［11］FRENANDO C. The post-imperial status of English in Sri Lanka. 1940-1990：From first to second language［M］//FISHMAN J A，CONARD A W & RUBAL-LOPEZ A. Post-imperial English. Berlin：Mouton de Gruyter，1996.

［12］HERATH S. Language policy，ethnic tensions and linguistic rights in post war Sri Lanka［J］. Language Policy，2015（14）.

［13］LIM L. Kaduva of priviledged power，instrument of rural empowerment? The politics of English（and Sinhala and Tamil）in Sri Lanka［M］//WEE L，GOH R & LIM L. The Politics of English：South Asia，Southeast Asia and the Asia Pacific. Amsterdam：John Benjamins Publishing Company，2013.

［14］LIYANAGE I & CANGARAJAH S. Interethnic understanding and the teaching of local languages in Sri Lanka［M］.//GORTER D，ZENTOZ V & CENOZ J. Minority languages and multilingual education bridging the local and the global. Dordrecht：Springer，2014.

［15］Government of Sri Lanka. Official Language Act No. 33 of 1956［M］. Colombo：Government Press，1956.

［16］Sri Lanka Ministry of Education，Social Cohesion and Peace Education. National policy and a comprehensive framework of actions on education for social cohesion and peace［EB/OL］. Colombo：Sri Lanka Ministry of Education. 2008.

［17］Sri Lanka Ministry of Education. Education first Sri Lanka［EB/OL］. Colombo：Sri Lanka Ministry of Education. 2013.

［18］The Constitution of the Democratic Socialist Republic of Sri Lanka［EB/OL］.（2015－05－15）. http：//www. parliament. lk/files/pdf/constitution/pdf.

【作者简介】

李洁麟，暨南大学华文学院助理研究员，博士，主要从事语言政策和华文教育研究。Email：lijielin@ hwy. jnu. edu. cn。

略论华文教育身份认同

［中国澳门］段　然
（澳门科技大学；肇庆学院）

引言

与一般的国际汉语教学相比较，华文教育承担了更多传承民族语言文化的任务，同时也是培养华裔学生形成多元语言文化意识的重要手段，具有多重社会功能和文化意义。华文教育在传播、继承、维系中华语言文化的同时，也在丰富当地的社会文化。①

华文教育的对象决定了其鲜明的特点。华文学习者与华文具有天然的族裔联系，但这种联系并不一定对华文学习起到积极作用。华裔学生生长在华人家庭，而接触、适应的是所在国的文化和社会，多种文化的碰撞往往会使他们产生身份焦虑，找不到合适的身份认同，从而通过逃避、排斥来标榜自身的不同。同时，大部分学习者自身处于人生观价值观形成的重要时期，身份认同的混乱将一定程度上导致他们对本民族语言文化产生排斥心理，从而影响汉语学习的方方面面。身份认同问题是华文教育值得重视的一个重要课题。

1　普遍存在的认同困境

心理学界对“认同”的理论内涵研究十分深入，大致可概括为：认同是一种情感、态度、认识，包括个体对自我的认识，对他人乃至对社会群体的认识。身份认同即“我”对自身身份的思考和建构。在这个过程中，人们往往会趋向于将自我归属于某个群体，通过归类而加深对自我的认识，寄托价值和情感，找到属于自己的位置和归属。我们对民族、国家、职业、爱好等不同的认同都将进一步丰富自我。② 从语言学角度来看，人类在习得一种语言的过程中，必然形成一种相应的自我情感认同，即“语言自我（language ego）”，这种情感态度或积极或消极。③ 语言学习和身份认同之间相互作用、相互影响，语言的使用会对认同的塑造产生影响，反过来认同又会影响

---

① 吴英成，邵洪亮．华裔汉语学习者解读：新加坡视角［J］．世界汉语教学，2014（2）：253－262.

② 沈映梅．汉语国际教育专业本科生专业认同研究［D］．昆明：云南师范大学，2014.

③ 盛炎．语言教学原理［M］．重庆：重庆出版社，1990：62－88.

语言的选择和使用。[①] 华裔在自然继承的血脉关系中，对汉语的认同如何？对自己中国人的身份是接受还是排斥？对学习汉语又持有怎样的态度？从经验主义角度看，我们普遍认为海外华裔学习者在身份认同上，或多或少存在问题，受多重因素影响。所在国家或紧或松的语言政策，所在社会语言的国际影响力强弱，所在华裔家庭不同的背景，汉语的实用价值以及中国的国际地位都在影响他们构建身份认同。[②]

事实上，华裔所面临的身份认同问题是十分复杂的。面对国籍、民族、血缘、文化、语言等多重因素，个体从自身实际需求出发而选择认同归属，但民族文化等因素的影响又使他们举棋不定，左右摇摆。多重因素之间的冲突造成了他们内在认同的冲突，从而产生了或排斥，或逃避，或抵触的心理。尤其在强势文化中，特别是第二代、第三代华裔更希望淡化自身华人身份，充分、尽快地融入当地文化。吴金平（2004）对美、加华裔新生代的社会调查显示，超过60%的被调查者可谓不关心中国事。[③] 而民族血缘所主导的身份认同也并非他们学习华文的直接动机，并不一定起到积极作用。王爱平（2006）对400余名印尼华裔青少年的调查显示，身份认同程度水平整体很高，但学习的最主要动机为“对找工作有用”。[④] 肖雍玉（2017）调查了美国昆斯奥查德高中第二代华裔汉语学习者，发现第二代华裔整体认同程度较低。[⑤]

2 引导华裔多元身份认同

2.1 引导多元身份认同——培养多元语言文化能力

著名华人学者王赓武教授提出东南亚华人多重身份认同的理论，概括多重的认同包括政治认同、种族认同、文化认同等。[⑥] 美国著名语言教学专家库玛教授（B. Kumaravadivelu）也曾提出，“后现代”的身份由继承的传统，政治、历史等外部因素，个人主观能动性三部分构成。在全球化视野下，我们需要发展“全球文化意识”，以更广阔的视角看待身份问题。[⑦] 王爱平（2000）针对东南亚华裔学生的调查中，大部分学生显示出很强的所在国国民意识，但这并不妨碍他们认同族裔语言和文

① 邵明明．汉语继承语学习者家庭因素和学习动机研究：以日本汉语继承语学习者为例［J］．华文教学与研究，2018（2）：53－63.

② 吴英成，邵洪亮．华裔汉语学习者解读：新加坡视角［J］．世界汉语教学，2014（2）：253－262.

③ 吴金平．对美、加华裔新生代特点的社会调查及分析［J］．世界民族，2004（6）：64－69.

④ 王爱平．汉语言使用与华人身份认同：对400余名印尼华裔学生的调查研究［J］．福州大学学报（哲学社会科学版），2006（4）：86－90

⑤ 肖雍玉．美国第二代华裔青少年汉语学习研究［D］．成都：四川师范大学，2017.

⑥ 王爱平．东南亚华裔学生的文化认同与汉语学习动机［J］．华侨大学学报（哲学社会科学版），2000（3）：67－71.

⑦ 库玛，刘颂浩，丁丹妮．库玛语言教学系列 第三讲 文化全球化、个体身份与语言教学［J］．国际汉语教学研究，2017（2）：42－49.

化，也并未影响到他们学习汉语的动机。[①] 黄煜（2012）在对印尼青少年华裔的调查中提出，印尼青少年已经确立了对印尼的国家认同，感情归属倾向印尼的同时，仍保留强烈的华人身份认同意识。[②] 刘燕玲（2015）对加州大学华裔青年身份认同的调查分析发现，双重认同特征较为明显，且这种双重认同是由不具相关性的族裔认同和国家认同所组成的结合体。[③] 由此可见，国家或政治认同并不妨碍华裔的族裔和文化认同。我们在教学中，不应追求对华语、华人身份的单一认同，这在实际教学中不可能达到，在全球化的背景下，单一认同对学生的发展也是极其不利的。以典型的多元文化国家澳大利亚为例，新南威尔士州于2011 年开始实施 Heritage Chinese 汉语学习大纲，大纲对国际环境中的华人身份认同有明确的指导意见：希望学生通过学习确认和反思自己的华裔身份，认同自己“澳大利亚华人”和“世界公民”的身份。在接受多元性的基础上，因自身的族裔特点而丰富这种多元性，并为成为一名合格的“世界公民”而努力。由此，大纲强调的身份认同实际上是“华裔”“澳大利亚华人”和“世界公民”三种身份的融合性的认同。由教育主管部门颁布的官方大纲并不多见，也对我们推进华文教育起到很大的启示作用，尤其是国别化汉语教学的研究。[④] 我们在教学中，引导学生进行身份认同时，首先应秉承“全球文化意识”（B. Kumaravadivelu，2008），尊重文化多样性，克服对某一文化、某一身份的狭隘关注，确立双重或多重身份认同的理念，充分考虑华裔学习者的国家认同，规避冲突，寻求多元认同的和谐发展，最终达到有意义的文化成长。[⑤] 由此，学生在华语课上获得的是多元的语言文化能力，华文教育作为一种语言教育，所发挥的作用也不仅是工具性的。

2.2 文化教学——把握继承语（heritage language）学习的特点

郭熙（2015）指出，“华文教学的‘华’标明了语言的民族及文化传承性，它是一种‘祖语’（heritage language）教学”，“全世界华语学习者中非祖语生（non-heritage language learners）约占总数的三成，祖语生（heritage language learners）则多达七成”。[⑥] 越来越多的学者开始结合“继承语”（heritage language）理论研究华文教育。文化教学作为华文教育的一项重要任务，也是“继承语”学习特点的集中体现。笔者认为，我们所开展的文化教学不应为了文化而文化，脱离学生实际。应明确一个态

---

① 王爱平．东南亚华裔学生的文化认同与汉语学习动机［J］．华侨大学学报（哲学社会科学版），2000（3）：67－71.

② 黄煜．印尼华裔青少年对中华文化的认同及其对汉语学习的影响［D］．桂林：广西师范大学，2012.

③ 刘燕玲．加州大学圣地亚哥分校华裔学生的双重认同研究：美国华裔青年身份认同的个案分析［J］．世界民族，2015（1）：79－91.

④ 段然．澳大利亚 Heritage Chinese 中文教材选材研究［J］．嘉应学院学报，2016（4）：72－77.

⑤ 库玛，刘颂浩，丁丹妮．库玛语言教学系列 第三讲 文化全球化、个体身份与语言教学［J］．国际汉语教学研究，2017（2）：42－49.

⑥ 郭熙．论汉语教学的三大分野［J］．中国语文，2015（5）：475－478.

度，即不卑不亢，积极中立；一个理念，即与多重身份认同的引导相互作用；一个原则，近身原则，教学内容紧贴实际，考虑学生需求和水平；一个目的，强化学习者的融合性动机。继承语的学习者往往具有一定的“传承动机”（heritage motivation），是在与某种语言具有很强文化联系的家庭中长大的，他们从小耳濡目染，对语言相关的基本隐性文化规范已非常熟悉，[①] 因而，针对他们的文化教学就应参考文化研究的相关理论，更多地涉及民族精神、价值观、儒家思想等深层文化，有别于汉语作为第二语言教学中更强调趣味性和吸引力的文化教学。但同时，我们也应该看到，华裔学生是在异于中国文化和国情的社会环境中长大的，他们所熟悉的以及首先所需要适应的是所在国的文化和社会。我们要了解清楚他们“异”在哪里，注意教学中的隐性影响。当然，这同时也是跨文化意识的问题，我们需要具备这样的自觉、自省，以开放态度尊重文化差异和多元，克服对其他文化的刻板印象和偏见，以移情态度看待其他文化并以客观态度看待自身文化。

参考文献

[1] 曹贤文．“继承语”理论视角下的海外华文教学再考察［J］．华文教学与研究，2014（4）．

[2] 段然．澳大利亚 Heritage Chinese 中文教材选材研究［J］．嘉应学院学报，2016（4）．

[3] 郭熙．论汉语教学的三大分野［J］．中国语文，2015（5）．

[4] 黄煜．印尼华裔青少年对中华文化的认同及其对汉语学习的影响［D］．桂林：广西师范大学，2012．

[5] 库玛，刘颂浩，丁丹妮．库玛语言教学系列 第三讲 文化全球化、个体身份与语言教学［J］．国际汉语教学研究，2017（2）．

[6] 刘燕玲．加州大学圣地亚哥分校华裔学生的双重认同研究：美国华裔青年身份认同的个案分析［J］．世界民族，2015（1）．

[7] 邵明明．汉语继承语学习者家庭因素和学习动机研究：以日本汉语继承语学习者为例［J］．华文教学与研究，2018（2）．

[8] 沈映梅．汉语国际教育专业本科生专业认同研究［D］．昆明：云南师范大学，2014．

[9] 盛炎．语言教学原理［M］．重庆：重庆出版社，1990．

[10] 王爱平．东南亚华裔学生的文化认同与汉语学习动机［J］．华侨大学学报（哲学社会科学版），2000（3）．

[11] 王爱平．汉语言使用与华人身份认同：对400余名印尼华裔学生的调查研

① 曹贤文．“继承语”理论视角下的海外华文教学再考察［J］．华文教学与研究，2014（4）：48－56．

究［J］. 福州大学学报（哲学社会科学版），2006（4）.

［12］吴金平 . 对美、加华裔新生代特点的社会调查及分析［J］. 世界民族，2004（6）.

［13］吴英成，邵洪亮 . 华裔汉语学习者解读：新加坡视角［J］. 世界汉语教学，2014（2）.

［14］肖雍玉 . 美国第二代华裔青少年汉语学习研究［D］. 成都：四川师范大学，2017.

【作者简介】

段然，河南省郑州市人，广东肇庆学院教师，澳门科技大学国际学院博士研究生在读。Email：609744315@ qq. com。

国别华文教育

提高北美中文教学质量的六项策略

［加拿大］任京生
（加拿大西三一大学国际教育学院）

引言

在北美，中文教师所面对的教学对象非常复杂，与在中国有着极大的差异。在北美，有华人子弟会听和说汉语，却不会读和写；有西人，听说读写都不会；以及其他各种各样不同程度和差异的人群。

因而，北美中文教学相对于中国来讲难度要大，对中文教师的要求也相应更高。可是，事与愿违，在北美恰恰缺乏专业的高水平的中文教师，很多中文学校只要会说中文的人就被聘任上岗了。然而，正像会吃中餐的人不一定会做中餐一样，会说中文的人并不见得能教好中文，教学法并不是所有人都懂得的。

来过北美的人都知道，很多从小就学英语的中国人，考托福、雅思都能得高分，但来了之后却发现与人对话听不懂，开不了口，很多老移民倾其毕生精力也无法攻克语言关。究其原因，主要是过去采用的背单词、攻语法的哑巴式学习法害人不浅。可是，很多习惯了这种英文学习法的人，也用同样的方法来教中文。这就使得整个北美中文教学存在很多问题。

鉴于此，本文试图从语言学、脑科学、心理学等方面来寻找中文教学效率低的原因，以及传统教学方法的失误，对过去的错误方法予以指出，提出改进方法，以使人们能在有效时间内快速提升中文水平。

1 集中时间，克服遗忘率

随着北美的华人越来越多，以及中国和北美的经济文化等方面交往越来越频繁，在北美，不仅很多大学开设了中文课，一些中小学也开设了中文课。在很多华人集中的城市都建立了中文学校，很多华人家长从孩子小时候起就送其上中文学校。

可是，从大学情况看，一年级上中文课的学生很多，很多人都是对中文抱着好奇态度来学，可是越往后坚持下来的就越少。中文学校属于业余时间周末补习，了解中文学校的人都知道，大部分孩子都不是自愿来的，而是被家长逼迫来的。这些孩子尽管是华裔，但对学习中文兴趣不高。一些学生在中文学校学了很多年，中文水平还是进步不大。

根据西方教育专家的研究，对于母语为英语的学生来讲，学习中文要想达到流利程度，需要 1 300 个小时，而法语、西班牙语则需要 480 个小时（DeFrancis，1984）。[①]

这样看起来中文尽管比英文、法文、西班牙文难学，但对于很多学生来讲，累积时间 1 300 个小时早已超过了，有的甚至学了上万小时了，可中文为什么还是不行呢？其症结之一就在于学习时间不集中。

根据德国著名心理学家艾宾浩斯的遗忘曲线，人们“在学习 20 分钟之后，遗忘率就达到 41.8%，…… 60 分钟之后记忆保持量锐减 55.8%，而到了 31 天后就减掉了 78.9% 了”[②]。通过这个遗忘曲线我们就知道，很多学校是每周两次中文课，中文学校是一周才一次中文课。人们每周只是课上这点时间学习中文，其他绝大部分时间又回到了母语上。这种情况下如果不复习的话，这次课学的东西，到了下次课的时候就全忘了，就好比是“狗熊掰棒子，掰一个丢一个”。

因此，过去的每周学一点的分散式方式是学了就忘，不断地炒“冷饭”的过程。分散时间学中文就好比是高利贷买车，一辆新车一次性付款 2 万元，如果分期 5 年付款就变成了 4 万元，10 年后就变成了 8 万元，时间拖得越长利息越高。语言学习实际上是神经系之间通道的建立。就像村与村之间建立道路一样，一鼓作气让道路建成了，今后就快速通畅了。如果一曝十寒，今天踩出一条小路，长期不走就没了；下次再重新去踩，周而复始，就要花费成倍的努力和时间。

为此，可设计一套几个月的强化项目，使学生这段时间忘掉母语，关闭手机，每天除了睡觉吃饭就完全沉浸在中文之中，及时复习，不断测验，克服遗忘率。这样几个月下来可达 1 千多个小时，可以初步建立中文的语言思维。有了语言思维，脑神经元之间的通道建立了，接下来再学习，效率就提高了。

当然，这样全封闭的几个月集中培训，对于很多人来讲具有一定难度。对于有中文学习愿望的学生来讲，暑假是个好时间，组织一个暑期全封闭的强化班，是非常有益的。当然，这几个月的课程需要精心设计。

2 主攻听力，开口说话

一个大字不识的文盲照样能与人交流，但一个胸有上万单词，托福、雅思都考高分的博士到了海外可能一筹莫展。因此，要想熟练使用一种语言，首先是要建立起这种语言的语音思维。因为语言思维首先是语音思维，而非文字思维。

在中国，小学生从一年级就开始学习汉字，一直到高中，十几年如一日都是以学习汉字为主。这是因为中国的孩子从出生那一天起就沉浸在中文的语音环境中接受熏

① DEFRANCIS J. The Chinese language：fact and fantasy［M］. Honolulu：University of Hawaii Press，1984.

② 刘启辉. 艾宾浩斯遗忘曲线在英语词汇记忆中的应用［J］. 科教文汇，2009（26）.

陶了，因此在童年就建立了中文的语音思维，一年级就开始学习汉字是一种自然而然的过程。

但对很多北美的学生来讲，特别是对那些中文零基础的学生来讲，一上来就学习汉字，显然是本末倒置了。

由于很多北美的中文教师没有学过教学法、教育心理学等课程，他们只是采取自己过去学哑巴英语的方式，并仿照在中国大陆从小接受的语文老师的教学方法来教，上来就教拼音、汉字。这对于在家里与父母讲中文的华人孩子是可以的，因为他们能听能说，和在中国的孩子一样，已具备了语音思维。可是，对于没有中华文化背景的西人来说，那就误人子弟了。

汉字来源于图画，英文来源于声音，汉语和英语是两种完全不同的语系。英语听说读写是密切相关的，英语 26 个字母实际上就是其注音符号，你学会了听和说，自然也就能认识单词并进行拼写了。因此英文重在听和说，西人已习惯了用听和说的方式来学习语言。汉语的听说和读写是相脱离的。汉字是象形文字，中国各个民族使用同一种文字，但发音不同。例如同样一个“我”字，普通话念 wo，上海话念 ngu，广州话念 ngo，发音完全不一样。汉字必须单独花精力去练习读写。

因此，学习任何一种语言都要从语音开始，中文也同样。对于中文零基础的学生来说，要从学习听、说开始，等到有了一定的听说能力之后再开始读写也不晚。要知道汉字的书写和认识比其他文字要难，一开始就学汉字，会把一部分学生吓走。

3 形象教学，开发右脑

根据脑科学家的研究，人的大脑分左脑、右脑。左脑是以语言为主的分析、判断和抽象概括的中枢，主要负责逻辑思维、计算思维，以及语言、数字、顺序、意识、机械记忆等思维活动。右半脑是以形象思维为主的直觉思维中枢，主要负责整体感知、创造力、新颖性学习、潜意识、触觉、声音、图像、情感、空间、想象等思维活动。两脑相比，右脑存在的潜力约为左脑的十万倍。但是，人们日常学习、工作百分之九十以上都是使用左脑，致使右脑功能严重闲置。[①] 因此，右脑的开发利用不容忽视。

笔者曾出版《全脑开发学中文：汉语形象教学宝典》一书，对如何用形象教学法来开发右脑配合左脑一同学习中文有详细论述。该书采用形象教学法十要，即形象比喻、自我创造、启发灵感、联想记忆、图像助识、追根究底、系统梳理、横竖编织、寓教于乐、贯彻“五 C”这十种方法，将汉语教学中出现的语音、文字、词汇、语法、修辞、中文学习方法、中英文差异、语言和文化的关系等用形象化的方式作了全方位的解析，以使学生左右脑配合，更加容易对这些问题进行理解。

---

① 任京生．全脑开发学中文：汉语形象教学宝典［M］．北京：中国广播影视出版社，2017.

本文虽然强调中文教学中以听、说为主，但在学习中，学生必不可免地会提出一些发音、词法、语法等问题，需要老师能用通俗易懂的方式予以解释。为了让学生能更轻易地掌握这些理论问题，该书研究出一套中文的形象教学法，以帮助学生更生动形象地掌握中文语音、词法和语法。

4 编辑课本，配乐朗诵

同样一首诗，小学生一字一句平淡地读出来，人们毫无印象；但朗诵家有韵律、有节奏地朗诵出来，效果就不一样了。如果配上音乐变成配乐诗朗诵，人们就如醉如痴了。如果谱上曲唱出来，人们就终生难忘了。因为韵律、音乐、情感属于右脑的范畴。这就是老师给学生讲理论学生不爱听，歌星唱歌学生却疯狂一样。

语言学习是艰苦的，就好比是吃苦药；听音乐就好比是喝糖水。孩子不愿意吃苦药，但配着糖水就容易接受了。人们学习语言觉得枯燥，配着舒缓的音乐就感觉舒适了。有研究表明，“人们通过从事欣赏与创造音乐的活动，脑内产生出大量的 α 脑波，正是这些 α 脑波能使脑内吗啡肽大量加速分泌，能极大地提高右脑的使用频率，并促使左右大脑两半球相互协作与沟通，从而实现了开发右脑的目的”①。

因此，应制作一套优质的听力教材，进行配乐朗诵，从婴儿学语，到小学、中学，速度由慢到快，由易到难，循序渐进。这套录音可供人们在吃饭、走路、睡觉前后等闲暇时间来播放，进行语言熏陶，形成全天候的语言环境。平时在学习语言时，也可播放一些轻松的音乐，会对舒缓人们情绪、减轻学习压力有帮助。

5 寓教于乐，培养兴趣

根据心理学研究，人的情感喜好对于语言学习效率起着至关重要的作用。

第一是性格。自信、外向的学生进步会更快一些；沉默寡言的人母语都可能说不好，学外语就更难了。

第二是动力，就像汽车的发动机，最好是自身动力强大。如果自身动力不够，就要借助外在的动力。普通人都是具有惰性的，都是需要外在的动力的，那就是进入学校，由学校逼迫着自己往前走。

第三是情感状态。现在西方国家特别强调快乐教学，这并非迎合孩子的玩乐，放纵孩子的懒惰。而是因为在快乐环境之下，人的右脑才会分泌更多的使人产生幸福感的脑内黄金“β—内啡肽”，右脑的创造之门才会打开。美国心理学家霍华·克莱贝尔说：“右脑使人幸福，左脑用得多的人不易感到幸福。”

综合以上三个方面，性格是天生的，而动力和情感状态是可以通过学习来改变的。因此，老师首先要制定一个严格的制度，给学生创造一个强大的外在推动力。然

---

① 春山茂雄，竹村健一．脑内革命的活用［M］．台北：星光出版社，1997.

后，给学生营造一个轻松快乐的环境，将游戏、娱乐、旅游、运动等项目均融入学习中，甚至边旅游边学习，边娱乐边学习，让学生对学习产生浓厚兴趣。还可将营养配置、健身保健等也融入进去，让学生保持旺盛的精力和体力。这样让学生既感到轻松愉快，又感到紧张刺激，从而提高学习效率。

6 在活动中学习中文

有研究发现，使用拼音文字和汉字的人大脑语言功能区是不同的。使用拼音文字的人常用的是后脑的威尔尼克语言区，靠近听力区，因此以英语为母语的人特别注重营造一个“语音环境”。使用汉语的人常用的是前脑的布鲁卡区，更接近于大脑运动功能区。① 因此学习汉语要多看、多写、多说，靠“运动”来记忆。

从音节上来看，英文就好像是一串长短不一的音乐音符；中文就好像是一步一声的口号，很具有节奏感。汉字来源于人们对大自然中实物的临摹，汉语的发音也一样，最早来自人们对大自然中声音的模仿，例如各种家禽的叫声等。人们在狩猎奔跑中相互呼唤，肯定是一步一声呼吸顺畅。因此中文的音节就和走路、跑步合拍，一步一个音节。而英文像音乐，犹如在草原放牧时的牧歌。

因此，在中文教学中，适当地加入一些游戏，有节奏地击掌等，都会对活跃课堂气氛，加深学生印象有所帮助。

语言教学如同医生看病。医生看病主要分诊断与治疗两个阶段。相对而言，诊断比治疗更难。如能准确地找出病根，就能对症下药，有效治疗。为什么有的医生治不好病人，关键就在于诊断不准，治疗也跟着出岔子。中文教学也一样，先要找出人们学习效率低下的真实原因。原因找准了，就可以设计各种各样的方法来因材施教、因人施教了。

目前，在海外有各种各样的中文教材，有的很适合中国国内的语文教学，但到了海外，由于文化的差异，就出现水土不服。因此，中国大学负责对外汉语教学的教授们应尽量多出国、走出去，亲身到海外进行一段时间的教学实践，经常与海外一线的教师交流，使其雄厚的理论知识与海外的实践经验相结合，这样才能更有效地帮助海外一线中文教师找出教学中的病因，提供教学良方。中国大学也应将其培养的具有专业水平的中文教师送出去，以提高海外中文教师的整体水平。在此，加拿大西三一大学国际教育学院愿为推动海外的中文教师事业发展提供合作。

参考文献

[1] DEFRANCIS J. The Chinese language: fact and fantasy [M]. Honolulu: Uni-

---

① WAI T S, PERFETTI C A & ZHEN J, et al. Biological abnormality of impaired reading is constrained by culture [J]. Nature, 2004 (431).

versity of Hawaii Press，1984.

［2］刘启辉．艾宾浩斯遗忘曲线在英语词汇记忆中的应用［J］．科教文汇，2009（26）．

［3］任京生．全脑开发学中文：汉语形象教学宝典［M］．北京：中国广播影视出版社，2017.

［4］春山茂雄，竹村健一．脑内革命的活用［M］．台北：星光出版社，1997.

［5］WAI T S，PERFETTI C A & ZHEN J，et al. Biological abnormality of impaired reading is constrained by culture［J］. Nature，2004（431）.

【作者简介】

任京生，加拿大西三一大学国际教育学院副院长。主要研究方向为汉语作为第二语言教学、英语教学、海外华文文学。

越南语中的汉语借词以及对越南学习者汉语教学的一些建议

［越南］武氏梅花
（顺化大学下属外国语大学）

引言

越南语中的汉语借词是极其特殊、极其复杂的一种词，是越汉两个民族在以往至当今交往与接触过程中的产物。由于历史和地理的原因，这两种语言之间的接触具有难以从与其他语言的接触中找到相同的特征。因此，越南语中的汉语借词在性质、特征、功能等因素上都不同于越南语中的法语和英语借词。越南语中的汉语借词不仅是数量最大、融入和延续的时间最长、保留得最完整、越化率最高，而且还是使用频率高、适用范围广、构词能力最强的一种借词。目前从数量上来看，越南语中的汉语借词大约占越南语词汇中的60%～70%，其中有相当一部分已经融入并成为越南语的基本词汇，与越南语词或其他汉源词一起组成各组同义词。此外，汉语借词还被越南人借用来命名其他术语（包括从欧美语言转译的术语）并将其作为转译西方文明知识的工具，汉语借词还参与了越南语所有语言风格和交际场合。不过，当汉越借词被融入越南语后，它一般被强烈地越化以符合越南语的结构规律，造成汉语借词与其对应的汉语词的差异。这给学习汉语的越南学习者和学习越南语的中国学习者带来了很多理解以及使用上的偏误。本研究不仅限于汉越词，还涉及所有从汉语借来的借词，包括汉越词、汉源词、越化汉越词以及模仿汉语方言读音的词。本研究主要解决下面几个问题。

1　汉语借词的分类

对于汉语借词的分类，目前各位研究学者的看法不一，至今对于汉语借词的分类界限仍然处于争论之中。我们在接受并继承以往研究学者看法的基础上认为应该从不同角度出发对汉语借词进行分类，才能充分了解汉越借词的特征，下面我们将分别从不同的角度对汉语借词进行分类。

1.1　从借词的来源分类

将汉语借词分为纯汉语借词和非纯汉语借词两种。

1.2　从借用的时间分类

阮才紧（1978）将汉语借词分为前汉越词、汉越词和后汉越词三种。王力

(1958) 却将其分为"古汉越词、汉越词和越化汉越词"三种。我们认为"前汉越词"或"古汉越语"都是指"一种与汉越读音毫无相干的词"(阮才紧，1998)，即包括在汉越读音系统还没有形成之前已经进入越南的汉源语素（约在中唐时期之前)。这部分语素中的大部分都是单音节，读音类似于汉语上古音。"汉越词"是指古汉越词之后（大约7世纪往后）的汉越借词，它具有系统的汉越读法，数量庞大并在越南语的词汇系统中占有重要的位置。如 thiên（天)、địa（地)、ngoại（外)、đạo（刀）等。"后汉越词"或"汉越越化"都是指在"汉越词"之后通过汉越读音系统进入越南语的词，如 bên（边)、cậu（舅)、gần（近)、ván（板）等。

1.3 从借用途径

根据借词的借用途径可以将汉语借词分为口语的汉语借词和书面语的汉语借词。口语的汉语借词又包括前汉越词和汉语方言仿音的汉语借词，其中前汉越词数量极少，还不成系统，且对越南语的影响不大。汉语方言仿音的借词是指模仿中国南方方言（主要是粤方言和潮州方言）的语音借过来的词语，虽然借用方式也像前汉越词那样，都是音译，不过这部分借词与汉越读音系统毫不相干。如 sủi cảo（水饺)、xì dầu（酱油)、vằn thắn（馄饨）等。而书面语汉语借词则具有严格、系统、稳定的汉越读法，如 cận（近)、hương（香)、phương（方)、vương（王)、khổ（苦）等。

可见，从不同角度看待汉语借词就会提出不同的分类法，甚至从同一种角度也会对汉语借词有不同的分类。对越南语中的汉语借词如何命名目前仍然没有一种能够完全概括其特征的说法，这说明越南语中的汉语借词是一种极其复杂、极为特殊的借词。

2 汉语借词与其对应汉语词的异同

2.1 语音相同

汉语借词与对应的汉语词在语音上具有相同或相近之处，如汉语词的"海""好""公安""广告"等的读音分别对应越南语的读音为"hải""hảo""công an""quảng cáo"。除了语音完全相同外，两者之间还存在着部分相同，如声母、韵母或声调相同或相近。汉语中，晓母的词（即汉语声母为 h、x)，进入越南语后读音都为"h"开头，如汉语词的"黑""香""晓""向"等汉越读音分别为"hắc""hương""hiểu""hướng"。开口呼的汉语词，汉越音的主要元音为"a"，如汉语的"寒""行""河"等汉越音分别为"hán""hánh""há"。还有汉语词的上声，汉越音一般都为"问声"或"迭声"，如汉语的"改""府""写""有"等就分别对应汉越音的"cải""phủ""tả""hữu"，汉语的阴平，汉越音一般为平声，如汉语的"金""心""飞""知"，汉越音为"kim""tâm""phi""tri"。

2.2 词义对应，用法相同

词义对应是指越南语中的汉语借词与其对应词汉语借词的理性意义完全相同。这类词占越南语中汉语借词的词汇总量最高，主要是术语和单义词。

相关术语	汉语借词	对应汉语词
音乐术语	Âm điệu	音调
	Âm hưởng	音响
	Dương cầm	钢琴
医学术语	Yết hầu	咽喉
	Tim mạch	心脉
政治术语	Chủ trương	主张
	Chính sách	政策
	Chính phủ	政府
经济术语	Lãi suất	利率
	Cổ phiếu	股票
	Mậu dịch	贸易

可见，上述所举的这类词因在汉越两种语言中意义完全等同，对汉语或越南语的学习者不会带来任何理解上的困难，具有很大的正迁移作用。

2.3　词义对应，用法不同

越南语中的汉语借词与其对应的汉语词虽然意义上对应，但其用法不同，这主要是由两者的语体色彩、词性以及词的搭配上的不同而造成的差异。

2.3.1　语体色彩的不同

语体色彩是语言单位的语境色彩，是语言使用时受到言语环境制约而产生的。越南语中之所以出现汉语借词，主要是越南语尚未有新词来表达某些新概念，就从汉语借来汉语词。这就是任何语言词汇借用时“因缺要借”的必然条件，以补充本民族词汇的空缺。如“tuyết”（雪）、“độc lập”（独立）、“dân chủ”（民主）等。此外，还有一种相反的情况，就是越南语自身即便已有纯越语词也要借词，这一种“不缺也借”造成了越南语中存在同义词的现象。面对这种现象，越南人几乎约一组定俗成地将纯越南语词用于口语，而将与其对应的汉语借词用于书面语，从而导致两者语体色彩上的不同。如：

汉语词	汉语借词	纯越南语词
妇女	Phụ nữ	Đàn bà
夫人	Phu nhân	Vợ

越南语中的汉语借词“Phu nhân”（夫人）通常用于庄重、正式、典雅等的书面语体，而与汉语借词对应的纯越南语“vợ”（夫人）则用于较为随便、通俗、亲密等的场合，带有口语的色彩，两者之间不能混用。因此，对于某国家领导的夫人，就只能用汉语借词“Phu nhân”（夫人），而不能用“vợ”（夫人）来表达。这种因同义现象而造成汉语借词与纯越南语词语体色彩上的差异非常普遍。根据学者阮文康对《三千字》字典的统计，三千字中就有85%的汉语借词，且都能找到与其对应的纯越南语词。如天—thiên/trời，地—đia/đất，存—tồn/còn，家—gia/nhà，国—quốc/nước 等。

2.3.2　词性不同

汉语借词进入越南语后，虽然词义没有发生变化，但由于该类词受到越南语的语言规律以及越南民族文化、思维的影响，而改变了词性。这种词性的变化较为复杂，主要表现如下。

（1）名词转为形容词。

这类汉语借词原本是名词，当被引入越南语之后就改变了词性，成为形容词。这种词性的转换主要表现于“从某类人转化为专指某类人所特有的特征”或者“从某种事物、现象转化为事物、现象的性质特点”。如“奸雄/gian hùng”在汉语中是指“用奸诈手段取得大权高位的人”，而在越南语中却是指“狡猾多谋”。因此，越南语中可以说“Tào Tháo là một kẻ gian hùng”（曹操是一个奸雄的人），而其与汉语中对应的表达则是“曹操是个奸雄”。再比如“精怪/tinh quái”在汉语中原本是名词，是指“妖怪”之义，但被越南语借来后，就转化为形容词，为“鬼机灵”之义。如越南语中的表达“cô ta rất tinh quái”（她很精怪），其对应的汉语表达则是“她很鬼机灵”，即是想表达“她”的性格特点。类似的还有“淫欲（名）—dâm dục（形）”“神效（名）—thần hiệu（形）”“情感（名）—tình cảm”“灾害（名）—tai hại（形）”等。

（2）名词转化为动词。

汉语中原本是名词，但越南语借来后又被转化为动词。这种汉越语中的名动转化通常是“从人转化为动作行为”和“从事物转化为动作行为”。如先知—tiên tri（预知）；内助—nội trợ（做家务）；祭礼—tế lễ（祭祀）；假名—giả danh（冒名）；心事—tâm sự（谈心）

（3）动词转化为名词。

这种动名的转移是指汉语词是动词，但当进入越南语后就改变了词性，变成了名词，如：

词语	汉语词词性	汉语借词词性
审判	动词，指审理和判决	Thẩm phán（审判）：名词， 指审理和判决的人，即“审判员”

（续上表）

词语	汉语词词性	汉语借词词性
告状	动词，指当事人请求司法机关审理某一案件	Cáo trạng（告状）：名词，指状书
麻醉	动词，指用药物或针刺等方法使整个有机体或有机体的某一部分暂时失去知觉	Ma túy（麻醉）：名词，指毒品

总之，汉语词进入越南语之后一般都会发生词性转移的现象，但最为常见的还是从名词转变为动词和形容词。

2.3.3 词的搭配不同

越南语中的汉语借词有一部分进入越南语后，受到越南语搭配的规律以及越南民族的思维方式影响，造成了与其对应的汉语词搭配上的差异。如：

词语	汉语词搭配方式	汉语借词的搭配方式
卫生	进卫生	守卫生
电话	打电话	叫电话
药	吃药	喝药

2.3.4 词的感情色彩不同

词义转变	汉语词	汉语词词义	汉越读音	汉语借词词义演变
感情色彩的变化	手段	1. 为达到某种目的而使用的方法 2. 待人处事不正当的方法 3. 本事，技巧（中性和贬义）	Thủ đoạn	“手段”在越南语中其感情色彩发生变化，是指贬义，即借用汉语“2”义项。

2.3.5 词序的颠倒

越南语中的汉语借词的倒序主要限于并列式和偏正式合成词这两种构词方式。从原则上来说，越南语并列式的合成词中各词素之间一般都可以倒序，倒序后词义基本上变化不大，一般只是词义的感情色彩发生了变化而已。如：恶毒/ác độc—毒恶/độc ác、隐秘/ẩn bí—秘隐/bí ẩn、平安/bình an—安平/an bình 、恩爱/ ân ái—爱恩/ái ân 等。此外，另一种倒序现象是偏正式合成词。这种汉越构词方式的转换已经明显体现了其被强力地越化以符合越南语的“正偏”式的构词规律。不过，这种偏正式的词序转换后词义或词性都改变。如高度/cao độ（副，指集中精力）—度高/độ cao（名，对应汉语的“高度”）、高点/cao điểm（指“高峰期”）—点高/điểm cao（指“分数”高）、指点/ chỉ điểm（指“暗探”）—点指/điểm chỉ（按手指纹）等。

2.4　**词义不对应**

按照通常的规律，一种外来语言的词汇被传入另一个民族的语言时都会或多或少发生一些变化，汉语词进入越南语后也不例外，这使一部分汉语借词的词义与汉语原来的词义距离越来越远。越南语中的汉语借词有一部分进入越南语后由于受到越南民族思维方式的制约，以及深受越南语本身内部的结构规律和语言使用的习惯等诸多因素的影响，汉语借词与对应汉语词发生了词的义项增加或减少、词义扩大或缩小、词义转移等方面的变化。我们将汉语借词与汉语词之间语义不对应的现象具体列在下表中。

词义转变	汉语词	汉语词词义	汉越读音	汉越借词词义演变
词义义项增加	改良	1. 改变事物原有的某些方面，使比原来好。如：改良武器	Cải lu'o'ng	“改良”被借入越南语后除了借用汉语词得到的一个义项外，还增加了一个义项，指“越南南方的一个歌剧类型”。如“xem cải lu'o'ng”（看改良 = 看歌剧）
词义义项减少	骄傲	1. 自负，看不起人 2. 自豪 3. 指值得自豪的人或事物	Kiêu ngạo	“骄傲”进入汉语后，被越南语借用第一个义项，即“自负，看不起人”之义项
词义扩大	结义	1. 结拜（为异姓兄弟）	Kết nghĩa	“结义”进入越南语后词义扩大，适用对象大于汉语词，是指“只要彼此看似亲人，关系密切”都能用“结义”如：tru'ò'ng kết nghĩa（结义学校），thành phố kết nghĩa（结义城市）
词义缩小	打通	1. 除去阻碍或障碍，贯通 2. 比喻消除思想障碍或隔阂	đả thông	“打通”进入越南语后词义被缩小，适用范围只限于指“消除思想障碍”

（续上表）

词义转变	汉语词	汉语词词义	汉越读音	汉越借词词义演变
词义转移	困难	1. 生活穷困、日子不好过 2. 情况复杂，阻碍很多，难于进行 3. 复杂的情况，重重的阻碍，不易解开的难点	khố nạn	"困难"进入越南语后词义完全消失，其在越南语中的意义为"骂人的话"，意义与汉语的"坏蛋"相当

总之，汉语借词进入越南语之后，若借用的目的仅仅是补充越南语中词语的空缺，即满足"因缺要借"的目的，一般是从语音、语义到语用基本上都保留汉语词原有的意义，这体现在汉语借词与其对应的汉语词从词义到用法基本上是对应的。若借用的目的为"不缺也借"的情况，汉语借词与对应汉语词从词性、词义、用法等方面都发生了变化，这显然体现了汉语借词为了能够符合越南语的语言规律以及越南人的思维方式已经被强烈地越化，甚至有些汉语借词已经完全改变了其面貌，变为认不出其来源了。

3 教学建议

越南语中的汉语借词占越南语借词词汇的总量最高，约占85%，并且这类汉语借词从语音、语义、语用等方面与对应汉语词有很多相同之处，这为汉语的越南学习者和越南语的中国学习者带来很多学习上的优势。不过，由于汉语词进入越南语时又深受越南语发展规律的影响，且与其对应的汉语词自身也有它的发展规律，这导致两者之间从语义到语用等方面的差异。学习汉语的越南学生面对该类汉语借词时，误以为它们都等同，从而导致使用和理解上的偏误，甚至有时觉察不到自己有了偏误。下面我们对汉语词汇教学过程中如何利用汉语借词的正迁移以及如何预防并减少负迁移所造成的偏误提出一些教学建议。

3.1 教师应该注意发挥学生的正迁移

W. F. 麦基表示"如果一种语言中含有大量的外来词，这些外来词恰好来自学习者的母语，那么学习这种语言就方便多了"①。显然，越南语中含有大量的汉语借词给学习汉语的越南学者提供了很多便利的条件。因此在汉语教学过程中，教师应该注意利用汉语借词与对应汉语词之间的相同点来展示汉语教学。

3.1.1 利用读音、语义相同来掌握汉语借词

越南语中的汉语借词与对应汉语词有相当一部分从语音到语义都存在着很多完全等同或部分等同的特点，因此教师可以充分利用两者之间的相同或相近之处来引导学生学习汉语以达到事半功倍的效果。如公安—công an，广告—quảng cáo，海关—hải

① 麦基．语言教学分析［M］．北京：北京语言学院出版社，1990.

quan，通报—thông báo，滥用—lạm dụng，垄断—lũng đoạn，互助—hỗ trợ，劳动—lao động，奔波—bôn ba 等。

3.1.2　利用汉越读音来构造汉语生词

由于大多数汉语借词与汉语词语义及语用基本上是相同的，所以对于这类词教师应该注意启发学生利用读音和意义相同的词素来理解和构造汉语生词。如当学生先掌握了“学”这个动词，然后再学会“大”这个形容词，教师可以启发学生将“学”和“大”两个汉语词的汉越读音（đại、học）来构造汉语词的“大学”，此外，还可以将“学”（học）作为词素来继续构造其他的汉语新词，如“文学”“学问”“化学”“数学”“学识”等。同样的，学生可以按照类推方式继续将“大”（đại）组合成“大会”“大海”“大意”“大脑”“大喜”（đại hội、đại hai、đại ý、đại não、đại hỉ）等汉语词。可见，教师只要通过汉语借词的汉越读音进行汉语词汇教学就可以让学生快速增加汉语词汇量，从而达到举一反三、事半功倍的教学效果。当然这种以汉越读音相同的词素来理解和构造汉语新词并不是绝对性的，有时也会带来负面影响，本文在后一部分将会加以阐述。

3.2　避免学生的负迁移

汉语借词除了给学生带来很多便利外，进入越南语之后不仅受到越南语语音、语法、语用等语言因素的影响，同时还深受两国文化、社会、民族的思维方式等各种非语言因素的制约，这导致了汉语借词与对应汉语词的差异。这种差异就像给越南学习者设置的一个难以发觉的陷阱，一不小心就会掉进去。因此在教学过程中，教师要特别提醒学生注意以下几个方面。

3.2.1　防止学生滥用类推的方式来构造汉语新词

由于学生误以为越南语中的所有汉语借词从语音、语义、语用等方面都与汉语词对应，因此，就滥用了汉越读音的词素来构造出汉语中所没有的汉语新词，这导致了词汇使用及理解的偏误。如越南语中的“nhập khẩu”，该词的构造方式是借用汉语的“入”和“口”两个汉语借词而得来的，意思相当于汉语的“进口”。类似这样的自造汉语词在越南语中不胜枚举，如ận ớn（论案 = 论文），sĩ diện（士面 = 爱面子），sản xuất（产出 = 生产），phẩu thuật（剖术 = 做手术/手术），nghệ sĩ（艺士 = 艺术家），đại phẩu（大剖 = 大手术）等。

3.2.2　注意讲解与比较越南语中古汉语借词与对应汉语词的差异

越南语中的一些古汉语借词的意义至今仍然保留在现代越南语里，但由于学生不知与该词对应的汉语词的意义在现代汉语中已经消失了，而造成了偏误。如越南学生经常说“tôi rất khoái tính cô ấy”（我很快她的性格 = 我很喜欢他的性格），“tôi rất khoái ăn món này”（我很快吃这种菜 = 我很喜欢吃这种菜）等。其原因在于越南语中“khoái”（快）是古汉语借词，其“乐意、喜欢”之义仍然保留在越南语中，学生因不知“快”的“乐意、喜欢”之义在现代汉语中已经消失了而导致错误。

3.2.3 引导学生注意汉语借词词义的变化、词性的转移

越南语中的汉语借词有一部分进入越南语后因其词性改变而造成了与对应汉语词的不同。因此学生若没注意到汉语借词的词性转变，使用时便容易造成错误。如：汉语词的“情感”进入越南语时，就变成了兼类词，既是名词又是形容词。因此，越南学生经常用“cô ấy là người rất tình cảm”（她是很情感的人）来表达汉语的“她是一个很讲究情感的人”或“她是一个多愁善感的人”之义。类似的还有汉语的“心事”“灾害”等名词进入越南语后除了保留名词词性，还转变为动词或形容词。如越南学生常说“tâm sự với cô ấy”（跟她心事＝跟她谈心事）、“hậu quả rất tai hại”（后果很灾害＝不良的后果）。

3.2.4 引导学生注意汉语借词的搭配方式

一些汉语借词进入越南语后就改变了词序或词语的搭配，越南学生由于不了解而使用了倒序或错误的搭配从而出现一些汉语中没有对应或不存在的词语或说法。如汉语词的“例外”“内向”“动摇”“职员”等词语，进入越南语后就被调换位置而变为“外例”（ngoai lệ）“向内”（hướng nội）“摇动”（dao động）“员职”（viên chức）等。此外汉语借词与汉语词在搭配上也存在不同，如：汉语的“发动”可以与“战争”“进攻”“汽车”搭配，但越南语中“发动”（phát động）只能跟“战争”“进攻”搭配，不能跟“汽车”搭配，因此汉语的“发动汽车”（phát động xe hơi）对应于越南语的“启动汽车”（khởi động xe hơi）等。学生所犯的类似错误还有很多。

总之，进行汉语词汇教学时，教师应该注意以下事项：

（1）在启发与引导学生借用汉越读音来类推汉语借词的同时，要特别注意提醒学生正确地使用类推，以防止类推滥用。

（2）词汇教学要词不离句，不要孤立地进行，并且还要注意辨别与比较汉越借词与汉语词的异同，以便让学生能够正确、恰当地使用，避免造成偏误。

（3）注意深入分析说明汉语词与汉语借词搭配上的差异，并详细说明两者之间词语的感情色彩、语体色彩、词义及词性的转移的差异，以便让学生预防那些负迁移。

4 结语

越南语和汉语都属于孤立语，两者都有声调并都以语序和虚词作为语法的重要标志。因此汉语借词与其他从印欧美语言的借词相比更加顺利、自然地进入了越南语。汉越语都通过类推的方式来构词，并且合成词的构词方式基本上是一致的，这使单音节的汉语借词一旦有机会就很自然而然地进入了越南语，并很容易被越南人再次借用作为造新词的词素，这正是汉语借词能在越南语中保留及沿用时间最长、使用频率最高、使用范围最广的原因之一。汉语借词不仅增加了越南语的词汇量，而且还给越南语提供了更好、更丰富的表达方式。汉语借词从语音到语义及语用都与对应汉语词存在着很多相同点，这显然给学习汉语的越南人和学习越南语的中国人提供了很多便利的条件。此外，由于深受语言因素的影响以及非语言因素的制约，汉语借词被强烈地

越化而导致了其与对应汉语词的差异。这种差异会给两国学习者带来很多的障碍。

参考文献

[1] 罗文青. 越南语双音节汉越词特点研究 [M]. 广州: 世界图书出版广东有限公司, 2011.

[2] 阮福禄. 对越汉语词汇教学中的"陷阱" [J]. 云南师范大学学报, 2011 (6).

[3] 王力. 汉语史稿 [M]. 北京: 中华书局, 1958.

[4] Lê Văn Khang. Từngoại lai trong tiếng Việt [M]. thành phố Hồ Chí Minh: Nhà xuất bản tổng hợp thành phố Hồ Chí Minh, 2013.

[5] Lê Đăng Khoa. Từ vựng gốc Hán trong tiếng Việt [M]. Hà Nội: Nhà xuất bản đại học Quốc gia Hà Nội, 2001.

[6] Nguyễn Tài Cẩn. Nguồn gốc và quá trình hình thành cách đọc Hán Việt [M]. Hà Nội: Nhà xuất bản đại học Quốc gia Hà Nội, 2000.

【作者简介】

武氏梅花 (VO THI MAI HOA), 博士, 越南顺化大学下属外国语大学中文系教师, 主要研究方向为词汇对比。Email: maihoavt73@gmail.com。

越籍来华留学生汉语学习偏误研究

——以赣南师范大学越籍留学生为例

韩建岗

（赣南师范大学文学院）

引言

留学生学习汉语过程中，往往会出现母语迁移现象。母语与目的语一致，会出现正迁移现象；母语与目的语差别较大，则会出现负迁移现象。语言迁移理论是二语习得的重要理论，主要是指“目的语和其他任何已经习得的（或者没有完全习得的）语言之间的共性和差异对习得造成的影响”（Odlin，1989），也即二语习得者在学习目的语的过程中会受到母语的影响。这种影响往往出现在语音、词汇、句法、语用等方面。不同母语背景的汉语学习者也在汉语拼音、汉字、句法、文化等方面存在这种现象。

华裔留学生受母语环境的影响，学习汉语较为积极主动，属于融入型动机，汉语听说读写各方面明显优于非华裔留学生。而非华裔留学生则主要出于经济的考虑学习汉语，属于工具型学习动机，在汉语学习中存在诸多困难（丁氏黄，2014）。为了探究华裔留学生和非华裔留学生在汉语学习过程中的差异，提升汉语教学水平，我们特意选取了赣南师范大学越籍留学生作为研究个案，对 11 名留学生作了穷尽性访谈，并通过日常课堂观察，获取了相关数据材料。

1 赣南师范大学越籍留学生教学现状

赣南师范大学目前在校留学生 120 余人，来自全球 28 个国家和地区，其中越南留学生 11 人（4 女 7 男），均为非华裔。这 11 名越籍留学生除 1 人来自越南中部以外，其他均来自越南北部。来华前均学习过一段时间的汉语，但几乎都是零基础。通过一年的汉语学习，基本都能达到正常交际的水平，从而顺利地转入相关专业（汉语国际教育、金融学、国际贸易、会计学等）学习。而在同样的一个班级中，来自哈萨克斯坦的留学生则达不到相应的水平，这也让我们非常好奇，究竟是什么原因使得越籍留学生这么快就能熟练地用汉语进行交际？带着问题，我们对在校的 11 名越籍留学生进行了一对一访谈。

2 访谈情况及现场观察介绍

为了全面、准确了解越籍来华留学生汉语学习的真实情况，我们拟定了访谈提纲，对11位越籍留学生逐一进行了访谈。访谈提纲主要包括留学生学习汉语的时间和难易度、与越南语的异同以及对今后汉语教学的建议等几个方面。8个问题如下：

（1）来华前是否学习过汉语？多长时间？

（2）你感觉汉语难吗？主要是哪些比较难？

（3）你感觉中国文化和越南文化差别大吗？哪些一样？哪些不一样？

（4）你感觉汉语拼音难吗？和越南语比较的话差别大吗？

（5）你感觉书写汉字难吗？是怎么学习的？

（6）你感觉汉语生词容易记住吗？怎么学习比较好？

（7）你感觉汉语语法难吗？谈谈你的看法。

（8）你认为对越南留学生的汉语教学应该重点放在哪些方面？

同时，我们根据平时课堂表现和作业批改，发现和搜集汇总了诸多越籍留学生汉语学习偏误实例，这也为我们进一步开展汉语教学提供了参考依据。

3 越籍留学生汉语学习迁移现象

越南语属南亚语系孟—高棉语族，文字是以拉丁字母为基础的。历史上曾受汉语和汉文化的长期影响，越、汉两种语言有诸多相似之处，语法上无明显的时态和动词变化，都是声调语言。汉语借词约占越南语词汇的60%以上，两者的相同之处使越籍留学生有较好的语言正迁移。

3.1 语音迁移

汉语四声是留学生学习的难点之一，因为声调起区别词义的作用。汉语的四声与越南语的六声（平声、玄声、锐声、问声、跌声、重声）大同小异，越籍留学生可以很好地掌握汉语拼音，并能有效地进行声调的比较。根据我们平常上课期间的观察，虽然中亚留学生和越籍留学生同在一个班上课，但中亚留学生掌握汉语四声的周期明显要长于越籍留学生。当然，我们也观察到，越籍男留学生汉语发音标准程度明显低于女生，这与男女性别的差异有关，此处我们不作过多讨论。

3.2 文字迁移

汉字识读和书写也是留学生学习汉语的难点所在。欧美留学生大多习惯借助拼音记录汉语词句，在书写汉字时，与其说是书写，还不如说是画汉字。而汉文化圈的留学生则相对容易，这主要得益于长期可以接触到汉字文化（如店铺名、景点地名、人名等）。就越籍留学生而言，由于或多或少地接触过汉字，并不是十分陌生，同时又由于越南国内汉语教学院校繁体字和简体字混用，越籍留学生对繁体字更易理解。如我们在讲解“国”时，用繁体的“國”［国家应该是由人口（口）、疆土（一）和军队（戈）组成的，且有国界线包围起来］，这样学生更容易接受、理解。

3.3 语法偏误

语法偏误也是越籍留学生常有的现象。越南语用“khong”表示否定的“不”之义，可用于过去、现在和将来时间。受母语负迁移的影响，越籍留学生常误用“不”。例如：

*他昨天不去上课。

*我忘了不跟老师请假。

同时，语序也是影响越籍留学生发生偏误的主要原因。汉语语序由大到小，如“越南共产党”。而越南语由小到大：Dang Cong San Viet Nam（党共产越南）。再如：

*我说得汉语很流利。

*我认识很多中国朋友，他们帮我说汉语很好的。

越籍留学生还存在“了”字误用或漏用的现象。例如：

*我上午去了教室了。

*我们很喜欢吃苹果，所以昨天买四斤苹果。

3.4 文化迁移

越南是汉文化圈的一部分，与中国文化相一致的地方较多。如节日（春节、清明节、端午节、中秋节等）、风俗习惯（婚礼、舞狮、十二生肖①）、日历（阴历、阳历）等。语言是文化的载体，语言中包含着文化的诸多成分，因此，越籍留学生对汉语中的诸多文化呈现正迁移现象，比起欧美国家的留学生，省去了诸多不必要的解释环节，这也是越籍留学生能在较短的时间内学好汉语的主要原因之一。如我们在讲解“新郎”“新娘”时顺便扩展了“伴郎”“伴娘”“囍”等内容，中亚学生就很难理解，而越南留学生一听就懂。

4 越籍留学生汉语教学启示

越籍留学生来自汉文化圈，对汉语汉字有种“天然熟悉的味道”，越南语和汉语在语音和词汇以及语言文化方面有一定的共性，因而越籍留学生能借助正迁移短期内较快习得汉语，但毕竟汉语和越南语属于不同语系，存在诸多差异，势必会出现偏误现象。准确掌握越籍留学生语言迁移和偏误特点，分析其深层原因，可有效提升越籍留学生汉语教学水平。当然，本文的探讨还不够全面、系统、深入，还有待今后结合教学，深化研究。

参考文献

[1] 陈建，陈宇思．非华裔越南留学生汉语写作常见偏误现象分析及纠正对策——兼论汉越语言类型比较［J］．时代文学，2011（2）．

① 唯一的不同是用“猫”替代了“兔”。

［2］丁氏黄．胡志明市大学生汉语学习动机调查研究［D］．广州：华南理工大学，2014.

［3］赵杨．第二语言习得［M］．北京：外语教学与研究出版社，2015.

［4］ODLIN T. Language transfer［M］. Cambridge：Cambridge University Press，1989.

【作者简介】

韩建岗，赣南师范大学讲师，主要研究方向为汉语国际教育。

缅甸寺庙汉语教学现状及教学法初探

［缅甸］林蕙兰
（中央民族大学国际教育学院）

引言

佛教作为缅甸的国教，在缅甸处于极高的地位。寺庙作为佛教的典型建筑，除了传播宗教及供僧尼或者人民修行，还兼有慈善机构、教学场所、孤儿院及避难地点等功能（李祖清，2010）。寺庙教学源于缅甸政府为了提高缅甸人民的识字率，针对特殊学习群体开设的慈善性质的寺庙学校。寺庙汉语教学过程中，缅甸曼德勒福庆孔子课堂应用“送教上门”① 的概念，与缅甸寺庙学校合作，在寺庙学校进行的汉语教学，是以慈善教育的形式推广的汉语教学。这些由福庆孔子课堂在寺庙学校开设的汉语课堂都被称为寺庙汉语教学点。

缅甸寺庙汉语教学点 2013 年获得中国国家汉办以及缅甸相关机构的支持，在缅甸首都内比都、曼德勒、蒲甘、实皆和彬伍伦等地推广，至 2015 年已迅速发展到 19 家。由此可见，缅甸寺庙汉语教学点有很大的发展空间。然而，缅甸的寺庙汉语教学目前正处于起步阶段，还有许多需要完善的地方，尤其“三教”问题中的教学法方面急需研究。②

本文运用问卷调查、访谈、实地考察和课堂观察等方法，对缅甸寺庙汉语教学的概况、教学法的特点进行阐述，找出存在的问题并给出建议，希望可以对缅甸寺庙汉语教学的发展起到一定启示作用。

1　寺庙汉语教学概况

缅甸寺庙汉语教学作为缅甸寺庙学校和缅甸曼德勒福庆孔子课堂联合推出的慈善形式的汉语教学，获得中国国家汉办、中国驻缅大使馆、缅甸相关部门及在缅华侨华裔的大力支持。下面对缅甸寺庙汉语教学的学习者、教师、教材和教学组织等情况进行阐述。

---

① “送教上门”，原先是吴应辉、杨艳华在《缅甸汉语教学调查报告》中为提高缅甸师资水平而提出的概念，后被缅甸福庆孔子课堂应用。

② 根据调查，截至 2017 年，仅有福庆孔子课堂在缅甸寺庙学校开设了多家汉语教学点，其他汉语教学机构并未开设过类似的汉语教学点。因此本文将福庆孔子课堂在寺庙学校开设的汉语教学点统称为缅甸寺庙汉语教学点。

1.1 汉语学习者情况

缅甸寺庙汉语教学点的学生可分为僧侣生与普通学生[①]两类，其中普通学生的人数最多。寺庙汉语教学点的学习者身份比较多样化，主要是该寺庙附近和缅甸偏远地区的居民，其中包括很多孤儿和贫苦人家的孩童（李祖清，2010）。寺庙汉语教学点的学习者有着明确的学习动机，其中僧侣生主要希望运用汉语翻译佛学经书或传播佛法；而普通学生主要希望去中国学习和想多学一门外语。可见，寺庙汉语教学点学习者的学习主动性较强。另外，无论是僧侣生还是普通学生都“对中国文化感兴趣”，调查中这一选项排前三名。因此，寺庙汉语教学点的教师们在教授汉语的同时，需要让学习者体验中国文化，以便维持学习者学习汉语的热情。

1.2 汉语教师情况

缅甸寺庙汉语教学点的教师是由福庆孔子课堂派到各个教学点的。因寺庙学校环境的特殊性和遍布性，需要多名有丰富教学经验并了解缅甸文化和风俗的本土教师，但因福庆孔子课堂的教师数量有限，因此寺庙汉语教学点的教师一般采用师傅带徒弟的模式——有经验的教师（福庆孔子课堂本身的教师）带几名初学的教师（高年级的学生）进行授课。因有经验的教师大多在曼德勒有家庭、有工作，不方便去较远的外地教学点，为此一些偏远的教学点目前只能安排初学教师，但仍由福庆孔子课堂进行监督指导。这些初学教师多数参加过由中国汉办举办的“海外汉语本土教师志愿者考试”。截至 2015 年，海外本土教师志愿者考试已举办过三次，目前聘请的本土教师志愿者有 36 位，预计在 2016 年达到 50 名。[②] 中国汉办举办的“海外汉语本土教师志愿者考试”有效地提高了寺庙汉语教师的整体素质。为了提高寺庙汉语教学点教师的教学水平，2015 年中国汉办邀请寺庙汉语教师到上海接受教师培训，但是能参加的教师不多，为此福庆孔子课堂又在缅甸彬伍伦市举办了为期四天的“本土教材培训班”。这个培训班由在上海参加培训的教师和福庆孔子课堂获得博士学位和硕士学位的教师讲课，内容涉及汉语教材的使用和教学方法。所有参与的老师还一起探讨了在教学过程中所遇到的情况。2016 年 1 月，福庆孔子课堂还面向汉语教师开设了 HSK 强化班，其目的是强化寺庙教师的汉语水平。缅甸的寺庙汉语教学点项目在缅甸受到热烈欢迎，就连在缅甸和泰国边境的妙瓦迪市也表示希望开设汉语教学点，但是由于教师有限，而无法开设。

1.3 汉语教材情况

北京语言大学出版社出版的《汉语乐园》（初级版）、人民教育出版社出版的《快乐汉语》（初级版）和《跟我学汉语》（初级版）、暨南大学出版社出版的《汉

---

① 普通学生：指在寺庙学习的非僧侣生，可称为“俗家子弟”。在普通学生中，不仅有男性学习者，还有女性学习者。

② 资料来源于福庆学校校长李祖清博士的访谈，2016 年 1 月。

语》系列教材中的《汉语拼音》《幼儿汉语》《说话》和《汉语》（小学版）等都是目前缅甸寺庙汉语教学点正在使用的教材。其中《汉语乐园》《快乐汉语》和《跟我学汉语》是专门为缅族人学习汉语编写的缅语版汉语教材，是由中国汉办捐赠的教材，教材采用中缅两种语言编写。《汉语》系列教材则是福庆和普通教学点一直以来所使用的教材。

寺庙汉语教学点主要根据寺庙汉语学习者的年龄段来选择汉语教材。《汉语乐园》的主要使用对象是年龄较小的寺庙汉语学习者，该教材有学生用书及其课件 CD、练习册及其课件 CD、词语卡片和视频教学课件 CD 。《快乐汉语》面向 11 岁至 16 岁的学生，由学生用书、练习本、教师用书、词语卡片、挂图和课件 CD 组成。《跟我学汉语》适用于 15 岁到 16 岁的青少年阶段的寺庙汉语学习者，教材内包括学生用书、练习册、配套 CD、生字卡片和词语卡片。

《汉语》系列教材是为海外华人学习汉语而编写的教材，因此对学习者的要求比其他几种教材高。目前该教材供长期班寺庙汉语学习者使用。《汉语》系列教材分别是《幼儿汉语》、《汉语拼音》、《说话》、小学版《汉语》和初中版《汉语》，都包含配套课件。学前教材《幼儿汉语》是为 4 岁到 6 岁的儿童编写的，由四册课本和教师参考书组成。《汉语拼音》只有一本课本和一本练习本。《说话》共计 12 册。《汉语》小学版的课本、练习册和教师参考书分别有 12 册。初中版《汉语》教材的课本、练习本和教师参考书都各有 6 册。“循序渐进和独立成册”是《汉语》系列教材的最大优点。

到目前为止，缅甸寺庙汉语教学点所使用的教材，都是为全体缅甸人编写的或者是福庆孔子课堂所沿用的教材，是通用的教材，还没有开发研制出独立的适用于寺庙汉语教学点的专用教材。

1.4　汉语教学组织情况

缅甸的教育分为基础教育和高等教育两类，小学阶段（入门班到四年级）和中学阶段（初中和高中）为基础教育；大学和大学以上为高等教育（李瑞文，2010）。本文主要涉及缅甸基础教育。

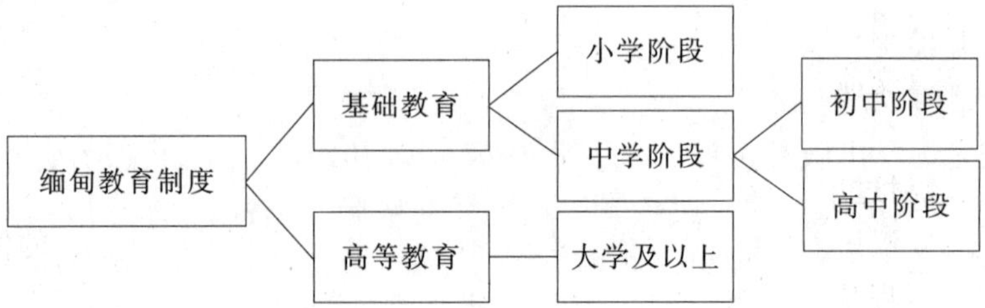

图1　缅甸教育制度演示图

缅甸学校一般六月份开学，截至次年三月份共十个月为一学年。放假时间一般在周末，缅甸的斋戒月则在斋戒日和星期天放假，平常一些重要的考试或紧急的情况，如庙会、大型布施会等也会放假。目前上课时间一般在早上 9 点到下午 3 点的时间段中。

在寺庙学校开设汉语课程，首先要避开寺庙学校正规的上课时间。为此，在寺庙学校和福庆孔子课堂双方商议下，一般缅甸寺庙汉语教学点将汉语课开在周末或缅甸的斋戒日，每周授课两天或三天，教学时间定为每天两到三个小时。

由于寺庙汉语教学点的学生人数众多，目前主要根据学生的缅文班级分班。例如缅文一年级到四年级为一个班，五年级到七年级为一个班等。

寺庙汉语教学点主要的课堂形式为综合课，课程分短期班和长期班两类，短期班的期限为三个月，长期班则六个月为一学期。

2 寺庙汉语教学法特点

缅甸寺庙汉语教学点的汉语教师由福庆孔子课堂派到各个寺庙汉语教学点，每所寺庙汉语教学点均有三到四名汉语教师。目前所教授的课程形式为综合课。寺庙汉语教学点的汉语教师水平参差不齐，使用的教学方法多样，本文列选出较为常见的汉语教学法的特点。

2.1 以传统教学法为主

虽然福庆孔子课堂联合中国国家汉办及中国高校都给寺庙汉语教师举办过培训班，然而因教师缺乏、培训地点较远、教师新旧替换频繁等缘由，传统教学法依然是寺庙汉语教学点的主要教学法。采用传统教学法的教师往往模仿自身所接受的教学方法来教授学生。由于缅甸汉语教师中的绝大部分为在缅华侨华裔教师，没有接受过专业的培训，因此多采用传统教学法，课堂教学一般为教师为主，学生为辅，主要运用语法翻译法、汉缅对比等方式传授汉语知识。

2.2 注重提问

根据课堂观察，提问遍布在整个寺庙汉语教学的课堂中，从导入、复习旧课到练习操练，教师一般采用提问的手法进行教学。由于非汉语环境，寺庙汉语学习者除了在课堂上使用汉语，在课堂外很少有机会使用汉语。另外，在课堂上学习者之间均以缅语或当地方言交流，因此提问这一手法能够达到增加学习者开口率的目的，教师也可当场纠错。

2.3 对教材过度依赖

笔者在寺庙汉语教学点课堂观察时，发现寺庙汉语教师对汉语教材的使用率非常高，整个教学过程几乎都是依据教材进行教学。在课堂条件允许的情况下，寺庙汉语教师运用教材中的课本、练习册、课件、卡片等或运用中文歌，来提高学习者们的学习兴趣。

3 问题及建议

3.1 缅甸寺庙汉语教学存在的问题

综上所述，缅甸寺庙汉语教学在教学过程中对教材的依赖性较大，然而缅甸至今尚未有针对缅甸汉语学习者编写的本土汉语教材。目前正在使用的缅甸汉语教材多为中国大陆编写的对外汉语教材，如暨南大学出版社出版的《汉语》系列教材等。其中虽有缅语版教材，如北京语言大学出版社出版的《汉语乐园》（初级版）、人民教育出版社出版的《快乐汉语》（初级版）等，但也仅有初级版教材。因此，缅甸汉语教学急需适合缅甸汉语学习者的本土教材。

另外，缅甸汉语教学一直无法进入缅甸国民教育体系，办学条件、师资待遇等都非常有限，尤其是缅甸寺庙汉语教学作为一类新型的教学，师资严重不足，即使进行过一些相关的教师培训，但多数教师因种种缘由最终退出寺庙汉语教学。虽然也有新的汉语教师加入，但是新教师经验不足，因此多数教师采用的教学法以传统教学法为主，教学法单一且陈旧。

3.2 对缅甸寺庙汉语教学的建议

3.2.1 研发缅甸本土汉语教材

根据调查不难看出，汉语教学离不开教材，且寺庙汉语教师在教学中都非常依赖汉语教材。然而，目前缅甸还没有符合缅甸汉语学习者实际情况的本土汉语教材。为此，研发一套缅甸本土汉语教材成了缅甸寺庙汉语教学发展的首要任务。

3.2.2 提高寺庙汉语教师的待遇

教师变更频繁也是阻碍缅甸寺庙汉语教学质量提高的关键因素之一。这一现象若无法解决，即使举办多种培训，也无法提高寺庙汉语教师的整体水平。根据访谈得知，造成教师变更频繁的主要原因在于寺庙汉语教师的待遇没有达到理想状态。因此，必须设法改善寺庙汉语教师的待遇问题，才能留住更多的寺庙汉语教师。

3.2.3 增加寺庙汉语教师的培训类型及次数

为了提高缅甸寺庙汉语教师的整体水平，举办寺庙汉语教师的培训是非常必要的举措。为了使更多的寺庙汉语教师接受专业的培训，应增加寺庙汉语教师的培训类型及次数，不仅要与中国高校联合办培训，而且还要经常让寺庙汉语教师之间相互交流探讨，分享自身的教学经验。

3.2.4 保证寺庙汉语教师的教学质量

为保证寺庙汉语教学点的教学质量，中缅相关机构应该成立专门的小组，对寺庙汉语教师的教学过程、课堂情况及所使用的教学法等进行指导。

参考文献

[1] 李瑞文．缅甸教育制度背景下中小学汉语课程大纲编制研究［D］．北京：中央民族大学，2010.

［2］李祖清．论缅甸寺庙的功能［J］．西南边疆民族研究，2010（2）．

［3］杨叶华．缅甸汉语教学调查报告［J］．民族教育研究，2008（3）．

［4］吴应辉，刘玉屏．第二届汉语国际传播学术研讨会论文集［M］．北京：中央民族大学出版社，2013．

【作者简介】

林蕙兰（HLAING HLAING MYINT），缅甸华裔，中央民族大学国际教育学院在读博士，主要从事缅甸汉语教学研究。Email：3326170698@ qq. com。

针对多元民族的马来西亚国民小学华文班实施区别化教学的设计方案

［马来西亚］陈彦融
（山东大学国际教育学院）

1 马来西亚华文教育概况

马来西亚是一个以马来族、华族、印度族三大民族为主的多元民族、多元语言的国家。截至2017年，马来西亚总人口为3 215万，华族人口约740万，占总人口的23.2%，是华人较多的国家之一。在全球"汉语热"的背景下，马来西亚非华裔学习汉语的人数突飞猛进，华语作为第二语言教学现已备受马来西亚教育者瞩目，这里说的华语作为第二语言教学的教学对象指的是马来族、印度族、其他少数民族、外国人及不会华语的华裔。

从1819年在槟城（城市）建立的第一间华语私塾——五福书院起至今，马来西亚华文教育已有近200年的历史，马来西亚华文教育体系已处于成熟阶段。马来西亚教育因多民族的特点形成了多语言教学的情况，马来西亚小学教育分为国民小学、国民型华文小学、国民型淡米尔文小学、国际私立学校。国民型华文小学（简称"华小"）是以为当地华裔提供母语教育为宗旨，以华语作为第一语言教学为目标，使用华语为教学媒介语的小学，他们使用的华语课本为《华文》。除华小之外，其他学校的华文课是作为第二语言教学科目的。

随着全球"汉语热"的兴起，马来西亚非华裔人士开始注重华语，纷纷把孩子送进当地华小就读。近年来华小非华裔人数陆续增加，据报告统计，2010—2014年，马来西亚全国华小的马来学生，从2010年的55 976人，增加到2014年的66 647人，一共增加了10 671人，占了总体华小的11.7%。[①] 马来西亚人除国际私立学校外，所有选择政府学校的学生必须由马来西亚政府根据区域来分配学校。

目前马来西亚共有1 294所华小，仅占全国小学的17%，[②] 在学生人数的限制下，不是所有人都能进入华小学习，在无法选择的情况下，多数学生只能选择到国民小学

① 钟传颖．大马教总：华小非华裔生增加　国小已非国人首选［N/OL］．中国侨网，2016-05-26.

② 2012年教育部的统计，马来西亚拥有7 498间小学，5 655间国民小学，1 294间华小及528间印小。教总．2012年各源流小学统计概况［R/OL］．吉隆坡：马来西亚华校教师会．（2012-04-19）［2015-06-02］．http：//web.jiaozong.org.my/doc/2012/apr/2012_apr_tongji.pdf.

(简称“国小”) 学习。

国小以马来语为教学媒介语，华文课是选修课，根据学生意愿来开设，将华语作为第二语言教学。马来西亚国小共有 5 655 所，占了全国小学的 75%。[①] 国小华文班与华小华文班最大的差异在于民族多元化，华小多以华裔为主，但国小主要教学对象为非华裔的学生。国小华文班学生由华人、马来人、印度人和土著构成，华人学生中一部分以华语为第一语言，一部分以方言为第一语言，有的则以英语或其他语言为第一语言，对其他民族而言，华语皆为第二语言。国小华语课使用的课本是《国小华文》，是马来西亚小学使用最广、影响力最大的课本，共有 12 册，一个年级分为上下册。

综上所述，马来西亚目前学习华文的人数逐渐增加，但当地的华小数量有限，各地区分布也不均衡，造成许多想进入华小学习的学生，只能被迫选择国小。因此，国小的华文教育成为需要关注的一个领域。这也是笔者将国民小学作为本文研究对象的主要原因。

2 马来西亚国民小学华文教育面临的问题

在此背景下的现实情况是，马来西亚国小的华文教学面临教师短缺、教材单一等一系列难题，导致了学生华文水平的不均衡。

2.1 教师短缺，难以做到分类编班

根据马来西亚全国校长职工会的调查，每年都有一些校长和老师陆续退休或离职，导致新学年开课时严重缺乏教师，据 2017 年统计，仅西马半岛，华小共有 500 多个空缺需要填补。[②] 马来西亚教育部副部长曾经为了解决师资短缺的问题提出以下方案：一、各州教育部相互协调，聘请临时教师填补空缺；二、调走华小约 100 名不具双语资格的教师，以具备双语资格的课业辅导老师取代；三、微型华小教师必须具备双语资格，以减少每间学校聘请教师的数量；四、小学一年级至三年级的国语、英语教师必须具备双语资格，而四年级至六年级由专业的国语、英语教师执教；五、增加马来西亚师范学院的学生数量、增加教师专业；六、与高等教育部协商，调派中学华裔教师到华小工作等。[③] 华小师资尚且如此紧张，国小华文教师就更不能满足需求了。由此可见马来西亚一直存在教师紧缺的问题，所以各类学校的华文班无法增设班额，更不能根据民族或华文水平进行区别化分班，这种现象造成华文班出现学生民族多元化、华文水平不均的问题，也给教师授课带来了困难。

---

① 2012 年教育部的统计，马来西亚拥有 7 498 间小学，5 655 间国民小学，1 294 间华小及 528 间印小。教总. 2012 年各源流小学统计概况 [R/OL]. 吉隆坡：马来西亚华校教师会总会，(2012-04-19) [2015-06-02]. http://web.jiaozong.org.my/doc/2012/apr/2012_apr_tongji.pdf.

② 马来西亚华小师资短缺 明年开学数百个空缺需填补 [N/OL]. 2017-12-27. http://www.chinanews.com/hr/2017/12-27/8410410.shtml.

③ 佚名. 马来西亚教育部颁 8 项措施挽救华小华语教育 [N/OL]. 中国新闻网. 2012-03-21.

2.2 教材单一，无法同时满足华裔和非华裔学生需求

国小华语指定教材《国小华文》课本是把华语作为第二语言教学而设计的教材，教学对象设计之初为非华裔学生，但部分华裔学生第一语言是华语，所以此教材对他们而言极为简单，会出现“吃不饱”的现象。由于《国小华文》是马来西亚教育部制定的教材，并规定所有国小必须使用此教材，在教材无法更改的情况下，华裔学生的华文水平一直停滞不前，小学六年级毕业以后与非华裔处于同等水平，认识的汉字也不多，语法上也无法进步，更别说书面语表达能力了。

更为严重的负面效应是，国小学生无法参加政府制定的“小六检定考试”中的华文科，因为他们与华小的华文水平差距悬殊，“小六检定考试”是马来西亚小学升中学的一种水平测试，华文科（华科）分成华理和华作两科，是参照华小学生的华文水平制定的试卷，以国小学生（即使是华裔学生）的华文水平无法参加这一考试。若“小六检定考试”文凭中没有华科或华科不及格，是无法进入马来西亚独立中学的，[①]所以最后只能选择进入国民中学。而国民中学华语班的学生多为华小毕业，华文水平已达到一定的标准，导致国民小学毕业的学生无法跟上他们的华文程度，最后选择放弃或是不选修华文课。

2.3 教学目标降低，学生水平难以提高

华人学生在华文听力和口语方面没有太大的问题，但是在书写方面面临着极大的问题，而国小的华文教师在教学时对华人与其他民族的学生使用同样的教法，同进同出，导致华人学生的华文知识停滞不前。目前马来西亚教育部为了让更多民族的学生选择华文课，更改了华语的教学目标，以快速认读汉字为主要目的，不严格要求小学生书写汉字的准确性，甚至更改了教师批阅考卷的要求，对错别字不进行扣分，只要句子通顺即可得分。此目的是让更多人能阅读华文报刊、文章、书籍等，但是此举却使学生愈发无法认识更多的汉字，因为只需使用同音字就能完成作业，造成学生的书写能力更加下降。

除此之外，快速认读的消极影响不仅体现在书写能力降低方面，也忽略了汉语拼音和笔画的重要性。汉字是音、义、形的结合体，如果缺少了其中一部分的认知，就会大大降低其功能和意义。汉语是一个有声调的语言，如果不严格强调汉字的拼音和声调，就会导致说汉语时有严重的口音。马来西亚人是在自然语流中学习汉语的，长辈们深受方言的影响，教师教学中也不注重拼音和声调的教学，更不纠正发音，致使马来西亚人说汉语带有浓重的马来西亚独有的口音。

---

① 马来西亚独立中学是由华社资助的独立学校，是由华人开办经营的“不接受政府辅助的学校”。教学媒介语是华语，依照中国教材或教育体系为样本，由董教总（马来西亚华文教育机构）编制教材和考试大纲，参加此考试可获得“董总统一考试文凭”，此文凭受世界各国认可，尤其是中国，获此文凭可直接就读中国大学一年级，但仅凭马来西亚政府高考的文凭是无法直升大学一年级的，必须先修一年预科。在马来西亚只有60所独立中学。

由此可见，马来西亚的国民小学在华文教师和教材现状不可能尽快改观的情况下，最现实的做法是尝试制定有针对性的教学策略，使多民族多语言背景的学生的华文水平都得到相应提高。有鉴于此，笔者将在前期调查基础上，结合区别化教学策略，针对马来西亚华文班级的多元化民族的教育进行有针对性、有效性、可行性的教学探索，希望对本土华文教师有所帮助，有效提高马来西亚小学生的华文水平，更希望他们能坚持学习华文，待升上中学后也能快速地跟上课堂进度，借此让更多马来西亚人可以持续学习华文。

3　解决对策——区别化教学法

针对民族多元化的小学班级教学，笔者选用了与少儿有关的教学方法——Carol Ann Tomlinson 等[①]提出的区别化教学中法来尝试解决目前国小华文教学中存在的问题。区别化教学是指在一个班采用不同的大纲与教材进行教学，按照学生的知识水平等级来分组，学习不同的材料和完成不同的任务，以达到不同层次的需求。何明[②]在多层次教学组织模式的研究中提出，区别化教学除了按照学生的知识水平及能力分组，还必须明确提出多层次教学要求、精心设计多层次的练习题和多层次的课堂学习指导等教学模式，因为分类施教可促进学生学习的发展。祖丽娜[③]提出在作文教学中按照难度、个体差异进行区别化教学策略的实施、区别化辅导、区别化考核，鼓励异步达标的标准，旨在提高学生的成绩。

借鉴前人对区别化教学的研究，受到因材施教式教学设计研究的启发，我们认为学习者个体因素在教学设计当中起了巨大的作用，为了能全面发展不同民族的华语水平，华文教师应充分考虑学生中存在的水平差异性，区别设计和进行教学，有针对性地加强不同民族学生的学习指导，以使每个学生都得到最佳的发展。

本文将区别化教学模式加以改良，尝试设计出针对马来西亚多元民族小学生的华文教学方案。

区别化教学的最大特征就是分组教学。分组主要根据学生的特点、水平以及民族多样化的背景考虑，在进行活动或游戏时，尽量不要按照民族来分组，最佳的分组方法就是混合编组，可以让高水平的带领低水平的，取长补短，相互学习，合力完成任务，创造良好的竞争模式。当教学内容多样化，需要按照学生同等水平分别进行高效教学时，教师可采用同质分组，可分为高、中、低等级，分别按照学生的水平，设计不同组别的学习活动，有效提高学生获得新知识、新技能的效果。分组的目的是加强学生在学习心理上的存在感和自信心，提高学习动机及兴趣，还可以有效发挥各民族

---

① TOMLINSON C A & Allan S D. Leadership for differentiating schools & classrooms［M］. Alexandria：Association for Supervision & Curriculum Development，2000.

② 何明. 多层次教学组织模式的研究与实践［J］. 中国教育学刊，1996（5）.

③ 祖丽娜. 中专学生作文的区别化教学［J］. 学园，2014（34）.

学生的学习潜力，做到教学时间利用的最优化。

当教师进行不同深度的新课教学时，可根据民族或是水平高低分组，设计各组讨论学习、合作完成任务、教师分组教学等多种方案。教学可以进行集体教学、分组教学、个别教学，以学生为中心，设计不同类型的组别与任务，进行最有效的学习。

4 区别化教学方案的具体设计

笔者将选用马来西亚《国小华文》四年级的教材进行教学设计，原因是四年级学生有了前三年的华文基础，不是零基础学生，加上四年级开始进入写作阶段，更能体现学生水平上的差异。下面以这本教材为例，运用区别化教学策略，针对马来西亚一个华文班级的多元化民族的教育，在教学内容分级、小组构成、教学活动分类、时间分配等方面进行具有针对性、有效性、可行性的教学方案设计。

4.1 教学内容分级

4.1.1 汉字分级

四年级《国小华文》共有189个新学汉字（见下表）。

单元	生字
一 长大以后	谈 自 己 志 愿 英 军 正 律 闻 者 篮 练 乒 乓
二 他们的工作是什么？	农 夫 渔 员 丁 漂 职 业 匠 邮 递 信 招 待
三 大家来学华文	文 简 识 围 陪 挖 直 握 平 次 弯 别 紧
四 我的邻居	刚 羽 副 累 网 店 度 足 够 办 劲 项 典
五 马来西亚的光荣	观 视 聊 奖 增 荣 雄 赛 失 败 望 骄 傲 输
六 五颜六色的手掌	组 瓶 罐 湿 掌 印 紫 绿 褐 深 浅 冲 厚 薄
七 过节	街 停 装 贵 换 号 量 寸 选 付 龙 类 族 裙 裤
八 环保小兵	环 兵 省 珍 惜 减 使 境 靠 旧 铁 器 通
九 给堂弟的电邮	科 绩 差 吓 聪 懒 惰 理 怪 希 远 管
十 青蛙和公主	主 森 林 偷 由 慌 该 蛙 接 俊 诗 演 舞 逃
十一 爷爷的生日会	搭 乡 曲 泥 厅 疼 孙 强 壮 响 杀 肥 蜡 烛 福 照
十二 探访亲友	探 床 胸 砍 柴 辛 注 顾 需 万 忘 胖 瘦
十三 乡村的生活	稻 载 集 田 船 斤 景 抢 云 翻 土
十四 到海边去	暖 阔 奋 遵 守 或 堆 沙 插 旗 傍 暗

首先，我们将这189个汉字的学习目标分成“四会”和“三会”两类，“四会”是必须掌握这个汉字的听、说、读、写四个技能；“三会”是掌握听、说和读的技能，不需要一定会书写。对华人或汉语为第一语言的学生，必须严格要求，教师应尽量让他们掌握更多的汉字，但对汉语为第二语言的学生，不要求学会所有189个汉字中的“四会”字，可把常见的字或多功能搭配的字作为重点进行教学，比较难或少用的字只要求“三会”即可。

判断“四会”和“三会”的依据，来源于Livac语料库统计，根据2011年至2016年的汉字出现频率来决定汉语的使用度和常用性，再决定华人和第二语言学习者掌握汉字的“四会”和“三会”的标准。Livac语料库是由香港城市大学语言资讯科学研究中心于1995年开发推广，由城大企业有限公司旗下的麒麟（香港）有限公司提供技术支援的语料库。Livac汉语共时语料库收集了泛华语地区的语言和语用统计数据，分析了新加坡以及北京、上海、香港、澳门、台湾等地的定量华语媒体语料。笔者将选择采用北京和新加坡的统计数据来确定汉字的分级。

以第一课的生字为例，得出以下数据：

汉字	北京语料出现频度（%）	新加坡语料出现频度（%）
谈	17.23	9.80
自	22.15	16.65
己	21.76	6.75
志	30.33	6.31
愿	33.80	9.69
英	16.48	12.36
军	36.41	9.53
正	23.57	11.55
律	13.70	10.34
闻	12.87	3.80
者	14.32	19.51
篮	27.21	2.72
练	19.65	3.54
乒	28.57	0.00
乓	0.00	0.00

统计数据：

语料库	频度（%）	汉字
北京语料库统计数据	<20	谈 英 律 闻 者 练 乓
	≥20	自 己 志 愿 军 正 篮 乒
新加坡语料库统计数据	<10	谈 己 志 愿 军 闻 篮 练 乒 乓
	≥10	自 英 正 律 者

我们依据北京的数据来确定华人掌握的汉字分级，频度不少于 20% 的汉字为必须掌握的“四会”汉字，频度少于 20% 的汉字只需要“三会”。由于新加坡的民族和社会情况与马来西亚相近，所以采用新加坡的数据确定第二语言学习者掌握“四会”和“三会”的汉字，频度不少于 10% 的汉字为“四会”汉字，频度少于 10% 的汉字为“三会”汉字。

学生类型	分级	汉字
汉语为第一语言的学生	“四会”	自 己 志 愿 军 正 篮 英
	“三会”	谈 律 闻 练 乒 乓 者
汉语为第二语言的学生	“四会”	自 己 正 英 者
	“三会”	谈 律 闻 练 乒 乓 志 愿 篮

笔者更改了汉字“英”“己”“律”的位置，原因是“英”字对马来西亚国家而言极为重要，例如学科英语、英文、英国、英式、英殖民地等词汇，虽然北京数据中“英”字少于 20%，但笔者把它移至必须“四会”掌握的区域。再者“己”常常搭配“自己”、笔画简单，所以在第二语言学习者中加入“四会”区域。“律”虽然在新加坡数据中频度不少于 10%，但是笔者认为对小学生而言“律”不太重要，因为新闻上的“律”通常指律师、自律、纪律，大多数是在法律界中使用，所以不要求第二语言学习者掌握“四会”。

4.1.2　**语法**

课本内的语法是针对汉语为第二语言的学习者设计的，但对于华人而言，这些语法在日常对话中已大概掌握，运用并不太困难，只是在造句时汉字的书写会有困难，所以除了加强他们对汉字的认识以外，在语法方面的要求也必须增加难度。教师可以增加语法的教学内容，在设计例句时，简单的句子尽量让其他民族学生回答，较难的句子让华人学生回答。在布置作业方面也必须按照难易度设计，让华人学生造更长的句子或通过改写句子的方法加强他们的书面语能力。对汉语为第二语言的学生（除华人以外的其他民族）的要求，可以多说多练为主，让他们懂得在交际场合中使用即可。

语法教学举例：

<table>
<tr><td>教学对象</td><td colspan="3">小学四年级混合班</td></tr>
<tr><td>教学重点</td><td colspan="3">语法："可能补语"</td></tr>
<tr><td>教学目标</td><td colspan="3">掌握如何运用"可能补语"于日常生活中的交际功能</td></tr>
<tr><td rowspan="6">教学内容</td><td rowspan="2">（1）肯定形式：V＋得＋结果补语/趋向补语：听得懂、看得见、走得出去</td><td>易：你们一天看得完这本故事书吗？</td><td>引发学生回答"看得完"</td></tr>
<tr><td>难：这本书，能装进书包吗？</td><td>引发华人学生回答"装得进"</td></tr>
<tr><td rowspan="2">（2）否定形式：V＋不＋结果补语/趋向补语，如：听不懂、看不见、走不出去</td><td>易：你们一个人吃得完一个大西瓜吗？</td><td>引发学生回答"吃不完"</td></tr>
<tr><td>难：小男孩说：还有这么长的路，我累了，不走了，你先走吧！请用否定式可能补语回答。</td><td>教师提问"这男孩怎么了？"引发学生回答"这男孩走不动了"</td></tr>
<tr><td rowspan="2">（3）疑问形式：肯定形式＋否定形式＋结果补语/趋向补语：听得懂听不懂？做得完做不完？</td><td>易：放一个大蛋糕的照片，问学生这块蛋糕你们一个人吃得完吗？有的学生说吃得完有的学生说吃不完，那刚才老师教的疑问形式可以怎么问？</td><td>引发学生回答"吃得完吃不完？"</td></tr>
<tr><td>难：怎么问六点之前能不能回来？</td><td>引发华人学生回答"你六点前回得来回不来？"</td></tr>
<tr><td rowspan="2">作业</td><td>其他民族</td><td colspan="2">给予学生动词提示，要求学生完成"肯定式/否定式可能补语"</td></tr>
<tr><td>华人</td><td colspan="2">把疑问句改成带"可能补语"的疑问句</td></tr>
</table>

4.2 小组构成

如何对多元民族的班级编组也是一大学问，不能一味地使用同一个方法编组，也不能随机任意地编组，这都会使区别化教学法的效果大大减弱。教师首先必须掌握班里所有学生的性格和汉语水平，然后考量如何有效提高不同民族不同等级学生的汉语水平。可分为以下两种类型的组别。

4.2.1 混合分组（异质分组）

由华人学生带着第二语言学习者——马来学生、印度裔学生、其他民族的学生合成一组，共同完成作业。此目的是让水平较高的学生在组内充当领导者，带领水平比较低的学生一起完成任务。

教师必须平均班里学生的水平，尽量把汉语水平高、中、低的学生均匀地放在一组。混合编组的好处是可以发挥华人学生的优势，除了发挥其带领作用，还可以辅助老师教导同学，及时纠正同学的错误并讲解说明老师布置的任务和规则，促进作业的完整性和及时性，大大增加高水平学生的成就感。混合编组对于第二语言学习者的好处是可以帮助他们削减作业的难度。尽量不为难学生、不增加学生的压力，因为这会削减学生学习华语的兴趣。若有高水平同学的协助和带领，就可以适度地提升第二语言学习者学习的积极性。

混合编组的活动设计举例：

活动	制作卡片	
活动目标	（1）华人	带领同学完成任务、与同学讨论，采纳大家的意见并指导同学书写贺卡的内容
	（2）其他民族	在讨论过程中学习用汉语表达想法，学习书写汉字
分组类型	混合分组	
道具	彩纸、剪刀、糨糊、彩笔	
活动内容	教师要求一组学生事先准备以上道具，在特定的时间内分组做一张贺卡送给爷爷，写出要对他们说的话（要求第二语言学习者书写），并要求内容必须出现课上学习的生词，例如：强壮、孙子、身体健康、疼爱、祝福等词语	

4.2.2 同质分组

把汉语水平等级相同的学生组成一组，设计两个不同等级的任务，要求高水平和低水平学生呈现两种不同的任务。高水平的学生（华人）完成难度较高的任务，中等及较差的学生要求的任务难度相应降低。同质编组的目的是让高水平的学生呈现质量高的成果，而低水平的学生也因任务符合他们的水平，呈现不亚于高水平组的学习成果。

同质分组的好处是高水平的学生会因为难度增加，激发潜能，提高自己的汉语能力，在高水平同学的合作下，迅速提高知识或发现自己的不足之处，从而激发学习积极性。这种分组形式也可以发挥第二语言学习者的领导组织能力，没了华人的帮助，靠自己的能力完成任务，更能增加他们对汉语学习的信心和成就感。

同质分组的活动设计举例：

活动	看图写/说故事	
活动目标	（1）华人	提高学生的写作能力
	（2）其他民族	提高学生的口语能力
分组类型	同质分组	
图片		
活动内容	教师按水平来分组，要求高水平组在特定的时间内看图合作写一篇短文；要求低水平组看图说故事，一组派一个代表上前展示，展示结束后由其他组进行评价，让更多学生有机会说话	

不同的分组编排方式有不同的用处，在教学设计中恰当地运用两类编组方法，能有效提高不同等级学生的水平，提高积极性和保护自尊心，激发成就感和挑战欲望，同时符合他们各自现有的汉语水平。

4.3　教学活动分类

不同类型的教学活动可以侧重于不同类型的学生，同一种教学活动也可以根据内容和难度分别适用不同学生。

4.3.1　机械型活动的区别化设计

对汉语作为第二语言的学习者可以侧重机械性的练习，为了巩固他们对教学内容的印象，教师有必要使用机械性的教学法，让除华人学生外的学生强化发音、汉字、语法的练习。由于第二语言学习者缺乏说汉语的机会，教师必须在课堂上多让他们练习口语；而针对华人学生，就可以通过机械性练习来巩固汉字书写，提高他们的书写能力。

机械型活动设计举例：

<table>
<tr><td>活动</td><td colspan="2">听指令制作折纸卡片</td></tr>
<tr><td rowspan="2">活动目标</td><td>（1）华人</td><td>纠正发音，学会如何发出重复指令帮助同学完成任务</td></tr>
<tr><td>（2）其他民族</td><td>练习听力，根据指令完成任务</td></tr>
<tr><td>分组类型</td><td colspan="2">第二语言学习者一组（要求每一组安排一位华人学生）</td></tr>
<tr><td>活动内容</td><td colspan="2">教师按水平来分组，要求高水平组在特定的时间内看图合作写一篇短文；要求低水平组看图说故事，一组派一个代表上前展示，展示结束后由其他组进行评价，让更多学生有机会说话</td></tr>
</table>

4.3.2　任务型活动的区别化设计

教师可以使用任务型教学法侧重设计让华人完成的复杂性任务，由于华人在口语方面没有困难，所以教师在设计任务时应该加入除语言以外的其他知识，例如：地理、历史、文化等知识，增加学科教育意识，丰富学生全方位知识。针对第二语言学习者，教师可以通过任务教学法让学生多练习口语，增强他们的交际能力。

任务型活动设计举例：

<table>
<tr><td>活动</td><td colspan="2">我的民族文化</td></tr>
<tr><td rowspan="2">活动目标</td><td>（1）华人</td><td>学习如何获取、总结、比较和介绍信息，学会将对方的文化与自己民族的文化相结合</td></tr>
<tr><td>（2）其他民族</td><td>学会介绍自己民族的文化，并认识其他民族的文化</td></tr>
<tr><td>分组类型</td><td colspan="2">同质分组（按照民族）</td></tr>
<tr><td>道具</td><td colspan="2">教师准备各个民族的服装、食物的照片，每组照片准备两份。一份让学生挑选、一份备用，以防学生使用错误的照片，老师进行纠正补充时需要使用</td></tr>
</table>

（续上表）

活动	我的民族文化
活动内容	教师让各个民族分成一组，让他们事先回家询问、查资料，获取关于自己民族的新年特色的信息，准备介绍各自的服装、食物、拜年礼仪、忌讳等内容。上课时，教师会把照片贴在白板上，让学生自由选择，发放一张大颜色卡给每一组，让他们把自己民族的东西贴在大颜色卡上，并让他们自由讨论 10 分钟，最后派两名代表上前展示介绍。而要求华人学生在最后一组展示，听完所有组介绍完毕后，进行对比，规定他们不仅需要介绍华人的习俗还必须把所有民族的文化进行差异对比，必须说出自身的文化特色与其他民族的共同点和不同点。最后由老师进行总结和补充

华人学生对中国文化的理解颇深，当教师教授中国文化时，可以要求学生上前说明或展示个人经历或介绍自己的文化，布置一些任务型活动时要求华人加入文化的元素，其他民族可以加入自身的文化，进行对比、比较，展示其差异性，让多元民族的班级成员相互了解对方的文化，学会尊重及包容所有民族的文化。

4.3.3　技能练习的区别化设计

（1）听说技能。

由于华人的母语就是汉语，口语对他们起不了多大的作用，所以建议教师多侧重于第二语言学习者，多使用机械性教学，加深他们的记忆。虽然马来西亚华人的口语能力不是教师的教学重点，但是马来西亚华人第一语言多为中国的方言，所以其普通话深受方言的影响，在汉语的语法和发音上都有问题，所以希望马来西亚教师具有多纠正华人学生的普通话发音的理念。

（2）读写技能。

读写就必须运用教学内容分级的方法，对于两种不同等级的学生使用汉字“四会”和“三会”的教学要求。对于第二语言学习者，教师可以侧重读的方面；对于华人学生，教师可以侧重写的方面。教师在教汉字时对华人学生的要求必须要严格，以便提高他们的写作水平。通过汉字内容分级，增加华人的汉字书写能力和书面语表达能力的训练，对第二语言学习者就可以减轻他们书写汉字的压力，要求他们对部分汉字达到“四会”的要求即可，但必须确保他们可以做到拥有认读汉字的能力。

4.3.4　游戏设计

（1）个人游戏。

由于个人比赛要求个人实力必须很强，所以这一类型的比赛对第二语言学生而言压力可能过大。建议在使用同质分组时，侧重于高水平的学生，可以让他们各自完成活动或是设计一个演讲、朗诵、作文比赛等活动，增加高水平学生之间的竞争，起到让他们更上一层楼、精益求精的作用。

个人游戏活动设计举例：

活动	组词游戏	
活动目标	（1）华人	扩大学生的词汇量
	（2）其他民族	巩固学过的词汇
分组类型	华人学生一组	
道具	制作字卡：自、己、志、愿、军、正、篮、逃……	
活动内容	选择一名第二语言学习者上前抽取字卡，让这名学生组一个词，然后让华人学生排成一列来玩词语接龙的游戏，第一个学生说了一个词后，下一个学生必须接着前一位学生说的最后一个字来组词，以此类推，无法组词的学生减一条“命”，每位学生有两条“命”，扣完了就自动淘汰，剩下的最后一位学生获胜。例如：逃、逃跑、跑步、步行、行走、走路、路人、人生……	

第二语言的学生也能加入此游戏，他们都充当第一个上前抽签的角色，因为抽出来的字是学过的，让他们组词，可以巩固词汇知识；若组不出，要求他们翻阅课本寻找此字，并把此词汇写在黑板上。最后还可以让全班同学复习一遍。

教师必须按照学生的水平设计不同等级的比赛，让学生觉得每一次都可以学到汉语知识，必须让每一位学生在课上有收获，每一天都有进步。

（2）合作活动。

合作活动类型比较适用于第二语言学习者，可以让学生在合作过程中增加学生之间的互动、使用汉语展开讨论、使用汉语完成展示等，学会做中学、学中做的原则。

合作活动设计举例：

活动	填字卡
活动目标	让学生使用汉语讨论，共同完成作业，巩固汉字和中国家庭的称谓
分组类型	第二语言学生一组
道具	教师准备少了笔画的汉字和留空的家庭称谓图
活动内容	三个学生一组（可以是不同民族的一组，除去华人），教师发给学生少了几个笔画的字，让他们填补笔画，将汉字补充完整，或是让学生填写家庭称谓，让他们学习中国家庭理念和家庭称谓。由于华人学生在家庭中已使用过这些称谓，所以此活动不适合让他们参与，必须分开进行

（3）小组竞技活动。

良性竞争可以满足学生的好胜心和积极性，教师可以使用混合分组，让大家共同完成一个比赛，在比赛中学习汉语。

小组竞技活动设计举例：

活动	制作衣服比赛
活动目标	合作完成任务，发挥学生的创意，练习第二语言学习者的口语，华人学生学习陈述事情的完整经过
分组类型	混合分组
道具	剪刀、彩纸、彩笔、糨糊
活动内容	让每组学生使用绘画设计民族服装，由第二语言学习者上前展示成品，由他们简单介绍衣服的特征和制作理念，最后可以请华人学生上前说明他们组制作服装时的整个过程，学生必须使用课堂上学习过的“首先”“接着”“然后”“最后”等词语

此活动可以让华人学生和第二语言学习者合作完成服装，共同构想如何完整地介绍服装，完成交际的功能，还可以巩固课上学习的内容。

4.4　时间分配

同质分组进行活动时，会出现高水平组和低水平组的不同活动在同一时间进行的情况，教师必须控制好时间的分配，此时两组的活动尽量安排一组是教师不需要太关注、学生可以自行完成的，而另一组是由教师全程关注，可以及时纠正、充分观察的活动。比如，一个是任务型活动，另一组就必须是机械型活动，或是书写短文、造句、汉字练习等作业。

5　结语

目前尚未有人对马来西亚非华裔汉语学习者教学设计提出相应的教学对策，尤其是针对多元化民族的教学设计还未有研究，由此可见，此项研究还有很大的发展空间。

区别化教学法作为一种多层次教学模式，在马来西亚多元民族的背景下，深入研究其在小学华语教学中的应用，具有十分重大而深远的意义。笔者运用区别化教学策略，针对马来西亚华文班级的多元化民族的教育，在教学内容分级、小组构成、教学活动分类、时间分配等方面进行具有针对性、有效性、可行性的教学方案设计，希望对本土华文教师的教学实施有所帮助，有效提高马来西亚小学生的华文水平，更希望借此让更多马来西亚小学生可以在升入中学后继续学习华文。

本研究尚存许多不足之处，目前未曾有人研究多元民族背景下的区别化教学设计，所以无法找到相关文献，由于研究现实的限制，应用研究明显不够，设计的课堂教学模式暂时无法通过课堂实践来验证效果。今后，笔者将继续关注各种教学法，并于实践当中发现问题，增加自身的教学经验，开阔自己的视野，提高自己的认知水平，希望为多元文化多民族的马来西亚寻找一个属于马来西亚的独有的教学方法献出自己的一分薄力。

参考文献

[1] CHONG P J. 马来西亚华文小学非华裔识字教学的研究：以沙巴培正小学为例［D］. 武汉：华中师范大学，2016.

[2] 顾洪兴．马来西亚华文教育情况［EB/OL］. http：//www. fmprc. gov. cn/ce/cemy/chn/zt/nycf/t314470. htm.

[3] 何明．多层次教学组织模式的研究与实践［J］. 中国教育学刊，1996（5）.

[4] 韩晓雪．情景教学法在初中用于语法教学中的应用研究［D］. 聊城：聊城大学，2017.

[5] HOE F T. 马来西亚国立大学华语课程教材的研究［J］. 海外华文教育，2014（1）.

[6] 黄集初．马来西亚华文教育体系的省思［D］. 武汉：华中师范大学，2016.

[7] 焦颖莹．基本课标的马来西亚国小华小汉语教学对比研究［J］. 教育教学探讨与实践，2017（4）.

[8] 季薇．面向马来西亚汉语师资培训的专业教材建设问题初探［J］. 人文丛刊，2015（10）.

[9] 刘力源．5C目标教学法在美国青少年汉语夏令营项目中的应用与策略［D］. 西安：西北大学，2014.

[10] 罗青松．21世纪外语学习标准评析：兼谈《全美中小学中文学习目标》的作用与影响［J］. 世界汉语教学，2006.

[11] 李润生．汉字教学法体系及相关问题研究［J］. 语言教学与研究，2015（1）.

[12] 刘士宏．浅谈区别化教程［J］. 现代教育科学，2006（4）.

[13] 潘碧丝．马来西亚华语的传播与发展：对外汉语（华语班）在国立大学现状调查报告［J］. 汉语教学学刊，2011（7）.

[14] 覃修佳，齐振海．任务及任务教学法的再认识［J］. 外语教学，2004（3）.

[15] 孙婕婧．5C教学法在美国少儿汉语教学中的运用刍议［J］. 外语教学与翻

译发展创新研究，2016（5）.

［16］孙祥富．英语的区别教学对我国职高数学教学的启示［J］．职教通讯，1999（7）.

［17］田密．故事教学法在小学低年级语文教学中的应用研究［D］．北京：中央民族大学，2017.

［18］王辉．以美国5C标准为视角对两种汉语教学法的应用研究［D］．西安：西安外国语大学，2014.

［19］王翔．区别化教学实施机械课程［J］．课改前沿，2012（12）.

［20］吴英成．多语环境下汉语作为第二语言教学：新加坡经验与模式［J］．云南师范大学学报，2009（2）.

［21］吴勇毅．对外汉语教学［M］，北京：商务印书馆，2012.

［22］叶俊杰．马来西亚华文课程大纲与华文教材的编写［J］．汉语国际传播研究，2011（1）.

［23］叶婷婷，吴应辉．马来西亚的华语作为第二语言教学教材探析［J］．云南师范大学学报（对外汉语教学与研究版），2010（4）.

［24］叶晓萍．对马来西亚国民小学教材《国小华语》的调查与思考［D］．北京：中央民族大学，2012.

［25］郑晶文．马来西亚东部砂拉越地区非华裔小学生汉语学习状况调查研究［D］．北京：中央民族大学，2012.

［26］钟秋生，黄碧云．马来西亚在汉语学习中所面对的难题初探［J］．世界汉语教学，1992（1）.

［27］张发．马来西亚华文教育与语文教学概况［J］．广西教育，2012（7）.

［28］郑树良．马来西亚华文教育发展简史［M］．北京：外语教学与研究出版社，2007.

［29］周小兵．对外汉语教学导论［M］．2版．北京：商务印书馆，2010.

［30］郑文龙．马来西亚国民小学华语课程及教材的沿革研究［D］．广州：暨南大学，2008.

［31］张亚楠．马来西亚华文教育政策的演变及述评［J］．国际视野，2016.

［32］NYIRI J C. Tradition and practical knowledge［M］//NYIRI J C & SMITH B. Practical knowledge：outlines of a theory of traditions and skills. Beckenham：Croom Helm Ltd，1988.

［33］SMITH B. Knowing how vs. knowing that［M］//NYIRI J C & SMITH B. Practical knowledge：outlines of a theory of traditions and skills. Beckenham：Croom

Helm Ltd，1998.

[34] TOMLINSON C A & Allan S D. Leadership for differentiating schools & classrooms [M]. Alexandria：association for supervision & curriculum development，2000.

【作者简介】

陈彦融，山东大学国际教育学院在读硕士，主要研究方向为汉语与汉语教学。Email：1423465397@qq.com。

吉尔吉斯斯坦东干中小学母语教学状况调查研究①

尹春梅[1]　［吉尔吉斯斯坦］哈娃子·法提玛[2]

（1. 新疆师范大学国际文化交流学院；2. 吉尔吉斯斯坦国家科学院）

引言

中亚东干人作为具有中华文化背景的中亚文化群体，是“一带一路”民心相通的重要桥梁。中亚东干人大多数是130多年前由中国移居至中亚的回族人的后裔，少量为之后陆续移民至中亚的回族人及其后人，主要分布在吉尔吉斯斯坦、哈萨克斯坦及乌兹别克斯坦三国，总人口15万人左右。其中，吉尔吉斯斯坦是中亚东干人语言文化的中心，② 截至2018年东干人口有70 534人③，此外，哈萨克斯坦有东干人口76 000人左右④，乌兹别克斯坦3 000人左右⑤。东干语是汉语陕甘方言在中国境外的变体，是东干人民族身份认同的重要标志之一，也是联系东干人与祖籍国——中国的重要纽带。积极开展各领域东干语言状况调查研究不仅能够帮助东干人及时认清母语状况，为进一步开展东干语言保护与发展工作奠定基础，珍视和尊重对方语言的研究合作也有助于赢得“一带一路”沿线东干人的信赖与支持。

学校教学是语言理性传承的重要层面。吉尔吉斯斯坦仅在中小学开设有东干语课程，自2012年以来，吉尔吉斯斯坦教育部为了减轻中小学生的学习负担，对包括东干语在内的许多课程进行了压缩，中小学东干语课程也由原来的每周两三学时压缩到一个学时。面对东干语教学出现的新情况，有必要对学校的东干语教学进行实时的静态描写和客观记录，以便观测该语言的活力保持情况，及时发现该语言发展过程中存在的问题并进行濒危预警，及时寻求有效的保护措施；同时，对不同阶段东干语社会

---

① 国家社科基金项目“‘一带一路’背景下中亚五国汉语传播的国别比较研究”（17BYY083）。

② 东干书面语是以甘肃方言为基础的语法规范体系，而甘肃裔东干人主要居住在吉尔吉斯斯坦；吉尔吉斯斯坦国家科学院东干学汉学中心，负责吉哈两国东干中小学母语教学指导、教材研发及教师培训；吉尔吉斯斯坦也是中亚东干报纸、杂志、广播的发源地，是迄今东干报纸办刊时间最长和目前唯一设有东干广播的国家。

③ 数据来自吉尔吉斯斯坦国家统计委员会（Национальный статистический комитет Кыргызской Республики）居民民族成分人口统计（Численность населения Кыргызской Республики по национальностям 2009－2018гг.）

④ 数据为笔者2018年5月实地调研获取的，提供者为哈萨克斯坦营盘博物馆主任兼历史老师劳迟·穆萨（Loch Musa）。

⑤ 数据为笔者2018年5月实地调研获取的，提供者为乌兹别克斯坦东干协会主席马奈·萨吾洛夫（Мане Савуров）。

使用情况的静态描写，也有助于保存不同时期的东干语客观使用状况，为不同时期的东干语使用的历时对比研究提供资料和基础。

国内外东干学研究主要集中在历史文化、语言本体、文学艺术等方面，东干语的使用状况研究前期仅有少数学者涉及（丁宏，1998；苗东霞，2008；林涛，2011），近年来笔者参与的“吉尔吉斯斯坦东干语言使用状况调查”课题组，曾对聚居、散居、杂居不同类型社区的东干语使用状况进行过系统调查（李鑫，2013；马磊、周庆生，2015；尹春梅、周庆生，2016；尹春梅，2016），鉴于吉尔吉斯斯坦是中亚东干语言文化的中心①，本文将着重就吉尔吉斯斯坦学校的东干语言教学状况进行研究。

1　研究设计

1.1　研究方法

文本采用定量与定性相结合的研究方法。2015年底展开专家访谈，掌握吉尔吉斯斯坦共10所东干中小学的15位东干语教师的基本情况。通过对东干语教师结构访谈的定量统计，获得吉尔吉斯斯坦10所东干中小学的规模概况、教师情况、教材情况、教学方法和学习情况；同时结合笔者2013年以来对吉尔吉斯斯坦中小学教育局以及各东干中小学的访谈和调查，2015年夏参与的吉尔吉斯斯坦国家科学院组织的吉哈两国东干中小学教师培训，2015年底参与的在吉尔吉斯斯坦伊塞克湖举办的东干族郑和基金会成立仪式座谈会，以及2018年5月开展的中亚哈乌两国东干中小学母语教学情况的对比调研等，对吉尔吉斯斯坦东干语中小学母语教学的有利因素与不利因素进行定性分析并寻求对策。

1.2　研究对象

研究对10所学校的15名东干中小学母语教师逐一进行电话访谈，直接或间接访谈到7所东干中小学的12名东干语教师，访谈学校数占目标总体吉尔吉斯斯坦东干中小学总数的80%，访谈教师数占目标总体吉尔吉斯斯坦东干语教师总体的66.67%，被访谈教师授课的学生数为3 925，占目标总体吉尔吉斯斯坦东干学生总数的58.7%。访谈能够比较全面地反映出吉尔吉斯斯坦东干中小学母语教学的总体状况。

1.3　研究工具

为全面调查吉尔吉斯斯坦东干中小学母语教学状况，研究重点考察了教师、教材、教法以及学生学习情况，主要围绕以下方面开展结构访谈：

教师情况，包括族别、学历、专业、教龄、职称、工作量、任课情况、工资等；

教材情况，包括使用教材、出版年限、出版社、教材数量、来源、教材评价等；

教学情况，包括授课语言、教法、作业、考试等；

学习情况，包括学习需求、出勤情况、家长监督情况、学习年限、学习水平等。

---

① 东干书面语是甘肃裔东干学者主导的语法规范体系，中亚东干学者们主要聚集在吉尔吉斯斯坦。

2 研究结果

2.1 访谈实录

专家访谈得到了吉尔吉斯国家科学院东干学汉学中心所长伊玛佐夫·M. X. 的积极配合；教师结构访谈得到了吉尔吉斯斯坦国家科学院东干学汉学中心高级研究员哈娃子·Ф. H. 及诸研究员的协助，以及吉尔吉斯斯坦东干中小学母语教师的大力支持。由于教师访谈涉及收入及工作满意度等隐私，因此隐去被访谈对象姓名。同一所学校有多位访谈对象的，对第一位访谈对象进行直接访谈的同时，辅以对其他同事的间接访谈，访谈实录如下：

2.1.1 访谈对象1、2

阿列克桑德洛夫卡第一中学东干语课教师，东干族，女，教龄37年，东干语课教龄15年，月总收入5 000索姆，对工作满意，该校2～11年级30个班都在上东干语课，她带低年级，每班20～23人，每班每周1课时东干语课程，她每周上12学时东干语课；教材情况：2、4年级有教科书，3年级没有书，5、8年级教材很少；留有书面作业，没有东干语考试；掌握东干语的学生百分比为60%～80%，学生说得好、书写较弱。授课面：23×12=276（人）。

该校另一名东干语课教师，东干族，女，缝纫专业，64岁，教龄3年4个月；每周东干语课18学时，教5～11年级的18个班，每班28～30人；2个岗位月总收入7 000索姆。授课面：30×18=540（人）。

2.1.2 访谈对象3

阿列克桑德洛夫卡第三中学东干语课教师，东干族，女，42岁，27年教龄，周课时27学时，收入10 500索姆左右（算法、东干语、俄语三门课程总收入），对现在的工作满意；该校2～11年级27个班级开设东干语课程，每班30人左右；2～5年级50%的学生有教材，6～8年级30%的学生有教材，9年级50%的学生有教材，10～11年级50%以上的学生有教材；学生9年级有考试；授课90%采用东干语。该校东干语总授课面：30×27=810（人）。

2.1.3 访谈对象4、5

米粮坊中学东干语课教师，东干族，女，52岁，俄语文学专业，教龄30年，东干语教龄22年，总收入5 600索姆（不只是东干语课程），对工作满意；从2～11年级共29个班级均开设有东干语课程，东干语课时每班每周1课时，她本人周课时16学时，班级规模每班25人左右；课程类别有东干语言和文学课，教科书不够，学生两人一本；用东干语备课，主要用东干语授课，作业形式主要是读书、看报等口头作业；大部分学生课堂专注认真，仅有三四个不认真，学生上课出勤率100%，有60%～65%的学生能够较好地掌握东干语，9年级有东干语考试。

该校共有两名东干语课教师，另一名东干语课教师，东干族，女，年龄62岁，教龄23～25年，俄语文学专业，课时12学时每周。2人授课面：25×28=700（人）。

2.1.4　访谈对象6、7

红米粮坊中学东干语课教师，41岁，22年东干语教龄，俄语文学专业，每周4课时，教高年级9、10、11年级，学生每班23～24人，收入7 000索姆（俄语、东干语），对工作满意；教学没有教具；教科书在课上使用完要上交，报纸也有使用；80%的学生能听会说。该校另一位东干语课教师，28岁，4年教龄，其中3年东干语教龄，教初级班，每周16～17节课。2人授课面：24×21=504（人）。

2.1.5　访谈对象8

列宁中学东干语课教师，东干族，女，49岁，东干语教龄1年，两个岗位月总收入8 000索姆（教东干语、俄语），对工作满意，东干语课程不考试，作业有读书、看报等口头作业，2～11年级19个班都在上东干语课，每班每周1课时东干语课程；教材种类不多，只有识字课教材，识字课教材学生都有；学生学习努力，该村主要是陕西裔，30%的学生会东干语，说东干语比较困难。授课面：25×19=475（人）。

2.1.6　访谈对象9、10

托克马克市第10中学东干语课教师，东干族，女，61岁，20年教龄，俄语文学专业，每周1学时，班级学生规模40～43人；东干识字课书够了，书每次用完收回，统一存放在办公室；有书面作业，9年级有考试；农村孩子由于受农忙影响，以及贪玩手机，学习受影响。另外一位东干语课教师（不在此次访谈对象范围内），每周7课时东干课。2人授课面：8×40=320（人）。

2.1.7　访谈对象11、12

二道沟尤素夫·哈兹列特中学东干语课教师，东干族，女，44岁，师范专业，教龄19年，课时费每节45索姆，每月通过东干语课程获得2 700索姆，加上其他兼职获得5 000索姆，做的是自己喜欢的熟悉的职业，对工作满意。东干语课时每班每周1课时，她本人担任6～11年级12个班级的东干语课程，每周12学时，35人左右的班级按语言分班选修，每班选修东干语课程的有15人左右，12个班学习东干语的总人数在180人左右。课程类别有东干语言和文学课，教材不够，总体而言教材平均两人一本，并在学期末回收；主要用东干语备课授课，辅以俄语翻译和解释，教学方法主要是讲读和翻译，作业布置有读课文、报纸等，9年级的学生有东干语课程考试；学生出勤率100%，但由于教材无法人手一册，作业完成效果比较差，由于上课间隔时间长，下周上课学生基本忘了上周学习内容，学生课堂表现存在个体差异，和其他功课一样，有学得好的，也有学得差的，但100%的学生可以听懂东干语，95%～100%的学生能说东干语，80%的学生能用东干语阅读，不到50%的学生能用东干语书写。该校另外一位东干语课教师每周8课时，但此人不在此次访谈对象范围内。2人授课面：15×20=300（人）。

2.2 研究结果

2.2.1 规模概况

通过专家访谈调查了解到，吉尔吉斯斯坦共有10所东干语中小学，分布在首府比什凯克市周边（3所）、楚河州（6所）、伊塞克湖州（1所）的东干村落。10所东干中小学学生总人数7 500余人，其中东干学生比例占70%~98%，东干族学生总人数6 600余人，东干语教师17人，其中9所学校按教育部颁发的“2012—2013学年中小学母语教学计划”[①] 开设有俄语、吉语、母语（东干语）、外语（英语）四种语言课程，另有1所学校——二道沟尤素夫·哈兹列特中学除开设上述四种语言以外，还开设有汉语课程。各学校概况如表1所示。

表1 吉尔吉斯斯坦东干中小学规模概况

序号	学校名称	行政区划	开设语言课程种类	学生总数（人）	东干学生比例（%）	东干族学生数（人）	东干语教师数（人）
1	阿列克桑德洛夫卡第一中学	比什凯克市莫斯科区阿列克桑德洛夫卡村	俄语、吉语、东干语、英语	900	95	855	2
2	阿列克桑德洛夫卡第二中学	比什凯克市莫斯科区阿列克桑德洛夫卡村	俄语、吉语、东干语、英语	1 200	96	1 152	1
3	阿列克桑德洛夫卡第三中学	比什凯克市莫斯科区阿列克桑德洛夫卡村	俄语、吉语、东干语、英语	600	98	588	1
4	米粮坊中学	楚河州伊塞克—阿金斯卡区米粮坊村	俄语、吉语、东干语、英语	800	95	760	2
5	红米粮坊中学	楚河州伊塞克—阿金斯卡区迪尼索夫卡村	俄语、吉语、东干语、英语	600	90	540	2

① 数据来源于二道沟尤素夫·哈兹列特中学校长仔比拉·尤素波夫（Зебера Юсупова）提供的吉尔吉斯斯坦教育部文件。

（续上表）

序号	学校名称	行政区划	开设语言课程种类	学生总数（人）	东干学生比例（%）	东干族学生数（人）	东干语教师数（人）
6	弗拉基米尔伊里奇列宁中学	楚河州伊塞克—阿金斯卡区水电建设者村	俄语、吉语、东干语、英语	600	80	480	1
7	伊万诺夫卡中学	楚河州伊塞克—阿金斯卡区伊万诺夫卡村	俄语、吉语、东干语、英语	715	70	501	1
8	阿斯曼娜拉力耶娃中学	楚河州伊塞克—阿金斯卡区堪布仑村	俄语、吉语、东干语、英语	820	85	697	1
9	托克马克市第10中学	楚河州托克马克市	俄语、吉语、东干语、英语	650	95	618	2
10	二道沟尤素夫·哈兹列特中学	伊塞克湖州伊尔迪克（二道沟）村	俄语、吉语、东干语、英语汉语	620	80	496	2
合计				7 505		6 687	15

2.2.2 教师状况

东干中小学师资存在老龄化断层危机。样本中有极个别中青年教师，样本中最大年龄64岁，最小年龄28岁，40岁以上中老年教师占样本总数90%，其中60岁以上占样本总数的40%；东干语课教师族别均为东干族，反映出东干语不足以吸引异族来学习，而主要作为族内交际工具使用；东干语课教师教育背景缺乏专业性，仅有60%的访谈对象能够说出自己的教育背景，专业以俄语文学居多，有个别师范专业，甚至有缝纫专业；师资队伍相对比较稳定，东干语课平均教龄15.8年，最短的1年，最长的27年；教师课时平均14节，东干语代课收入在5 000～6 000索姆，相当于100美金左右，也有个别代课27节的教师，含其他课程在内收入能达到10 500索姆；教师乐业程度比较高，普遍表示对自己所从事的东干语教学工作比较满意。

2.2.3 教材状况

东干语课程类型有东干语言和文学，被访者普遍反映教材数量不够，有些学校只有识字教材，东干语课本普遍不足，除了列宁中学和托克马克中学识字教材够用以外，教材占有率按年级30% ~50%不等，甚至有些年级根本没有教材，学生普遍两人一本教材，教材在课上使用完要上交，统一存放在办公室，或在学期末收回，教材不够的情况下，也有时搭配使用报纸作为补充。调研中也了解到教材缺乏更新，出版年份以2000年以前居多。

2.2.4　教学状况

教师主要用东干语授课，辅以俄语翻译和解释；教学方法主要是讲读和翻译，教学没有教具，教师布置读书、看报等口头作业，也有书面作业；一般到9年级升高中时，选修东干语的学生会有东干语考试。

2.2.5　学习状况

学生课堂表现存在个体差异，和其他功课一样，有学得好的，也有学得差的。但由于学生缺少教材，以及上课间隔时间长，作业完成效果比较差，到下周上课时学生基本忘了上周学习的内容，或者由于受农忙影响，以及贪玩手机，学生的学习也受影响。在调研中我们还了解到，家长们没有在家庭中起到用母语读书、看报的表率作用，没有给孩子们营造充分使用母语的环境也是导致孩子们母语水平下降的原因，家长们对孩子们的母语学习缺乏有效监督。从学习效果上看，掌握东干语的学生在60%以上，学生听说普遍优于读写，比如二道沟尤素夫·哈兹列特中学100%的学生可以听懂东干语，95% ~100%的学生能说东干语，80%的学生能用东干语阅读，不到50%的学生能用东干语书写，红米粮坊中学80%的学生能听会说。但也存在反例，列宁中学教师表示，学生学习努力，但由于该村的东干人主要是陕西裔的回族，只有30%的学生会东丁语，尤其说东干语比较困难。①

3　分析讨论

3.1　东干语中小学教学的有利因素

3.1.1　有开展母语教学的语言政策保障

吉尔吉斯斯坦有对国语和官方语言作出规定的各项法规，也均对少数民族语言权利作出了规定，2001年12月《关于宪法第五章补充草案》、2003年2月及2007年10月《宪法》第5条第3款、2010年6月《宪法》第10条第3款、《国家语言法》第一章总则第1条均规定：吉尔吉斯斯坦保证所有民族保存母语的权利，并为他们学习和发展自己的母语创造条件。根据这一规定，各少数民族有学习和发展自己母语的权利。吉尔吉斯斯坦国家教育部也为其他少数民族出台有单独的母语教学计划，为少数民族开展四种语言教学——国语、官方语言、母语及一门外语。② 上述立法和规定为

① 东干教材是以甘肃裔口音为规范的，因此教师有如上反馈。事实上，笔者对哈萨克斯坦营盘、新渠等陕西裔东干村落走访显示，那里的东干人母语口语家庭代际传承明显要优于吉尔吉斯斯坦。

② 该信息来自对吉尔吉斯斯坦国家教育局访谈获取的资料和数据。

东干中小学开展本民族母语教学提供了客观依据，也是东干族用来争取和捍卫自己母语学习权利的保障。同时从对吉尔吉斯斯坦中小学教育局的访谈中了解到，家长们愿意在自费出资的情况下，允许每周开设不超过2课时的母语附加课程。

3.1.2 有相对集中的生源和稳定的教学场所

吉尔吉斯斯坦的东干族除了少数散居在比什凯克市以外，以聚居和杂居村落的形式生活的较多，在东干族相对集中的聚居和杂居村落，上高中以前东干子女一般选择在家门口中小学就读，保证了相对集中的东干生源。吉尔吉斯斯坦的10所东干中小学共有生源7 500余人，其中东干子弟6 600余人，占生源数的80%以上。具备开展母语教学的集中生源和场地设施是东干语母语教学的有利因素。

3.1.3 东干语教师敬业乐群、队伍稳定

随机调查的10位东干语教师大部分月收入在100美金左右，相当于吉尔吉斯斯坦中小学教师中等收入水平，需省吃俭用方能满足日常生活，但是访谈中东干语教师普遍对所从事的工作表示满意，没有抱怨，反映出教师对本职工作的热爱。在2015年夏吉尔吉斯斯坦国家科学院东干学汉学中心组织的包括哈萨克斯坦东干中小学东干语教师在内的培训中，争取到的培训经费极其有限，培训地点在吉尔吉斯斯坦国家科学院，参训教师均需自行解决交通食宿，中午自带午餐和研究员们一起简单茶歇，但是教师们组织性纪律性高，培训期间认真听讲并积极展示教案、进行教学交流，甚至利用微薄收入自费打印教案并过塑装订成册，表现出了对所从事的母语教学工作的热爱。就随机调查的10名东干语教师来看，从事东干语教学的平均教龄在15年以上，反映出现教师队伍比较稳定。

3.1.4 有专门负责教学督导和教材研发的部门

吉尔吉斯斯坦国家科学院东干学汉学中心担负着中小学东干语教学的督导、培训及教材研发等管理工作，并为发展母语教学不断争取政策和经费。

3.2 东干中小学教学的不利因素

3.2.1 东干中小学东干语课时被迫缩减

为了减轻中小学生的学习负担，2012年吉尔吉斯斯坦教育部进行了中小学课时压缩，对包括东干语在内的许多课程都进行了压缩，11个年级课时压缩总量达700多个学时，当时东干语教学一度面临被取缔的局面，吉尔吉斯斯坦国家科学院东干学汉学中心及东干学界领袖们纷纷拿起《宪法》奔走呼告，捍卫中小学东干语教学的行动也得到了中国东干学者胡振华教授的声援，他以吉尔吉斯斯坦国家科学院荣誉院士的身份致信吉尔吉斯斯坦教育部。在东干学界和各部门的共同努力下，中小学东干语教学最终得以保存，但由原来的每周两三个学时压缩到了2～11年级每周开设1学时，学习间隔长、不连贯，学生学习效果差。

3.2.2 中小学教师和科学院研发人员面临年龄断层

尽管现有东干语师资比较稳定，但已经出现明显老龄化，教龄在15年以上者占

70%，年龄在40岁以上者占80%，2015年夏师资培训会上，仅有一名新进年轻教师被大家隆重鼓励和推介，但这位怯生生的年轻姑娘明显还不具备从事东干语教学的经验和信念。吉尔吉斯斯坦国家科学院的东干研究员们年龄普遍在50岁以上，面临许久无从招募新人的境地，东干语学校教学和科教研发均呈现出后继无人的局面。2015年科学院东干学汉学中心也曾一度面临被科学院要求取缔归并到其他部门的困境，所长伊玛佐夫先生是目前唯一能够支撑该中心的旗帜性人物，但他年事已高，将来研究中心随时可能出现再度被边缘化的可能。

3.2.3 教师水平有限，教材陈旧匮乏，教学方法单一

东干语教学仅在中小学2~11年级开设，母语开设层次也决定了本土培养的东干语教师的母语水平，东干语水平一代比一代下滑是普遍趋势。吉尔吉斯斯坦政府按照教育法规为开设的东干语教学课程提供教师工资，但很少拨付用于东干语教材研发的经费，目前使用的东干语学校教学教材十分陈旧，教材配备也明显不足，学生课上几人合看一本教材，教材用完收回，课下无从巩固。教师教学方法普遍采用讲授法和翻译法，教师培训缺乏经费，5年一训也属不易，加之缺乏多媒体教学设备，“一书一笔站讲台”是常态。

3.2.4 学生和家长的母语态度使东干语的最后壁垒受到挑战

东干语是事实上的族内交际语，不能为学生将来个人发展提供广阔的空间，家长们没有为开设母语附加课出资的意愿。访谈中了解到家长对于学生东干语的学习普遍没有进行督促，除了对《回民报》的投稿和阅读，生活中能够书面使用和阅读东干语的范围极其有限。笔者参加的2015年在伊塞克湖尤素夫·哈兹列特中学召开的郑和基金会成立仪式上，科学院研究员、东干学者、中小学教师及家长们就此问题进行了热烈的讨论，并指出家长们没有起到在家庭中使用母语和读书看报的表率，是孩子们母语学习存在的问题之一。同时在这个会上，家长们最关心的几个问题是，郑和基金会成立的价值在哪里？到底能否通过和中国高校建立的联系把自己的孩子送到中国？学汉语被东干家长和孩子们认为更有前景，与其学东干语，家长们更愿意自己的孩子有机会直接学习汉语。此外，来自吉、哈、乌三国的学者们，也均先后在东干学术会议上发表过本国民众希望学习汉语的报告。①

① 哈萨克斯坦东干协会主席胡塞·达吾洛夫（Хусей Дауров）早在2004年中亚地区召开的东干学国际学术会议上就指出，东干语以甘肃方言为基础，而哈萨克斯坦的大部分东干人使用的是陕西方言，对于他们而言学习标准东干语有难度；要解决这个问题，要先从标准语着手，即东干语的“标准语”既不该是甘肃方言，也不该是陕西方言，而应该是汉语普通话。只有学习普通话，东干人才能和自己的历史故国——中国进行自由交流。如今，世界上学习汉语的人越来越多，而东干族许多年轻人特别是商人和中国之间有来往，所以学习汉语普通话是非常必要的（丁宏，2007）。

4 对策建议

笔者访谈中还了解到，2017年吉尔吉斯斯坦政府提出将不再拨付用于东干语课程的教师津贴，建议将东干语教学直接归并到作为外语教学开设的汉语教学当中，仍有东干学者对此表示反对，打算再次争取。哈萨克斯坦的中小学东干语教学在2015年底东干中小学教师培训后就已停滞，截至2018年5月笔者调研，营盘、新渠及周边村落10余所东干中小学仅剩4所学校每周开设1课时东干语课，原本20余名东干语课教师只剩下两人仍然从事东干语教学，另外有两名吉尔吉斯斯坦东干学汉学中心的研究员在此任教，这些研究员和东干教师还在为争取母语课权利起草文书上访中。自2012年东干语课时删减以来，哈萨克斯坦东干协会会长安胡塞一直出资以补习班的形式每周为村里的孩子们开设一次母语课，他表示也希望将来能以补习班的形式为孩子们开设汉语课；乌兹别克斯坦东干村的中小学已经没有东干母语课，该国的母语流失十分严重，访谈中的东干子女已经不能用东干语从一数到十，东干协会会长马奈·萨乌洛夫表示，这里需要两名中国老师直接教授汉语。

综上，从宏观政策和周边环境来看，中亚东干语发展空间越来越狭小；就内部需求和办学条件而言，也表现出无力和衰落。结合吉尔吉斯斯坦东干中小学现实状况，研究提出以下几点建议。

4.1 及时开展东干语言文化生态保护工作

语言是交际的工具，这是语言最基本的功能，这一功能的弱化是导致东干语衰亡的根本原因，人为干预或能暂时延缓这一衰退过程，并为及时开展东干语言生态保护工作争取到宝贵的时间，建议东干学者们把握这一历史进程中的“在场”契机，及时开展各领域东干语言文化保护工作。东干语言保护工作应以未来能够全方位复原该语言为目标，[①] 应充分利用图像、音频、文本等全息形式，保留东干语的语音、词汇、语法等系统。

4.2 正确处理东干人母语教学和汉语教学的关系

东干语是汉语陕甘方言的境外变体，汉语是东干语的祖籍语。从汉语学习需求来看，近年来东干人的本土汉语学习需求正日益高涨——东干家长们迫切希望下一代学习汉语，东干中小学校长[②]强烈希望开设汉语教学点，吉尔吉斯斯坦国家科学院东干

① 该观点系2018年6月14日李宇明教授在北京语言大学举办的讲座《语言资源的时代需求及世界知识的中文表达问题》谈到少数民族语言保护时提出。

② 笔者在吉尔吉斯斯坦汉语教学任教四年，最初在伊赛克湖州孔子课堂工作，其间多次向所属孔子学院领导转达了该州二道沟乡庄尤素夫·哈兹列特中学仔比拉·尤素波夫校长渴望开设汉语课的心声，最后该校终于得以成功开设汉语课，汉语学习规模和成绩喜人，推动了当地成为HSK考点之一。

研究员①、中小学东干教师以及东干广播员②也在想方设法通过学习汉语丰富和发展母语。就学习汉语的机会而言，目前开设汉语的东干中小学十分有限，仅有一所东干中学开设有汉语教学课。由于汉语师资不足，仅在4个高年级的8个班当中开设有每周两课时的汉语教学。就东干人汉语学习特点而言，东干语同汉语语音、语义同源而书写迥异，东干人在汉语学习方面有着自身的优势，东干语学习是两课时汉语学习的过渡和准备，如果能够继续争取到一课时的东干母语教学，有助于为汉语学习打下一定听说基础；如果不能争取到继续开设东干语的机会，就意味着全国原本的东干语教师面临失业，这些教师对母语的了解有助于加强东干语和汉语的对比，预测东干学生学习汉语的偏误，总结对东干子弟进行成功汉语教学的经验，发挥汉语教学中的母语正迁移作用。如何利用东干语教师母语优势，实现他们向汉语教学的过渡转型，也是缓解汉语师资不足、安置东干语教师就业的值得思考的课题。

4.3 重视开展东干人本土汉语教学和研究的顶层设计

仅吉尔吉斯斯坦10所东干中学就有7 000多学生，相对于大学阶段来华培养东干人汉语学习，开展东干族本土汉语教学有助于节约成本，按来华培养每个东干子弟投入人民币50 000计算，对吉尔吉斯斯坦东干中小学开展本土汉语教学，每年能够节约3.5亿元来华学习成本，还能达到早期培育的效果。目前吉尔吉斯斯坦有当地开展东干汉语教学的政策环境、校舍场地及学习需求，建议中国政府有关部门从顶层设计的角度全面规划该国东干人的汉语教学支持政策，及时巩固华人本土汉语教学成果，避免工作过程中缺乏政策导向的随意性。例如在充分的学术交融基础上，2015年经由吉尔吉斯斯坦国家科学院东干学汉学中心伊玛佐夫所长向当地孔子学院提出申请，笔者曾赴该中心为研究员们开设了半年汉语课程，但随着笔者在孔子学院工作到期离任，该中心随即停办。③ 建议在东干语向汉语转型过程中，中国政府加强对当地东干人的帮助与指导，尤其对作为语言教学指导部门的吉尔吉斯斯坦国家科学院以及一线东干中小学教师们提供优先学习汉语的机会，使吉尔吉斯斯坦国家科学院成为指导东干中

---

① 笔者在比什凯克任教期间，吉尔吉斯斯坦国家科学院高级研究员兼本文合作者之一的哈娃子·法提玛(Havaza Fatima)，经常主动到班上来学习汉语，并且陆续有研究员提出希望到笔者班上来听课。

② 笔者经常会遇到吉哈两国民众在从事中小学东干语教学、编辑东干报纸、制作东干广播等活动中有关东干词语如何用汉语读写的咨询。

③ 由于吉尔吉斯斯坦国家科学院东干学汉学中心所长伊玛佐夫先生曾长期主张东干语是一门（汉语之外）独立的语言，学汉语一直是该中心研究员们渴望但又讳莫如深的话题，直到有次茶歇，笔者和伊玛左夫先生就不懂汉语如何能研究东干语的问题进行了深度探讨，如“狼烟”被给东干中小学教师培训的研究员解释成了“狼的眼睛”，还有目前东干报纸已自发出现许多如“大使馆”“华人华侨”等来自汉语的新词。作为东干中小学督导及东干学引领部门，懂汉语是研究东干语不可或缺的前提，也是东干民众的内部需求。此后，伊玛佐夫先生亲自向孔子学院院长提出，他愿拿出科学院每周两个工作日的下午，邀笔者来为研究员们教授汉语，尽管不少研究员年近六旬，但学习刻苦努力，经过三个月的学习已经能够尝试HSK三级测试，并且有些研究员在汉语拼音的帮助下，能够用汉语进行学术论文交流。

小学子弟学习汉语的师资储备、教法培训、教材研发以及考试中心。加强顶层设计部门的合作，积极寻求帮助东干人学习汉语的有效路径，使汉语成为让东干人们寻找新的生存发展空间的和谐之炬，汇聚东干民族内力，共同推动汉语教学。

参考文献

[1] 丁宏．东干语的走向［J］．回族研究，2007（4）．

[2] 韩苗苗，武和平．东干文的未来走向［N］．中国社会科学报，2018－06－02．

[3] 海峰．东干语教学：域外华语社区双语教学的特例［J］．汉语学习，2009（4）．

[4] 胡振华．关于东干语言文字的发展问题［J］．语言与翻译，2014（3）．

[5] 李建军．中国与中亚的文化交流力建构［J］．中南民族大学学报（人文社会科学版），2013（1）．

[6] 李建军．中华文化中亚传播的新向度［J］．东北师大学报（哲学社会科学版），2015（3）．

[7] 李宇明．海外汉语学习者低龄化的思考［J］．世界汉语教学，2018（3）．

[8] 李宇明，施春宏．汉语国际教育“当地化”的若干思考［J］．中国语文，2017（2）．

[9] 林涛．中亚东干语的特点、现状和发展趋势［J］．当代语言学，2016（2）．

[10] 刘庚岑．吉尔吉斯斯坦共和国《官方语言法》（吉尔吉斯斯坦共和国议会立法会议 2000 年 5 月 25 日通过）［J］．中亚信息，2000（10）．

[11] 孟长勇．中亚东干族文化传统及近年中亚地区汉语教学的发展［J］．学术探索，2009（6）．

[12] 尹春梅．中亚东干华人报纸发展历程、现状及制约因素研究［J］．北方民族大学学报（哲学社会科学版），2016（4）．

[13] 尹春梅，马磊．中亚孔子课堂质量评估研究：以吉尔吉斯国立民族大学孔子学院为例［J］．新疆师范大学学报（哲学社会科学版），2015（1）．

[14] 尹春梅，周庆生．吉尔吉斯斯坦比什凯克市东干族语言使用情况调查研究［J］．回族研究，2016（3）．

[15] 周庆生．语言适应—传承模式：以东干族为例［J］．语言战略研究，2018（4）．

[16] 周庆生．论东干语言传承［J］．民族语文，2018（2）．

[17] Закон Кыргызской Республики О внесении изменений в статью5Конституции Кыргызской Республик［EB/OL］．http：//cbd. minjust. gov. kg/act/view/ru－ru/944．

[18] Конституции Кыргызской Республики2003года［EB/OL］．http：//base. spinform. ru/show_doc. fwx？ rgn＝45．

[19] Закон Кыргызской Республики Принята референдумом（всенародным голосованием） Кыргызской. Республики21октября2007года［EB/OL］．http：//base.

spinform. ru/show_doc. fwx？ rgn = 223.

[20] Закон Кыргызской Республики Введена в действие Законом КР от27июня2010года [EB/OL]. http：//test. mkk. gov. kg/index. php？ option = com_content&view = article&id = 343：1 – konstitutsiya – kyrgyzskoj – respubliki – ot – 27 – iyunya – 2010 – goda&catid = 57&Itemid = 152&lang = ru.

[21] Закон Кыргызской Республики Об государственном языке Кыргызской Республики（ПринятЗаконодательным собранием Жогорку Кенеша Кыргызской Республики12февраля2004гда）[EB/OL]. http：//medialaw. asia/document/ –4396.

[22] ЗАКОН КЫРГЫЗСКОЙ РЕСПУБЛИКИ Об официальном языке Кыргызской Республики：Принят Законодательным Жогорку Кенеша Кыргызской Республики 25мая2000года [EB/OL]. http：//rusinkg. ru/russkij – yazyk/article/41 – russkij – yazyk – v – kirgizii/426 – zakon – kyrgyzskoj – respubliki – ob – ofitsialnom – yazyke – kyrgyzskoj – respubliki.

[23] Численность населения Кыргызской Республики по национальностям 2009 – 2015гг. Национальный статистический комитет Кыргызской Республики [EB/OL]. http：//www. stat. kg/ru/statistics/naselenie/.

【作者简介】

1. 尹春梅，中央民族大学博士生，新疆师范大学副教授，研究方向为汉语国际传播。

2. 哈娃子·法提玛（Havaza Fatima），吉尔吉斯斯坦国家科学院东干学汉学中心高级研究员，语文学博士，主要研究汉语教学。

将汉语作为继承语学习的日本大学生“身份认知”变化的影响因素

——从继承语教育的意义考虑

［日本］李光曦
（大阪大学）

引言

在全球化的时代，华人移民浪潮带来的是华人子女语言教育问题的凸显。然而中国的汉语国际推广目标主要是针对将汉语作为外语进行学习的学习者，而往往忽略了在外国定居的华人子女的汉语语言教育问题。郭熙（2006、2012）指出这个现象产生的主要原因可能是中国教育界看到了华语教育和国际汉语教育的共性，却没有充分认识到华语教育和国际汉语教育的差异。周明朗（2014）在此基础上明确指出，华语教育不同于国际汉语教育，华语教育的最大挑战是华人子弟对华语和华人身份的认同困惑，即华人身份的认同缺失、认同分裂、认同重叠。

日本近年来的移民总数也呈现增加的趋势，其中移民子女的人口总数也缓慢上升。如果按照使用的语言进行区分的话，排名第一位的是葡萄牙语，第二则是汉语。对于在日华人子女，除了日语教育问题，母语教育问题也愈加受到重视。即作为继承语的汉语教育在日本的学校是如何进行的，这一问题的答案并不乐观。日本的公立中小学很少设置与继承语相关的辅助课程，在日华人子女的汉语习得往往依靠当地的华人志愿者团体或者家庭影响。虽然在各地也设置有私人开办的华人学校，但是一般的华人移民通常选择将孩子送入一般的日本学校接受义务教育，只在周末送孩子去语言补习班或者参加当地非营利组织举办的相关活动。在这样的大环境下，在日华人子女对华语和华人身份的认同困惑问题不可忽略。而针对这一身份认知问题的研究近年来也大多集中于中小学学生，即处于语言成长期的儿童的身份认知。但是针对已经成人的继承语学习者的身份认知方面的研究少之又少。

本文将针对已经成年的继承语学习者，即在日本大学中文系进行学习的日本大学生进行个案调查，探讨成年以后，将汉语作为继承语学习的这一语言习得过程将如何对他们的身份认知产生影响，通过对影响“身份认知”因素的探寻，本文将进一步指出汉语继承语学习对于他们的深远影响，并指出汉语继承语教育对他们的特殊意义。

1 先行研究

1.1 重要概念词语定义

Skutnabb-Kangas（1981）提出，母语应当从四个方面进行界定，这四个方面分别是“起源”“能力”“机能”“自我认知”。其中，“起源”意为“最初习得的语言”，“能力”意为“最为熟知的语言”，“机能”意为“最为频繁使用的语言”，“自我认知”意为“认为此种语言是自己的母语的语言，抑或他人认为此种语言为自己的母语的语言”。

但是随着人们跨国境的移动越来越频繁，对于在语言形成期就跨越国境、进入当地国家的学校进行学习的儿童来说，原本对于“母语”这一概念的定义变得难以解释他们语言的变化。以在语言成长期跟随父母来到日本的中国家庭的孩子为例，汉语确实是他最初习得的语言，也是在来日本之前最为熟知的语言。但是经过时间的推移，社会当中的优势语言即日语，则变成了他最常使用的语言和最为熟知的语言。而在没有任何干预的状态下，母语则会变成他的“弱势语言”。在某种意义上，他的母语的现状已经不符合 Skutnabb-Kangas 对“母语”的定义。

那么，我们应当如何界定在语言形成期就跨越国境、进入当地国家的学校进行学习的儿童的母语？作为日语母语教育第一人的中岛和子（2010）提出，如果只是将母语定义为父母的语言则太过薄弱；而只因为可以将当地的语言非常流畅地讲出来，就称呼当地的语言为母语又太过缺乏根基。就像这样，正处在语言成长期的儿童在多语言环境下成长的情况，我们很难将他们的语言简单分为“母语”和“外语”。与其这样区分，不如按照“继承语”和“当地语”进行分类。也就是说，“继承语”是从父母处继承的语言，而“当地语”则是孩子们在大环境下每天使用的语言。“继承语”主要在家庭当中使用，而“当地语”则是社会多数派使用的语言，“继承语”是少数派使用的语言。

1.2 身份认知（Identity）概念的变迁

上野千鹤子（2005）在《脱离身份认知理论》这一书中，对身份认知这一概念的定义变迁作出了详细的阐述。Identity 这一词常常被译为“自我同一性”，但在上野千鹤子看来，这一概念早已经过时。Identity 这一概念源于弗洛伊德派的社会心理学家埃里克森，他认为 self identity 是从“我自己认为我是什么样的人”，即自我同一性；以及“社会与他人认为我是什么样的人”，即社会同一性的两种观念互相依存的状态而成立的。

之后，社会学家彼得·柏格提出，身份认知是语言所构建的。而朱迪斯·巴特勒则提出，并不是在语言实践事前就已经存在“主体”，“主体”是通过语言实践而构成的。继续这一讨论的是斯图亚特·霍尔，他提出身份认知这一概念是一个过程之后才建立的概念，而身份认知建立的过程则被定义为 identification，即身份认知确认。

他具体的陈述如下：身份认知近来被认为是绝对不统一的、常常经历断片、分割的东西。

同时，身份认知也绝不是单一的东西，而是多种多样的，有时互相交错，由多种语言、实践、位置变化构成。身份认知一直处于不断变化的过程当中。

在本文中，由于众多先行研究当中对于“Identity”一词各有定义，且名称也各不相同（身份认知、身份认同、自我认知等），本文将以“身份认知”一词代指“Identity”。同时，本文中的身份认知也承接斯图亚特·霍尔的观点，即身份认知是绝对不统一、不单一的东西，身份认知一直处于不断变化的过程当中。

1.3 身份认知与语言

在第二语言习得领域研究当中，将身份认知这一问题提出来的是Bonny Norton。她提出，至今为止第二语言习得一直将学习目标语言作为唯一道路。Norton指出，语言习得是发生在由社会构成的语言表现当中的事件。因此，语言习得可以看作是身份认知形成的一个过程。Norton的这一观念首先将第二语言习得与身份认知相关联，指出语言习得也是身份认知学习的过程，语言学习本身是作为一种文化资本，而学习这一过程就是学习者为了获得语言而进行的一项投资行为。

因此在本文当中，“身份认知”这一概念在广义上除了表示始终不断变换的，对自我的认知；在狭义上表示“会说汉语的自己”这一身份认知。同时，日本大学生学习继承语汉语这一过程，是获得“会说汉语的自己”这一身份认知的过程，也是希望他人认识到“会说汉语的自己”这一新身份认知的过程。

1.4 在日华人子女身份认知问题

真嶋润子（2013）等人在《在日本生活的CLD儿童（即拥有多文化多语言背景的儿童）的语言以及身份认知的发展过程——通过对以汉语为母语的儿童K的纵向研究》一文中，对在跟随父母迁移的儿童的双语发展以及他们的身份认知过程的确立作出了详细的个案阐述。被试者儿童在和测试者对话的过程中，在被问到“你为什么会说两种语言呢?”这个问题的时候，儿童K充满自信地回答：“因为我是中国人，所以我会中文是理所应当的事情。这里是日本，我会日语也是理所应当的事情!”以在日中国儿童为例，大多数儿童如果是生在日本，长在日本，或者在6岁以前来到日本的话，他们的日语水平往往会在极短的时间内超越汉语水平。对于这些儿童来说，“会说汉语”不是一件有优势的事情，反而会因为这个原因在学校受到异样的眼光；他们本身也有“我明明在日本，为什么一定要说汉语呢?”的疑问。在这样的情况下，作为汉语的语言使用往往会受到很大影响，从而也会影响他们的“会说汉语的自己”或者“可以用汉语和他人交流的自己”等身份认知。如果外部环境，如学校、家庭、社会、社区等不能给予他们对于和汉语相关的身份认知的积极意义的话，这些儿童常常会始终面临着身份认知不安定的问题。因此，对这样的CLD儿童来说，对他们实施双语教育、特别是母语教育（继承语教育）的一个很大的意义，在于语言的学习以及发展可以帮助确立和发展身份认知，避免在成长的过程当中面临身份认知动摇的危机。

2　调查概述与研究方法

2.1　调查概述

本文研究对象为日本公立大学4年级的学生（以下简称“S”）。S的母亲是中国人，父亲是日本人，S本人是日中混血，姓名是日式的，国籍是日本。作者与S在一次活动中相识，在谈话中得知S的身份背景后，拜托S进行了本次的调查。作者对S进行了3小时左右的采访，其中主要以S自己的讲述为主。本文的数据来源主要是将S所说的语言进行文字转换得来的。作者和S采访当中使用的语言是日语，谈话内容的翻译由作者完成。

2.2　研究方法

本文将使用“life-story”这一研究方法。这一研究方法由樱井在2002年提出，定义为“探索说话人的经历和对事物的看法”，主要的目的是通过让说话人自己阐述自己的人生或者生活的故事，从故事当中观察说话人对于社会和自己的关系的认识、即身份认知的现状与其发展过程。对于“life-story”这一分析主要集中于三个方面，分别为“叙述内容”“叙述构成”“叙述方式”。具体来说，“叙述内容”指说话人描述了什么样的故事，“叙述构成”指说话人将故事怎样进行讲述，而“叙述方式”指说话人将故事中的某一部分进行叙述的时候所使用的修辞等。

3　研究目的

本文将通过对S进行的个案分析，首先描述日本继承语学习者进入大学前后，身份认知的变化过程。其次，通过考察身份变化的过程，本文将分析影响身份认知变化的因素，从“大学中文系（学习环境）”这一方面具体考察对身份认知的影响。最后，总结继承语本身对于继承语学习者的意义。

4　进入大学前后身份认知的变化

4.1　进入大学前

S：小的时候，一开始完全不明白这些事情。幼儿园的时候，园长很喜欢聪明的孩子，所以会对我说“S会说中文很厉害啊，将来可以当外交官”。后来幼儿园里进来了很多中国残留遗孤后代的孩子，他们的父母不太熟悉日本，孩子们也很淘气。而且年轻的老师们也会偶尔有“啊，这个孩子是中国人啊”的态度，所以上幼儿园大班的时候就有一点点抵触的感觉。上了小学以后开始，就有了想隐藏自己身份的心情。因为我妈妈是中国人，那个时候日语也不太好，家长会的时候可能就被大家知道了这件事情。所以小学一年级的时候，我在回家的路上被别的小朋友喊：“你是中国人！”发生了这样的事就会觉得，是“中国人”是一件不好的事情，是很羞耻的事情。所以就开始想隐藏。我印象最深的事情，3年级的时候要写《自己名字的由来》的作文，我本来不想把这件事情暴露给大家的，但是班主任老师突然当着全班人说“S的妈妈是中国人吧”。所以我当场就哭了，班主任老师也把这件事情告诉了妈妈，妈妈也对我非常生气，问我：“你为什么要哭！难道你觉得我是你的耻辱吗?”那个时候我也不知道妈妈为什么生气，也不知道为什么自己和其他人不一样。所以还是走上了隐藏自己身份的道路。

S在讲述自己小时候对于身份认知的困惑的时候，对于小学3年级的“姓名的由来”这一事件进行了很多讲述。由于日本人和中国人都属于亚洲人种，与西方国家移民不同的是，华人移民子女在外貌上与日本人并没有差别。因此“姓名”就成了分辨的一大标准，而华人子女对于自己身份认知的困惑也往往来自对于自己姓名的认识。S在课上被班主任老师无意中说出了自己一直隐藏的事实，而本来以为会得到母亲安慰的S却在回家以后又受到了母亲的责难。这件事情对于S来说是一次很大的冲击，这个时候S选择了最安全的方法，即隐藏“会说汉语的自己”这一身份。在后续的讲述当中，S也叙述了初高中的时候，由于周围环境的缓和，自己也渐渐接受了自己的身份。而这一转变的主要原因则是从小时候开始的汉语继承语的学习。

4.2 进入大学后

S：其实至今为止我都没有处在过这样的环境里。小学的时候我虽然自学了汉语，但是既没有展示汉语的机会，也没有人问过我关于汉语的事情。参加话剧团是通过汉语做的一件事情，所以可以说是展现汉语的一个场合，周围大家也都在学习汉语，所以同学们也都会来问我“这个你教我一下”等。所以我觉得话剧团的存在很重要。(略)

（大学入学以前）我没有处在过大家一起学习汉语的环境，所以其实感觉很奇妙。有说喜欢汉语的人，也有去中国留学的人，能处在这样的环境里，感觉很幸运，感觉增强了自己的自信。

S的这段话展现了进入大学之后身份认知的变化。S虽然从小学就一直和母亲学习汉语，但是不论是在小、初、高中，都没有在任何场合可以展现自己汉语能力的机会，S的汉语仅限于和母亲以及亲戚们的交流。换句话说，“会说汉语的自己”这一身份认知始终没有在S所处的主流团体，即日本学校或者日本社会当中得到承认，也没有经常得到非常积极正面（如“你会说汉语很厉害”）的评价，反而在主流团体当中会得到负面评价。“汉语继承语”本身也不被认为是财富，而是负担。如S在另一段叙述当中提及了自己要好的高中同学在不知道自己身份背景的情况下，对自己说“我讨厌中国人”的事情。这样的大环境虽然没有让S对汉语产生厌恶的情绪，但是也没有对S积极学习汉语，或者对“会说汉语的自己”这一身份认知起到任何帮助。

在S的叙述中我们可以看到，“会说汉语的自己”这一身份在S进入大学之前一直没有得到承认，汉语的语言能力作为一种文化资本在日本主流社会当中并未受到足够重视。仅仅依靠家庭的维持，S的这一身份认同始终没有得到保障。而进入大学之后，“会说汉语的自己”在中文系以及中文话剧团中得到了极大的肯定，汉语语言能力作为一种文化资本得到了社会主流团体的认可。对于将汉语作为继承语学习的成人日本学习者来说，大学的环境无疑对他们“会说汉语的自己”这一身份认知的确立起到了非常大的作用。

5　影响身份认知变化的因素

S：而且正因为有你，还有别的前辈和老师正在进行这样的研究，这件事情对我（意义）也很大。一开始是L老师在做这样的研究，然后我们就成了很好的“材料”（笑），也是别的老师这么告诉我们，我才知道原来还有这样的研究，还读了有关身份认知的书。也跟班里的同学们一起讨论了“你觉得你是哪边的（中国人还是日本人）?”之类的问题。这次的采访也是。正是因为被问了这样的问题，才会开始思考。这样的机会真的挺常有的。也做过调查问卷之类的。

作者：那你会和同样跟中国有关系的同学讨论身份认知的事情吗?

S：我们讨论过，是大一的时候。也不是身份认知这么严肃的话题，是从父母?好像是从国籍是哪儿的开始聊天，（就有人说）我是中国国籍，父母都是中国人，但是自己觉得自己是日本人，想归化什么的。然后还有和我一样一半一半的，国籍也是日本，但是在中国住过一段时间的同学。跟这些同学在一起说话，聊自己小的时候的同样遇到的讨厌的事情，等等。

（略）我觉得周围有跟自己一样和中国有关系的人真的很重要。会很不一样。比起一个人孤零零的状态，还是周围有跟自己一样的人更好。

S的这段话体现了“中文系”这一因素对于身份认知的影响。而进入大学之后，自己的汉语语言能力被认为是一种值得称赞的财富而非负担。大学校园宽容的文化氛围也表现了主流环境对于多语言、多文化的包容。这样的氛围对于S接受母国文化，对自己的母国语言感到自豪都产生了积极的作用。同时，中文系这一特殊场所对于中国的评价趋于正面。学生主动学习汉语、了解中国文化知识、积极参与旅游留学活动等行为都显示了他们对于中国的亲近感。

中文系也同样包含了汉语继承语学习者的群体。对于 S 来说，能在中文系找到和自己拥有相同背景的人，意味着找到一个真正属于自己的群体。如上文所述，S 是中日混血，她的同学当中也有父母一方是中国人的，也有父母双方是中国人的。对于大多数生在外国、长在外国的华人子女，即拥有多文化多语言背景的孩子来说，他们所面临的课题不是融入当地社会与文化，而是站在当地社会文化语言与自己家庭所代表的文化语言的中间，如何找到自己在这中间的立足之处的问题。在这一过程当中，无论是其父母所代表的中国文化，还是现在所处的日本文化，他们都很难将自己完全融入其中。而继承语学习者的群体则是在这两种文化语言当中的“第三种文化”。S 通过和同为继承语学习者的同学们进行讨论交流，不但可以加深对于自我身份认知的理解，也获得了真正属于自己的群体归属感。

最后，如 S 自己所述，在大学中文系当中有很多老师和学生对华裔子女、汉语继承语学习者进行研究。这些研究正是给 S 一个思考自己身份认知的契机。对于华裔子女来说，日常生活中可以提供深层思考自己身份的机会往往不多，而如果只是自己“纠结”的话，又常常只是陷入纠葛与忧虑中。而中文系则会通过研究参访引导学习者对自己的身份认知进行梳理与反思。

至此，中文系这一特殊场所分别通过以上三点对继承语学习者产生影响，并进一步促进了“会说汉语的自己”这一身份认知的确立。

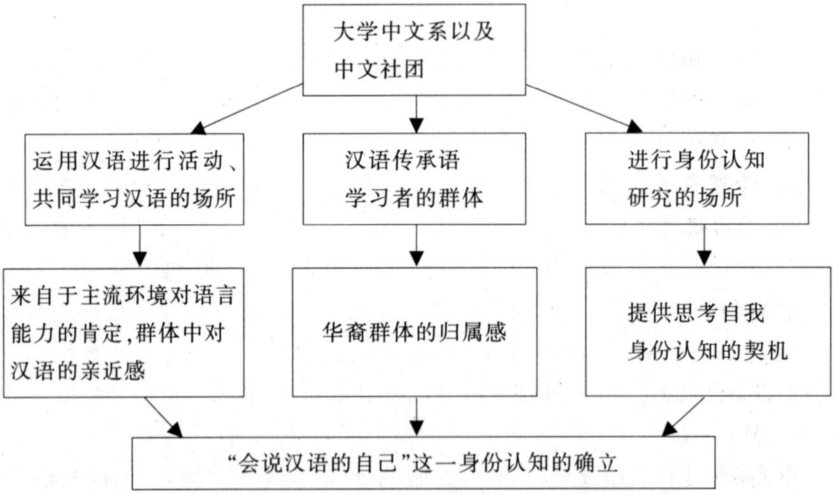

图 1　日本大学汉语继承语学习者身份认知的确立

6 结论

在进入大学学习之前，S“会说汉语的自己”这一身份认知处于不被社会主流所认可，并且有意隐藏的状态。进入大学之后，大学中文系以及中文社团这一特殊场所对于S“会说汉语的自己”这一身份认知的确立起到了极大的作用，并且表现出“肯定语言能力，创造群体归属感，提供思考身份认知的契机”这一意义。从S小时候的叙述和在大学的学习经历都可以看出，汉语继承语的学习对于S的身份认知确立起到了不可忽略的作用。

继承语汉语教育的意义不仅仅在于加强家庭纽带，保持学习者的语言资源延续；更在于帮助继承语学习者增强自信，建立正确的自我身份认知。

参考文献

[1] 曹贤文．“继承语”理论视角下的海外华文教学再考察［J］．华文教学与研究，2014（4）．

[2] 郭熙．海外华语教学研究的现状与展望［J］．世界汉语教学，2006（1）．

[3] 高虹．Heritage Language 的由来及其中文译名［J］．中国科技术语，2010（2）．

[4] 吴文，继承语研究：应用语言学界冉冉升起的新星［J］．西安外国语大学学报，2012（1）．

[5] 吴英成，邵洪亮．华裔汉语学习者解读：新加坡视角［J］．世界汉语教学，2014（2）．

[6] 周明朗．语言认同与华语传承语教育［J］．华文教学与研究，2014（1）．

[7] 张广勇．国外继承语习得研究新进展［J］．现代外语（双月刊），2014（37）．

[8] 上野千鶴子．「脱アイデンティティ」、东京：勁草書房，2005.

[9] 内山絵理華．「日系2世のアイデンティティ形成における言語の影響と役割—継承語教育の観点から子どもの心を解く」コンタクト・ゾーン = Contact zone，2017（9）．

[10] 中島和子．“JHLの枠組みと課題—JSL/JFLとどう違うのか—”「母語・継承語・バイリンガル教育（MHB）研究」，プレ創刊号，2003.

[11] 中島和子．マルチリンガル教育への招待—言語資源としての外国人・日本人年少者［M］．神户：ひつじ書房，2010.

[12] 中島和子．バイリンガル教育の方法—12歳までに親と教師ができること［M］．东京：アルク，2016.

[13] 細川英雄．言語教育とアイデンティティ—ことばの教育実践とその可能性［M］．横滨：春風社，2012.

[14] 細川英雄．「私はどのような教育実践をめざすのか：言語教育とアイデ

ンティティ、横浜：春風社，2013.

［15］真嶋潤子，櫻井千穂，孫成志．日本で育つ CLD 児における二言語とアイデンティティの発達：中国語母語話者児童 K 児の縦断研究より、日本語・日本文化研究，2013（23）．

［16］ISAJIW W W. Three contexts for heritage language study［R］//CUMMINS J. Heritage languages in Canada：research perspectives. Department of State of the Secretary of Canada，1984.

［17］NORTON P B. Social identity，investment，and language learning［J］. TESOL quarterly，1995（29）.

【作者简介】

李光曦，日本大阪大学研究生在读，主要研究汉语教学。Email：rikougi@ yahoo. co. jp。

课程与教材研究

海外孔子学院课程设置研究
——以美国15所孔子学院为例①

梁吉平[1]　杨佳宇[2]
（贵州财经大学文法学院）

引言

中美关系是当今世界上最重要、最复杂、最难驾驭的大国关系。一方面，中美两国在经济上相互依赖；另一方面，两国间又存在着摩擦和分歧。美国和中国，一个是发达国家的代表，一个是发展中国家的典范，两个大国之间的关系必然是世界关注的焦点。美国前国会众议员莫兰曾说：“当听到一个国家的名字时，那其实只是个抽象的概念，但假如两个国家的人互相了解，那我们就可以冲彼此微笑，更能互为信任地进行探讨。中美分别代表着东西半球最重要的国家，所以中美要在文化交流方面起到领头表率作用。”可见，中美文化交流也是中美两国关系发展中的关键一环。

孔子学院是海外教授汉语和传播中国文化的重要汉语培训机构，也是汉语国际教育专业就业的重要出口。美国是目前开设孔子学院（课堂）及汉办志愿者任教最多的国家。据新华网报道，中文已成为美国居民第二常用外语，位于西班牙语之后，且美国孔子学院注册学生近30万，成为中美人文交流的重要平台。至2018年，已有约40万名美国学生在学习汉语。在2009—2016年，国家汉办已向美国孔子学院派出3 400名汉语教师和3 200名汉语教师志愿者。

课程设置是课程设计的重要组成部分，即制定课程需依据具体的教学目标和教学大纲，并结合学习者的需求及特点，针对知识和能力结构的要求最优化去选择教学内容，安排课程结构，组织教学进程。目前国内汉语国际教育专业在课程设置上与国外孔子学院课程教学能力需求存在一定差距，使得毕业生在四年期培养后仍难以走出国门、在海外教学中展现身手。因此，对海外汉语教学机构中的汉语课程体系进行分析，从海外汉语教学实践能力出发，可以做到“知己知彼”及“对症下药”。本文通过对美国孔子学院汉语教学课程的研究，对比国内高校汉语国际教育专业的核心课程体系，对汉语国际教育本科生应具备的能力进行探讨，并且就如何更好地培养汉语国

① 中国博士后第11批特别资助项目（2018T110998）、教育部人文社会科学青年基金项目（15YJC740040）。

际教育本科人才提出建设性意见，希望能够助力对外汉语教学事业的推广。对美国主要孔子学院的汉语教学课程体系进行总结、梳理及研究，以海外实际汉语教学需求为基点进行回溯，可以检视汉语国际教育专业诸多课程设置的有效性及合理性，进而对汉语国际教育专业课程设置提出针对性的指导意见及改革方案。

1 美国孔子学院课程设置情况分析

1.1 美国孔子学院课程设置的现状

目前全美已有48个州设立了110所孔子学院和501个孔子课堂，美国成为全世界设立孔子学院和孔子课堂最多的国家。根据国家汉办孔子学院公开数据，同时结合美国各孔子学院官网学期课程招生注册信息，笔者精选了美国15所孔子学院，考察2017年第二学期（8—12月）的汉语课程设置，其主要课程及分类如表1所示。

表1 美国15所孔子学院汉语课程设置情况

学院名称	汉语语言	中国文化	个性化课程
密歇根大学孔子学院		讲座、电影放映、表演、展览、文化工坊（书法、美食烹饪、太极、茶艺、声乐）	
纽约州立大学石溪分校孔子学院	初级汉语（1、2）、中级汉语、高级汉语	讲座、文化工坊（书法、剪纸）、表演、电影放映	
乔治梅森大学孔子学院	汉语（1、2、3、4）、商务汉语、语言文化	太极、书法、中国画、中国游戏、饺子制作、手工艺品制作	
得克萨斯大学达拉斯分校孔子学院	初级汉语（1、2）、中级汉语、高级汉语（1、2）、商务汉语	讲座、中国文化课（中国水墨画、中国书法、中国剪纸、太极健身课）	音乐学院汉语
南佛罗里达大学孔子学院	基础汉语、当代汉语（1、2、3、4）	中国文化课（中国历史、中国文化和景点、中国的宗教信仰、茶艺、手工艺作坊体验）	

（续上表）

学院名称	汉语语言	中国文化	个性化课程
得克萨斯州南方大学孔子学院	初级汉语（1、2）、中级汉语（1、2）、商务汉语	讲座、中国历史课、烹饪课、绘画、武术、象棋、折纸手工	
纽约州立大学商务孔子学院	商务汉语交际（1、2）	周末强化课（餐桌礼仪、当代中国人的价值观、商务礼仪）	
乔治华盛顿大学孔子学院	初级汉语、中级汉语（1、2、3）、高级汉语（1、2）、汉字书写、汉语作文、商务汉语	剪纸、书法、中国画、中国茶文化、辩论	
亚利桑那州立大学孔子学院	基础汉语（1、2）、中级汉语	讲座、音乐艺术表演、中国文化竞赛、汉语演讲、绘画、书法、中国结、学校演出	一对一 HSK 应试辅导、一对一语言课
北卡罗来纳州立大学孔子学院	基础汉语、初级汉语	太极、陈氏太极	
佩斯大学孔子学院	基础汉语（1、2、3）、中级汉语（1、2）、高级汉语（商务汉语）、专门汉语（金融、医药、旅游）	讲座、文化课（音乐鉴赏、烹饪、太极、中医）、看电影学汉语	一对一汉语强化
艾奥瓦大学孔子学院	成人汉语（1、2、3）、青少年汉语	太极、书法、展览、演讲、中华美食、舞蹈表演	

（续上表）

学院名称	汉语语言	中国文化	个性化课程
华美协进社孔子学院	初级强化课（1、2）、中级强化课初级汉语（1、2、3）、中级汉语（交际汉语）、高级汉语（高级读写）、青少年课程	讲座、武术表演、读书节、传统木版年画、汉语角、汉代艺术展览、博物馆之夜展览、纪录片电影放映、中国摇滚音乐会	
堪萨斯州立大学孔子学院	周末汉语课堂、儿童或成人汉语课堂、亲子汉语课堂	讲座、烹饪、中国书画展、书法、剪纸、脸谱绘制、中国结教学	翻译服务
宾汉顿大学戏曲孔子学院		京剧脸谱课、京剧武打、京剧行当介绍、中国戏曲的做功、中国戏曲的服饰与头饰、京剧的水袖和折扇表演、京剧的趟马表演	

从表1统计可以看出，美国孔子学院课程类型主要分为汉语语言课程及中国文化课程两类。

1.1.1　汉语语言课程

初、中、高三级是美国孔子学院汉语课程的总体设置形式。美国大部分孔子学院都设立初、中、高三级汉语，各级别下又划分次等级。如纽约州立大学石溪分校孔子学院秋季汉语语言课有初、中、高三个阶段。初级阶段又分为1~2两个等级。一般初级汉语一周两次，而高级汉语则是一周一次，每次时长多为1.5小时，具体上课时间多为下午。同时，美国孔子学院汉语语言课程还具有以下特征：

（1）每个阶段的教学对象与教学目标明确。初级汉语面向无汉语背景经历者，课程从基本汉字和词汇逐步深入到日常生活中的基本句型，以活动式为主，一周两次，每次时长1.5小时；中级汉语，学习者要对汉语有基本了解，致力于加强和提高学习者的表达能力和听力，主要通过实践活动拓展学习能力；高级汉语课一周一次，每次1.5小时，参加者水平需在中级以上，旨在继续提高表达和交际能力，能够认识基础汉字。

（2）专门课程。能够满足部分学员的特殊学习需求。一些孔子学院除了设置常规的语言课程外，还根据政府、企业及学校等要求开设了专门课程，如商务汉语、金融汉语、医学汉语、旅游汉语、戏曲汉语。

得克萨斯大学达拉斯分校孔子学院、得克萨斯州南方大学孔子学院、乔治梅森大学孔子学院、纽约州立大学商务孔子学院、乔治华盛顿大学孔子学院均开设了商务汉语班；佩斯大学孔子学院开设金融、旅游、医药汉语班；在联邦政府支持下，美国政府启动了阿灵顿公立学校星谈项目、康考迪亚语言村、马里兰大学夏季强化研究所、夏季汉语星谈项目等语言学习项目。

1.1.2 中国文化课程

目前，美国孔子学院单独开设文化课已经成为一种常态，有的孔子学院还开设不止一门文化课。文化类课程和文化讲座类课程的主要内容有传统服饰、书画、剪纸、“一带一路”、十二生肖、中国电影、中国的宗教信仰、当代中国、中国当代文学等。

1.2 影响美国孔子学院课程设置的相关因素

1.2.1 孔子学院自身办学目标

目前美国的孔子学院可以分为以下几类：以促进中国艺术文化传播为主的文化型孔子学院、致力于经贸交流与合作的商务型孔子学院、旨在培养复合人才的综合型孔子学院。

本文考察的15所美国孔子学院中除密歇根大学孔子学院、纽约州立大学商务孔子学院、宾汉顿大学戏曲孔子学院以外，其余基本属于综合型孔子学院。由于主要目标是推广中国文化艺术，所以密歇根大学孔子学院在课程设置上主要开设文化类课程；纽约州立大学商务孔子学院与南京财经大学合作，开设了专门的商务汉语课，举办商务系列讲座、研讨会，旨在促进经贸交流与合作，加强中美企业的贸易合作。而综合型孔子学院希望培养学生的汉语综合能力，汉语语言综合教学便成为其课程设置的重点。

1.2.2 美国政府的大力支持

美国前总统布什提出的星谈（STARTALK）汉语短期培训项目，是在政府的支持下针对某些有战略意义的语言进行的夏季短期语言培训。[①] 美国堪萨斯州立大学孔子学院位于地广人稀的中部，对外汉语教师稀缺，在多方协作下，最终为该地区想要学习汉语的学习者创立了交互式教学项目，其运作的所有费用即来自美国政府星谈项目组。

1.2.3 学员的自身需求

不论是在教学内容、时间安排还是课程等级上，美国孔子学院都以学习者需求为主，将其作为设置课程时的首要考虑因素。在教学内容上，以贴近学习者的生活情境为主，多为日常生活中的常用话题和日常用语，如购物、问路、自我介绍等。此外，

---

① 陈琛. 美国中文旗舰项目综述［J］. 国际汉语教育，2009（3）.

根据学员的不同需求还开设有旅游汉语、金融汉语、医药汉语等专门课程；部分孔子学院还开设一对一个性化课程，根据学员的水平、需要等专门制定课程，如一对一教学、HSK 辅导等。

美国孔子学院上课时间多集中在学员空闲时间，课程时间多安排在下午到晚上，这个时间段刚好是学员下班或放学后。很多孔子学院还在周末开设一些汉语课程，供学员自由选择。课程等级划分上，很多学员偏向于按照汉语水平划分，并且希望课程等级之间有连续性，在完成前期等级课程后才能转入更高级别的学习。

2 美国孔子学院课程体系比较

2.1 课程设置特色

2.1.1 课程内容多样

从表 1 可以看出，美国孔子学院为汉语学习者开设了丰富多样的文化课程，其涵盖的文化主题从中国古典乐器、中国古典诗词到当代中国文学、电影、当代中国重大事件等方面。文化课程之所以在美国孔子学院如此受欢迎，首先要归因于美国本身是一个移民国家，对异文化有着很高的包容度。其次，汉语比较难学，学生有一种畏难心理，相对学习汉语语言，中国文化容易引起学生的兴趣，所以他们更偏爱学习中国文化。虽然美国的中小学会设置外国文学、历史等课程，但目前还鲜有中国文学、历史等课程，文化课程多为武术、烹饪、剪纸等技能类课程。孔子学院在课程设置方面增加了专门文化课的教学，为那些想要真正学习中国文化知识的人提供了一个平台。学生通过多样的才艺课、文化课、技能课对中国文化有一定了解后，也可以激发学习汉语知识的兴趣。

2.1.2 教学目标与教学对象明确

教学目标是一节课的导向，对课程起着统筹作用，有助于教学环节的后续安排。在学习者学习的不同阶段，其学习特点、接受能力、配合程度都有差异性，因此，在学习的不同阶段，使用与之相对应的教学方法会更具针对性。如美国北卡罗来纳州立大学孔子学院的基础汉语主要为没有任何汉语背景的学生开设，会对汉语发音系统(拼音)、发音、声调、书写系统、日常词汇、基本句型结构作初步介绍。注重听说训练，致力于教会学习者打招呼，问名字，问国籍、地址、日期等日常会话。初级汉语的对象是已经完成了基础汉语 Level－1 的学习者或有 30 课时学习经历的学生，旨在拓展词汇量，提高听说读写能力。课程结束时，学习者能够完成汉语询价、餐馆订餐及图书馆借书等主题任务，并且有望能够为日常生活编造汉语对话。

2.1.3 上课时间集中

美国孔子学院的上课时间安排多为下午和晚上，为那些爱好汉语的上班族或其他社区人员提供了便利。密歇根大学孔子学院专门在周末开设了书法班和太极班；得克萨斯大学达拉斯分校孔子学院则在周末开设了长拳班和太极班；纽约州立大学商务孔子学院更是开设了周末强化班，主要为在职商务人员讲解商务礼仪、当代中国人的价值观、餐桌礼仪以及饭局在商务交往背后的意义等，极大方便了对中国语言文化感兴趣的学员。

2.1.4　远程交互式教学兴起

现代远程教育是将信息技术与现代教育思想相结合的一种新型教育，是计算机、多媒体、现代通信等信息技术的主要手段。美国堪萨斯州立大学的远程交互式教学系统通过 PowerPoint 配上图片、音频视频及电影等多种方式进行远程教学；学生和老师的课外交流主要通过多媒体实现，比如电话、邮件及传真等多样化方式；通过多媒体远程教学，学员在时间选择、上课地点选取、学习内容及教师倾向方面都会很灵活。

2.2　美国孔子学院课程设置存在的问题

2.2.1　传统文化类讲座多，缺乏对当代中国的关注

讲座作为传播中国文化的一个重要途径，规模可大可小，其传播力度却较大。美国孔子学院多会举办周期性中国文化讲座，主讲人都是国内外著名大学的教授和知名学者。讲座所包含的主题主要分为三类：中国传统文化类、当代中国文化类、当代中国经济类。但美国孔子学院的讲座主题多比较单一，主要集中于传统文化类，对当代中国文化和当代中国经济关注较少。只有纽约州立大学商务孔子学院和佩斯大学孔子学院开设了有关“一带一路”和当代香港的专题讲座。由此可见，美国孔子学院对于中国的介绍，大都还是停留在中国传统文化。

2.2.2　授课教师流动性大

师资力量是教学质量的重要保证，学生与教师之间需要时间磨合以达成教学默契，教师的固定性对学生学习至关重要。而孔子学院教师多由志愿者或者国内高校知名教授、学者担当，一两年后就要离任。当学生已经习惯了某个老师的教学方法时，重新面对并熟悉新老师，需要较长时间适应，并且前任老师的教学经验、方法等不能很好地流传下去。

2.2.3　文化课与语言课占比不均衡

对外汉语教学强调语言教学和文化教学并重，而部分孔子学院过于注重文化活动，缺少语言学习，缺少系统完整的学习体系，无法使学生从中文角度直接理解中国文化。另外，由于孔子学院本身的特色，宾汉顿大学戏曲孔子学院着重于中国戏曲和音乐，对在全美大学和社区推广中国戏曲、表演艺术和文化起到了十分重要的作用，但对语言的学习却没有一个完整的教学体系，不利于学生语言交际能力的培养。而提供非学分制课程的南佛罗里达大学孔子学院每周都会开设文化类课程，语言类课程只有基础汉语和当代汉语。

2.2.4　鲜有单项技能课程划分

综合汉语是整个语言教学系统的基础和主干，单项听说读写技能课程则是语言教学课程的重要支撑。很多孔子学院都开设有汉语精读课程，以教授汉语综合知识和提高汉语能力为目的，而单项技能课程只有少数孔院独立开设。以汉语综合课作为主体课程时，还应满足学员对单项技能训练课程的额外需求，而孔子学院对听说读写等单

项技能进行训练的课程还较少开设。此外，中华才艺讲座或工作坊的开设，除了满足多数学员的需求外，还可以作为一项专门介绍中华文化的课程，由专业教师来担任。

3 针对各孔子学院存在问题的解决方法

3.1 各孔子学院取长补短，使语言课、文化课均衡发展

在笔者选取的15所美国孔子学院中，文化课和语言课在各院的设置情况不一。文化课和语言课都是孔子学院课程设置的重要组成部分，对于语言课设置不完善的孔子学院，应该加大语言课的比重。密歇根大学孔子学院于2009年成立，是以传播中国艺术与文化为特色的学院，主要教授中国乐器，举办中国民乐、民歌、昆曲音乐会及讲座，但只是当作文化活动举办，缺少语言学习。笔者认为，可以在文化特色基础上，加大汉语语言课的比重。学生因参加音乐会而产生学习汉语的兴趣，这种兴趣属于学习的内部动机，能够长期激励学生学习汉语，使学生直接从中文的角度体会中国文化的魅力，更好地用汉语交流中美音乐，体会中文歌词所表达的含义。

3.2 分技能教学（辅导）融入文化兴趣点，辅助综合汉语教学

教学时除了按照教材编排顺序教学外，还可以根据汉语专项技能课进行教学或辅导，形成专门的语言技能训练课：听说课（听力课、口语课），读写课（阅读课、写作课），综合课（主干），语言要素课（语音课、词汇课、汉字课、语法课）。在课时无法满足开设专项技能课程时，应尝试在各种语言要素中融入中国文化。比如，教授语音课时，按照不同的文化类别来教授不同的语音，把饮食文化、服饰文化等相关词汇的语音练习充分利用起来，不但可以让学生练习语音，还能了解相关的中国文化。另外教师应该充分利用多媒体，以图文并茂的幻灯片或卡片展示要学习的语音，使学生在练习单个音节时不会觉得枯燥。也可在课堂上组织各种各样的文化活动，比如朗诵、演讲、主持、书法等比赛，以比赛的方式促使学习者练习汉语，提高其语言表达能力。

3.3 加强教师培训，完善志愿者长期工作机制

目前国家汉办海外公派志愿者是对外汉语教师的主力军，很多汉语志愿者在教学一年后，由于回国就业或学习不得不离任。志愿者教师经过一年的汉语教学实践，积累了很多教学经验，学生也已经适应了他们的教学方法，此时回国，会造成人才浪费。为解决这一问题，笔者建议国家汉办应尽快完善志愿者的工作机制，为其在孔子学院长期工作提供保障。另外，孔子学院可以和当地政府加强本土老师的汉语教学技能培训，因为本土老师更了解本国的教学模式、学生特点、教学需求，同时学生不用频繁地适应老师，也更有助于其学习。

4 汉语国际教育专业学生与孔子学院汉语教师能力的衔接

4.1 过硬的专业综合素质

4.1.1 全面扎实的语言学知识

语音、词汇、语法、汉字是汉语教学的内容，对外汉语教师只有拥有全面扎实的

语言学知识，才能把汉语的要素、句式等本质规律理解透彻。当教师对汉语教学的内容有了系统认识后，才能联系并比较所在国语言，将跨语言比较成果在教学活动中运用至游刃有余，及时准确地纠正学生的各类偏误。当学生在课堂上提出任何语言学相关问题时，教师都能够给予相应解释，更能赢得学生的好感，自己的教学信心也会随之提高，课堂气氛也会更为活跃。

4.1.2　足够的教育学和心理学知识

要成为一名合格的对外汉语教师，首先要分析第一语言习得和第二语言习得的不同、不同国家的学生在习得第二语言时的差异。教师掌握足够的心理学知识可以对学生心理进行分析，找到适合学生的教学方法。比如东南亚国家的学生学习风格大都是场依存型，老师在教学时就可以采取小组合作方式教学，降低学生的畏难心理。在实际教学中，教育学和心理学知识能够帮助教师了解学生的身心活动规律，进而更有针对性地展开教学。

4.1.3　丰富的文化知识

丰富的文化知识，比如中国民风民俗、著名文学作品、各类传统艺术等是一名对外汉语教师必备的知识素养。此外，若对世界历史、民俗、宗教信仰等文化有一定了解，也会更容易获得学生的认可。特别是在课堂中联系任教国的语言文化进行比较教学，可以拉近师生距离，也会使课堂气氛更为活跃。所以在课堂教学中，对外汉语教师要具有丰富的文化知识，增强跨文化交际意识，使得不同的文化求同存异、多元共存。

4.2　课堂教学实践能力

对外汉语教学归根结底是一个理论与实践相结合的学科，实践性很强，只有理论知识的学习不能够真正胜任教学。作为一名对外汉语教师，无论是在国内还是在国外进行汉语教学，教学实践效果都是最终的试金石。理论知识学得再好，若不能驾驭课堂教学，学生无法吸收内容，也就意味着这一堂课是失败的。此外，教学能力也包括课堂组织能力和课堂管理能力。前者指整个教学过程的节奏、环节衔接、教学方法的运用，而课堂管理能力则包括课堂秩序的维持、突发事件的处理。一名合格的教师应努力加强自身修养，提高自身的专业水平和教学实践能力。

4.3　熟练地运用外语

虽然在对外汉语教学中倡导目的语教学，但外语仍然不可忽视。特别是在初级汉语阶段的文化教学或展示，由于学员汉语水平接近零基础，外语辅助教学的效果会更明显，更易为学生接受。并且教师可以通过汉语和外语的对比，确定学生学习的重难点，进而辅助汉语教学。

4.4　独立策划文化活动

孔子学院的运作模式中，除了汉语教学重头戏外，开展的文化活动可谓锦上添花，很多时候汉语教学和文化活动是平分秋色、难分彼此甚至相互促进的两朵奇葩。文化活动是孔子学院中华文化传播的重要途径，特别是中国节假日，很多国家汉办志愿者在所在国要独立承担文化活动的策划筹办，需要完成台前幕后的诸多工作，这对其组织策划能力提出了更高的要求。作为一名合格的国际汉语教师，本身需要强大的活动组织策划宣传能力，内在又需要各种文化灵感为基础的硬功底。有时，有的学生可能不愿意参加活动，志愿者要做的就是激发他们的兴趣，使其积极参加文化活动。

5 汉语国际教育专业课程体系建设中的问题及建议

中国经济的持续发展，海内外对汉语专职教师的强大需求，为汉语国际教育专业带来了机遇。国内高校应抓住机遇，充分利用自身优势，从就业需求端着眼，从汉语国际教育专业课程衔接海外汉语教学的角度入手，使得课程设置实现少而精、精而优的总体规划，使得学生在四年专业学习后具备海外汉语教学的相应能力，积淀深厚才能在国际汉语教学中真正取得厚积薄发及融会贯通的效果。

5.1 具体设置中华才艺课程

文化活动与汉语教学是孔子学院运行机制的两条腿，在外国学生眼中是中华文化先行，而在汉语教师眼中则是汉语教学先行，适机融合中华文化，直至外国学生掌握一定程度的汉语后，才让他们全面接触及深度体会汉语文化。在海外孔子学院运行的“汉语教学—中华文化”模式中，一方面，很多中华文化可以随机应变地运用到汉语教学中，如儿歌、顺口溜及快板，各种才艺形式不仅可以活跃课堂气氛，而且可以促进汉语教学，使得汉语教学充满乐趣，达到事半功倍之效。另一方面，中华文化中有诸多才艺种类得以传承，本身也是中华文化的精彩展示，通过中华才艺展示及培养可以使外国学生对中国文明充满向往，无形中增强并推广了中国文化软实力。这也对国内汉语国际教育专业课程设置提出了新的、更高的要求，但目前国内汉语国际教育专业课程设置还很难达到这种“学以致用”的有效衔接过渡。国内高校可以开设一些操作性强的才艺课程，如剪纸、中国结、太极、竹笛、葫芦丝入门教学等，加大中华才艺课的比重，丰富中华才艺教学内容。先进行通才培训，再让学生根据自己的兴趣特长选取一到两种才艺深入学习。在教学方面，可以利用本校内部艺术学院的师资，也可联合高校艺术学院的老师。

5.2 建立校内外实践基地

目前，很多高校对外汉语专业普遍存在的问题就是实践太少，理论性知识学习居多，导致两者脱节，可以通过在校内外建立实习基地补缺。所幸很多学校都招收了外国留学生，可以让学生与留学生交流、见习，深化所学知识。如采取中外学生“结对子”，加强与留学生的跨文化交流，有助于跨文化意识的培养。此外，还可以与留学生组建兴趣小组，约定好具体的时间，各展所长、互相学习，加强彼此交流。定期组织学生到留学生所在的班级听课、见习，学习老教师的授课方法，使学生所学到的教学方法得到深化，并做好反思与总结。

打造校外企业实践基地。真实的商务体验是成为商务汉语教师的必备条件，国内院校可以与外企合作，组织学生利用暑假到外企实习。一来商务实践可以增加商务经验，也为日后的商务汉语教学打下基础；二来为以后不从事汉语教学的学生增加其他的就业机会。

5.3 商务汉语教师培养

随着中国经济的强有力发展，很多孔子学院开设有商务汉语课程，目前商务汉语教师缺口较大，因此，有针对性地加强商务汉语教学能力培养，也可视为汉语国际教育专业的就业方向之一。一方面，商务汉语教师不仅要学习一般对外汉语教师所需的课程，还有商务礼仪、经济学、国际贸易、国际金融等知识。另一方面，校企合作可以提供真实的商务交际环境，培养商务交际意识、熟悉商务礼仪、积累商务经验，教学过程中可以引入实际案例，活跃课堂氛围。另外，跨文化意识的培养也是至关重要的，当学生在真实商务案例中产生了困惑，商务汉语教师则必须引导学生顺利解决产生的困惑。

5.4 注重创新能力的培养

海外教学不同于国内教学，不能一贯用讲解、演示、参与的传统模式教学，要注重教学方法的创新性，以培养学习者的创新能力为主。有意识地创新教学方法和更新教学观念是一个成功的教师所必需的。对于第二语言学习者，在学习汉语过程中由于母语的影响，还有可能会产生负迁移，加之汉字难写、难读等特点，一堂有趣轻松的汉语课对汉语的吸收便至关重要，也更能激发学生的学习热情，比如中国文学的教学，把中国文学和戏剧相结合，将中国喜闻乐见的民间故事或神话故事改成剧本，让学生自己表演。

参考文献

[1] 中文成为美国居民第二经常使用外语 [EB/OL]. (2017-07-08). http://www.xinhuanet.com/world/2017-07/08/c_1121286909.htm.

[2] 美国孩子讲中文望未来更多发展 双语教学在美趋热 [EB/OL]. (2017-11-06). http://www.chinaqw.com/hwjy/2017/11-06/167285.shtml.

[3] 刘珣. 对外汉语教学引论 [M]. 北京：北京语言大学出版社，2000.

[4] 陈琛. 美国中文旗舰项目综述 [J]. 国际汉语教育，2009 (3).

[5] 李森. 孔子学院网络课程设置研究 [D]. 杭州：浙江师范大学，2010.

[6] 郑杰. 孔子学院武术课程设置研究 [D]. 太原：中北大学，2011.

[7] 常莉莎. 日本孔子学院（课堂）研究 [D]. 保定：河北大学，2012.

[8] 臧胜楠. 海外孔子学院课程结构研究：以澳大利亚两所孔子学院为例 [J]. 云南师范大学学报（对外汉语教学与研究版），2012 (6).

【作者简介】

1. 梁吉平，博士后，贵州财经大学文法学院副教授，研究方向为汉语国际教育。Email：musk110@163.com。

2. 杨佳宇，贵州财经大学文法学院，主要研究方向为汉语国际教育。

汉语国际教育专业硕士课程设置的几点思考
——基于广州五所高校汉硕专业的问卷调查①

王衍军[1]　成适逸凡[2]
（暨南大学华文学院）

引言

2007年，汉语国际教育硕士（以下简称“汉硕”）专业开始非全日制招生，至今已十年有余，国务院学位委员会于2007年和2009年发布了《汉语国际教育硕士专业学位研究生指导性培养方案》（以下简称“09方案”），作为各高校汉硕专业建设的指导性文件，指出形成以核心课程为主导、模块拓展为补充、实践训练为重点的课程体系，但从专业的整体布局和发展现状看，仍处于探索阶段，无论是专业定位还是课程设置，各层级还没有取得一致的认识，导致在具体的实施中，各高校的差异较明显，反映在人才的培养和社会认同上也出现了各种问题。吴应辉（2014）指出“硕士层次目前数量扩张太快、质量参差不齐”；施家炜（2016）指出“各高校课程名不符实，课程结构不合理，理论与实践脱节”。汉硕专业目前面临的矛盾与现状我们无法回避，需要进一步地探索实践，尽早为成熟的专业体系构建和科学的人才培养找到行之有效的突破口。课程设置是培养方案中的关键一环，能够较直观地体现培养模式是否合理科学，从一定程度上预见教学效果。各类课程的比重多少，教什么、怎么教尤为重要，明确了培养方向，才能确保实施的有效性。

从目前搜集的资料看，专门对汉硕专业课程设置和培养模式进行研究的成果还比较少，且大多数学者从不同角度和研究范围得出的结果大体相同，如赵金铭（2007）、颜湘茹（2013）、赵杨（2016）等都强调要加强汉语基础知识教育，语言学知识是重中之重；陈奇源（2015）则主张加大实践课比重；朱勇（2011）、刘颂浩（2013）、崔希亮（2018）强调培养汉硕学生的学术意识、反思能力、基础及应用研究能力；冯丽萍（2009）、朱永生（2007）强调课程设置要注重针对性、灵活性、全面性并突出应用特色；也有对课程体系各模块或各类别所占比例大小进行的具体讨论研究，如曹勇（2017）、王诗萍（2012）等。我们可以宏观了解到，学界主要是围绕“课程的重

---

① 本文是汉语国际教育专业学位研究生教育研究2017年度课题“海外汉语教师‘兼读制’培养模式及质量保障体系构建研究”的成果，课题编号：HGJ201727。

心应放于何处”进行讨论。由于目前培养结果中“舍本逐末”的问题愈加突出，大部分学者支持继续开设英语课程，有针对性地丰富外语课程种类，加大汉语本体类教学，重视理论与实践结合。

汉硕的培养方案是基于培养方向和性质制定的包括培养目标、培养特色、课程设置、实践环节、教学方式、培养方式、师资状况、管理保障、论文完成、就业状况等要素的具体实施计划。对此，学者给出了不同的培养蓝图，杨薇（2013），孙晓明（2014），李东伟、吴应辉（2017）均提出“中外联合培养模式”；吴应辉（2016）提出“国际汉语师资需求的动态发展性和层次递进性”理论；吴慧（2012）则提出创建“任务型汉教硕士培养模式”；郝红艳（2015）提出师生合作、生生合作的“合作学习模式”；周艳芳（2017）提出“一带一路”倡议下以需求为导向的“国别化、多层次、联合、衔接性、本土化人才”培养。此外，不少高校也进行了创新性的尝试，力求将理论设计运用到实践中，如中央民族大学“1+2+X培养模式”；北京外国语大学“双专业、复合型培养模式”；上海外国语大学“一核心三支柱培养模式”等。

广东是中国经济强省，开放程度在国内亦是名列前茅，近年来随着经济发展，来粤外籍人口逐年增加，他们因工作、学习等原因暂居于此，包括大量的华裔在此学习中文，汉语教育的需求不断扩大。由于地理、经济、历史等方面的优势，汉硕专业在广州的发展具有独特的办学优势，也具有相对广阔的就业前景。据目前搜集的资料看，仅一篇硕士论文《广州汉语国际教育硕士研究生就业意向调查分析》（刘亚斐，2013）是面向广州5所高校的汉硕就业方向的研究，另有颜湘茹（2013）以中山大学汉硕专业为例对课程设置与教学实习情况进行了调查分析；王秋萍、李江（2014）以广东外语外贸大学为例谈了汉教硕士培养模式的改革与创新等。因此，本文以广州市五所高校为调查范围，从课程设置角度为汉硕专业培养模式提供可借鉴的意见建议，具有一定的研究价值。

1 调查问卷设计与发放

1.1 调查对象

本次调查问卷的对象是广州市五所高校的汉硕学生，分别是广州大学（以下简称“广大”）、广东外语外贸大学（以下简称“广外”）、华南师范大学[①]（以下简称“华师”）、暨南大学（以下简称“暨大”）、中山大学（以下简称“中大”），该专业的留学生不在调查范围内。调查过程是在不记名、完全自愿的前提下进行的，尽可能地保证所收集信息的真实有效。有关各学校专业设置的基本固定信息和针对性问题，则是通过个别访谈完成的。回收具体情况如表1所示。

① 华南师范大学的汉硕专业在文学院和国际文化学院均有开设，其深层设置并无太大差别，故在本文中一并分析。

表 1　调查对象数量统计

	广大	广外	华师	暨大	中大	比例（%）
2017 级	20	35	32	54	43	79.31
2016 级	14	2	2	13	1	13.79
2015 级	0	0	0	14	1	6.47
2014 级或以前	0	0	0	1	0	0.43
总计	34	37	34	82	45	100

通过纸质版和电子版两种形式发放问卷，计划回收 250 份，实际回收 248 份，其中有效问卷共计 232 份。暨大调查对象共 82 人，广大、广外、华师和中大均在 30 人以上。极少数调查对象是毕业生，大部分为在校生，能真实反映出目前汉硕的培养现状，具有较强的时效性。

1.2　调查内容

设计此问卷的目的是从学生的角度调查广州市 5 所高校目前汉语国际教育硕士专业的课程设置情况和培养现状，我们在调查前通过各学校官网和个别学生的访谈，初步了解了各高校的汉硕开设情况，对此，调查问卷共设置 30 道题，即 28 道选择题、1 道填空题和 1 道问答题。内容涵盖调查对象的基本信息（学校、年级、本科专业、英语水平等）、对各类课程及汉硕专业的认同度、未来计划以及意见建议等方面。

2　调查结果与分析

本调查采用人工录入的方法，运用统计软件 SPSS 24 和 Excel 2011 对所有有效问卷的数据进行分析和对比。

2.1　调查对象基本信息

2.1.1　性别

调查对象中女生共 216 人，约占总数的 93.1%；男生仅 16 人，占总数的 6.9%（表 2）。可见汉硕专业的男女比例极不平衡，选择就读此专业的绝大部分是女生。如广大 2017 级汉硕专业共 20 名学生，全部为女生，2016 级仅 1 名男生。

表 2　调查对象性别统计

性别	人数	比例（%）
男	16	6.90
女	216	93.10
总计	232	100

2.1.2 本科专业

有71.6%的学生本科时的专业是汉语国际教育，其次是外语专业（12.5%）和汉语言文学专业（11.6%），来自其他专业的占极少数，仅4.3%（表3）。可见，跨专业的学生主要来自外语专业和汉语言文学专业，他们就读汉硕专业有各自的优势和不足，如外语专业的学生汉语本体知识相对缺乏，外语能力较强；而汉语言文学专业的学生则外语能力相对比较薄弱，但语言基础知识较扎实。

表3 调查对象本科专业统计

本科专业	比例（%）
汉语国际教育	71.60
外语	12.50
汉语言文学	11.60
理工	0.40
其他	3.90

2.1.3 英语水平

就读汉硕专业的学生英语水平普遍比较高，达到大学英语六级水平的占68%，达到专业四级和专业八级的各占8%，仅13.78%的学生是大学英语四级水平（表4）。

表4 调查对象英语水平统计

英语水平	比例（%）
大学英语六级	68.00
大学英语四级	13.78
专业英语八级	8.00
专业英语四级	8.00
雅思5.5或托福90	2.22

2.1.4 教学经验

总体来看，具有汉硕相关教学经验的占56.89%，其中从事教学时长在半年以内的相对较多（29.33%），有43.11%的学生暂未从事过相关教学。此外，中大、广大、暨大有经验的学生占多数，广外和华师则无经验的学生略多（表5、表6）。

表5　本专业相关教学经验

教学经验时长	比例（%）
无	43.11
半年以内	29.33
半年至一年	15.56
一年以上	12.00

表6　不同高校学生教学经验统计

学校	无经验（%）	有经验（%）
广大	34.40	65.60
广外	58.30	41.70
华师	51.50	48.50
暨大	46.90	53.10
中大	23.30	76.70
平均	43.10	56.90

2.1.5　专业选择动机

接近一半的学生选择汉硕专业的最大动机是为了获得研究生学历，提升就业竞争力；因为兴趣，希望更好地成为一名汉语教师而选择该专业的共占41.5%；另有少数学生是因为想获得出国机会或其他原因选择了该专业（表7）。仅因获得学历而盲目选择汉硕专业，不利于学生发挥学习热情和主动性，也有碍于专业的长期健康发展。

表7　选择就读汉硕的最大动机

最大动机	比例（%）
获得学历	48.20
出于兴趣	27.20
成为汉语教师	14.30
获得出国机会	8.50
其他	1.80

2.1.6　该专业就业前景

调查显示，汉硕学生对专业前景所持的态度并不乐观，仅有58.9%的学生打算毕业后从事汉语国际教育相关工作，其中不乏将其作为第二职业的。有学生指出虽然国外就业前景好，但更希望在国内发展，然而国内就业形势严峻，市场需求量低，大学执教的学历要求高，即使对该专业感兴趣，也因现实所迫，很难将其作为长期的工作从事（表8）。值得注意的是，从问卷结果来看，仅有7.89%的学生有继续读博深造的计划。

表8　该专业的就业前景

就业前景	比例（%）
工作不稳定，竞争大	23.47
岗位选择有局限	22.59
长期在国外，生活不稳定	21.19
收入微薄	14.36
就业及出国机会多	9.11
专业热门，国家支持	8.06
其他	1.23

2.2　调查结果分析

2.2.1　课程设置相关情况

由图1可知，超过一半的学生对学校的课程设置的态度比较模糊（52.4%），非常满意的很少，整体上持积极态度的多于持消极态度的学生。通过方差检验得出各学校满意度差异结果，显示概率p值为0.01（小于显著性水平0.05），即不同学校的学生对所在学校汉硕专业的满意度存在差异。

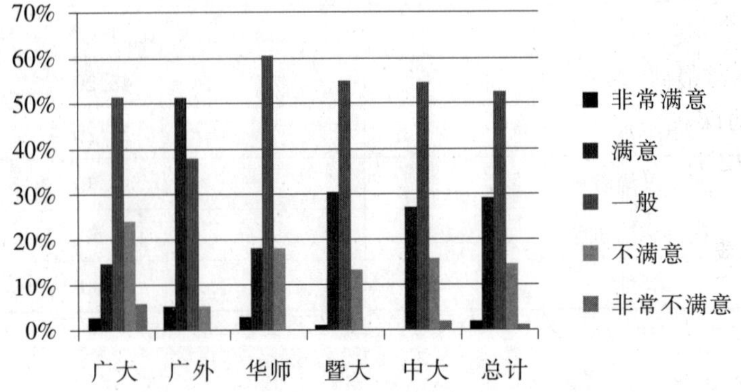

图1　对所在学校该专业课程设置的满意程度

关于“您认为应该增加哪些课程?”经调查统计得知，五所高校的调查结果与整体情况基本一致，学生最希望增加的是外语类课程，其次是教学能力方面的课程（如课堂管理、教学法、教学设计等）和教学实践类课程。有不少学生表示，汉硕专业实践十分重要，但目前的实践类课程太少，且大多是模拟教学；部分教师授课内容与课程名称、性质无关；应增加研究方法、论文写作以及教师个人素质培养方面的课程。可见，汉硕学生尤其重视外语能力和实践能力的提升。针对以上突出问题，我们将分别从外语课程的开设情况、课程与实践的衔接以及学术论文的写作三个方面的问卷调查结果作具体分析。

（1）外语课程的开设情况。

通过学校官网查询和个别访谈核实，我们得知五所高校的外语课程开设情况（表9）以及对外语课程的满意情况。

表 9　不同高校外语课程开设情况

学校	外语课程	开设时长	授课教师
广大	英语（必修）	两学期	外教、中国老师
广外	韩语、西班牙语	两学期	外教、本校留学生、中国老师
华师	英语（必修）、德语、韩语、法语、日语	一学期	外教、中国老师
暨大	泰语、印尼语	一学期	本校留学生
中大	英语（选修）、韩语、西班牙语	一学期	中国老师、外教

广大、华师和中大均有开设英语课，中大是将英语作为选修课与韩语、西班牙语一起开设；华师的汉硕学生若考研英语达到 70 分或通过大学英语六级，可参加免修考试申请免修英语；广大将英语分为“英语听说”和“英语读写”两门课程，且未提供其他外语课程。广大和广外的外语课程开设一年，其余三所学校只开设一学期。各学校主要是聘请外教和中国老师进行授课。据了解，暨大已对 2018 级的汉硕外语课程作了优化调整，增开了英语选修课程，由中国教师授课，另设泰语和西班牙语选修课程。

我们将课程设置的满意度与外语课程的满意度作了相关分析（图 2），得到皮尔逊相关系数为 0.468，双尾检验的 p 值为 0.00，小于 0.05，存在显著相关性。可知，合理科学的外语课程设置对提升汉硕课程设置的整体质量有很大的影响，学校应重视对学生外语能力的培养问题。但从数据看，学生对所在学校开设的外语课程满意度并不高，整体上不满意的程度远高于满意程度。不少学生表示希望增设英语必修课，尤其是口语课程；增加外语课程的种类和学习时长；应安排专业的语言老师，而非利用本校留学生资源进行外语课程授课。

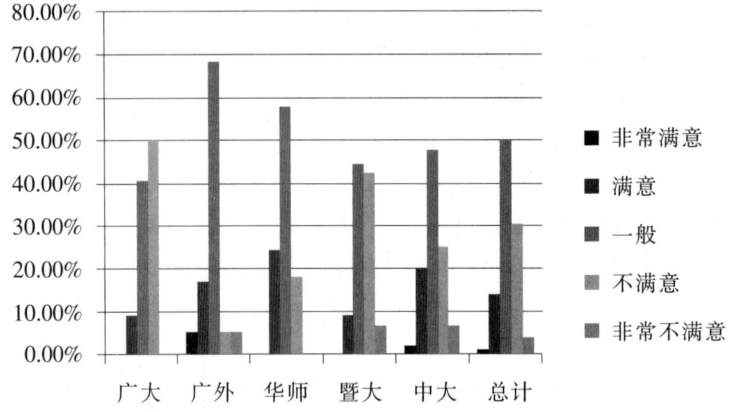

图2　不同高校学生对外语课程的满意度

（2）课程与实践的衔接。

整体来看，各学校开设的课程内容与实践联系比较紧密，其中，中大有超过一半的学生认为二者联系紧密（图3）。我们通过收集的资料得知，中大采用“岗前见习、岗中实习”的“全程见习实习培养模式”确保学生全程接受实践教学锻炼。据了解，广大、广外、华师和中大开设了“课堂观察与实践”，暨大开设了“微格教学”，且时长均为一学期，主要通过模拟真实的课堂，在短时间内帮助学生将学到的理论知识有效地运用到课堂中，通过实践训练学生的综合能力。

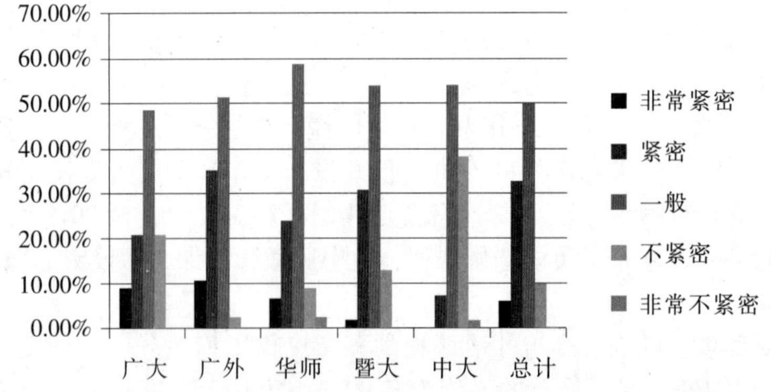

图3　课程内容与实践联系紧密程度

调查显示，有83.6%的学生认为课堂观摩、微格教学等课程对教学能力的提升有很大帮助或有帮助，仅有16.5%的学生认为效果一般。60.7%的学生认为开设的所有课程中，教学类课程对实践或实习工作最有帮助。在分析回收的专业改进意见建议时，我们发现，90%以上的汉硕学生都表示目前学校提供的实践机会过少，希望学校能增加实践类课程，多提供真实的教学和课堂观摩机会，在理论与实践结合的前提下，注重教学技能的培养，并且希望由有丰富对外汉语教学经验的教师讲授此课。由于汉硕本身就是一门突出强调应用性的专业，此类课程对汉硕学生的培养起了很重要的作用，能够让学生将积累的专业理论知识与自身综合素质提升相融合，在教师的指导和同学的相互学习中发现知识短板并发挥专业优势，不断打磨教学技能。学校应继续挖掘其在课程设置和人才培养上的潜在优势，加大实践投入力度，提升课堂质量。

（3）科研能力的提升。

从统计数据看，认为所学课程对毕业论文的撰写帮助一般的有61%，占了调查总数的一半以上，而认为帮助大或帮助很大的仅30%左右（图4）。据了解，华师文学院的汉硕专业开设了“研究方法与学位论文写作”课程，中大开设了“研究设计与论文写作”课程，另外三所学校并未专门开设此类课程，但从具体的课程设置上，均有针对教学研究能力与方法的相关训练。亓海峰、朱建军（2016）和崔含（2018）指出汉硕学生论文撰写的培养质量不高，普遍存在科学性、应用性不强的问题，难以体现专业特点。通过访谈了解到，不少学生认为撰写毕业论文有很大困难，若选择偏向研究型论文，需要较强的语言本体知识的功底，而由于专业背景和学制过短等原因，这块短板一直存在；若偏向实践型论文，需要丰富的一线资料和经验积累写作素材，且在国内难以获取，因此，为了完成毕业论文选择出国做志愿者的学生也不少。此外，还有论文写作不够规范、资料收集和分析能力薄弱、书面表达欠缺逻辑性和条理性等基本问题。

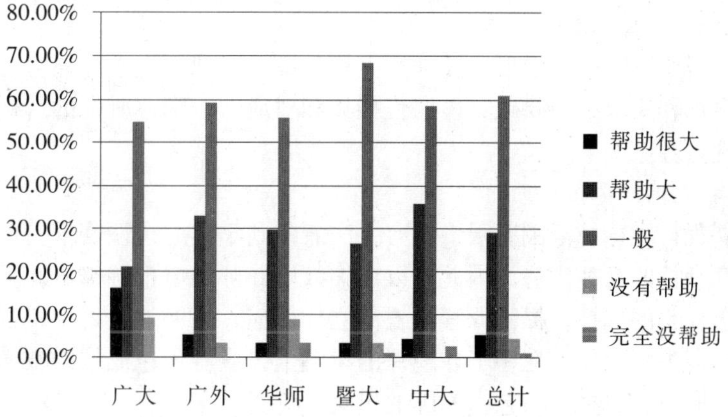

图4　所学课程对毕业论文撰写的帮助程度

刘颂浩（2016）曾提出，硕士论文写作的目的主要有三：训练学术规范意识；掌握研究方法；提高表达能力。不管学生将来从事什么工作，静下心来写一篇合格的论文都是有百利而无一害的。学位论文是研究生在学习阶段的最终成果展示，能反映出学生包括理念和实践在内的综合科研能力，同时也是检验专业人才培养的重要环节和试金石。因此，如何提升学生的写作能力和科研能力是建立健全汉硕培养方案中亟待解决的问题，开设相关课程弥补汉硕学生在学术写作上的不足，实现高层次人才培养目标尤其重要。

2.2.2　结论

根据问卷调查和访谈的结果分析，我们总结出目前汉硕专业培养的现状和需要解决的主要问题：

（1）汉硕专业性别比例极不平衡，跨专业的学生较多，知识背景有差异，就读前不了解汉硕相关情况的居多，普遍对专业的发展前景持消极态度，导致近一半的学生毕业后有转行的打算，这不利于汉语国际教育的长远推广和发展。

（2）课程设置的整体满意度不高，时间安排和课程比例不够科学合理；实践类课程和实践的机会较少；语言本体知识的讲授与专业特点契合度不高；英语的重视程度不够，开设的其他外语课程、文化和中华才艺类课程种类较少。

3　有关汉硕专业建设的几点思考和建议

3.1　课程设置与具体安排应科学合理，注重衔接

目前广州市各高校的汉硕课程设置模块主要根据“09方案”制定，我们认为，方案只是一个总领性提纲，并没有完全体现汉硕专业设定的人才培养目标，也没有切实结合学科发展现状和市场需求，使得学校在安排具体课程时面向理想化的生源而缺乏操作性，未能完全体现出办学特色。

3.1.1　培养目标和要求与课程对应

课程体系需要不同课程间形成互补和支撑，最终实现学生培养能力的落地，因此培养方案的目标和要求必须要跟具体课程挂钩和对应，否则，所谓的目标和要求只不过是个纲领性口号。

3.1.2　扩大选修课覆盖面

学生的课程自主选择范围有限，没有办法兼顾到学生的个性需求，也不能充分发挥导师们研究专长的互补优势。因此可以考虑鼓励导师们申报选修课，根据学生的职业规划提供多样化的选择，提高课程设置的立体效应，拓展学生跨学科视野，培养学生跨学科发展能力。另外，在中华才艺课的设置上，应避免速成式的教学，在追求丰富才艺技能的同时，也要注重艺术修养的熏陶。

3.1.3　核心课程需要设置语言本体选修课程

目前汉硕专业的学生来源多元化，因此对语言要素及其教学类课程而言，老师要花去相当多的时间去补充本科阶段的知识，无暇顾及学科体系、知识深度和教学应用，这也是不少学生认为部分课程“名不符实”甚至与本科所学内容有所重复的原因

之一。因此，学校可考虑安排跨专业的学生选修汉语基础课程，或去本科课堂旁听，缩小学生在专业背景上出现的差距，保证硕士课程体系跟本科体系有衔接、有梯度，有利于教师提高课程的理论深度。

3.1.4 增加英语学习和其他小语种学习

虽然广州地区外派国家多为东南亚国家，但是英语的普及和流通程度仍然很高，海外的华文学校也多为三语学校，对英语的重视程度也很高。语言学习也可以培养学生的二语对比能力，拓宽学生实习和工作的选择范围，这是一个长期的过程，从课时上来看，英语和小语种课程均应至少每周 4 节，尽量保证至少一学年的学习时间，否则学习效果不明显，难以培养语言兴趣，最终半途而废。

3.1.5 加大开设实践类课程的力度，注重阶段性训练

从各学校的具体课程看，真正意义的观摩或实践课较少，可先分批次安排学生到学校的留学生课堂观摩体验并做听课记录，尤其对于没有相关教学经验的学生，可以提供给他们第一线的了解机会。再由有丰富对外汉语教学经验的老师进行微格模拟课堂的指导。若资源条件允许，可为学生提供真实课堂上的试讲机会，为毕业前的实习做专业技能技巧、理论与实践结合等综合训练，并着重培养学生作为国际汉语教师的反思能力和继续学习的意识。

3.2 教学效果和教学内容应加强监管，注重团队建设

比课程设置更为重要的，是具体到每一门课上什么和怎么上？各门课程间的逻辑关系与衔接关系如何？要做到这些，我们认为在课程教学和师资建设上应注重以下两个方面。

3.2.1 课堂教学需要监管

主要从两个方面展开，一是完善考评体系和激励机制，研究生课程管理也可以借鉴本科教学课程管理制度。期末对课程进行打分，排名靠前的予以公示和奖励，排名靠后的私下警醒。二是及时向任课教师反馈教学意见，以便授课教师及时改进教法，完善内容。此外，应要求教师提供教学日历或大纲，并且教学日历或大纲应在开学初发放给学生，以便学生能对该门课程的教学体系有整体认识，在教材、讲义、阅读书目等方面提前准备和安排。

3.2.2 课堂教学内容需要设计和更新

一些导师和学生均指出，部分课程缺乏科学的设计和规划，表现为：其一，教材不固定，课程内容较为随意，内容发散性太强，学生不易捕捉核心要素和精神。其二，不同课程的任课教师间缺乏沟通协调，内容有重复，难以形成有效互补。其三，教师授课需要结合自身科研背景，但不宜在课堂上过度引入晦涩的科研专长话题，而需要聚焦课堂教学内容，结合教学案例，深入浅出地传达给学生。其四，课程内容需要跟本科系列课程衔接和区别，特别是同名称课程，需要在内容宽度和深度上形成有机衔接，注重启发性、系统性和发展性。

3.3 课堂教学效果需要验收

以课程论文作为考试方式的课程应指导学生尽早确立选题，就材料或方法相关问题利用部分课堂时间集中答疑或讨论，切实提升学生的研究能力。在学分有限的情况下，与其单独开始毕业论文写作指导课，不如以课程论文的方式，把写作指导“碎片化”，不同的课程针对不同的主题，反而有助于学生增强创新研究意识，为毕业论文的撰写打下基础。

3.4 课程团队建设迫在眉睫

目前各门课程授课大多是任课教师的个人行为，课程与课程之间如何协调和区分，如何充分发挥老师的个性又兼顾课程的共性，不易把握。因此导师间可定期召开课程经验分享会和教学研讨会，建设授课团队，每门课程由团队成员轮流授课或者主讲老师和辅讲老师共同完成授课，加大课程的区分度和有效性，也可让学生体会到不同的授课方式和风格，扩大学术研究视野。

3.5 输入性课堂向启发性课堂转换

问卷调查统计得出，90%以上的学生都认为班级人数控制在20～30人比较合适，更利于启发式的教学模式，课堂教学环节需要在开展整体教学的同时兼顾学生的个性发展，因此在招生人数较多的情况下可考虑分班教学。在教学过程中减少知识的灌输，提升学生的参与度，增大引导性、发散性、创新性思维能力的培养和提升。

3.6 学生培养和管理应注重质量保障，强化教学技能和科研能力

合格的硕士毕业生，应同时具备较强的专业实践能力、科研能力和职业发展能力。如何在有限的培养时间内综合提升核心竞争力，确保从招生标准到课程安排再到毕业要求都有切实可行的纲领和依据？有如下三点建议。

（1）在招生方面，要整合优化生源质量，利用多种平台广泛宣传汉硕的专业优势、发展前景和办学特色等。针对不同生源，复试环节的面试比重和内容有所区分。对推免生而言，笔试比重可以放宽。但对于统考生而言，已经经过严格的笔试，复试部分应以面试为主。面试题目要体现发散性思维，以综合能力和专业潜力考核为主，避免具体知识点的考核。

（2）从入学之初开始加大实践力度，可考虑引入学术导师和实践导师“双导师制”，在一年级上学期，为学生配备一名有教学经验的汉语老师，作为学生的实践导师，学生作为汉语助教，耳濡目染，接受汉语教学的实践训练。在一年级下学期，根据学生的研究兴趣和论文选题，师生双向选择，为其配备一名学术导师，进行论文开题和论文撰写。另外，为强化教学实践技能的训练，可考虑以小组的形式开展“语言诊所”项目，为汉硕学生和留学生提供跨文化交际和语言交流的平台，加强二者之间的联系，推动汉硕学生加入留学生课程作业和论文指导项目中来。在留学生辅导中发现问题，带着问题回到课堂，能够形成良性互动，针对性更强。组织归国志愿者经验分享会，使在校学生即时了解真实的海外教学现状和最新动态。

（3）汉硕专业不应仅致力于专业教书匠的人才培养目标，理论和应用的研究能力具有普遍性，是所有硕士毕业生需具备的基本能力，可考虑加强学生学术活动的参与度，开设研究方法和论文写作类的课程，挖掘学生的科研潜力。学位论文的写作须以问题为导向，鼓励到实践中积累原始材料，解决实际问题，立足“挖井”式的深入分析，而非“堆砌”式的泛泛而谈，全程把控从论文选题到论文答辩各阶段进程，严格落实评审制度，切实提高论文质量和学生的专业素养。

4 结语与不足

本文基于广州市5所高校汉语国际教育专业学生的问卷调查和访谈结果，对本专业的课程设置及培养目标提出了一系列可供操作的建议和对策，以期对本专业培养方案的修订提供参考和借鉴，以便汉语国际教育硕士专业能更好地紧贴汉语国际教育发展的需要，利用现代化的教育技术、手段，培养出将人文思考与科学精神融为一体，兼具使命感与责任感的新型汉语国际教育人才，适应当前国内外市场的实际需求，打通该专业的就业渠道，拓宽就业前景。

此次问卷调查主要针对2017级的汉硕学生，目前已有2018级入学，故各高校的汉硕课程设置情况可能有些许变化，但总体来看，2017级仍为在校学生，故结论数据仍具备较强的参考价值。问卷设置和数据搜集可能有不够全面科学的地方，我们将在下一步的深入调查中更新完善。

参考文献

[1] 陈奇源．汉语国际教育专业硕士课程开设比较分析［D］．桂林：广西师范大学，2015.

[2] 崔含．汉语国际教育专业研究生质量保障体系建设研究［J］．安阳师范学院学报，2018（1）.

[3] 崔希亮．汉语国际教育的若干问题［J］．语言教学与研究，2018（1）.

[4] 冯丽萍．论汉语国际教育专业硕士培养中的若干问题［J］．长江学术，2009（1）.

[5] 郝红艳．汉语国际教育硕士教学能力培养研究：基于“合作学习”理论的思考［J］．洛阳理工学院学报，2015（10）.

[6] 刘亚斐．广州汉语国际教育硕士研究生就业意向调查分析［D］．广州：广东外语外贸大学，2013.

[7] 刘颂浩．汉语教育专业硕士培养中的若干问题［J］．华文教学与研究，2013（4）.

[8] 刘颂浩．就业困境和汉语国际教育硕士培养重点［J］．国际汉语教学研究，2016（3）.

［9］李东伟，吴应辉．我国汉语国际教育硕士培养模式现状与优化策略［J］．中国高教研究，2017（10）．

［10］乔柠．从汉语国际教育专业硕士的课程设置谈对外汉语教师的能力培养［C］//何文潮，刘玉屏，靳洪刚．全球化的中文教育：教学与研究——第十四届国际汉语教学学术研讨会论文集，北京：中央民族大学出版社，2017．

［11］孙晓明．汉语国际教育硕士培养模式的创新［J］．中国成人教育，2014．

［12］施家炜．汉语国际教育专业人才培养的现状、问题和发展方向［J］．国际汉语教育，2016（1）．

［13］王诗萍．汉语国际教育专业课程设置研究［D］．济南：山东师范大学，2012．

［14］吴慧．基于任务型的汉语国际教育硕士培养模式探析［J］．内蒙古师范大学学报（教育科学版），2012（3）．

［15］王秋萍，李江．汉语国际教育硕士研究生培养模式的改革与创新［J］．漯河职业技术学院学报，2014（5）．

［16］吴应辉．汉语国际教育学科建设亟待解决的主要问题［J］．国际汉语教学研究，2014．

［17］吴应辉．汉语国际教育面临的若干理论与实践问题［J］．云南师范大学学报（哲学社会科学版），2016（1）．

［18］杨薇．汉语国际教育专业硕士培养模式的探索［J］．天津师范大学学报（社会科学版），2013（4）．

［19］颜湘茹．MTCSOL课程设置与教学实习情况调查分析［J］．海外华文教育，2013（3）．

［20］赵金铭．汉语作为外语教学能力标准试说［J］．语言教学与研究，2007（2）．

［21］朱永生．有关汉语国际教育硕士专业课程设置与教学实习的几点设想［J］．云南师范大学学报（对外汉语教学与研究版），2007（6）．

［22］赵杨．汉语本体知识的基础地位［J］．国际汉语教育，2016（1）．

［23］周艳芳．“一带一路”战略下“以需求为导向”的汉语国际教育专业人才培养问题探索［J］．太原城市职业技术学院学报，2017（3）．

［24］朱勇．汉语国际教育硕士培养中的若干问题［J］．海外华文教育，2011（3）．

【作者简介】

1. 王衍军，暨南大学华文学院教授，博士。主要研究领域为华文教育、汉语国际教育、方言学。Email：wangyanjun@ hwy. jnu. edu. cn。

2. 成适逸凡，暨南大学华文学院在读研究生。主要研究方向为汉语国际教育。

"一带一路"背景下超短期汉语学习班的特点与课程设置①

张燕子[1]　邵　宜[2]
（暨南大学华文学院）

引言

关于超短期汉语学习班课程设置的研究成果，自汉语教学班成立以来相关文献就较为少见。来思平（1987）对时长6个月以上的短期汉语学习者教材编写给出部分建议。李金钞（2000）针对面向华侨、华裔学生的"短期华文教学"特点，设计了"短期华文教学"的课程和活动，重点突出了教材文化的重要性。金敏（2004）提出短期汉语教学的课程设置首先应兼顾语言技能培训与中国文化导入，其次语言教学内容应该选择学生常用急需的功能项目，最后教学安排应充分考虑课堂和课外的统一，让学生每天都有"成就感"。李明（2005）认为短期速成汉语教学内容具体包括：问候、介绍、购物、问路、日期、时间、天气、打电话、谈家庭、吃饭、看病、换钱、住处、乘车、乘飞机、买车票、谈工作、谈打算等。汝淑婿、冯丽萍、李红（2011）对短期来华的美国大学生汉语教学进行了调查，给出了教学策略建议。刘丽艳（2012）以北京语言大学为研究对象，分析了超短期学习班的特点、教学存在的问题，提出了教学模式的重构。张丹（2013）梳理了短期汉语班的发展，呈现了近年来短期汉语学习班的教材情况，分析了《汉语十日通》的特点。王雁姣（2014）研究了两个美国大学生团在60天内的汉语学习情况。以上研究成果的"短期汉语学习者"学习时长集中在12~20周（卢晓逸、朱子仪，1993），最早提出的较为恰当的超短期汉语学习时长是4~6周（朱道明，1986）。本文定义的"超短期汉语学习班"是指时长在2~4周，穿插于学期中，与寒暑期短期汉语学习班有所不同的任务、体验、任务加体验三种类型汉语学习班。

超短期汉语学习班形成时间较短，各高校都没有现成的资源，所以不可避免地会以短期汉语教学作为借鉴。笔者经过多方访谈及学生问卷发现，仅仅照搬短期汉语的成果是不现实的。根据 Hutchinson 和 Waters（2002）等西方学者针对英语课程设置提出的 ESP 理论（English/language for Specific or Special Purpose），将语言学习的课程设

① 国家社科基金重大项目"环南海国家语言生态研究及语言资源库建设"，编号：12615104。

置细分为：分析学习者需求、确定教学目标、分阶段选择教学内容、进行合理的教学安排、选择教材，对学生进行分班、测试。结合访谈及问卷调查，笔者认为超短期汉语教学首要的任务是解决课程设置问题。

1　超短期汉语学习班特点

超短期汉语学习班的学生情况复杂且来源多样，综合三所高校 2015—2018 年超短期汉语学习者的国籍及其来源、属性，根据不同的学习任务进行统计分析，其结果见表 1 及表 2（学生分别为非华裔与华裔）。

表 1　超短期汉语学习班人数（非华裔）

类型	任务型（有三年及以上汉语基础）			任务加体验型（有 HSK1 级汉语基础）				体验型（零基础）		
国别	越南开放大学短期班	泰国宋卡短期班	泰国春季短期汉语班	美国爱达荷孔子学院短期班	韩国顺天乡大学短期班	埃塞俄比亚短期汉语学习班	吉尔吉斯斯坦短期班	兰卡斯特大学短期班	美国大学生短期汉语班	德国奥迪集团汉语学习班
2015	25	25	0	19	0	30	12	0	0	0
2016	55	62	19	0	14	35	19	19	41	35
2017	43	83	18	21	16	25	16	25	46	30
2018	39	33	18	17	30	18	15	23	42	23
总计	162	203	55	57	60	108	62	67	129	88

表 2　超短期汉语学习班人数（华裔）

类型	任务型（汉语学习达 18 年）	体验型（汉语学习达 10 年）
	马来西亚、印度尼西亚预科班	马来亚大学短期体验班
2015	0	0
2016	22	20
2017	8	30
2018	25	0
总计	55	50

1.1 学生国籍分布及规模

2015—2018 年，超短期汉语学习班的非华裔生源分别为亚洲、欧美和非洲国家。根据表 1 的数据，绘制了三地超短期汉语学生的发展趋势图（见图 1）。

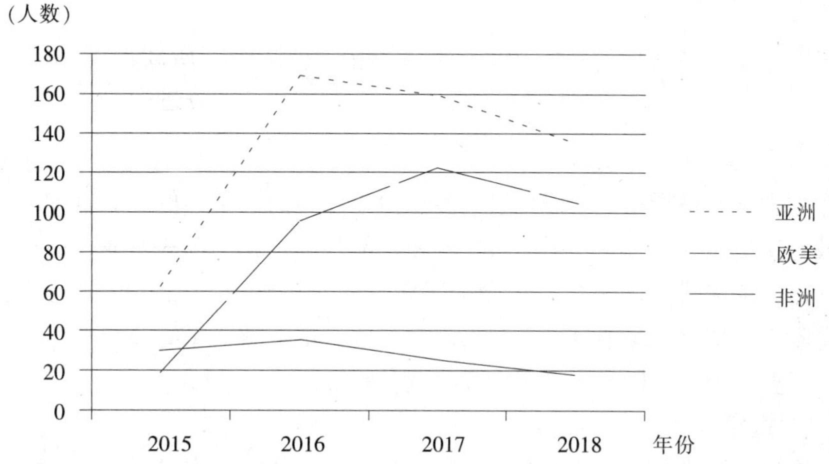

图 1　三地超短期汉语学生发展趋势

亚洲地区国家在 2016 年达到了人数高峰期，继而有所下降；欧美国家在 2017 年达到了人数高峰期，但相对于亚洲国家来说，有增长的趋势；非洲国家保持平稳状态。从图 1 来看，汉字文化圈的学生人数占多数，但非汉字文化圈的学生规模在逐渐扩大，预测未来可能会持平或者超过汉字文化圈的学习人数。

相比之下，华裔学生生源主要集中在东南亚地区，包括马来西亚、印度尼西亚两国，学生人数较为稳定。

1.2 学习时长及学生特征

不同学习任务有不同的学习时长安排，将这些学习时长分别进行统计（见表 3）。

表 3　学习时长安排

时长	两周以内	三周以内	四周以内	六周以内
2015	31	30	50	0
2016	53	95	171	22
2017	53	101	169	8
2018	62	88	108	14
总计	199	314	498	44

2015—2018年，超短期汉语学习班的时长主要集中在四周以内，且学习人数多，稳定性好。这表示四周以内超短期汉语学习班学习时长最受学生欢迎。学期中超短期汉语学习班的学生因为都是在校大学生，所以年龄大都集中在21～25岁，学习积极性较强。

1.3 学习目的

学期中超短期汉语学习班有不同的学习目的。根据表1及表2，将学习目的分为三种：

（1）任务型学习。

任务型学习者是指在中国停留时长多在四周以内的学生，他们所就读的高校与中国的高校有交流学习关系，汉语能力比较强，部分学生就读汉语专业。通过短时间来华学习汉语，加深对中国文化及社会的了解，同时接触与自己专业相关的实践与探究。这些学生大部分都是第一次来中国，学习愿望很强烈，想充分利用在华的时间加强自己的专业知识，以期对未来工作和深造有所帮助。

（2）体验型学习。

体验型学习以游历、体验为主（栾青青，2010）。此类学生来华的时长比较短，一般集中在一到两周。因为停留时间短，且学生汉语基础为零，所以体验型超短期汉语学习班游历、观光的成分更多，汉语及中国文化的学习形式比较多样化。此部分学生会通过体验后决定是否再次来华深造。

（3）任务加体验型学习。

任务加体验型学习者希望来华可以学习汉语，体验中国文化以及其他，时间集中在三周以内。此类学生在本国或者通过其他途径（通过HSK1级）学习基本的汉语交际，来华的目的是学习和体验并重。

2 超短期汉语学习班课程设置现状

根据学习者不同的学习目的，超短期汉语学习班的课程设置有不同的侧重点，结合超短期汉语学习者的需求，本部分主要阐述超短期汉语学习班课程设置中课程安排、课程内容两方面的现状（Dudley-Evans & St. John，1998）。

2.1 任务型

针对任务型超短期汉语学习班，笔者通过学生问卷调查、教师访谈、超短期项目负责人访谈三个维度进行了详细调研，共计发放问卷100份，访谈教师10位，负责人5位。使用Microsoft Excel表格进行了统计分析（见表4），发现现行的课程设置有如下特点。

表 4　超短期汉语学习班课程设置（任务型非华裔）

课型	汉语课			文化课	社会实践课	体验课 游览
内容	现代汉语	口译课	基础汉语	剪纸、中国结、茶文化、功夫	实习课	花鸟市场参观、十三行、上下九、沙面
周课时	6 节	4 节			3 节	12 节
总计	10 节		10 节	0～6 课时	6～9 节	12 节

2.1.1　课程安排

1. 课程单一，缺乏深度

任务型超短期汉语学习班学生，其来华的目的是想充分利用目的语环境加强汉语学习及文化的学习深度，但是据调查数据显示，77% 的学生认为课程安排过于单一，体现在以下几个方面：

（1）汉语课。

中国各大高校短期汉语学习班的语言课，大多数是以语言技能为主，即综合课、听力课、口语课。“这三类课程总体上符合一般的第二语言教学要求，但是否完全适合汉语的特点，很值得重新评估。”（李泉，2007）任务型超短期汉语学生来华学习是密集强化型，并且汉语水平较高，但是目前的课程安排显然缺乏体现汉语特点且没有依据学生实际的汉语水平。诸如中国散文、小说、古代汉语、韵律、虚词、书面语写作、语音、地方方言课都没有涉及。任务型超短期汉语学生的汉语课安排在 10 课时以内，但课程类型过于单一，无法体现汉语的多样性。

（2）文化课。

文化有表层文化和深层文化，表层文化大多指学习者通过感官接触到的，属于感性文化；深层文化包括思想、制度、观念等，属于理性文化（张英，2004），表层文化逐渐向深层文化过渡。

表层文化 {感官接触
简单的课程学习及体验}

深层文化 {思想、观念、制度……
交际、日常生活所得}

对于任务型学生来说，更多的是需要学习、了解深层文化。综观表 4 并结合全国各高校的文化课，以上海和北京为代表（彭赟，2015），主要以手工类诸如剪纸、中国结、画脸谱、包饺子为主，广州的高校情况也相同。讲座类文化课比较少，涉及的文化话题主要有中国茶文化、中国经济、中国民俗（仅一所高校），而这些文化课程是否体现动态性并不可知。深层文化课程安排仅 2～4 课时，不能满足任务型学生的实际需求。目前大多数高校的文化课程安排依旧以表层文化为主，超短期汉语学生因其时间短的缘故，无法真正接触到深层文化，所以文化课缺乏深度。

2. 课程安排不均衡，忽视目的语环境

问卷统计的学习者中，85%的任务型学生认为超短期汉语学习班的课程安排不均衡，对汉语能力提高并没有帮助，特别是体验课和实践课。

（1）体验课。

任务型学生的体验课多与文化课结合起来，主要是外出观光。例如北京故宫一日游，广州沙面观光，学生体验剪纸、太极拳等，课时安排均在 6～8 课时左右，与汉语课不相上下。此类体验课过于繁重，不适合任务型学生。另外仅仅观光旅游，并没有充分利用目的语环境提高自己实际运用汉语的能力。

（2）实践课。

任务型超短期汉语学习班的实践课是指外方高校与中方高校联合举行的社会实践活动，学生通过亲自参与社会实践，或者提高在实际工作或社会交际中运用汉语的能力；或者深入社会、企业，参与实践，加深对中国社会、企业的理解。旨在通过各类实践活动对任务型学生未来从事与中国有关的工作、进一步来中国深造奠定基础（彭赟，2015）。但是结合问卷调查、负责人访谈及课程安排分析发现，实践类课程的安排目前尚且缺乏，无法与文化体验课均衡。

2.1.2　课程内容

1. 内容固化，缺乏动态性

超短期汉语学习班的教学内容更多借鉴短期汉语班和长期语言班的话题内容，基础汉语课包括：自我介绍、问路、点菜、去邮局、换钱、乘车、购物等以实际需求为主的内容（张丹，2013）。其中“问路、点菜”话题的生词和语法固化，“去邮局、换钱、乘车”这些话题显然过于陈旧，没有结合信息数据时代特征。现代汉语课主要使用黄伯荣、廖序东《现代汉语》增订版下册，以语法为主。单一的教材内容无法开拓任务型学生的视野，与前沿性汉语语法研究脱节。

2. 内容浅显，缺乏延展性

根据留学生的汉语背景，任务型学生的汉语课内容、文化课内容都面临同样的问题：内容浅显，与学生实际汉语水平不符；文化课的固化内容远远无法满足学生渴望了解中国的愿望，而且以文化体验为主的文化课没有更好的拓展性，没有很好地结合

“一带一路”的历史背景，无法激发学生进一步探究的愿望。

3. 没有最大化地开发利用本地资源

课程内容应“结合留学生的实际需求，合理地开发利用本土资源，进行文化体验、民俗文化讲解、历史文化交流等有助于对外汉语教学的形式”（曲凤荣，2008）。目前超短期汉语学习班在不断融入体现地域差异的课程内容，例如“粤绣”“粤语”（刘荣、徐蔚、魏海平，2013）。但是尚有更多本土资源有待开发。

2.2 任务加体验型、体验型

鉴于任务加体验型、体验型的性质，本部分将此两类合并分析。以下是课程安排（见表5、表6）。

表5 超短期汉语学习班课程设置（任务加体验型非华裔）

<table>
<tr><td rowspan="2">类型</td><td colspan="3" rowspan="2">汉语课</td><td colspan="3" rowspan="2">文化课</td><td rowspan="2">社会实践课</td><td>体验课</td></tr>
<tr><td>游览</td></tr>
<tr><td>内容</td><td>基础口语</td><td>HSK1－2考试辅导</td><td>基础汉语</td><td>剪纸、中国结、功夫、画脸谱、唱中国歌</td><td>广州茶文化介绍</td><td>中国服饰</td><td>走进中国家庭</td><td>珠江夜游、北京路、上下九</td></tr>
<tr><td>周课时</td><td>2～4节</td><td>0</td><td>2节</td><td>8节</td><td>2节</td><td>2节</td><td>1次</td><td>4～6节</td></tr>
<tr><td>总计</td><td>8～12节</td><td>0</td><td>2节</td><td colspan="3">12节</td><td>1次</td><td>10～18节</td></tr>
</table>

表6 超短期汉语学习班课程设置（体验型非华裔、华裔）

<table>
<tr><td rowspan="2">类型</td><td rowspan="2">汉语课</td><td colspan="3" rowspan="2">文化课</td><td rowspan="2">社会实践课</td><td>体验课</td></tr>
<tr><td>游览</td></tr>
<tr><td>内容</td><td>基础口语</td><td>剪纸、中国结、功夫、画脸谱、唱中国歌</td><td>粤菜</td><td>茶文化</td><td rowspan="2">无</td><td rowspan="2">喝早茶、喝下午茶、上下九、北京路、沙面、珠江夜游</td></tr>
<tr><td>周课时</td><td>4～6节</td><td>8节</td><td>2节</td><td>2节</td></tr>
<tr><td>总计</td><td>8～16节</td><td colspan="3">12节</td><td>0</td><td>10～18节</td></tr>
</table>

任务加体验型、体验型共发放问卷150份，访谈教师10位，观摩课堂教学8次。

发现任务加体验型、体验型课程设置除了存在与上述任务型课程设置类似的情况以外，还有其他问题。

2.2.1 课程安排

（1）汉语课缺乏针对性。

任务加体验型、体验型超短期汉语学习班的汉语课设置都是基础汉语或者基础口语，没有针对这两类学生的实际汉语水平及需求。例如任务加体验型学生有HSK1级汉语水平，能够使用拼音，掌握汉字已经达到600个；而体验型学生汉语基本是零基础，需要学习拼音。基础汉语和基础口语的安排显然不能同时满足两种类型学生的学习愿望。

（2）文化体验课与汉语课分离。

结合表5、表6，可以发现任务加体验型、体验型两类汉语学习班的文化课重点集中在手工制作以及简单的体验。在实际课堂教学中，文化体验完全没有涉及汉语。茶文化、粤菜、中国服饰三种课型的安排比较接近文化内涵，但授课语言是英语，此类形式没有达到汉语文化体验的目的。

（3）华裔与非华裔混合。

课程安排没有考虑到华裔与非华裔的不同需求，华裔学生由于其特殊的家庭背景、语言环境、文化根基，需要更多体验性活动安排，并且华裔学生多数汉语水平较高，难以与非华裔学生混合安排。

2.2.2 课程内容

（1）汉语课内容重叠。

89%的被调查学生认为，基础汉语课与基础口语课内容重复，如问路、自我介绍、购物、点菜等话题甚至词汇、语法类似，学生容易产生倦怠的同时，由于话题涉及的词汇陈旧，难以满足学生的学习需求。另外，两种类型的教学形式决定了课程内容的实用便捷性特点，所以基础口语课较之于基础汉语课更为适应学生的汉语要求（杨秀华，2008）。

（2）交际性功能弱。

任务加体验型、体验型学生处于汉语这样的目的语环境，应该重视对其实际交际能力的训练，以实际的交际任务来刺激学生学习、体验的积极性。但是目前的课程内容仅仅停留在传统课堂的学生—老师、学生—学生交际模式，缺乏实用性、真实性（毛悦，2010），因而交际功能较弱。

3 超短期汉语学习班课程设置建议

通过分析超短期汉语学习班的课程设置现状，根据各方需求并结合“一带一路”的时代背景，笔者尝试提出新的课程设置建议。

3.1 任务型

3.1.1 课程安排

针对四周以内的任务型学生，课堂学习时间在 80 ~ 100 课时以内。重点安排汉语、文学课和文化课，取消体验课，适当拓展社会实践课的深度，详见表7、表8。

表7 任务型课程安排表

<table>
<tr><td rowspan="3">类型</td><td colspan="3">中文课</td><td rowspan="3">社会实践</td></tr>
<tr><td colspan="2">汉语、文学课</td><td rowspan="2">文化课</td></tr>
<tr><td>必修课</td><td>选修课</td></tr>
<tr><td>非华裔</td><td rowspan="2">30 ~ 40 课时</td><td>26 ~ 30 课时</td><td rowspan="2">16 ~ 20 课时</td><td rowspan="2">3 ~ 4 次</td></tr>
<tr><td>华裔</td><td>26 ~ 30 课时
（方言课必修）</td></tr>
</table>

课程安排需要多元化、完整化（彭赟，2015）。因此，任务型汉语学习班的汉语课更名为中文课，表示语、文并进（崔永华，1999）。根据学生的汉语基础，分为必修和选修两类课型，必修课根据不同的项目需求选择不同的汉语课程，获得学分。选修课每周 4 ~ 6 课时，其中华裔学生必修方言课。文化课以讲座、讨论等形式开展，每周 4 课时，社会实践可从不同的类型中选择 3 ~ 4 类，文化课和社会实践课统一使用汉语。考查方式可以多样化，例如口头报告、媒体展示、小组讨论汇报等。

3.1.2 课程内容

表8 任务型课程内容

<table>
<tr><td rowspan="3">类型</td><td colspan="3">中文课</td><td rowspan="3">社会实践课</td></tr>
<tr><td colspan="2">汉语、文学课</td><td rowspan="2">文化课</td></tr>
<tr><td>必修课</td><td>选修课</td></tr>
<tr><td>内容</td><td>现代汉语、古代汉语、汉语</td><td>中文文学作品欣赏、方言（粤方言、客家话）、语音学、书面语写作、虚词、汉字的发展、文学作品朗读</td><td>儒家文化、广州概况、广州商业发展史、广州民俗、“一带一路”经济发展、当代中国、中国饮食文化、岭南建筑、名字文化、粤剧</td><td>社区服务、福利院服务、语言康复活动、走进校园、走进企业（广铁、腾讯）</td></tr>
<tr><td>华裔</td><td colspan="4" rowspan="2">自由选择</td></tr>
<tr><td>非华裔</td></tr>
</table>

任务型超短期汉语学习班的三类课程内容力求在满足外方项目需求的情况下，较大程度地延展课程的广度和深度。见 Kemp J. 等人关于中文课程设置的分类（张珍珍，2011）（见图2）。

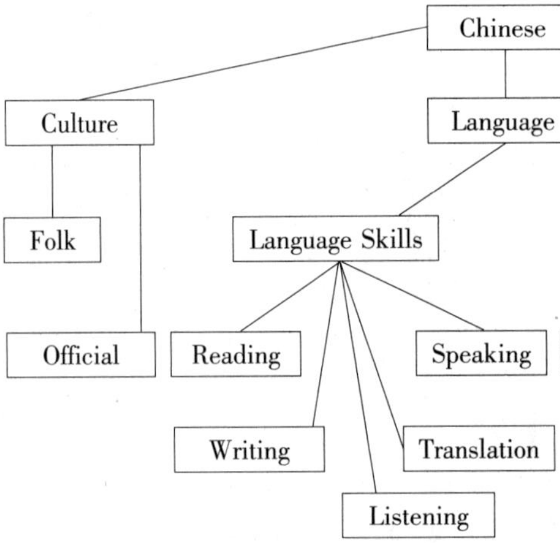

图2　中文课的分类

中文包括汉语、文学和文化三个方面。因此在任务型超短期汉语学习班的课程安排中，将中文课分为汉语、文学、文化三大类，然后将汉语、文学设置为必修课和选修课。除了汉语课，其他课都实行动态选择，即每一期选择一到两个专题深入授课、深入学习，为学生全面了解中国、强化汉语使用能力提供机会。

中文选修课的内容旨在体现中文的特点，即语和文结合，兼顾各地方言。文学作品和朗读让学生在汉语的艺术性语言中体会汉语的美；文化课专题讲座除了与时代背景、中国特色结合以外，还要结合广东地域特点，开发利用本土文化资源；社会实践课开拓学生的社会视野，从社会角度关注经济、人文、社会问题，强化学生运用汉语加深对中国、广州文化以及不同高校专业、文化的了解，提高学生使用汉语进行交际的能力，实现在“做中学”（徐白羽、卢晓东，2006）。

3.2　任务加体验型、体验型

3.2.1　课程安排

任务加体验型、体验型两类超短期汉语学习班的课堂学习时间为20～60课时，安排实用汉语听说课、文化课、体验课、社会实践课四类。重点在于实用汉语听说课、文化课、体验课。具体见表9、表10。

表 9　任务加体验型、体验型课程安排

类型	中文课					社会实践
	实用汉语听说课		文化课		体验课	
	拼音班	汉字班	才艺类	讲座类		
非华裔	10 ~ 30 课时		4 ~ 12 课时	6 ~ 18 课时	4 ~ 8 次	1 ~ 3 次
华裔	方言课（10 ~ 30 课时）					

对于超短期汉语学习班学生来说，实用性和针对性表现得尤其突出（卢晓逸、朱子仪，1993）。安排解决学生实际问题的实用汉语听说课，旨在提高学生使用汉语简单交际的语言能力，结合两类项目时间短的特性，主要训练学生听说两项能力。正如赵元任所言，“汉语语音学习要在前三个礼拜战胜”（赵元任，2014），拼音在汉语学习的 1 ~ 3 周是至关重要的，因此，可以根据学生的汉语水平将其分为拼音班和汉字班两个级别，每周至少 10 课时。

文化课增设手工才艺类课程，激发学生的学习趣味；文化讲座类课程适当增加课时，每周至少 6 课时。体验课与实用汉语听说课必须互相配合，体验课要更好地补充后者的内容，在沉浸式体验中提高学生使用汉语进行简单交流的能力（Fogarty，1991）；社会实践类课程每周至少安排一次，给学生接触中国社会、了解中国文化的机会。

3.2.2　课程内容

表 10　任务加体验型、体验型课程内容

类型	中文课					社会实践
	实用汉语听说课		文化课		体验课	
	拼音班	汉字班	才艺类	讲座类		
非华裔	汉语发音、自我介绍、看地图、订机票、订外卖、做客、交通、网购、微信交朋友、寄快递、聚餐		中国歌、剪纸、粤绣、制作冰皮月饼和云吞、中国功夫、茶艺	孔子讲解、岭南文化、中国饮食、粤剧欣赏、广东民俗、岭南建筑、当代中国、岭南历史	找朋友、乘地铁、北京路购物、寄快递、喝早茶、沙面游	走进中国家庭、走进中国企业（广铁、腾讯）、来华留学生交流会、走进高校
华裔	粤语、客家话、闽南语					

任务型加体验型、体验型两类学生的实用汉语听说课内容以学生实际需求、感兴

趣的话题为主，并且更新相应的词汇，尽量做到课程内容与时俱进，体验课与实用汉语听说课紧密配合。例如，学习了交朋友和自我介绍，体验课就安排留学生和中国学生交流，体验所学汉语，达到知识和技能呼应，激发学生学习兴趣；文化课的才艺类课程通过提供生动的场景，让学生手、脑、眼并用，在亲手制作中了解中国文化；文化讲座形式内容多样，授课形式可以是专家讲座、媒体播放、文化讨论等，以汉语为主，结合英文翻译或者字幕；社会实践课鼓励学生进行简单的交际，了解中国社会和部分文化，了解不同高校专业、文化，让学生认识中国。以上课程内容均实行动态循环形式（李秋实，2013），根据不同超短期汉语项目特点和需求选择不同的课程内容，达到学生、教师、中外方项目负责人三方满意的效果。

结合“一带一路”背景的课程设置效果如何，笔者在相应大学进行的两期学习中投入试用了超短期汉语学习班。两期学生都是任务型、为期 4 周的学生，国籍为泰国、越南、马来西亚（非华裔）。问卷发放、学生访谈、教师访谈、项目负责人访谈四个方面的数据显示，新的课程设置得到了认可，并且有 80% 的学生选择继续来华学习。后续关于任务加体验型、体验型汉语学习班的情况将会继续追踪研究。

4　结语

文章通过分析超短期汉语学习班特点，根据目前实行的课程设置现状，从课程安排和课程内容两方面结合“一带一路”的时代背景对超短期汉语学习班的课程设置提出了新的建议，并通过在任务型超短期汉语学习班试用新课程设置，得到了肯定的反馈。因此，对于课程设置有以下几点建议：

（1）课程设置要需求性、针对性、全面性相结合。

正如文章引言部分 Hutchinson 所提出的需求理论所言，超短期汉语学习班要紧扣三种类型学生来华的学习需求，将这种需求始终贯穿在课程设置的整个过程，此为需求性，即了解学生学习目标和需求，了解相应高校的校本特色和需求；针对性是指关注超短期汉语学习班不同类型学生的特点、汉语层次、文化归属，调整课程设置；全面性主要表现在课程内容要注重对中文的全面反映，让超短期汉语学习班学生来华学习、游历后对中文、中国社会发展有较为全面的了解。因此，课程设置整个过程中要始终将需求性、针对性、全面性结合起来。

（2）设置动态、可循环性课程结构。

课程设置的框架结构应该是动态的（李秋实，2013），可循环的。每一期超短期汉语学习班都进行定期评估，客观理性地对课程进行调整，主要表现在两方面：第一，研发制定全面性的课程选项，建立课程资源库，每一期根据学生需求安排不同的课程，实现动态课程设置，所有资源库课程是可以循环利用的。第二，根据不同的时代背景，结合多项课程评估结果，取消不合理的课程安排，设置新的课程，以此实现动态性。

（3）课程内容要精、深、新。

目前的情况是，传统课程内容无法与学习主体、学生需求变化相匹配，出现了变与不变的矛盾。因此无论是课程设置的内容安排，还是教师教学中内容的选定，都需要结合精、深、新三个方面。精，即选择最集中体现中文、中国社会精髓的课程内容；深，课程内容应该深入浅出，汉语、文化两种课程内容要从深层次着手，浅层次体现；新，课程内容体现时代背景，关注当下一切语言、文化新形势。精、深、新三方面结合，及时弥补课程内容的不足，提高超短期汉语教学的质量。

参考文献

［1］崔永华．对外汉语课堂教学技巧［M］．北京：北京语言文化大学出版社，1997.

［2］崔永华．基础汉语教学模式的改革［J］．世界汉语教学，1999（1）.

［3］BOSTON D B. The elements of language curriculum［M］．Cambridge：Cambridge University Press，1995.

［4］郭睿．汉语课程设计导论［M］．北京：北京语言大学出版社，2015.

［5］汲传波．论对外汉语教学模式的构建：由美国明德大学汉语教学谈起［J］．汉语学习，2006（4）.

［6］张亚军．浅谈短期汉语教学［J］．语言教学与研究，1983（3）.

［7］来思平．灵活地使用教材、组织教学：短期对外汉语教学浅谈［J］．语言教学与研究，1987（3）.

［8］卢晓逸，朱子仪．短期对外汉语的新趋势及我们对教学特点的再认识［C］//《第四届国际汉语教学讨论会论文选》编辑委员会．第四届国际汉语教学讨论会论文选，北京：北京语言学院出版社，1995.

［9］李金钞．试论“短期华文教学”［J］．华侨大学学报（哲学社会科学版），2000（2）.

［10］LOHR L，KOWCH E. Designing effective instruction［J］．Educational technology research and development，2004（4）.

［11］李明．短期速成初级汉语教材特点分析［J］．人文丛刊，2005（7）.

［12］李泉．对外汉语课程、大纲与教学模式研究［M］．北京：商务印书馆，2006.

［13］李泉．对外汉语语法教学研究综观［J］．语言文字应用，2007（4）.

［14］陆平舟．孔子学院的汉语教学模式的探索：以日本爱知大学孔子学院为例［J］．南开语言学刊，2007（2）.

［15］栾育青．交际任务模式在短期留学生汉语教学中的应用［J］．徐州师范大学学报（教育科学版），2010（2）.

[16] 刘丽艳. 对外汉语超短期教学模式的构建 [J]. 黑龙江高教研究, 2012 (12).

[17] 刘荣, 徐蔚, 魏海平. 我国高校对外汉语教学的课程设置分析 [J]. 中国高等教育, 2013 (21).

[18] 李秋实. 专门用途英语课程设置的现状研究 [D]. 重庆: 重庆大学, 2013.

[19] 刘颂浩. 中国对外汉语教学模式的创建问题 [J]. 华文教学与研究, 2014 (1).

[20] 鲁健骥. 关于对外汉语教学模式的对话 [J]. 华文教学与研究, 2016 (1).

[21] 马箭飞. 以交际任务为基础的短期教学新模式 [J]. 世界汉语教学, 2000 (4).

[22] MCLOUGHLIN L I, LERTOL A J. Audiovisual translation in second language acquisition. Integrating subtitling in the foreign-language curriculum [J]. The interpreter and translator trainer, 2014 (1).

[23] 汝淑媛, 冯丽萍, 李红. 对短期来华美国大学生的汉语教学调查及教学策略探讨 [J]. 语言文字应用, 2011 (4).

[24] 史芬茹, 朱志平. 建立一种面向欧美学习者的汉语口语能力测试 [J]. 语言教学与研究, 2006 (2).

[25] 魏永红. 任务型外语教学研究 [M]. 上海: 华东师范大学出版社, 2004.

[26] 王雁姣. 短期对外汉语教学案例研究 [D]. 昆明: 云南大学, 2014.

[27] 吴中伟. 汉语教学模式的集成、创新和优化 [J]. 华文教学与研究, 2016 (1).

[28] 徐白羽, 卢晓东. 耶鲁大学暑期学校英语课程教学特色 [J]. 中国大学教学, 2006 (2).

[29] 杨慧元. 淡化词语教学, 强化句法教学: 也谈对外汉语教学中的语法教学 [J]. 语言教学与研究, 2003 (1).

[30] 赵金铭, 杨俊萱. 关于短期汉语教学的几个问题 [J]. 语言教学与研究, 1981 (2).

[31] 朱道明. 怎样进行短期汉语班的教学 [J]. 语言教学与研究, 1986 (3).

[32] 北京语言文化大学. 高等学校外国留学生汉语教学大纲: 短期强化 [M]. 北京: 北京语言文化大学出版社, 2002.

[33] 张英. 对外汉语文化教材研究: 兼论对外汉语文化教学等级大纲建设 [J]. 汉语学习, 2004 (1).

[34] 张秀红. 论短期速成对外汉语口语测试 [J]. 岳阳职业技术学院学报, 2008 (9).

[35] ZHANG Z Z. The second language curriculum design and classroom research [M]. Wuhan: Wuhan University Press, 2011.

[36] 张丹. 短期班初级汉语综合教材《汉语十日通》的考察 [D]. 广州: 中山大学, 2013.

[37] 赵元任. 语言问题 [M]. 北京: 商务印书馆, 2014.

［38］宗世海．我国汉语教学模式的历史、现状和改革［J］．华文教学语言研究，2016（1）．

［39］HUTCHINSON T，WATERS A. English for specific purposes［M］．Shanghai：Shanghai Foreign Language Education Press，2002.

［40］马箭飞．汉语教学的模式化研究初论［J］．语言教学与研究，2004（1）．

【作者简介】

1. 张燕子，华南理工大学讲师，暨南大学博士研究生，主要研究方向为海外华语传播及教学，汉语方言。

2. 邵宜，暨南大学华文学院院长、教授，博士生导师。主要研究方向为海外华语传播及教学，汉语方言。

台湾中小学生母语教材与二语教材的比较探究

[中国台湾] 江惜美
(台湾铭传大学)

引言

台湾的语文教育，受西方教育的影响很大，无论是教材的编写或是教学的方法，很多是借镜欧美融入教学中，目的是与西方文化接轨。然而汉字是方块字，不同于拼音文字，所以无法移植教法，因此仍保持着传统的习写方式和教学方法。学生在母语为华语的环境下，先学会口说，再学习注音符号，而后学习写汉字；由字、词、句、段而学会篇章的阅读，以及写作的技巧。台湾小学教科书的取材多样，与时俱进，其中也不乏台湾元素的课文内容。

根据研究报告指出，台湾出版汉语科教科书符合九年一贯的，有康轩版、翰林版和南一版等，小学生完成六年课文学习后，大约学会生字 2 700 ~ 2 800 个，词语 2 200 ~ 3 300 个，句型 330 ~ 415 个。相对应于最新编写给外籍生使用的教材——《学华语向前走》，学生大约学会 1 383 个生字、1 917 个生词以及 462 个语法和句型，可见外籍生学会的生字、词语大约是母语者的一半，但语法与句型比母语学习者还多。

外籍生仰赖教师解析语法和句型，借以了解语序和句式结构，是不可免的情况。母语者的语法点和句型，大多会在课堂上经由教师的比较、说明，而获得扩充；但外籍生则必须一个一个学得，所以只看统计数量是不足的。本文即比较两者的差异，在教材的选择、编写，所欲达成的语言功能、教学方式作一探析，而后提出编写二语教材需要注意之处。

台湾九年一贯汉语教科书，在语文能力指标和教材编选原则下，要求所选择的教材要与生活经验相关，并结合现代议题（如海洋、生态、性别、族群等），依照文字深浅、题材性质、不同文类（如诗歌、散文、小说、戏剧等），并兼顾各种文章表述方式（如叙述、描写、抒情、说明、议论等），以单元或主题方式作有系统之编排。课程纲要也对各种文体和写作风格有要求，写作能力指标要列出需学习的文体类型。由此可知，台湾小学生汉语教材的议题和文体十分多样，朝国际化和本土化两方面编写。

至于台湾的华语文二语教材，以近几年编写的《学华语向前走》为代表，这本教材的议题，系根据美国加州世界规准语各阶段主题及美国外语教学学会（ACTFL）订定的语言学习标准，围绕着十二个主题进行。由于它的主要功能是培养学习者日常生活及运用华语进行沟通的能力，因此在文体方面，文类较为单一。

在教学原则方面，台湾九年一贯语文教学以阅读为核心，兼顾聆听、说话、作文、写字等各项教学活动。其中，引导学生阅读不同文化背景、不同族群的文学作品，培养学生对多元文化尊重的态度，以及对不同族群和文化的关怀，是该教材的教学目标。相较之下，《学华语向前走》除了语言应用之外，适时在课文中融入中华文化以及台湾元素的介绍，可以看出语文教育肩负传承文化使命的教育目标。以下即针对母语教材和二语教材各方面的异同，进行论述。

1　台湾母语教材与二语教材的形式

任何一本教材在编写之初，一定会考虑到使用对象是谁，要以何种形式呈现，欲达成什么目的。台湾在编写母语者的语文教材时，使用的是标准字体，学写字之前，先教注音符号，一年级到四年级的课文在标准字体旁加上注音，五、六年级只在生字旁边加注注音。它的教学对象是台湾的小学生，年龄在七岁到十二岁之间，教学目标是培养学生正确理解和灵活应用语言文字的能力。目前通过审定的有康轩版、翰林版和南一版等。

台湾仍遵守传统的课文编排方式，以直排为准，这是基于标注注音符号较为方便的缘故。每一套教材除课本外，还配合汉语习作、练习簿、教学指引以及电子书（App）；另外还有许多参考数据，如参考书、学习评量等，以扩充学生的学习内容；其他如汉语词典、教师网、学习自修等，可说配套齐全，应有尽有。至于台湾的二语教材，《学华语向前走》采横排方式，课文有注音符号和汉语拼音，以正体字为主，加注简化字，标题以英文加注说明。这是为了适应海外学习者有的学注音、有的学汉语拼音，标题加注英文，可使学生更容易理解。因此，课本适合海外不同国籍的学生学习。

目前，《学华语向前走》这套教材已有课本、作业簿、教师手册、测验卷，网络版本也有了，尚缺 App 的开发。未来若开发出 App，将有助于在线学习的外籍生学习华语，同时，可以打破国籍、时间和空间的限制，透过网络，随时随地学华语。这套教材的使用对象是外籍中小学生，考虑他们缺乏中文的学习环境，因此一册到十册都是正、简并呈，注音和汉拼、英文批注一起呈现在课文中，教师可自网络版选择没有标注注音或汉拼的课文内容，或撷取课文的插图，方便进行教学。

就课本规格而言，台湾母语者所使用的课本，每一个年级分上、下两册，以 46 × 19.5 的版本为主，厚度约 0.5 ~ 0.6 厘米，利于一学期之用，且减轻学童负荷量。台湾教科书版面的造型表现较为鲜明且强烈，即使文字量较少的版面，台湾教科书仍偏好较高的版面率。台湾教科书的图版数量较多，且偏好大面积的底图。二语学习者所使用的《学华语向前走》每一个年级分 A、B 两册，以 49 × 21 的版本为主，厚度 0.5 ~ 0.7 厘米，封面则和母语学习者的用书一样，力求生动活泼。课文中人物的造型，较偏向欧美的小朋友，以符合外籍生的二语教材形式。

就课文呈现的方式而言，台湾母语者的课本，低年级以康轩版为例，每三课为一单元，每一课课文，字体0.5~0.7厘米，课文下会列出习写字，并标示部首。课文之后会出现习写字的笔顺，比较字形相近的字，比较一字多音，呈现字、词、句的系统。有时课文会增加看图说话和“念一念”的活动，并且有认识标点符号的介绍，大致上是围绕着字、词、短语，以及句子的说、读、认、写四个部分，二年级下册进入注音符号查字典、部首查字典、启事等。文体的呈现有儿童诗、短文、对话等方式，选文较偏向文学性。

至于二语教材的《学华语向前走》，在低年级的部分，全部以对话的方式呈现。对话6~9句不等，句子由短到长，渐次扩充内容。每一课在课文之后，出现生词、习写汉字、认读汉字、汉字怎么来、句型和练习。练习的部分依“我会念”“我会写”“任务活动”“课堂活动”“语音复习”呈现，若有与该课相符的歌曲，则附在“语音复习”之后。原则上是透过活动习写字词、认念句子，偏重在字、词、句的实用性。

台湾母语者的课本，中年级以翰林版为例，会先出现课文、练习写生字，然后介绍四字词语和句子的成分，并且从听、说进入到语文的读、写。还有句子的扩写、续写，童诗欣赏，修辞技巧、朗读技巧、阅读技巧等，均会在统整练习里出现，相声、新闻报道也出现了，可见日常生活中会遇到的语文知能形式已出现在课本中。相较之下，《学华语向前走》在中年级仍是以对话的方式呈现，但对话由八句到十句不等，且对话内容也增长了。课文练习的部分，增加小短文和日记体，让学生学会叙述一件事。

台湾母语者的课本，高年级以康轩版为例，在第九册以后，每三课为一单元，每单元之后有语文活动。课文必读十四课，略读三课，每课的内容分为主题、课文、生字、插图，有些课文标明作者。课文下面有生字表，并包含注音。此外，课文中的难字、易念错的词汇加上注音。每一单元后的语文活动最后会有问题讨论。文体开始加入五言绝句两首、现代诗、寓言、说明文等，也有简易的文言文。《学华语向前走》第九、十册改为文章的形式，加入唐诗及大量的文化题材，如介绍元宵节、台北故宫博物院、台湾夜市的小吃、天灯、茶文化等，每一课练习为语言练习、综合活动、课堂活动、看图回答，每册第六课和第十二课为复习课，课文后会有短文阅读。

综上所述，母语教材着重在文章的多元形式，涵盖语文应用、文学欣赏和文化融入的多重功能，而二语教材偏重在语文的应用和文化的介绍，对于文学作品几乎没有涉及。从大量的对话形式来看，只要求外籍生能听、能说，至于读与写，要求他们能写字词、简答即可，是否能写短文，并不要求。

2　台湾母语教材与二语教材的内容

我们从台湾母语者的教材，可以了解学习目标是语文合一，就算是对话，也会采叙述的文体呈现，相较于二语教材以对话的方式且注重的是日常的运用，这一点有很大的不同。就以康轩版二年级下学期的第三课为例，题目是“嗨！你好”，叙述小香想和来自美国的麦克作朋友，却不敢和他说话。小香妈妈劝她对麦克笑一笑，她照做了。麦克的妈妈邀请小香全家人去家里做客，从此他们成为好邻居。以一件事的原因、经过、结果，作完整的叙述，基本上架构是一篇文章的呈现，其中穿插少数的对话。

同样的二语教材第四册第三课，题目是“请你们来我家里玩”，则标明语言功能为邀请、拒绝、询问、建议，具体地说，能使用“点/分/半”等时间用词；能用“V到+时间”表明动作结束的时间；能使用“从……到……”表达某个动作进行的时间长度。至于内容则是邀请同学到家里玩，同学询问什么时间前往比较好，并建议前往的时间，小主人表示不方便。课文是八句对话，分别有邀请、询问、建议、拒绝四种情景，可以说提供了充分的语境，而且是以语言的听说为主。

再者，我们从取材来看，康轩版第四册的目次分四个单元，第一单元“人与桥”，第二单元“邻里小区”，第三单元“绿色的大地”，第四单元“书迷俱乐部”，每单元下分三课至四课，课文之后是单元的统整活动，如表1所示。

表1　康轩版第四册目次文体一览表

单元	单元名称	课次名	文体
1	人与桥	一、桥	现代诗
		二、电话铃铃铃	记叙文
		三、嗨！你好	记叙文
		统整活动一	查字典——注音符号查字典
2	邻里小区	四、多多找到了	启事
		五、走过小巷	现代诗
		六、失火了	童话
		七、月光晚会	记叙文
		统整活动二	查字典——部首查字典
3	绿色的大地	八、我是行道树	现代诗
		九、种子的旅行	说明文
		十、火车快飞	记叙文
		统整活动三	认识标点符号——引号

（续上表）

单元	单元名称	课次名	文体
4	书迷俱乐部	十一、爱上图书馆	记叙文
		十二、喜欢读书的人	记叙文
		十三、和书一起飞	书信
		十四、开卷有益	剧本
		统整活动四	新闻报道

从表1看得出来，台湾母语教材在文体的安排上较为多元，有记叙文、说明文、现代诗、童话、启事、书信、剧本等，而且将查字典、认识标点符号、新闻报道放在语文统整活动上。至于内容则包括身边的人、事、物，试图以三课到四课为一单元，将有形的和无形的感情串联在一起。严格说来，此教材较重视语文合一，为阅读与写作做准备，目的是学生能写一篇通顺的文章、认识各种不同的文体、提供有趣味的主题，让学生涵泳语文的素养。

我们从二语教材的目次，也可以看出不同之处。二语教材分别围绕着“学校与学习”“家庭与社会”“数字与生活时尚”“饮食与文化”“气候与环境”“节庆与习俗”“身体与健康”“嗜好与休闲活动”“地理与国际眺望”“历史与人文”“旅游与交通”以及“科技与创新”十二个主题编写。这里就以第四册目次为例进行说明，如表2所示。

表2　《学华语向前走》第四册目次主题一览表

课次	课次名称	主题
一	下课了	学校与学习
二	参加园游会	家庭与社会
三	请你们来我家里玩	数字与生活时尚
四	晚餐真好吃	饮食与文化
五	带着外套吧	气候与环境
六	新年快乐	节庆与习俗
	台湾文化元素——台湾新年	
七	我受伤了	身体与健康
八	学功夫	嗜好与休闲活动

（续上表）

课次	课次名称	主题
九	国家和城市	地理与国际眺望
十	不同的文字	历史与人文
十一	校外教学	旅游与交通
十二	机器会扫地	科技与创新
	台湾文化元素——介绍台湾闽南语（常用语教学）	

二语教材不采单元式学习，而采主题式呈现，将十二大主题依年级进行广度化和深度化，因此学生依螺旋式教材的方式学习，符合学生“i 加 1”的学习原则。低、中年级在文体上都是对话体，对话由短到长、由少到多，以符合语文学习的原理。二语教材和母语教材相比，文体单一，形式一致，可以减轻外籍生学习的负担，语言目标是只要了解在什么情境说什么话就好了。

到了高年级，也就是学童 9 ~ 10 岁的母语教材，标示课本内容有文学、艺术的题材，目的在提升学生的语文能力。课文内容仍采单元式学习，以三课到四课为一单元，兹以翰林版的汉语教材为例进行说明，如表 3 所示。

表 3　翰林版第十二册目次文体一览表

单元	单元名称	课次名	文体
1	书香园地	一、垦丁风情	现代诗
		二、狐假虎威	记叙文（简易文言文、寓言故事）
		三、读书报告——我的阿富汗朋友	记叙文
		四、永远不会太晚	说明文
		统整活动一	中国文字的特色
2	艺术天地	五、从空中看地球	说明文
		六、画出可爱世界的大画家——齐白石	记叙文
		七、跳跃的音符	记叙文
		八、水牛群像	记叙文
		统整活动二	认识映衬修辞

（续上表）

单元	单元名称	课次名	文体
3	告别童年	九、礼物	记叙文
		十、许愿瓶	记叙文
		十一、撑开你的伞	抒情文
		十二、毕业生致答词——离别的季节	记叙文
		统整活动三	认识致答词

从上列表述可看出仍是围绕单元，从不同面向，阐述主题。高年级仍以记叙文为主，加入说明文和抒情文，统整活动也针对课文出现的内容，进一步说明和发挥。细究内容，提到的有环保议题、国际视野、自我期许、人文艺术、情绪管理等，学生已可以阅读长达八百字的文章，并写出读书心得。最特别的是选了简易文言文，依照初中课本的课文形式，让学生熟悉文言文的呈现方式，也可以说是为进入初中就读做准备。

二语教材《学华语向前走》到了第十册，原则上课文内容仍依十二大主题进行，至于内容又有哪些呢？以第十册为例，如表 4 所示。

表 4　《学华语向前走》第十册目次主题一览表

课次	课次名称	主题
一	唐诗	学校与学习
二	牛仔裤	数字与生活时尚
三	茶文化	饮食与文化
四	资源垃圾再利用	家庭与社会
五	孔明灯与天灯	节庆与习俗
六	旧衣回收	气候与环境
	台湾文化元素——剪纸	
七	生气不能解决问题	身体与健康
八	奥林匹克运动会	嗜好与休闲活动
九	贸易之路	地理与国际眺望
十	唐人街	历史与人文

（续上表）

课次	课次名称	主题
十一	难忘的假期	旅游与交通
十二	情绪的控制	★情绪管理
	台湾文化元素——独一无二的台湾	

十二课内容，分属十二大主题，至于第十二课本应该是“科技与创新”，但由于课本试用的反映意见，认为课次太多，且无统整课程，因此第六及第十二课改成复习课，所以从目次看来，才会不相符应。

两本教材的内容，都涉及环保议题、国际视野、情绪管理，唯一不同的是人文艺术与自我期许。这牵涉到教材一开始设定的语言功能就不同，母语教材是要培养人文素养，二语教材则设定语言的应用。另外，母语教材为衔接初中课文，选了简易的文言文，而二语教材是要透过文本，认识文化，所以选了唐诗。这也是两本教材在架构上不同，呈现的文本也不一样。

母语教材在选文上，所用的词汇多，内容也较难。文章长达七八百字，不但阅读不易，理解也较困难。二语教材选文则是三四百字，以对话呈现，较容易理解。换言之，母语教材是书面语，透过记叙、说明、抒情、应用等文体，培养学生读写能力；二语教材是口语，应用对话的方式，表达自己的想法、看法，较符合日常生活的应用。

3　台湾母语教材与二语教材的比较

台湾母语教材如康轩版、南一版、翰林版，编辑群的背景多是小学教师、儿童文学家，他们重视各类文体的应用，同时对于儿童有一定的接触和了解，因此，我们看到大量的现代诗、童话，目的在引发学生对文学的兴趣，进而能创作各类文体。侨委会第二语言教材编辑群多为华语教学者，对海外学生有一定之了解，所以，采取对话方式来撰写课文，较能符合海外第二语言的学生应用华语来表达情感、思想。

就编写的方式来说，母语教材采取单元式学习，以三课到四课为一单元，从不同面向来阐述主题，可收统整的效果。在每个单元之后有统整学习的单元，将课文中出现的语法、修辞，以及语文应用的内容，做有系统的排列。二语教材则采十二大主题以十二课来呼应，教材由浅入深、对话由短到长，使学生口说能力增强，达到“我手写我口”的口语应用能力。

母语教材的选文，重视的是文体均衡，有家庭与社会、节庆与习俗、身体与健康、历史与人文等题材，只是大多以文章的形式呈现，重视的是客观的表述；二语教材选文较生活化，同样是围绕着主题，以对话的方式呈现，是主观的口语应用。以文章的长度来看，母语教材的内容较二语教材多出一倍，这也呼应了母语学习者的生字、词汇量都比二语学习者多出一倍的现象。在台湾，语文课程的时数是每周五小时到六小时，而在海外则是两小时到三小时；在台湾，母语学习者有中文的环境，而在海外则没有中文的情境，所以，这样的选文分量也是很恰当的。

借镜于我们学习外文的经验，二语教学者必须考虑如何制造学习情境，让学生知道在怎样的情境下，如何应用华语来表达想法和看法。这一点对母语学习者来说，本身就有中文环境，听说不是问题，读写才是难处，所以两者有很大的差别，于是显现在教材上，也自然有所差异。

虽然在选文上两者文体并不相同，不过在课文内容里所触及的问题却大同小异。母语教材的选文，如果用二语教材来检视，会发现十二大主题都有，只是在二语教材里，参照美国加州世界规准语、美国外语教学协会以及欧洲共同语言的规准来制定，因此，有国际瞭望与科技创新等议题，较具备国际视野。还有一点比较特别的，是母语教材有明显的“华人文化”特色，鼓励学生自我期许、自我勉励，所以用很多励志的故事，来阐述此一主题。

对比之下，二语教材并不是没有自我期许、自我勉励的内容，而是自我期许是期许做志工，自我勉励是做好资源回收、爱护地球等，并不是针对“华人文化”有所融入，与其说二语教材是为了阐扬中华文化，不如说是为了解释、说明中华文化。

二语教材既设定为外籍生所使用的华语教材，最特别的地方是重视汉字习写与语法教学。一般来说，母语教材固然也会有汉字和语法的练习，但并不特别强调。二语教材的生字，必须通过不断出现、不断熟练，让外籍生牢记不忘，而语法必须通过对比，让外籍生比较中文语法和他们的母语语法有何差异，进而避免偏误的现象。此外，课堂活动和语文游戏是二语教材的特色，教师设计任务型导向的活动，外籍生可以在课堂上通过语文游戏、实务的操作以练习句型，熟悉当天所学的内容。

母语教学者布置的作业练习，重在字、词、句、段、篇的训练和各种文体的写作；但二语教材着重在反复练习，通过朗读 CD、听说华语，填补漏词、看图写句、看图回答问题，熟悉字词与句型，然后以写日记的形式，学会表述，这是二语教材的重心。

最后，两者的教学设备也不一样。母语学习者在学习时，有电子白板、多媒体课件可强化学习，但海外教学环境有很大的差异，有的设备新颖，但大部分是设备不足，因此必须依赖网络建置教材数据库，透过网络下载生字、新词、句型，或是课文背景图，还须提供教具，让教师能方便教学。为了提升学习者兴趣，如能设计 App 游戏，更能让学生通过游戏学华语，这也是应该努力的目标。

由于科技发展，我们有 3D 立体影像，通过 VR 虚拟现实，弥补缺少中文学习环境的缺憾，未来二语学习者，学习语言将会更方便。而电子白板的进化，已能代替黑板、白板的功能，甚至可以将教学过程上传云端，经过在线教师批改作业、储存成绩，作为补救教学的依据，还可以完成学生的学习历程档案，作为入学考试之准据。

教材的与时俱进，和教学密切相关。有好的教材，好比好的载体，通过最新的教学设备，可以得到加成的效果。母语教材的编写，在培养人格健全的学生，为人生成长提供应有的养分，自然应该检视人生的各面向，给予美好的素材。二语教材的对象是外籍生，如何提供华语环境、在线资源，让外籍生愿意学习华语，则是我们应思索的方向。

4 结语

经过两种教材的比对，我们发现两种教材的确有所不同。由于学习对象有差别，教材无论是形式上的排列，或是内容文体的呈现，都有显著的差异。母语教材以直式排列，方便标注注音，学生到了五、六年级，课本不再注音，只标注生字的注音，二语教材则标注注音、汉拼、简化字、英文，到了第十册的课文才拿掉注音，只标注简化字。至于在文体上，母语教材编列各种文体，让学生了解日常生活各方面的应用，而二语教材则以对话体呈现，并不着眼在文体的介绍上。

两种教材在选材上大同小异，也可以看出对象是中小学学生，选的是与他们相关的主题，基本上差异不大。两种教材的选文，基本上都围绕着十二大主题，只是母语教材以单元式呈现，二语教材则选择主题式呈现。比较大的不同是对“中华文化”的体现，母语教材将华人应具备的美德融入，期许学生自我勉励、自我肯定，而二语教材则偏向介绍文化，不做价值的判断。

母语教材的统整课程，会针对单元内的重点加以演绎，进行加深、加广的介绍，此为一大特点。有些应用文体，如启事、书信，有其一定的格式，通过统整，学生学会如何应用；有些非属课文的本体，却是语文应用的技能，如查字典、认识标点符号等，通过统整，学生学到带得走的能力，这些都是非常重要的。二语教材在第六和第十二课改为复习课，强调反复应用前几课所学的词汇、语法，功能与母语教材的统整课程相同，但对于文体的介绍似乎较为欠缺。二语教材利用课堂活动带领学生活用字词和句型，可以收统整课文内容的效果。

对母语教材来说，若能应用电子白板教学，将教学过程做记录，上传到云端，形成学生的学习履历，这是未来应努力的方向，而二语教材应如何应用因特网，利用开发 App 在线游戏，让外籍生学华语可以不受时空限制，甚至创造 VR 的华语学习环境，让学生有学习中文的情境，这也是未来可以开发的地方。

今后在编写二语教材时，我们建议多设计课堂的练习活动和语文游戏，来引发学生的学习兴趣。同时，汉字教学应以简便、易学的方式，让外籍生辨明书写顺序。语法的对比分析，要通过和学生母语比对、翻译的方式，让学生了解容易偏误的地方，提醒他们注意。

本文从母语教材与二语教材的形式和内容进行探究，期望通过此一研究，能对编写语文教材者有些许的帮助，也期望未来在编写华语文教材时，能有配套的措施，使学习者有所裨益。

【作者简介】

江惜美，台湾铭传大学华语文教学学系教授，文学博士，主要研究方向为华语文教学。Email：chm248@ gmail. com。

国家形象构建视阈下国际汉语教材中中国女性形象设计研究[①]

王金阳
（大连外国语大学汉学院）

引言

长期以来，对于汉语国际教育的定位问题，学界比较一致的意见是：增进世界人民对中国语言和文化的了解，发展中国与外国的友好关系，促进世界多元文化发展，为构建和谐世界贡献力量。然而，胡范铸等（2018）认为，传播汉语、传播中国文化这样的解释既无法有效回应国内的“胳膊外拐论”的质疑。可见，汉语国际教育的定位问题，还有待学界积极的讨论。我们认为，传播汉语、传播中华文化显然不能成为汉语国际教育的全部，因为汉语国际传播是汉语的传播，是一种语言传播、文化传播，这是无可争议的事实。然而除此之外，汉语国际传播还是一种话语传播，是增强中国国家话语能力、构建全球汉语语境的重要途径，它可以直接或间接地影响到中国国家形象在全球范围内的构建。因此，国家形象构建问题也应当是汉语国际传播的重要课题。

包文英（2011）认为：“汉语国际教育是公共外交的一个有机组成部分，而公共外交从根本上来说，所承担的使命是在经济全球化背景下进行不同文明和文化的交流沟通，弥合文明和文化上的裂痕，塑造良好的国家形象。公共外交的目标，就是追求良好的国家形象，提高本国在外国公众中的知名度、美誉度和认同度。”

秦惠兰（2015）则进一步指出：“中国‘国家形象’的传播与构筑有各种各样的形式、层次、途径，其中最直接、有效、亲和、畅通的路径是汉语国际传播，包括‘对内’的对外汉语教学和现在正在‘对外’进行的汉语国际推广。”同时她还提出构建中国“国家形象”的主要载体来自汉语教材所提供的课文文本。

综合两位学者的观点，我们可以得出这样的结论：国际汉语教材在汉语国际传播的过程中对于中国国家形象的构建具有无可替代的作用，国际汉语教材不仅是语言的载体、文化的载体，同时是国家形象的载体。

中国一直致力于在世界范围内构建良好的负责任的大国形象，然而中国女性的形

① 2018年辽宁省社科基金重点项目“习近平‘讲故事’对增强国家话语能力建设的影响”（L18AYY005）。

象在西方媒体的报道中多以负面形象呈现。潘娜娜（2013）发现 19 世纪以来，来到中国的西方人以各种文体记录所见所闻，或者专门记述他们眼中的中国女性，或者在作品中专篇讨论中国女性。这些作品无论体裁如何，其中的中国女性形象都有着惊人的相似性——保守、愚昧的小脚女人形象，无法掌握自己的命运，面临着被溺死、贩卖、指嫁的命运，永远是男性（父兄、丈夫、儿子）的跟随者和服从者。而近代以来，在从传播学的角度对中国女性形象开展的研究中，多数学者发现海外媒体塑造中国女性形象时，都只是有选择性地突出中国女性形象中的部分特征元素，多带有软弱、被动、依附和从属的功能特征者。李娜等（2015）进一步提出西方媒体在呈现中国女性形象时具有一定心理预设，并通过写作、编辑技巧将其体现在新闻话语中，对理解和传播中国女性形象有负面作用。

由此可见，中国女性形象在海外的传播和构建同当今中国女性的现状极不相符。基于之前的分析，我们知道，汉语国际传播是国家形象构建过程中最自然、最亲和的方式和路径，而汉语教材又是国家形象的载体，因此从理论上来讲，它能够对因外媒刻意报道而构建出的中国负面形象起到良好的修正作用。那么，中国女性在国际汉语教材中又是以怎样一种形象呈现在外国读者面前的呢？我们尚未得知。

在此背景下，本文拟对《实用汉语课本》和《新实用汉语课本》（第二版）中的女性人物形象设计进行考察，试图回答以下问题：①两部教材中的女性形象是怎样的？②它们能否正确反映出中国女性的精神面貌？③从《实用汉语课本》到《新实用汉语课本》（第二版），在女性形象设计上有什么变化？④针对人物形象设计问题，教材编写者应该注意哪些事项？

1 国际汉语教材与国家形象

通过以上分析，我们了解到国家形象构建问题也是汉语国际传播的重要课题。但是当我们反过头回顾近些年的国际汉语教材研究情况，发现："在过去很长一段时间里，人们对汉语教材的研究主要集中于词汇的等级、数量、复现率、语法点的数量和顺序，以及教材的科学性、趣味性、实用性、交际性等方面，人们对教材文本和话语可能传达的文化价值与国家利益关注不足。"因此，立足于国家形象构建的视阈，对当前的汉语教材进行考察，具有重要的现实意义，是当务之急。

就目前的汉语教材来说，汉语教材对国家形象的构建有两种形式：

1.1 通过话语文本进行国家形象的建构①

教材可以用语言叙事的手段向留学生介绍中国的政治、经济、文化，使留学生对

① 本文认为教材对国家形象的话语建构有广义和狭义之分。狭义的话语建构不涉及课文中的人物设计，广义的话语建构既包括狭义的话语建构，又包括通过话语塑造人物形象，从而构建出国家形象。

中国的国情有一定的了解，从而建立起中国国家形象。有学者曾发现，在某部汉语教材中出现了一篇名为“钱包被小偷偷走了”的课文，由于该课的语法点是“被”字句，于是课文中出现了大量的诸如“我的钱包被小偷偷走了”“新自行车被偷了”“护照被小偷偷走了”之类的话语，这样的话语传播后果却可能会在留学生的心目中留下一个负面的中国形象。这不得不使我们反思，类似这样的课文还会有多少？中国的国家形象是否正在如实地向留学生进行传达？

1.2 通过塑造教材中的人物形象进行国家形象的建构

当前的大部分汉语教材中都会有固定的人物，有中国人物，也有外国人物；有主要人物，也有次要人物。对于海外的汉语学习者来说，他们可能没有机会来到中国学习、生活，没有办法接触到热情好客的中国人民，于是教材中的中国人物就直接影响到了他们对中国人民的印象，从而也间接地建立起关于中国的国家形象。在某部速成汉语教材中，有一篇名为“我上当了”的课文，讲述了王欢买袜子的故事，王欢不断与小商贩讨价还价，最终以 7.5 元的价格买到了原本要价 12 元的法国丝袜，但是回家后发现袜子的材质是尼龙的，并对妻子说“我上当了!”于是，该课文塑造了这样的两个人物形象：一是讨价还价的中国小市民形象，二是坑蒙拐骗的中国小商贩形象。这样的人物形象是否能真实反映中国人民的形象呢？显然是不能的，同时还会使中国良好的国家形象在留学生心目中大打折扣。

2 《实用汉语课本》的中国女性形象设计

《实用汉语课本》由刘珣、邓恩明、刘社会编著，是专门为我国教师在国外进行汉语教学编写的基础汉语教材。该教材出版于 1981 年，它的出版不仅代表了当时综合教材的最高水平，而且为探索新的教学路子做出了贡献。出版 20 年来，该教材除了被国内不少学校使用，还行销五大洲，成为世界上使用最广的基础汉语教材之一，并于 1987 年成为我国第一部获奖的对外汉语教材。

由于该教材是为在国外从事汉语教学的教师编著，因此作者将第一册的人物活动场景设置在国外，“我们希望读者在他们自己国家的生活环境里也能进行汉语实践”。

第一册的故事情节主要围绕三个年轻人物——汉语学习者古波、帕兰卡和中国留学生丁云展开，同时设置了王老师、帕兰卡爸妈等次要人物，如表 1 所示。

而第二册的人物活动场景设置在中国，讲述了古波、帕兰卡离开自己的国家，在中国学习汉语的故事。故事中主要人物有古波、帕兰卡、张华光三人，同时设置了张华明、丁云爸妈、李老师等次要人物。《实用汉语课本》（第二册）人物的具体信息如表 1 所示。

表1 《实用汉语课本》（第一、二册）人物的具体信息

	主要人物	姓名	性别	职业
第一册	年轻人	古波	男	学生
		帕兰卡	女	学生
		丁云	女	学生
	中年人	王书文（王老师）	男	教师
		帕兰卡爸妈		
第二册	儿童	小兰	女	
		阳阳	男	
	年轻人	古波	男	学生
		帕兰卡	女	学生
		张华光	男	学生
		张华明	男	汽车司机
	中年人	丁云爸妈		
		李老师	男	教师
		黄老师（李老师妻子）	女	教师

在第一册，教材中的中国人物主要有两位——王老师和丁云。

他们在外貌设计上比较符合当时的时代背景，如王老师梳着干练的背头，戴着方框眼镜，显得文质彬彬、学识渊博。同时，王老师着中山装，十分符合当时国人的衣着习惯和精神面貌。而丁云拥有乌黑的短发，梳着两个小辫子，上身是中山装，下身是过膝裙子，符合中国女性衣着保守的特点。在性格设计上，丁云作为本册书中唯一一位中国女性，她的身上并未展现出典型的中国女性的性格特点。

从第一册书中来看，丁云是一位刻苦学习（从她每天早上六点一刻起床学习可以看出）、乐于助人（如她经常帮助古波、帕兰卡学习，古波、帕兰卡认为她也是他们的“老师”）、拥有良好生活习惯（如每天六点一刻起床，十一点睡觉）的中国留学生。由于远在异国他乡，书中多次提到丁云十分想念家乡，想念爸爸妈妈（从第十四课可以看出，丁云常常给妈妈写信），这体现了她性格上的柔弱，也展现了中国女性的柔美。

在第二册，教材中的中国女性人物从数量上来说较第一册有所增加，却都是次要人物，性格特点不突出，人物形象也不够丰满。

形象比较突出的女性人物有小兰和丁大娘（丁云妈妈）：

小兰是丁云姐姐的孩子，她是一个非常可爱、乖巧、活泼、聪明的小女孩。例如：

小兰真有意思，一看见我，她就指着墙上咱们的照片说："啊，照片上的阿姨来了。"

时间很晚了，我和古波要走，你妈妈一定要留我们吃饭。这时候小兰说话了："叔叔、阿姨别走，听我唱个歌儿。"她唱了一个《远方的客人请你留下来》。六岁的小姑娘真聪明！她唱完歌儿，我们真不好意思走了。

丁大娘说："这我就放心了。昨天听说你（帕兰卡）住院了，我真着急，小兰也着急，一定让我把她带来。"

小兰说："阿姨，尝尝我们家的葡萄。这是姥姥种的，我洗的。我把最大的给你带来了。""谢谢你，小兰真是个好孩子。"

从小兰的身上，我们看到了中国儿童的活泼可爱、聪明伶俐。这样的一个人物形象，不但向读者展示了中国儿童的性格特点，而且在读者心目中构建了良好的中国形象。同时，从教材编写的角度上说，这样的人物设计也会增加教材的趣味性。

而另外一个女性人物就是丁大娘，她是一个热情好客、善良贤惠、关爱他人的中年妇女。例如：

时间很晚了，我和古波要走，你妈妈一定要留我们吃饭。

丁大娘走到帕兰卡的床前，关心地问："姑娘，你哪不舒服？今天好点吗？"

…………

丁大娘说："这我就放心了。昨天听说你（帕兰卡）住院了，我真着急，小兰也着急，一定让我把她带来。"

丁大娘说："帕兰卡你想吃什么？我给你做。"

帕兰卡、古波和丁云是好朋友，在他们来到中国后，就去了丁云家里拜访丁云的爸爸妈妈。丁大娘看到女儿的朋友来了，十分热情，非要留他们吃饭。在得知帕兰卡生病后，更是心急如焚，第二天就去医院看望帕兰卡。通过塑造丁大娘这样一个中年女性人物，不但展示了我国女性的温柔善良、贤惠持家，更是充分彰显了中华民族热情好客的优良品质。

留学生初到中国，面对陌生的生活环境，不禁会产生孤独思乡之感。这种负面情感的生成在一定程度上会影响他们学习汉语的效果。而成功塑造小兰这样一个活泼机灵的儿童形象和丁大娘这样一个热情好客的女性形象，可以使留学生在学习汉语的过程中对中国人民倍感亲切，使他们降低对周围环境的陌生感，从而更好地融入中国社会。

3 《新实用汉语课本》[1] 的中国女性形象设计

《新实用汉语课本》改变了以往大多数教材内容局限于学校生活的做法，将题材范围扩大。在1~4册中，情节主线索围绕三个外国学生在中国的生活及与中国学生宋华、王小云，记者陆雨平，导游小燕子和几位中国教师的友情、恋情、师生情而展开。

其主要人物有9位：男性人物6位，女性人物3位。中国男性人物4位：宋华、陆雨平、张教授、杨老师；中国女性人物2位：王小云、陈老师；外国男性人物2位：丁立波、马大为；外国女性人物1位：林娜。《新实用汉语课本》人物的具体信息如表2所示。

表2 《新实用汉语课本》人物的具体信息

国际	性别	姓名	职业
中国	男	宋华	学生
		陆雨平	记者
		张教授	教师
		杨老师	教师
	女	王小云	学生
		陈老师	教师
加拿大	男	丁立波	学生
美国		马大为	学生
英国	女	林娜	学生

因此，在主要人物的设置上，男性人物的数量高于女性人物。中国男性人物数量高于中国女性人物数量，外国男性人物数量也高于外国女性人物数量。同时，我们对《新实用汉语课本》1~4册中人物的登场率进行了统计，见表3。

表3 《新实用汉语课本》人物的登场率

册数	中国男性	中国女性	外国男性	外国女性
第一册	71.4%	57.1%	85.7%	57.1%

---

① 这里以《新实用汉语课本》（第二版）为研究对象，以下简称《新实用汉语课本》。

（续上表）

册数	中国男性	中国女性	外国男性	外国女性
第二册	58.3%	66.7%	83.3%	66.7%
第三册	75%	66.7%	83.3%	41.7%
第四册	75%	75%	58.3%	16.7%
平均	69.9%	66.4%	77.7%	45.6%

从表3中我们可以看出，中国男性人物的登场率略高于中国女性人物的登场率，而外国男性人物的登场率却远远高于外国女性人物的登场率。

表4 《新实用汉语课本》主次要人物的具体信息

人物	姓名	人物形象	社会背景
主要人物	王小云	直爽、大方、观念先进	学生
	陈老师	男女平等意识强烈	教师
次要人物	小燕子	矜持、温柔善良、善解人意	导游
	王小云妈妈	保守、思想陈旧、艰苦朴素	
	玉兰妈妈	传统但能接受新事物	农民

王小云是《新实用汉语课本》中最主要的女性人物。在外观设计上，教材人物介绍中王小云的插图能较好地反映出当代中国女大学生的衣着习惯和中国年轻女性的精神风貌。王小云有着乌黑的短发、略圆的脸庞、明亮的大眼睛，戴着针织帽，手挎着包，看起来十分时尚，又显得干净、利索。在性格设计上，王小云这个人物形象相当丰满。她观念先进、性格直爽、乐善好施，拥有男女平等的观念。在第三十五课《汽车我先开着》中，王小云和她妈妈起了争执。王小云告诉她妈妈她工作后就要买车，但是她妈妈以生活要艰苦朴素、家里没钱为由拒绝买车。王小云就表示自己要贷款买车，她妈妈却认为“她疯了”。因此，在王小云的身上，我们能够看出当代中国年轻人超前消费和追求经济独立的观念。这和老一辈的父母形成了强烈的反差。同时王小云还是一个大方的人，在第三十七课《谁来买单》中，本来是林娜请大家吃饭，但是最后王小云抢着把单买了，这反映出了她大方的一面。在中国，虽然人们认为金钱很重要，但是相比于金钱，人们认为更重要的是人与人之间的情义。这样的安排，能很好地反映中国人民的价值观念。除此之外，王小云是个性格直爽的女孩。面对林娜化妆半个小时还没好，她没有继续默默等待，而是催促她快些。面对马大为的迟到，她没有碍于情面选择默默忍受，而是对他表示埋怨。最值得一提的是，王小云男女平等

观念强烈，例如在第四十课《“半边天”和“全职太太”》中：

王小云：我认为，照顾孩子做家务不只是妇女的事儿，也是男人的事儿。应该男女都一样；要是愿意回家照顾孩子，就回家照顾孩子；要是愿意出来工作，就出来工作。……男女都应该有公平竞争的机会。

总之，透过王小云这个人物，我们看到了当代中国女性的独立以及直爽。长期以来，外国人都对中国有这样一个刻板印象——他们认为中国仍然是一个“男尊女卑”的社会，而王小云这样的人物出现在教材中，对于消除他们这种刻板印象具有积极作用，对于我国的国家形象的构建也会产生积极的影响。

小燕子是教材中主要人物马大为的女朋友，她是一名导游。从外观来看，小燕子留着长发，瓜子脸，眼睛很大，十分漂亮。从插图上我们还可以看出她身材很好，很苗条，符合中国人的审美需求。在性格上，小燕子十分矜持，对待男朋友既温柔又体贴。例如在第三十四课《神女峰的传说》中，马大为晕船，小燕子非常关心他，先是让他喝点可乐，然后又问他吃没吃晕船药，最后去医务室帮马大为找来了晕车药，并悉心叮嘱马大为外面刮风了，让他别出去，还问他想吃些什么，种种这些，都体现了小燕子的温柔体贴，也展现了中国女性善解人意的一面。小燕子的另一个特点就是十分矜持，在第三十九课《别总说“亲爱的”，好不好》中，留学生马大为在称呼女朋友小燕子时，总爱说“亲爱的”，而小燕子对此的反应却是：

小燕子：你怎么一开口就是“亲爱的”？你真是一天比一天话多了。……还有，别总说“亲爱的”，好不好？我听着，总觉得别扭。

小燕子的这种反应让马大为很不理解：“可是我真不懂，你究竟为什么不愿意听这三个字呢？”这段对话让我们看到了中西方的文化差异以及不同的文化观念之间的“冲击”与“对抗”。相比于西方人的开放与热情，作为东方女性的小燕子则显得相对“保守”与矜持，她一时接受不了马大为一口一个“亲爱的”这种亲密的称呼。对此，马大为当然很不理解，因为第一次来到中国的他还不够了解中国女性的特点。可以说，小燕子的这些观念集中体现了中国女性的传统与“保守”。

陈老师是一位30岁的中文女教师。在前三册中，陈老师的登场率很低，与学生的对话也仅仅涉及学生的学习和生活，从中我们只能看出陈老师是一位非常认真、负责任的年轻教师。然而，在第四册第四十课《“半边天”和“全职太太”》中，陈老师为我们呈现出了新时代中国女性独立自主、拥有强烈男女平等观念的一面。记者陆雨平对陈老师进行采访，让她谈谈她对女性结婚后是否应该回到家作“全职太太”这一问题有什么看法，陈老师表示：

这个主意很可能是男人想出来的吧？妇女经过了多少个世纪的努力，终于从家里走出来，得到工作的权利，而且能发挥“半边天”的作用。这是社会的进步。现在怎么又要让妇女回到厨房去呢？……为了解决就业问题，就必须让妇女回家吗？这不公平。我觉得，现在首先要解决就业中的男女平等问题。比如说，有的工作男女都可以干，可是一些单位只要男的，不要女的。我认为这是很不对的。……只有在各个方面男女都享受同样的权利，男女才能平等。

从陈老师这段话中可以看出，新时代的中国女性已经基本上摆脱了古代社会女子“三从四德”“相夫教子”的观念，转而追求经济上的独立、工作机会的平等以及男女社会地位的平等。这是对西方社会长期以来认为中国女性软弱、被动、依附、从属有效的回应。同时，陈老师的观点也基本代表了中国大部分年轻女性的观点，能够构建出良好的中国形象。

在老一辈女性中，具有代表性的是王小云妈妈和玉兰妈妈。她们在性格上十分相似，都体现着老一辈女性传统、保守的观念。例如王小云妈妈，在得知王小云想贷款买车时，首先认为生活应该艰苦朴素、勤俭节约，王小云应该像爸爸学习骑自行车去上班，之后她认为王小云拿贷款去买车是“疯了”。在王小云妈妈的眼中，贷款等于借债，而借债就等于丢人，让她借债去享受生活，她接受不了。这其实是一种十分保守落后的消费观。事实上，随着中国经济的巨大发展，以及信用卡支付和移动支付的迅速流行，越来越多的人都在过着“先买后付”的生活。暂且不论这种消费观正确与否，但它是中国社会的现状。王小云是一名二十岁的大学生，而她的妈妈顶多四十几岁，在像她妈妈这样的女性人群中出现这样的观念，是不太符合实际的。相对于王小云妈妈，玉兰妈妈的形象相对来说思想更加先进一些。玉兰和杰克就要结婚了，玉兰带着杰克回家见自己的爸爸妈妈。在回家之前，玉兰对杰克千叮万嘱，让他称呼自己的父母为“爸妈”，但是杰克情急之下还是叫玉兰妈妈为“太太”：

杰克：太太，您别生气……
玉兰妈妈：玉兰爸，你听，他叫我“太太”！

同时，玉兰和杰克认为结婚宴席不用办了，但是玉兰父母说什么都要办。例如：

玉兰妈妈：看得出来，他是不懂我们的规矩。你一个人跑到中国来，想怎么做就怎么做，你们村里的人谁也看不见。……哦，“在城里”。你们知道吗？结婚是一辈子的大事啊！什么都没有结婚重要！不请亲戚朋友和邻居吃饭，你们胡同的人不说你吗？……可是我不能让村里人说我，说我女儿。

在称呼上，杰克一时情急，称呼岳母为"太太"，这让玉兰妈妈大惊失色。说明她不懂得如何处理中西文化差异带来的冲突，她接受不了这样的称呼，同时体现了她传统保守的性格。在结婚一事上，这一点表现得更加明显，玉兰妈妈认为结婚是一辈子的大事，没有什么事能比结婚还要重要，同样显现出了中国老一辈女性对待结婚的传统态度。但是，玉兰妈妈在随后的故事中很快接受了"太太"这一称呼，并对杰克的称呼习惯表示尊重：

玉兰爸爸：杰克，你要是觉得别扭，就还叫我先生，叫她太太。怎么叫都行，这没什么，我知道你们有你们的习惯。

杰克：您不会生气吧？

玉兰妈妈：你说到哪去了？我不但不生气，反而挺高兴。我也成"太太"了！吃菜，吃菜，要不，菜都凉了。

因此，相比于王小云妈妈，玉兰妈妈虽是农民出身，文化程度不高，却显得更加开明一些。

与此同时，教材为了彰显当今中国女性社会地位的提高和新时代中国女性的精神风貌，在第四十课《女农民企业家》中讲述了这样一个故事：河南新乡一个普通的农村妇女——林志华，带着大家艰苦奋斗，使全村人吃上了饱饭。之后她创办了工厂，随后又先后办起了十二个乡镇企业，最后成立了"京华实业公司"。在第四十四课《"胖阿姨"文具店》中，又讲述了下岗妇女——胖阿姨的故事。胖阿姨在失去工作后并没有对自己丧失信心，而是选择了"自己招聘自己"，开起了文具店。随着文具店的生意一天比一天好，胖阿姨并没有急着买房子，而是希望把生意做得更好更大。除此之外，教材中还有课文向读者展示了女科学家深山做研究的精英形象。

从普通的农村妇女创办公司，到下岗妇女做生意，再到女科学家深山做研究，这些现实的励志故事都将为展示中国女性自立自强、奋发向上的一面产生积极的影响。

4　两套教材的中国女性形象设计对比分析

4.1　中国女性形象设计的变化

从《实用汉语课本》到《新实用汉语课本》，在中国女性形象设计方面，我们可以明显看出两部教材存在以下变化：

4.1.1　中国女性人物的数量在增多

《实用汉语课本》第一册只有丁云一个主要女性人物，第二册只有小兰与丁云妈妈两个次要女性人物。但是在《新实用汉语课本》中，主要人物就有王小云、陈老师两位女性人物，次要人物更是有小燕子、王小云妈妈、玉兰妈妈三位。人物数量上的变化不仅使教材中的故事更加生动、有趣，增加了教材的趣味性，更反映出教材编写者对女性人物塑造问题的重视。同时教材中男女人物数量差距的缩小从侧面体现出了男女之间的平等关系。

4.1.2 中国女性人物形象的典型性与丰富性得到加强

《实用汉语课本》中主要女性人物丁云这一形象不够突出，出场率不高，只在第一册的个别篇目出现，且丁云的出场大多只是出于知识导入的需要，对话的话题基本是围绕学习展开。这一现象在《新实用汉语课本》中得到了很大的改善。在该教材中，王小云的出场率很高，她的出场不仅仅是为了满足介绍中国国情、文化的需要，同时展现出很多当代中国年轻女性的特点，如经济上追求独立，性格上十分直爽，对待朋友真心实意等。因此，这一人物形象具有典型性。与此同时，王小云的出场涉及了诸多话题，如男女平等、年轻人的消费观、人际交往的情义等，这些都使王小云这一形象更加丰富。此外，女性人物形象的丰富性还表现在王小云与小燕子、王小云与妈妈这两对人物形象中。王小云和小燕子两人，一个心直口快，另一个温柔矜持，呈现出了年轻女性群体中不一样的性格特点。王小云和妈妈二人，一个观念先进，拥有着超前的消费观，另一个观念保守，认为生活应该艰苦朴素，反映出了年轻女性与老一辈女性观念上的差异。以上这些人物形象上的塑造，都使该教材中中国女性人物的形象更加丰富。

4.1.3 中国女性人物的外观设计和称呼上发生了变化

《实用汉语课本》中主要人物丁云的发型和服装设计都十分符合当时的时代背景，显得十分传统和保守。次要人物小兰和丁云妈妈的人物插图寥寥可数。而在《新实用汉语课本》中，从王小云和陈老师的插图上我们可以看出她们都十分时尚、优雅，基本反映出了当今中国女性的衣着习惯和精神风貌。并且她们的每一次出场，都设计有不同的衣着。这样的处理使她们在外观设计上更加生动有趣。与此同时，我们还发现对于某些行业中女性的称呼发生了变化，其中最明显的是《实用汉语课本》中对于服务员和售货员的称呼都是“同志”，而到了《新实用汉语课本》中，对于这类的女性，称呼一律改为“小姐”。当然，这些称呼上的改变同时代背景以及社会上的称呼习惯有关，并无优劣之分。我们认为，在两部教材中，无论是外观设计的变化，还是对女性称呼的变化，都与时代背景有着密切的联系，它们所反映的都是那一时期中国人民的精神风貌，塑造的是那一时期的中国形象。从当前《新实用汉语课本》对这两方面的设计来看，它们都能较好地反映出中国的社会现状。

4.1.4 有关女性的话题增多

《实用汉语课本》第一册的人物活动场景安排在了国外，因此很少涉及中国的国情和社会现状。但是即使是在人物活动场景改为了中国的第二册中，课文话题也总是围绕着留学生的学习生活展开，对于中国的社会热点问题没有过多的关注。在这一点上，《新实用汉语课本》有了很大改善。例如，教材对和女性有关的恋爱问题、婚姻问题、男女平等问题都有所展示和讨论。从这一变化中我们能看出教材编写者不但注意到要通过社会热点问题的展示让留学生更加完整地了解中国，同时注意到了改革开放几十年来中国女性社会地位的逐步提高以及男女平等观念已经渐入人心，因此教材应该通过塑造更加典型、更加丰富的优秀女性形象，使中国女性的良好形象走向世界。可以说，这是对西方媒体塑造的负面的中国女性形象最有力、最有效的回应。

4.2 中国女性形象设计应注意的问题

从以上变化中我们可以看出，相比于《实用汉语课本》，《新实用汉语课本》在中国女性形象设计方面有了较大的改善。《新实用汉语课本》塑造的中国女性形象大都是性格鲜明的女性形象，她们能够基本反映出我国女性的精神面貌，都会对构建我国良好的国家形象产生积极的影响。但是在一些细节的处理上，《新实用汉语课本》仍然存在着一些问题。针对这些问题，我们认为教材编写者在人物形象设计方面应当注意以下三点：

4.2.1 关注女性人物的命名价值

“人物形象的命名可以帮助学习者更好地抓住角色的性格特点，有助于课堂教学活动和角色扮演等实践活动的开展。”[①] 同时，在中国，名字对于每个人来说都是十分重要的，因为它寄托着父母对子女殷切的期望，象征着美好寓意。一个好的人物命名，能够使读者更好地感知该人物的形象。

在《实用汉语课本》中，有一位中国学生叫张华光，而他的哥哥叫张华明。这样的命名就很有价值，因为“华”象征着中华民族，“华光”“华明”结合起来，寓意为中华民族的前途十分光明。但是《新实用汉语课本》在这方面做得相对来说不是那么出彩。主要人物王小云在命名上显得很随意，并没有什么文化价值。在小燕子和玉兰的命名上，我们认为是值得商榷的。“小燕子”以动物的名字为人物命名，虽能表现出人物的机灵活泼，但是和我国的现状并不相符。因为当今中国二十岁左右的女性恐怕不会用这样一个名字，即使有，也只是“小名”。因此，在“小燕子”的命名上应当给予一个更加正式的名字。玉兰的名字取自花名——“玉兰花”，寓意拥有“一往无前的孤寒气和决绝的孤勇，优雅而款款大方”。但是这样的命名方式更多的是出现在20世纪。年轻人以“花”为名的情况现在并不多见了。小燕子以“动物”为名，玉兰以“花”为名，这样的命名处理看起来十分随意，编写者在这方面应给予足够的关注。

4.2.2 关注女性人物的数量及出场频次

相比于《实用汉语课本》，《新实用汉语课本》在女性人物的数量和形象设计上有了很大的改善，但是仍然存在一些问题。从我们统计到的数据来看，教材中主要女性人物只有王小云和陈老师两位，而男性人物却有宋华、陆雨平、张教授、杨老师四位，男性人物的数量远远高于女性人物，同时男性人物的出场频次也略高于女性人

---

① 连涵芬. 对外汉语教材中的中国女性形象研究［J］. 现代语文（学术综合版），2016（6）.

物。事实上，教材中男女角色所占比重和出场频次在一定程度上反映了教材编写者对于男女平等问题的态度。如果女性人物过少，一方面会显示出教材编写者对女性人物不够重视，而另一方面也不利于充分展示我国女性的社会地位和精神面貌。因此，教材编写者要重视男女人物的比重和出场频次，塑造一系列形象丰富、典型的女性角色。这样不仅能增加教材的趣味性，也可在教材人物设计上体现“男女平等”。

4.2.3 增强构建良好国家形象的责任感

彭增安（2015）认为：“在当前的汉语国际传播过程中，教师和教材编写者对传播中国优秀的传统文化缺乏主动性，对树立正面的积极的国家形象缺乏责任感，这已成为汉语国际推广中亟待解决的一个重大问题。”我们认为，“缺乏主动性”“缺乏责任感”这样的问题从根本上来说是与我们对国际汉语教学的定位有关的。我们一向强调，要把培养学生的语言能力和语言交际能力作为我们教学的根本目标。如果单从这点上看，就不存在“缺乏主动性”“缺乏责任感”的问题了，因为我们对于教材的研究确确实实是朝着让外国人更好地掌握汉语知识这个目标前进的。但问题是，国际汉语教学既是一种语言传播，也是一种话语传播，汉语教材在构建国家形象方面的影响和作用是显而易见且不容忽视的。一方面，国家在国际汉语教学中投入了大量的人力、物力和财力；另一方面，由于意识形态的不同，西方的个别媒体故意歪曲中国形象。从这两点上来说，我国目前的教材建设确实是缺乏主动性、缺乏责任感的。无论是在中国“自行车被小偷偷走了”，还是在中国买东西“上了小商贩的当”，都会对我国正面的国家形象造成一定的不利影响。

此外，我们发现一些专门为在海外学习汉语的学生编写的教材大都把课文中的人物活动场景设置在了国外（如《实用汉语课本》第一册），我们认为这也是缺乏“主动性”的表现。因为对于在海外学习汉语的人来说，他们可能没有机会来到中国学习汉语，没有机会全面了解中国，他们对于中国的印象无非来自学校教育、新闻媒体，这样的传播形式属于“二次传播”。中国的国家形象能否如实地、完整地被他们所感知，是未知的。然而，汉语教材作为中国国家形象的载体，作为展示中国国家形象的窗口，对于国家形象的传播是最直接的，是不受其他国家意识形态影响的。我们充分掌握着国家形象构建的主动权，因而要主动出击，在世界范围内构建良好的中国国家形象。

中国已经启动汉语国际推广和孔子学院建设，则每一位从事对外汉语教学的教师乃至每一册教材的编者都可能成为一个国家形象的叙述者，因此，作为国家形象的“叙述者”，教材编写者在教材的编写过程中，要充分考虑到人物形象、故事设定对于国家形象的影响，这样才能使汉语国际推广更好地为我国的发展做出贡献。

5 结语

近些年来，国家形象构建问题已成为引发学界热烈讨论的重要议题。在二十几年的中国国家形象研究中，学者们分别从传播学、国家关系政治学、修辞学、语言学等多个角度探讨了国家形象构建的相关问题。事实上，国家形象的构建和汉语国际推广同样具有密切的联系，是汉语国际推广研究的重要命题。吴平（2013）认为国家形象是社会交往与互动的产物，而对外汉语教学就是一个重要媒介。胡范铸（2013）指出："在某一言语社区（国家、民族、地区）中，特定受众刻板印象形成的最重要的动因是学校教育，则要分析一个国家形象修辞在某一言语社区中的传播，是否就应该充分关注该社区的教材中关于某国的国家形象的叙事。"这说明某个国家或地区的民众关于某国的国家印象同教材有很大的联系。

当前，国际汉语教学正呈现出繁荣之势，截至2017年12月31日，全球146个国家（地区）建立525所孔子学院和1 113个孔子课堂。138个国家（地区）共有孔子学院525所，其中，亚洲33国（地区）118所，非洲39国54所，欧洲41国173所，美洲21国161所，大洋洲4国19所[①]。孔子学院和孔子课堂正在走向世界各地，作为连接教师与学生的纽带——国际汉语教材，也正在走向世界各地。这些教材正在以"润物细无声"的方式构建着中国形象，潜移默化地影响着海外汉语学习者对中国的刻板印象……我们无法改变其他国家和地区的本土教材对中国国家形象的构建，但是我们能以汉语国际推广为桥梁，以国际汉语教材为窗口，向世界人民充分展示中国的大国形象。

本文立足于国家形象构建视阈，针对国外媒体对中国女性的负面报道，以历时比较的方法，考察了在对外汉语教学发展史上极具代表性的两部教材——《实用汉语课本》和《新实用汉语课本》中女性形象的塑造问题。最后发现，从《实用汉语课本》到《新实用汉语课本》，女性人物形象的塑造有了很大的改善和进步。这些变化同时也反映了几十年来我国的汉语教材构建出的国家形象的变化。针对其中的一些问题，我们认为教材编写者应当关注女性人物的命名价值、关注女性人物的数量及出场频次、增强构建良好国家形象的责任感。

当然，本文尚存在不足之处，例如国家形象的构建是一个具有跨学科性的问题，如果能够利用传播学或修辞学的理论和原理对国际汉语教材的编写进行考察，相信会得出更加令人满意的答案。我们希望，未来的汉语教材，不仅能让学习者在汉语学习过程中少走"弯路"，也能在构建中国良好国家形象上发挥出强大动力。

参考文献

[1] 胡范铸，陈佳璇，张虹倩．目标设定、路径选择、队伍建设：新时代汉语国际教育的重新认识［J］．世界汉语教学，2018（1）．

[2] 包文英．试论汉语国际教育中的公共外交意识［J］．华东师范大学学报（哲

① 以上数据来自孔子学院官方网站．http：//www．hanban．edu．cn/confuciousinstitutes/node_10961．htm．

学社会科学版)，2011 (6).

[3] 秦惠兰. 国际汉语教材编写与国家形象修辞策略 [J]. 国际修辞学研究，2015.

[4] 潘娜娜. 十九世纪西方人眼中的中国女性形象解读 [J]. 福建师范大学学报(哲学社会科学版)，2013 (2).

[5] 侯芃. 美国新闻周刊中的中国女性形象研究 [D]. 上海：上海大学，2008.

[6] 李立新.《纽约时报》关于中国报道中的女性形象 [J]. 中华女子学院学报，2013 (6).

[7] 李娜，张琦. 西方媒体视野下的中国女性形象——一项基于语料库的批评话语分析 [J]. 山西师大学报 (社会科学版)，2015 (6).

[8] 吕必松. 对外汉语教学发展概要 [M]. 北京：北京语言学院出版社，1990.

[9] 刘珣. 对外汉语教育学引论 [M]. 北京：北京语言大学出版社，2000.

[10] 刘珣. 实用汉语课本 (1) [M]. 北京：商务印书馆，1981.

[11] 刘珣. 新实用汉语课本 (1) [M]. 北京：北京语言大学出版社，2010.

[12] 连涵芬. 对外汉语教材中的中国女性形象研究 [J]. 现代语文 (学术综合版)，2016 (6).

[13] 彭增安. 国际汉语教材中的独生子女形象分析 [J]. 河南大学学报 (社会科学版)，2015 (6).

[14] 胡范铸，薛笙. 作为修辞问题的国家形象传播 [J]. 华东师范大学学报(哲学社会科学版)，2010 (6).

[15] 吴平. 对外汉语教材与国家形象 [C] //全球修辞学会 (The Global Rhetoric Society)，国际语言传播学会 (International Language Communication Society). 第二届国际语言传播学前沿论坛论文集. 全球修辞学会 (The Global Rhetoric Society)，国际语言传播学会 (International Language Communication Society)，2013.

[16] 胡范铸. "海量接受"下国家和机构形象修辞研究的方法设计 [J]. 当代修辞学，2013 (4).

【作者简介】

王金阳，大连外国语大学汉学院硕士研究生，主要研究汉语国际教育。

现代汉语四字短语中的双重否定研究

[中国台湾] 魏奕荃
(台北教育大学)

1 绪论

1.1 研究动机及目的

现代汉语的四字格形式多元，有的属于成语，有的则是一种惯用形式。以口语语料库作为工具，不难发现这种四字格形式不只出现在书面体之中，在实际的口语交际，甚至网络语言以及广告词中皆时常使用。但人们往往对于固定格式的用法“习焉而不察”，只要误用形式出现频率偏高，其中的错误便不会被发现、改正。例如“无时无刻”原本的意思为“没有哪一个时刻”，但现在最常被使用的用法为“时时刻刻”，意思刚好完全相反。换言之，如果要表示“我没有一刻不在想你”的正确句子应该为“我无时无刻不在想你”，不过正如上述所说，目前使用最广泛、使用频率最高的用法为“我无时无刻在想你”。

笔者认为这样的误用形式来自对于双重否定的误解，两个否定词一起使用时在逻辑上倾向以“负负得正”的方式解释。而综观目前对于汉语双重否定在学术界的地位，专书并不会以太大的篇幅介绍，而研究探讨相关定义及形式的不少，但深入研究的文献不多，且研究对象大多以句子为主，没有以上述四字格形式为对象的研究。

成语结构特殊，形式简洁却意义完整，且蕴含了中华文化内容，其言简意赅的特性，一直以来都是华语母语者最常使用的固定词组之一（林冠宇，2013）。再加上双重否定的语用内涵丰富，甚至可以说是有些复杂，但针对双重否定的语义分类只出现于芜崧（2003）的研究中。

四字格形式的使用频率高、双重否定的复杂程度和语用程度高，但针对个别的研究为数不多，而误用的确存在。再加上四字格形式在汉语中的特殊文化角色，因此聚焦于四字格中的双重否定研究是必要的。

研究目的为：从形式、语义、语用出发，并找出四字格中双重否定的语法化活用结构，弥补目前研究不够深入之遗憾，归纳出一套系统供后续研究参考。

1.2 研究对象界定

本研究不专以成语作为研究对象，而将范围扩及四字短语的原因，是成语属于熟语的一种，它和一般临时自由组合而成的短语或句子不同，是经过社会长期沿用，其结构基本已经定型，或者有其典故，不能随意改动其组成部分。但现代汉语常用的四字双重否定形式，有很大一部分是经过变形、转换而来，甚至只是一种共同使用习惯的形式，并无典籍可考据，譬如“不见不散”“不无道理”“非死不可”“无乐不作”等，并不会出现于成语词典中，或者词典也不会承认其足以作为成语。

而短语的定义为，它是词与词的组合，是大于词却又不成句的语法单位。短语和句子的差别为，其没有特定的语气和语调；此外，句子是语言运用单位，是从使用的角度划分出来的，而非从结构角度，但短语和词是结构单位，是为了造句的备用单位。

刘月华（2005）将短语分成两类，分别是“实词与实词构成的短语”以及“固定短语”，其中固定短语包括成语和习惯用语。而短语这种中性、为结构服务的特性，再加上刘月华之分类恰巧与本研究之目的——探讨现代汉语常用的四字双重否定形式、为实际应用的状况服务相符，故采用。

本研究希望于最后探讨四字双重否定的语法化情形，倘若研究对象局限于成语，那些现代汉语常用的四字短语便无法纳入参考。除此之外，本研究希望和实际运用相呼应，也就是说，不能忽视那些使用频率高却不属于严谨定义之下的成语的四字短语。因此将以“四字短语”作为研究对象。

1.3　研究方法

首先以《远流活用成语大辞典》及“中央平衡语料库”作为第一层的研究工具，找出汉语四字格中的双重否定形式，接着辅以“批踢踢口语语料库”及“网络新闻语料”整理出更多四字格双重否定的活用形式。最后依照四字格双重否定的形式、语义及能产性进行分析与探讨，并归纳出一套系统供研究者参考。

《远流活用成语大辞典》收录了10 408条资料，因此在资料的搜集上颇具概括性。

2　文献探讨

2.1　现代汉语双重否定之研究

2.1.1　双重否定之界定

综观现今研究对于双重否定之界定，仍未有定论。吕叔湘（1944）在其著作《中国文法要略》中，谈到关于双重否定的解释，“一句之中，上下两次用否定词，就含有肯定的意思，正如代数里的负乘负得正一样”。而丁声树（1961）于《现代汉语语法讲话》中提出了“双重否定之肯定非彼肯定”的概念，丁声树认为一句话先后用两个否定词，如“不能不去”“没有人不去”“非去不可”之类，都是双重否定的句法，双重否定意义上是肯定的，不过和单纯肯定不完全一样。此观点于房玉清（1992）之著作《实用汉语语法》中获得进一步的说明，“一句话里用两个否定词就是双重否定，双重否定在意义上不等于除去两个否定词表示的一般肯定。而是强调肯定，带有必须、一定的意思”。例如：

（1）他不能不休息。=他必须休息。≠他能休息。

（2）她不会不知道。=她一定知道。≠她会知道。

以上的论述皆以“一句话中出现两个否定词”作为双重否定句之依据，也就是“连用说”（汪云龙，2010），但也有学者对于双重否定的阐释，是以对其句法、语义、语用、逻辑等多方面的综合描述，也就是“综合说”（汪云龙，2010）。譬如符达维（1986）以逻辑为依据，并以语法为手段，具体诠释了双重否定的特征，即“对同一事物或同个意思的连续两次否定”。从形式上看，它必须具备两个否定词，这是语法特征；从内容上来看，它应该等价于一个肯定意义的命题或判断，这也是它修辞上的特征；而从逻辑角度考察，它应该以负负得正为逻辑依据（符达维，1986；白雪，2016）。

其中“对同一事物或同一意思的连续两次否定”之观点，为后来学者所赞同。如马学东（1998）同样认为一个句子连用两个否定词不一定构成双重否定句，例如：

（3）……不到长城非好汉……

马学东认为句（3）实际上是一个紧缩的假设条件复句，可以还原成“只有到长城，那么才是好汉”，这样的紧缩句不应被视为双重否定句。他为双重否定做了更具体的定义：第一，句意必须是肯定的；第二，采取否定又否定，从而肯定的表达形式。但其未表明双重否定的肯定是否完全等于一般肯定句。

简单来说，有一派学者认为双重否定句中的否定词应该限定同个谓语，或者否定词限定否定词，且不包括复句和紧缩句（马学东，1998；张琳，2010；汪云龙，2010；白雪，2016）。本研究认同一句话中出现两个否定词不一定为构成双重否定的必要条件，但所持的观点和“综合说”有相同之处，过去语法界把双重否定的外延界定在单句范围内，这样的界定都存在着外延过窄的问题（芜崧，2003），到了 20 世纪 90 年代王群生先生对双重否定的认识有了发展，他把双否句分为两个类型，“同项双否定句：F1，F2A”以及“异项双否定句：F1A，F2B”（芜崧，2003），这和本研究的诠释一致，某些复句及紧缩句仍然可以纳入双重否定的范围内，例如：

（4）无功不受禄。

（5）非到过年过节的时候，绝不动酒。

句（4）为紧缩句，可以还原成“如果没有功劳，就不能收取俸禄”；而句（5）

为复句，这两句中否定词修饰的对象皆不同，在“综合说”里不能归类成双重否定句，但若以王群生的两大类型作为依据，则（4）（5）两句皆为“异项双否定句”。虽然两句的句意不全然代表肯定，但不可否认的是加了两个否定词后，确实在某种程度上造成句意改变，这种加上两个否定词而造成句意改变的句式，就可以称为双重否定句。

此看法和范振强、肖治野（2010）的研究一致：双重否定的两个否定成分确实可以互相消除从而得到一个肯定的意思，但这种消除并不等于在表层句法直接去掉这两个否定成分，而是通过一定的深层语义变换，使得否定成分的辖域在表层句法上实现“否定管辖否定”的格式，从而互相抵消。

因此本研究对于双重否定的定义为：①出现两个否定标记。②造成原本句意改变。

也就是说，某些表达否定意义的词语，虽然也能表示反面成分，和否定词共现后仍会表示肯定意义或改变原来句意，但其不属于否定标记，因此不在本次研究范围内。例如：“永无止境”以否定标记“无”搭配具有否定意义的“止”，表示永远没有尽头，两个否定意义互相抵消后得到一个肯定意义；“无可厚非”以否定标记“无”搭配具有否定意义的“非”，表示不能过分责备；“宁缺勿滥”以带有否定意义的词语“宁（愿）”搭配否定词“勿”，表示宁可少一些，也不愿不顾质量贪多凑数的肯定意义。

再者，“不文不武”“不清不白”“无影无踪”“非亲非故”这类属并列结构，可以插入“也”“又”等成分，或者可以将否定词前置变成“否定 AB”形式的四字短语，例如“不清不白” = “不清白”、“无边无际” = “无边际”等，亦不在研究范围内。

2.1.2 双重否定之形式研究

前人对于双重否定之形式研究，大多可以分成两个层面：

第一，从语法结构层面来探讨，举例来说，探讨双重否定的结构形式，例如分析单句、复句、紧缩句、疑问语气中的双否结构；探讨各种否定标记的共现、各类否定标记限定成分之词类，例如“不（没有、非） + 动词性成分 + 不”，这种形式是由否定词加上动词性成分，而非名词性成分，且其后只能搭配“不”，如“没有发现不正常情况”（张琳，2010）；探讨各种不同语法成分的搭配形式和限制，如双重否定和能愿动词之搭配。

第二，形式和语义结合之相关研究，例如最常被使用的双重否定分类形式：Quirk（1985）提出的三种架构，分别为句子否定（clause negation）、限域否定（local negation）、谓语否定（predication negation）。此种分类形式是以句法为基础，辅以否定范距和焦点的概念，但由于本研究欲以现代汉语四字短语为研究对象，故此分类将不作研究分析参考。

2.1.3　双重否定语义之研究

双重否定概念本身便涉及逻辑推演，因此许多研究皆围绕着逻辑学和逻辑语义学进行，除此之外便以研究否定范畴、否定焦点以及否定的语义分类为主。大陆和台湾对于双重否定的语义分类研究鲜少，目前只有芜崧（2003）的研究对双重否定的语义进行了较为全面的划分，其将双重否定依语义，分为周遍式、能愿式、条件式、委婉式、反诘式五大类。此分类项目也是本研究的参考架构，本研究将在此基础上，为四字短语中的双重否定式做语义划分。

若以否定范畴层面来看，也就是从语义指向方面出发，根据否定词的两种语义指向，可以分为“套叠型”和“异指型”（芜崧，2003），“套叠型”指两个否定词的范围有重叠部分，在否1（否2X）式中，否1既否定了否2，也否定了X，如“不是不可爱”“无不为之动容”。而“异指型”指两个否定词的否定范围完全不同，如“否1X，否2X”，其表现形式多为紧缩句或复句，如“没有妈妈就没有今天的我”“不拿到冠军，绝不罢休”。其实此分类概念和文中提到的王群生先生之两项分类：（“同项双否定句”和“异项双否定句”）几乎一致，皆是以否定标记限制的对象为基准，但“套叠型”和“异指型”的名称概念似乎更符合语义层面的逻辑，因此本研究将以这组分类名词做后续研究之界定。

至于否定焦点，由于四字短语常为紧缩句形式的转换，其否定焦点不如单句单纯，再者，四字短语中双重否定的形式也通常不带否定标记、焦点标记，如“是”“连”“数词”“就”“只”，因此否定焦点并非本文的研究范围。

2.1.4　双重否定语用之研究

由于双重否定本身便是一种表层结构的转换，因此根据语言经济原则，其势必存在着不同于肯定句的特殊含义，而学者也多半同意，双重否定是语言交际中使用的一种语言方式，虽有着无须上下文便可得出会话含义情形，但在真实的交际活动中，需要经由语用推理才能得到特定会话含义的情况比比皆是。因此关于双重否定之语用研究，譬如依照语气强弱可以将双否句分为表示强调、语气更强的“强调型”，以及表示委婉、语气缓和的“委婉型”（芜崧，2003；汪云龙，2010）。

又如，语用学的基础理论，像是Grice（1975）提出的合作原则（cooperative principle），包括量的准则（the maxim of quantity）、质的准则（the maxim of quality）、关联准则（the maxim of relevance）、方式准则（the maxim of manner）和其（1975）提出的会话隐含理论，包括一般性会话含义和特殊性会话含义都具有的五个特性，即可取消性（cancellqbility）、可推导性（calculability）、不可分离性（non - detachability）、非规约性（non - conventionality）和不确定性（indeterminacy），以及Brown和Levinson（1987）所提出的礼貌策略（politeness strategies）。以上提到的这些著名语用学理论，皆有学者在它们的基础上研究双重否定的语用策略（李美惠，2004；翟澍，2011；张焕香，2012）。

诚如上述，针对双重否定在语用学中的角色、策略以及以语用学基础理论分析双重否定之语用功能的相关研究已足够，因此现今缺乏的并非再从语用理论延伸探讨，且汪云龙（2010）在其研究中，提及双重否定亟待解决的问题时写道："关于双重否定的功能研究主要集中在语用修辞的表达上，除了语气强弱之外很少涉及其他方面"，"关于双重否定误用的研究成果较少，且应用于实际时的效果不尽人意"。因此本研究在四字短语中双重否定结构的语用研究上，将聚焦于特定句式的能产性，归纳整理出一套通则，利于后人参考和应用于实际使用上。

2.2 现代汉语的否定标记

虽然各家学者对于否定标志的选取不尽相同，但本研究将会以四字短语的双重否定结构中，最常出现的几个否定标志——"不""没（有）""无""非""莫""未"作为探讨的对象，而其他常见的汉语否定标志例如"不是"则不在本次研究的讨论范围内。

2.2.1 否定词"不"

学者对否定词"不"的看法几乎一致，因此整理其基本用法为："不"可以用在一般动词和形容词之前，是对主观愿望和性质状态的否定，多用于现在、将来，也可用于过去（吕叔湘，1944；房玉清，1992；刘月华，1996；Li & Thompson，1999）。

其中 Li 和 Thompson（1999）额外提到，"不"只否定某一事件而不否认事件的完成性，最明显的例子是句中含状态动词或形容词时，"不"就否定此状态存在。例如：

（6）他不聪明。

（7）我们不知道他在哪儿。

总之，"不"有时表单纯的否定（指状态而言），有时表示拒绝，且无论时间如何，都不涉及"完成"的概念。

此外，吕叔湘（1944）、杨荣祥（1999）指出和"不"同义的字，文言里有"弗"，但"弗"字用法和"不"字用法有分别；"弗"专用于应有止词或补词而未标出的句子，作用等于"不之"。

2.2.2 否定词"没（有）"

"没"或"没有"可用于否定行为动作的发生或完成，否定性状转变的发生或完成以及否定有或存在。

"没（有）"的用法整理如下（刘月华，1996；李美慧，2004）：

①否定行为动作的发生或完成。

（8）以前，我没学过汉语。（否定行为动作的发生）

（9）我还没接到回信呢。（否定行为动作的完成）

②用在形容词前，否定性状转变的发生或完成。

（10）那天，天没亮，他们就出发了。（否定性状的转变）
（11）衣服没干，换一件穿吧。（否定性状的完成）

③“没”加在动词“有”前，否定有或存在。

（12）我没有中文画报。（有的否定）
（13）教室里没有人。（否定存在）

“没（有）”否定某一事件之完成，但需要注意的是，“没（有）”并非过去式的否定词（Li & Thompson，1999）；“没（有）”表示未完成，而事件或动作未完成的情形在时间上多指过去而言，这解释了英文过去式的否定翻译常用“没（有）”来搭配。例如：

（14）我没（有）洗澡。/I didn't bathe.

但“未完成”语义上并不等于“过去式之否定”。

例如：句（15）及句（16）中提到过去的状态，使用的否定词为“不”时，句子十分通畅，但句（16）用了“没（有）”，反而成为病句。

（15）以前这个地方不穷。
（16）*以前这个地方没穷。

至于没（有）的时间用法，房玉清（1992）、刘月华（1996）认为“没（有）”只限于否定过去和现在，不能否定将来，但Li和Thompson（1999）认为，“没（有）”也可以表示未来动作的尚未完成。其例句如下：

（17）明年这个时候你还没（有）毕业呢。

“没（有）”和“不”的主要差别，除了体现在表示事件的完成与否之外，还有主观意念的涉及与否；“不”用于主观愿望，“没（有）”用于客观叙述。

例如：“他不休息”是说他不愿或不能休息，而“他没休息”说的是一种行为没有发生。

2.2.3　否定词“无”

丁声树（1961）文言里的“无”字，相当于否定事物存在的“没（有）”。

2.2.4　否定词“非”

是对判断表示否定的副词，近代汉语中只有“非”。在古汉语中，要表示对一个判断的否定，就在判断谓语前加上副词“非”，所以“非”最多的是用来修饰体词性判断谓语（杨荣祥，1999）；而丁声树（1961）将“非”和“不”归为同一类。

2.2.5　否定词“莫”

杨荣祥（1999）整理如下：“莫”可以表示单纯否定，可能是受频率极高的“不”的类化，因而也可以出现在少数应该用“不”的位置上，但其组合能力远不如“不”，只能修饰动词，不能修饰形容词。

此外，“莫”也可以表示禁止否定的副词，在近代汉语中，表示禁止否定主要是用“莫”“休”“别”，这三个否定副词在近代汉语中还有一种现象值得注意，那就是它们的后面都可以跟“要”，照理说，既然是表示禁止否定，后面就不能再跟“要”或“得”了，而这种现象的成因可能有二点：一是受汉语词汇双音节化趋势的影响，二是在“莫”等后加上“要”“得”后，可使语气变得委婉一些。

2.2.6　否定词“未”

“未”是文言里一个特别的否定词，文言里用“未”的地方，白话里用“没有”，通常的说法为：“未”是完成式之否定（吕叔湘，1944）。丁声树（1961）持相同说法：文言的“未”字，相当于否定行为已经发生的“没（有）”。

而杨荣祥（1999）提到，“未”表示对过去、已然的否定，常以组合副词的形式出现，例如“未曾”“未尝”等。

3　四字短语中双否结构的形式分析

由于许多四字短语皆属于四字成语，属于固定的熟语用法，其结构多为紧缩句的形式，因此在四字短语双否结构的形式探讨方面，将以内部结构为主，分析并归纳出几种常见的形式，但也有些四字短语无法被归纳成任何一组，也将于下文说明。

3.1　四字短语中双否结构的常见形式

3.1.1　否定词＋述语＋否定词＋述语

例如：不考不鸣、不做不休、不毒不发、不见不散、不醉不归。

3.1.2　否定词＋数词＋否定词＋述语

例如：不一不备、无一不精。

3.1.3　述宾结构的宾语前置，然后各在前面放置否定词

例如：无幽不烛、无恶不作、无微不至、无征不信、非人不传、非礼勿听、无远弗届。

3.1.4　主谓结构分别在前头或之中插入两个否定词

例如：无往不利、知无不言。

3.1.5 述补结构之中插入否定词

例如：言无不尽、战无不胜、攻无不克。

3.2 四字短语中双否结构的半固定结构

有些四字短语虽然可以抽换其中的成分，但其形式以及和否定词搭配的语词皆半固定下来，因此替换其中的成分时是具有限制性的，也就是说可以替换的范围变小了。

而通常这样的固定结构是由于某部分的语义固定了，因此我们将会从语义出发解释形式。大致分为以下三类：

3.2.1 无所不＋述语

例如：无所不在、无所不包、无所不至、无所不能、无所不容等。

“所”原本的意思是处所、地方，和两个否定词合用后变成“没有任何地方不”，但这样的形式发展至后来，“无所不”已经可以代表“没有任何一处不”“没有任何事物/东西不”“没有什么不”。

3.3.2 非＋名词/述语＋不可

例如：非做不可、非你不可。

这样的形式能产度极高，将于5.2中做详细讨论。

3.2.3 非＋名词＋莫属

例如：非你莫属。

“属”的原意为隶属于，和两个否定词合用后等于“不是某物便不能隶属于其他范畴内”，最后这样的结构变成一种固定的形式，用来表示“只能是……”

3.3 四字短语中双否结构的其他形式

前面提到几乎所有的四字短语都是紧缩句的体现形式，因此仍然有一些双否四字短语无法从内部结构着手分析其形式，或者某种形式只对应到单一四字短语，因此将其一并放入此处进行讨论。

无法分类的四字短语有：无肉不欢、不愤不启、不悱不发、无之非书、未为不可、未尝不可。

“无肉不欢”去掉否定词之后，为一个使令句“肉令我感到欢愉”。这样的使令形式没有出现在其他的四字短语结构中。

而“不愤不启”“不悱不发”“无之非书”这三个四字短语是因为将其紧缩句的形式还原之后过于复杂。“愤”：心中想了解却有困难，“不愤不启”的意思是不到他（学生）想了解而不得其解的时候，不去开导他，这个四字短语中的“愤”用一个单字，代表其意义所表示的状态的时候，实为复杂。

“无之非书”典故出自张潮的《幽梦影》，原文为：“善读书者，无之而非书：山水亦书也，棋酒亦书也，花月亦书也。”“之”是代词，在此句中作为“什么”的意思，而“书”在此作动词使用，意思为“把……当作书”，这种较为复杂的句式也无法从四字短语的结构里得出。故将这些四字短语特别归为一类。

“未为不可”和“未尝不可”由于第一和第二个字结合成一个副词，而不可为一种惯用形式，因此也无法细做分析。

4　四字短语中双否结构的语义分类

2.1.3 中提到，芜崧（2003）将汉语双重否定句依照语义内容，分为周遍式、能愿式、条件式、委婉式、反诘式五大类，而这也是目前学界唯一对双重否定句的语义分类。但芜崧所分析的对象是针对句子而言，相信此分类无法直接套用于四字短语的双否结构中，一定会有解释不周全、无法解释，或者额外的情形出现。更甚，能愿式和反诘式这两类并未出现于本研究所搜集到的语料中，因此本节将以芜崧的分类为基础，为汉语四字短语中的双否结构做语义分类，并且重新做诠释，作为往后参考之架构。

考虑到语义内容、语用和语气以及实际使用时的语境及条件，我们能将汉语四字短语中双否结构的语义内容分为排除式、条件式、委婉式三大类，其中排除式又可再细分为周遍式和直达式两小类，具体情况如下：

4.1　排除式

若以芜崧（2003）的分法，则大多数四字短语的双否结构都属于周遍式，但由于数量庞大，实在无法以周遍式涵括全部的语料，因此本研究将范围扩大，先设立一个分类以囊括所有和此类相关的语料，接着再以其中的语义内容、应用时的条件作为子分类的依据。

排除式这一类双否结构指的是将所有例外情况排除，以示所欲表达之物、所欲表达之件质或状态，在某个范围内没有例外产生；或者表示某种动作必然会产生某种结果，属于强烈的肯定意义。

排除式又可以分成两个子类：

4.1.1　周遍式

如上文所述，周遍式表达的是在某个范围内没有例外产生，因而在语义上会有周遍、涵盖、全包的概念。

例如：无一不备、无奇不有、无坚不摧、无所不容、无话不谈、无恶不作、无远弗届。

这类四字短语以“无一____”“无所____”以及“无__不__”居多。周遍式的四字短语通常可以用以下三种句式来替换：

①没有（什么）……是没有/不……的。

②每个/次/种……都（可以/会）……

③无论什么……都……

句式①正好体现了排除例外的特性，句式②用全称量词“每”显示了周遍、涵盖、全包的概念，句式③是两者的综合概念。

例如："无话不谈"可以转换为"没有什么话是不谈的""每种话都会谈""无论什么话都谈"；"无恶不作"可以转换为"没有什么坏事是不做的""每个坏事都会做"和"无论什么坏事都会做"。

笔者试着以图示的方式呈现，见图 1。

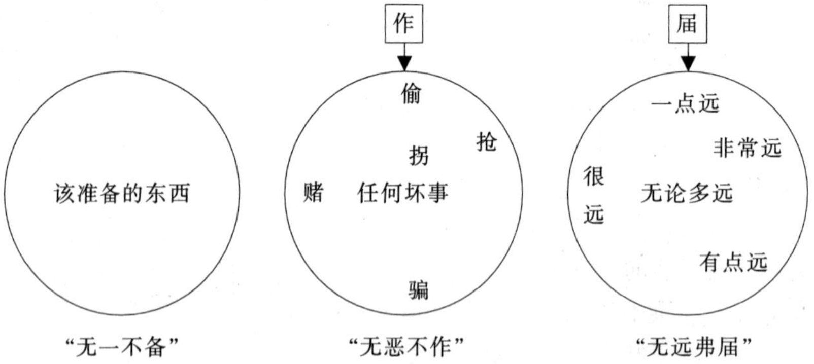

图 1　周遍式

4.1.2　直达式

直达式里面包含了概率的概念，只要开始做了动作动词，或者满足某条件后，必定会呈现某种结果，没有第二种情况会发生；也就是说一旦条件被满足，接下来的其他可能性皆被排除，只会留下一种结果。

例如：攻无不克、战无不胜、知无不言、言无不尽、无往不利。

其中，"攻无不克""战无不胜"这类四字短语，只要开始做了动作动词，便只有一种结果出现，举例来说，只要去攻打，就一定会攻占下来；只要去打战，就一定会胜利。此类需满足的条件是开始执行动作动词的动作。

"知无不言""言无不尽"这类则是需要先满足某种条件，譬如前者的先决条件是"我知道的"，倘若满足了此条件，便可以成为句子"只要是我知道的我都会说"；而后者的先决条件是"（主语）要说"，满足之后成为句子"要说就毫无保留"。

由上述我们可以得知，直达式的四字短语都可以用句式"只要…… 就一定……"来代替，皆为一种符合条件后，没有例外、只有一种结果的概念（见图 2）。

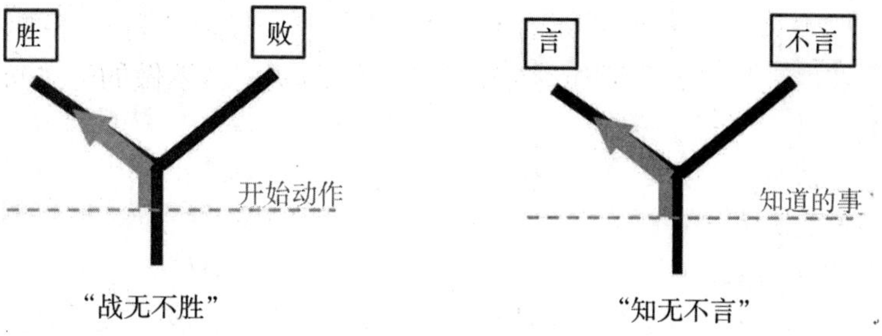

图2　直达式

4.2　条件式

条件式的句式可以归纳为“否定词+A+否定词+B”，而其中A为满足B的必要条件，B可以是状态动词或动作动词。例如：无肉不欢、非我莫属、非礼勿视、非诚勿扰、非人不传、不毒不发、不考不鸣、不见不散、不吐不快。

由上述例子可以得知此类的四字短语结构十分多元，否定词的搭配有：“无+不”“非+莫”“非+勿”“非+不”“不+不”。条件式的四字短语都可以用以下两种句式做替换：

①只有……才……

②如果不/没（有）……就不……

例如：“非礼勿视”可以转换为“只有符合礼教的东西才能看”以及“如果不符合礼教就不能看”；“非人不传”可以替换成“只有合适的人（我）才要传授”和“如果不是合适的人就不传授”；“不考不鸣”可以转换成“只有去敲打（乐器），（乐器）才会鸣响”和“如果不去敲打（乐器），（乐器）就不会鸣响”。

而由于此类的语义表达出某事物是满足另一成分的必要条件，因此在语气上亦属于强烈、强调的语气。

4.3　委婉式

这类四字短语，可以用“多少有一点……”“也没什么不……”作转换，无论在句式上或者在语气上皆和上述三类不同，较为特别，因此可以得知它是属于委婉型的语气。

例如：不无小补、未尝不可、未为不可。

“不无小补”可以说“多少有一点助益”；而“未为不可”可以说“也没什么不可以”。

5　四字短语中双否结构的语用探讨

“能产度”（productivity）是历史语言学之下的专有名词，原本指的是在语言接触之下，某些词缀的能产力渐渐增大，发展出新的搭配方式，成为某种构词形式。而构词的增加，一般称为“语法化”（grammaticalization），其意思为本来没有语法功能的词缀后来逐渐变成了具有语法功能（锺荣富，2007）。

例如：现代汉语中的“族”，从“民族，种族”出发，语法化之后能产度变大，发展出诸如“上班族”“草莓族”“月光族”“飙车族”这类的词汇。除此之外，汉语在台湾的发展深受闽方言影响，语法化现象明显，构词中最明显的是“不错+动词”，例如“这个东西不错吃”“那部电影不错看”（锺荣富，2007）。

本研究发现，由于双重否定的特殊形式，透过否定词达成逻辑转换，进而形成一种隐喻、通常带有会话隐含的表层结构。也就是说语用意味十分浓厚，因而许多原本为四字成语的格式，发展至今，具有语法化的现象，能产度极高，甚至发展出和原始形式不一样的用法。因此这里以双重否定的固定四字格式作为搜寻基础，以“台湾大学口语语料库”“批踢踢口语语料库”“网络新闻语料”为搜寻工具，找出能产度最高的三种句式，并分析其搭配形式，具体情况如下：

5.1　**“不无____”**

原先否定词“不”和“无”连用，且放在句首的用法只有“不无小补”“不无小益”，“不”和“无”做双重否定之用，“小”修饰句尾的名词“补”和“益”，在句子中具有更加强调隐含语义的作用。

在4.3中提到，“不无____”为“委婉式”，在交际中，或者无论于口语体或者书面体阐述个人意见时，人们往往会借用各种形式，降低自己的主观意识，让倾听者舒适或者让论点更为客观。也因此，“不无____”在口语语料库中展现的形式多元，语料数量颇多。

而本研究发现，原本“不无”后面接的是属正面意义的词汇，但经过语法化后，可后接表示正面意义的词汇、表示负面意义的词汇以及表示中立意义的词汇；此外，在现代的使用上，“不无”后面会直接接上一个双音节名词，形成一个固定的四字短语结构，突破原本的使用格式之后，能产性极高，笔者以“不无”之后所搭配词汇的正反义作为分类方式（非整个短语的正反面意义），整理如表1所示。

表1　“不无____”搭配词汇的正反义

表示正面意义	不无贡献、不无道理、不无好处、不无收获、不无机会
表示负面意义	不无困扰、不无疑问、不无遗憾、不无嫌疑、不无争议、不无忧虑、不无缺点
表示中立意义	不无关联、不无可能

现代的用法似乎以“不无+负面双音节词汇”为主。而“不无+中立双音节词汇”大多表示对事物的判断和可能性。

5.2　**“非_不可”**

“非_不_”的形式具有语法化的倾向，具有不同于以往的构词形式，譬如“非你不嫁”“非死不可”等。但其中，能产性最高的莫属“非__不可”形式，也已成为固定的四字短语形式。

从语料中发现，虽然否定词“非”后面的主语可以接名词和动词，但经过语法化后，“非__不可”最常与动词搭配，且若以邓守信（2005）的动词三分法来看，除了状态动词之外，动作动词和变化动词皆可套进此结构中，限制不多的情况下这组结构的能产性极高。笔者以否定词“非”后面所搭配的词性作为分类方式，整理如表2所示。

表2“非__不可”搭配的词性

动作动词	非杀不可、非赢不可、非买不可、非走不可、非改不可、非吃不可、非喝不可、非看不可、非学不可、非罚不可、非抢不可、非打不可、非做不可、非选不可、非动不可、（App）非装不可、（房价）非崩不可、（黑箱服贸）非反不可
变化动词	非死不可
名词	非你不可、非他不可、非谁不可

在搜集语料的过程中，可以观察到“非__不可”形式的多元性，其安插的成分可以是单音节词，也可以是双音节复合词，甚至是子句。例如：非参与不可（并列结构）；非表态不可（动宾结构）；非通过不可、非达成不可（动补结构）；非得被取代不可、非进四强不可（子句）。

笔者认为名词性成分数量相较于动词性成分的原因为：现代汉语的词汇逐渐走向双音节化，因此可以放置于四字短语结构的名词性成分不多，只剩代词。至于“非__不可”是由句子紧缩成四字结构，抑或由四字结构发展成固定句子形式？这是一个值得探讨的问题。

5.3 “无__不欢”

和“非__不__”一样，“无__不__”此基本形式本身便具有语法化的特征，已发展出更多的构词形式，例如“无商不奸”。其中，又以“无__不欢”的能产性最强。

而此结构的口语色彩最强，原因在于“无__不欢”的置中成分多半为名词，但现代汉语的单音节名词数量不多，可是又由于此结构语法化的现象，导致安插的名词性成分往往会以不常见的单音节形式出现，造成语义传达上不那么明确；不过也正是因为此种特殊形式，让“无__不欢”结构多了一种语用功能，许多广告商喜欢用此形式作为其自家商品的广告词。

例如：无茶不欢、无辣不欢、无蛋不欢、无米不欢、无酱不欢、无舞不欢、无糖不欢、无靴不欢、无图不欢、无锅不欢（涮涮锅）、无钻不欢（钻石）、无此不欢（用代词指称先前语境出现过的线索）。

6 结论及建议

6.1 研究结论

经由搜集资料、分析并整理，本文归纳出汉语中最常见的10种四字短语双重否定结构，如表3所示。

表3 最常见的10种四字短语双重否定结构

不无____ 如：不无小补	无__不__ 如：无孔不入	__无不__ 如：战无不胜	不__不__ 如：不考不鸣	非__不__ 如：非人不传
未__不__ 如：未尝不可	非__莫__ 如：非我莫属	无__非__ 如：无知非书	无__弗__ 如：无远弗届	非__勿__ 如：非礼勿视

在形式方面，可以得出下列五个基本句式：

①否定词+述语+否定词+述语。

②否定词+数词+否定词+述语。

③述宾结构的宾语前置，然后各在前面放置否定词。

④主谓结构分别在前头或之中插入两个否定词。

⑤述补结构之中插入否定词。

但其中有些形式受到语义或习惯影响呈现半固定状态，也就是其中可以代换的成分变少了，例如："无所不+述语""非+名词/述语+不可"以及"非+名词+莫属"这三类。

在语义方面，本研究提出了新的分类方式，分别为排除式、条件式以及委婉式三大类，而排除式又可分为周遍式和直达式两个子分类。

最后，在语用方面，探讨了语法化和能产性问题，得出了三个能产性极高的四字短语双否结构，分别为"不无____""非__不__"和"无__不欢"，可以作为实际使用之依据或者作为教学语法之参考。

6.2 研究限制

本文发现由于四字短语在语法上属紧缩句的居多，因此若以内部结构分析四字短语中的双重否定形式有其局限性。

再者，本研究的语料范围只以台湾为限，两岸之间的四字双否结构是否存在着差异呢？抑或台湾语法化之后的常用结构，是否一样适用于大陆？这些都是尚未探讨的议题。

6.3 研究建议

往后若要继续对四字短语中的双否结构做深入探讨，建议在形式方面可以外部结构功能为主，或者以逻辑语义学作为理论基础，为此研究主题做更全面、更系统化的分类。

再者，本研究将双否的定义为“出现两个否定词”以及“造成语义改变”。但在汉语的四字短语中，“一个句子只出现一个否定标志，但句中有一个语义为反面、否定，从而造成整体的语义为肯定”的形式比比皆是，例如“弹无虚发”，亦容易造成混淆。所以往后研究也可以朝着此方向进行。

参考文献

[1] 白雪. 现代汉语“双重否定表肯定”问题再商榷 [J]. 语文学刊, 2016 (11).

[2] 陈铁君. 远流活用成语大辞典 [M]. 台北：远流出版社, 1999.

[3] 丁声树. 现代汉语语法讲话 [M]. 北京：商务印书馆, 1961.

[4] 范振强, 肖治野. 双重否定：否定之否定 [J]. 安徽大学学报（哲学社会科学版）, 2010.

[5] 房玉清. 实用汉语语法 [M]. 北京：北京语言大学出版社, 1992.

[6] 李美慧. 现代汉语双重否定结构之初探 [D]. 台北：台湾师范大学华语文教学研究所, 2004.

[7] 刘月华. 实用现代汉语语法（增订本）[M]. 北京：商务印书馆, 1996.

[8] 吕叔湘. 中国文法要略：下卷 [M]. 北京：商务印书馆, 1944.

[9] 吕叔湘. 现代汉语八百词 [M]. 香港：商务印书馆（香港）有限公司, 1983.

[10] 马学东. 浅析双重否定句的形、量、态 [J]. 求是学刊, 1998 (3).

[11] 汪云龙. 现代汉语双重否定研究概观 [D]. 长春：东北师范大学, 2010.

[12] 芜崧. 重新认识双重否定 [J]. 湖北民族学院学报（哲学社会科学版）, 2003 (2).

[13] 吴丽娟. 含两个否定词的四字熟语研究 [D]. 新竹：新竹教育大学, 2007.

[14] 杨荣祥. 近代汉语否定副词及相关语法现象略论 [J]. 语言研究, 1999 (1).

[15] 翟澍. 双重否定的语义与功能的关联定位 [D]. 上海：复旦大学, 2011.

[16] 张琳. 双重否定相关问题探析 [J]. 广西师范大学学报（哲学社会科学版）, 2010 (4).

[17] 张焕香. 汉英双重否定范畴研究 [D]. 北京：首都师范大学, 2012.

[18] 锺荣富．当代语言学概论［M］．台北：五南出版社，2007.
[19] LI，THOMPSON. 汉语语法［M］．黄宣范，译．台北：文鹤出版社，1999.

【作者简介】
魏奕荃，台北教育大学学生，研究领域为语言学。Email：stacywei811013@gmail.com。

教学法研究

华文语法教学的两组属性冲突

——大处着眼的规则建立与小处着手的助词“的”教学

杨海明

（暨南大学华文学院）

引言

本文的“两组属性冲突”指语法教学中的两对矛盾：①“科学性、逻辑性”与“实用性、趣味性”；②“普遍性、系统性”与“针对性、交互性”。语法教学中两对两性冲突体现在语法概念、结构规则、语用规律上。一般来说，华文教材编写与教学有8项要求[①]，但就整体而言，华文语法教学秉承的宗旨是“不纠缠概念，只解决问题”，目的是将学生的注意力集中到提高华文交际水平而非记忆名词术语上。这本来不错，但存在一个问题：这不符合成人的认知规律，成人语言习得是整体把握、规则演绎，“用有限的规则生成无限的句子”。儿童的语言习得跟儿童的认知发展[②]一致采

---

① A. 科学性：符合客观规律，要明确、清晰、严谨、规范。B. 实用性：实际使用效益好，适合教学对象，通俗易学。C. 逻辑性：概念内涵外延具有同一性，不自相矛盾，符合客观规律。D. 趣味性：能引起学员兴趣，激发好奇心，实现愉快教学。E. 普遍性：事物共同具有的性质。能解释绝大部分语言事实，能覆盖绝大部分语言现象。F. 针对性：对具体对象，采用具体措施，以满足具体需求。确定的对象采取具体措施，针对某类具体学员满足具体需要。G. 系统性：语法是由组合关系和聚合关系构成的严整有序的规则系统。语法系统由语素系统、词类系统、短语系统、句子系统和句群系统等若干子系统构成。语素、词、短语、句子和句群等语法单位之间互相联系，处于一定的关系之中。H. 交际性：在语法教学中创设语言情境，通过语言活动进行师生、生生沟通，在沟通与交流中潜移默化地习得语法规则。

② A. 0 ~ 2 岁婴儿期：感知运动阶段。儿童还没有语言和思维，主要靠感觉和动作探索周围世界，逐渐形成物体永存性观念。B. 2 ~ 7 岁幼儿期：表象思维阶段。儿童各种感觉运动行为模式开始内化而成为表象或形象思维，特别是由于语言的出现和发展，促使儿童日益频繁地用表象符号来代替或重现外界事物。C. 7 ~ 10 岁儿童期：具体运算阶段。已经上小学开始具有逻辑思维和真正运算的能力，先后获得各种守恒概念，但运算的形式和内容仍以具体事物为依据。此时儿童的思想开始有较大的易变性，出现可逆性，能解决守恒问题，可凭借具体事物或形象进行逻辑分类和认识逻辑关系。D. 10 ~ 12 岁青春前期：形式运算阶段。约接近于成人的思维。这一阶段青春少年不再靠具体事物来运算，而能对抽象的和表征的材料进行逻辑运算。与具体运算阶段相比，此阶段的青春少年思维发生了四种变化：a. 能够进行假设——演绎推理：先对事物提出一些假设，然后从假设推演出某些逻辑结论。b. 能够进行命题逻辑思维：能够在摆脱实际内容的情况下，对一系列推理的正确性进行评价，在不受命题性质束缚的情况下建立前提与结论间的逻辑联系。c. 能够在头脑中把形式和内容完全分开：他们的认识能超越现实本身，无须具体事物作中介把握抽象概念，进行形式推理。d. 能够形成两种形式运算的认知结构：一是组合系统；二是四则运算。儿童到了这个阶段，已经能够用这些结构形式来解决各种逻辑问题，表明他们的思维已经接近或基本达到成人的水平。

取“感觉开路、表象固化、部件替换”策略。成人是整体把握，儿童是分散占领。本文认为华文教学也应当重视成人的认知规律，可从语法入手加强针对性、提高实用性。

1 大处着眼看语法与华文语法

1.1 贯彻科学性强化语法是规则

我校学生来自世界上近100个国家，母语有近40种，因此建立这一概念非常必要。面对已经掌握了一门自然语言的成年人，要从总体上强化概括性强的语法概念。在贯彻句法强制性的同时，要从大数据、大概率角度切入，贯彻科学性、针对性、实用性和趣味性原则，直观、生动、形象地展示“世界上所有的语言都有语法，语法就是规则”。针对年龄在17～22岁之间、文化程度为高中或本科的学生，我们就以“我爱你。你爱我”为例，语言就选取联合国的工作语言，按形态复杂程度排序为：

a. 俄语：ялюблютебя. тылюбишьменя.
b. 西班牙语：Yo te amo，tu me amas.
c. 德语：Ich liebe dich. Du liebst mich.
d. 法语：Je t`aime. Tu m`aimes.
e. 阿拉伯语：. اناأكبحاكلبحاي.
f. 英语：I love you. You love me.
g. 汉语：我爱你。你爱我。

这证明了语法就是语言结构的形式规则，不同的语言有不同的语法规则。俄语、西班牙语、德语、法语、阿拉伯语、英语等都以形态变化为主，同一个词充当不同的句子成分有不同的形式。而阿拉伯语形态变化则与这些不同①，汉语没有形态变化，主要依据语序与虚词。结论是：“我爱你。你爱我。”形态复杂程度排序为：俄语6个词 > 西班牙6个词 > 德语6个词 > 法语5个词 > 阿拉伯语5个词 > 英语4个词 > 汉语3个词。

1.2 华文作为母语与二语

华文作为母语的语法教学。华文母语者的语法教学是“淡化名词术语的记忆”，因为母语者是在已经掌握华文的情况下进行规范的书面语教学，因此强调复杂句子的

---

① “书写”这一概念的词根，其基本音素是k—t—b3个辅音，填进不同的元音或附加词缀后，构成Kataba（即他写了）、Yaktubu（即他正在写）、Uktub（即你写！命令式）、LamYa ktub（即他未写）、LaYaktubu（即他不写）等各种派生动词，又可构成Katib（即书写者、作家、文书）、Maktub（即被书写的、书信、文章）、Kitab（即书、经、作品）、Maktab（即书房、办公室、书桌）等各种派生名词。由以上派生动词和名词又可继续演变出意义相同而人称和性、数各异的诸多词汇。

正确输出，舶来的各种名词术语就成为语法教学的主要内容，以及语法单位、词类、句子成分、结构分析、句型、句类、句子分析、修辞手法等，就成为语法教学的全部（邵敬敏主编．现代汉语通论［M］．3版．上海：上海教育出版社，2016）。

华文作为二语则是要强化语法教学。这种“强化”是在默认状态下存在的。就华文学院汉语系的本科教学来说，二年级开设的六门课①中华文语法教学处于枢纽地位。因为在各种课程中都要根据课文穿插相应的语法点、语法术语、语法知识、语法结构和语法分析。而作为一门理论课，语法概要则需要一种更为有效的教学视野和教学方法才能总括综合课、各种技能课上出现的要点、术语、知识、结构、分析和概括，这既是任务，也是挑战。

1.3　华文的语法规则

汉语语法跟前面的所有语言不太一样：一个词充当不同的句子成分没有词形变化，词类跟句子成分也并不一一对应。如名词“星期一”，可以充当主、谓、宾、定、状、补各种成分，这在其他语言自然中是很少见的。如：

a. 星期一是10月1号（主）。
b. 今天星期一（谓）。
c. 10月1号是星期一（宾）。
d. 星期一的时候你再来吧（定）。
e. 我们星期一再去（状）。
f. 他生于星期一（补）。

因此可以总结出一条汉语的语法规则：汉语的词类与句子成分并非一一对应，而是一对多。

汉语语序非常重要。因为汉语的词没有形式变化，在句子中充当什么成分、具有什么词性不能从形式上分辨，唯一的办法就是从语义与位置上分辨。因为语义情况比较复杂且没有形式标记，因此语序是相对客观与容易辨识的。如：

a. 语　妈　我　习　爸　妈　要　爸　学　汉→爸爸　妈妈　学习　汉语　要　我→我要爸爸妈妈学汉语。/爸爸妈妈要我学汉语。

b. 东　华　门　院　学　文　住　我　在→华文　学院　东门　住　我　在→我

① A. 综合课。所用教材为《发展汉语》，北京语言大学出版社。B. 听说课。教材《汉语听说教程》，北京语言大学出版社。C. 阅读课。教材是《汉语阅读教程》，北京语言大学出版社。D. 写作课。教材是《汉语基础写作》，北京大学出版社。E. 语法课。教材是《汉语分级教材·语法篇》，暨南大学出版社。F. HSK词汇语法课。教材是《HSK词汇语法讲义》，自编。

在华文学院东门住。/我住在华文学院东门。

c. 天　常　高　非　兴　今　我→今天　非常　高兴　我→我今天非常高兴。/今天我非常高兴。

因此，可以总结出第二条语法规则：汉语的语序就是汉语语法规则的体现。

汉语的虚词也非常重要。如：

第一，用与不用。

a1. 广州大学。/b. 广州的大学。

a2. 他在非常努力学习。/b. 他在非常努力地学习。

a3. 高兴跳起来。/b. 高兴得跳起来。

a4. 他吃饭。/b. 他吃着饭。

a5. 他吃饭看电影。/b. 他吃了饭看电影。

a6. 他去那个地方。/b. 他去过那个地方。

a7. 我杯子拿起来。/b. 我把杯子拿起来。/c. 杯子我打破了。/d. 杯子被我打破了。

a8. 我妈妈说你不要去。/b. 我对妈妈说你不要去。

a9. 你什么时候去北京？/b. 你什么时候去的北京？

第二，用这个还是用那个。

a1. 他高兴地跳起来。/b. 他高兴得跳起来。

a2. 他吃着饭看电影。/b. 他吃了饭看电影。

a3. 他结了婚。/b. 他结过婚。

a4. 小李把小王打了。/b. 小李被小王打了。

a5. 小李八点就来了。/b. 小李八点才来。

a6. 小李来了吗？/b. 小李来了吧？

因此，可以总结出第三条语法规则：汉语的虚词用与不用、用这个还是用那个也是汉语语法规则的体现。

除此之外，还要能够回答为什么是这样而不是那样。如：

a1. 秋天了，天气凉了。/a2. 星期一了，该上课了。/a3. 中上班了，该好好学习了。

b1. *高山了，深水了。/b2. *桌子了，椅子了。/b3. *同学了，老师了。

这表明，一般名词是不能用动态助词“了”的，但那些指称有变化情况的名词可用“了”，因为“了”是表达出现了新情况的。汉语的语法规则可以解释一些语法现象为什么是这样而不是那样。

那么，汉语的语法规则就是：①词类与句子成分不一一对应。②语序。③虚词。符合科学性的汉语语法规则具有实用性、针对性、逻辑性，能够解释为什么会存在这种句子结构。

1.4　华语语法教学总体设计

1.4.1　实用性与针对性取舍设计

①动作 A.【动】全身或身体的一部分的活动：这一节操有四个 ~/~ 敏捷。B.【动】活动、行动起来：弹钢琴要十个指头都 ~。动词的方向性与匹配词：顺向与反向。②行为：受思想支配而表现出来的活动：~ 不端/揭露不法 ~。③介词：帮助名词说明谁的。④助词：帮助名词说明谁的、怎样的、怎么来的；帮助动词、形容词、说明情况的词。⑤实例：

“对于”与“关于”.

a. 形式化比较。SVO：我很满意小王。→对于 OSV：对于小王我很满意。S 对于 OV：我对于小王很满意。关于 XSVO：关于小王我们有很多看法≈我们有很多关于小王的看法。

b. 符号化比较。对于→·关于＜⊙。

c. 跨语言比较。对于：to。关于：about。

1.4.2　词类教学的趣味性设计

数词：

王先生有 1.8 米高，他有一位妻子和两个儿子。他的第一个儿子今年 20 岁；小儿子十七八岁。他的岁数是大儿子岁数的 2.5 倍，妻子是他岁数的 9/10。他妻子比他小几岁？

这将所有数词类型如基数、序数、约数、倍数、小数、分数等都囊括进来了。

1.4.3　名词术语解释的针对性设计

短语：就是词组，两个在意思上、语法上相合的词的组合。如“学习汉语”而不说“很汉语”。

1.4.4　偏误分析的趣味性设计

在厄瓜多尔卖书的时候我结识了一个男生。他的姓名是王大风。那时他十一岁，我们的在同一个教堂学习。他刚从西班牙来的，父母也是西班牙人。刚认识的时候我们两个一句话都没聊。有一天，在教堂上课的时候，我忘了带那一天的英语书和其他材料。他忽然向着我间："要不我们合用我本书"，我二话不说地答应了他。从此，我们两个的关系近起。他对理学有趣，我对数学有趣，我每天下课后在路上讨论数学和理学在那个方面是相同的或相反的。我们已毕业了高中一年了，各位同学去别的处所上大学。我明知每人有自己的事情，然而我只希望以后我们两个再集聚。

（注：有偏误）

不是一句一句纠偏而是从实用、针对、交际角度找出不足、讨论纠偏、集聚共识，以达到学习目标。

2　小处着手看初级阶段"的"教学取舍

2.1　初级阶段

初级阶段就是一年内这段时间，一般认为在初级阶段不适合专门讲语法（王还，1995；刘月华，1988/1991；陆俭明，1998/1999 等），宜采用"点对点""一对一"的方法，以答问为主，且一个问题只对应一个语法原则。

如结构助词"的"的教学，就应当注重实用性和趣味性，而关注针对性和交际性，所言应当符合科学性和普遍性，即重在实用性、趣味性，注意针对性、交际性，符合科学性、普遍性。

2.2　教学指导思想

汉语母语语法教学原则是："管用"就是语法规则覆盖面广，"精要"就是语法规则数量不多，"好懂"就是语法规则不复杂、学习起来容易（周静，2010）。这些原则在华语教学中有借鉴意义，但不宜照搬。如把母语教学的要求调整为倾向性选择适应。

科学性：规则符合华文语法实际，符合母语者语感。实用性：用华文语法规则造句，正确率高，符合交际实际。普遍性：规则覆盖面广，按规则演绎类推，例外不多。针对性：学习者学华文语法，重点突出、难点突破，规则简单明了。

按对象、分阶段、照计划科学地、实际地、有针对性地进行华文语法教学，以提高华文水平为目标。与此同时，还应当有交际性和趣味性，紧扣实际生活，用生动形象的例子激发学生好奇心和满足其求知欲。

在主流教科书的基础上，按实用性和针对的目标给出适应学生实际的教学。如：

①名词是说人、东西、事情、地方、时间、抽象等名称的词。②动词是表示动作行为等的词。③形容词给人、东西、事情分类（性质），或是什么样子的（状态）的词。④数词是表示数的词。⑤量词是表示人、事、动作的存在情况的词。⑥代词是有替代名动形等作用的词。⑦副词是用在动词或形容词前面，表示动作或（什么样子）状态的时间、程度、范围等的词。⑧介词是把名词、代词介绍给动词，说时间、地

点、方向、目的等。⑨连词是连接词、短语或句子的词。⑩助词是帮助名词、动词、形容词等标明关系或动态的词。⑪叹词是表示感叹的词。⑫拟声词是模拟声音的词。

这就是凸显了实用性与针对性的教学方法，并未像主流教科书那样执着于概念术语，而以学生接受度为标准，降低术语的难度而增加效度，实现可接受度高的目标。

2.3　助词“的”教学的实用性与趣味性

在借助图片、音像资料基础上，贯彻实用、针对原则，用实例来印证解说“的”的作用。尽管教材编写与教学过程中都注意由浅入深、由表及里、由此及彼的程式，但在教学中要真正实现实用与有趣，还是需要“重点要突出、难点要突破”，就是要目的明确地比较以及有新鲜、生动的例子。这背后就是实用性与趣味性的体现：将结构助词“的”的复杂用法简单化、生活化。如：

第一，比一比看一看。

a. 我/小王的书　b. 黄黄/漂亮的书　c. 买/借的书

小结：“书”前加“我/小王”明确了“书”属于谁；前加“黄黄/漂亮”明确“书”是什么样子的；前加“买/借”明确了“书”的来源。因此“X”+的+“书”就能帮助人们明确“书”的所属、样子、来源等。

第二，判断对与错。

a1. 我妹妹　a2. 我们学校
b1. 我东西　b2. 我的东西
c1. 漂亮妹妹　c2. 漂亮的妹妹

第三，怎么说。

a. 我来了中国时间10个月，所以现在我汉语不太好。
b. 我愿意我的汉语口语流利地，所以我正在努力地学习汉语。

a、b都存在偏误。a“来了中国时间10个月”语序不对，有“所以”无“因为”原因结果不对应，“来中国”与情况“汉语不好”关系不明，“我汉语”缺少虚词“的”。b“我愿意我的汉语口语流利地”缺少行为，有“所以”无“因为”关系不明，“汉语口语流利地”语序和虚词不对。a、b正确表达应当是：

a. 因为我来中国只有10个月的时间，所以我的汉语不太好。
b. 因为我想有一口语流利的汉语，所以我正在努力学习。

3 具体与抽象中级阶段“的”教学取舍

3.1 中级阶段

中级阶段指本科二年级至三年级。易学从另一个角度概括大纲要求，从习得者角度考虑如何更有效地掌握相关的知识，并把知识变为技能。这需要在整体把握语法要点的同时具备可操作性。一般认为在中级阶段虽不适合专门讲语法，但应当“顺势而为”，以问答和点拨为主，而且可以多个问题对应相应的语法原则。如结构助词“的”的教学，就应当注重针对性和交际性，而关注科学性和普遍性，所言应当符合实用性和趣味性，即重在针对性、交际性，注意科学性、普遍性，符合实用性、趣味性。

3.2 具体与抽象方位比较的科学性问题

运用比较法，例如具体方位与抽象方位的教学。

具体方位中英俄文比较：

桌子上 on the desk【上面】Настоле
桌子中 in the desk【中间/里面】Встоле
桌子下 under the desk【下面】Подстолом

抽象方位中英俄文比较：

学习上 while studying【方面】вовремяучёбы
思考中 thinking【正在】вразду мьях
帮助下 with help/sb’help【条件/情况】спомощью/счьей－топомощью
到这里来学汉语，在老师和同学的帮助下，我的进步很大。
I have made great process after coming here with the help of my teachers and classmates.

在中级阶段凸显针对性与交际性，在高级阶段凸显科学性与普遍性。

3.3 助词“的”总体认知

根据大纲要求可将助词“的”概括为4个要点①：

（1）“的”是助词，主要帮助名词组成词组（小王的书）。

（2）由“的”组成的词组，“的”后面的名词可不出现（小王的）。

（3）由“的”组成的词组在句子中充当定语（我看见了小王的书）（4种情况）。

（4）汉语中有“是……的”句型（书是小王的）。

将这4个要点再进一步概括为：“的”就是构成“修饰+的+中心”结构表达以限制或修饰为主的偏正关系。最终落实到教材中就确定为：“的”用来构成定中结构，如“我的书”“小王的朋友”“漂亮的小王”等，这里“的”表示定中关系，可精当地表述为：帮助明确人或物的所属、样子、来源等（见表1）。

表1 定中关系的构成与“的”

分类（谁的）名/代+的+名	描写（如何的）形+的+名	分类（如何来的）动+名+形
我的书	漂亮的书	买的书（比较买书）
小王的书	厚厚的书	借的书（比较借书）
图书馆的书	很好的书	丢失的书（比较丢了书）

3.4 助词“的”教学的针对性与交际性

中级阶段要落实精当原则，精当就是要概括语法原则的最核心部分，而不纠缠术语定义和细节。这表现为两点：

一是语法概括要精当。如“的”在两词之间，前面的词语修饰后面的词语，前后是定语与中心语的关系。

---

①《汉语水平等级标准和等级大纲（试行）》（1994）中的“甲级语法项目简介”有4项。

A. 词类：a. 结构助词：的、地、得；b. 动态助词：了、着、过、呢；c. 语气助词：吗、呢、吧、啊；d. 其他：等。

B. 词组：“的”字词组：中文的、蓝的、用的、卖菜的。

C. 句子：定语：a. 名词、代词、数词、名词或名词词组作定语；b. 形容词、形容词词组作定语；c. 动词、动词词组作定语；d. 主谓词组作定语。

D. 句型：几种特殊句型“是……的”句。

a. 当某一动作已在过去实现或完成，要强调动作的时间、处所、方式等，就用这种格式。否定式为“不是……的”。

b. 这种格式多用来表示说话人的看法、见解和态度。“是”和“的”在句中起加强语气的作用。否定式是把“是……的”中间的部分改成否定形式。（吕文华，1994）

二是语法意义的概括要区别性强。如“的”的语法意义可分为两类。如①：

a. 我是A班的学生。这是我们的老师。（马箭飞，等．汉语口语速成·入门篇（上）［M］．2版．北京：北京语言出版社，2005：46－47）

这就是贯彻精当原则，先将“的”的定语作用展示出来，然后涉及出现频率最高的领属关系：“A班的学生”即“学生是属于A班的”，“我们的老师”即“老师是我们的”。再将其语法点进行说明。如：

b. 定语主要修饰名词。代词、名词作定语表示领属关系时，后面要加结构助词“的”，如“我的书、保罗的词典”。中心语是亲友或所属单位时，可不用，如“我爸爸、我朋友、我们班”。名词定语说明中心语性质，一般也不用，如“汉语书、德国人”（同例a，第46－47页）。

其后对紧接着出现的表强调的语气词“的”就没有涉及，只有例子没有解说。如：

c. 我们学校留学生挺多的。

此后严格贯彻此思路，对“的”的省略，没有提及。如：

d. 注意“我身体很好”跟“我的身体很好”的意思差不多，但前者比后者更常用。（同例a，第53－54页）

在解说“的”字结构时也不枝蔓。如：
“的”字结构，名词、人称代词、形容词等后边加上“的”，可以组成“的”字结构。“的”字结构使用起来相当一个名词。如：

e. 这本书是西蒙的。（西蒙的＝西蒙的书）
f. 大的三块钱一斤。（大的＝大的橘子）
g. 这是今天买的。（今天买的＝今天买的书）（同例a，第107－108页）

① 你们好，认识你们很高兴。我来介绍一下儿，我是德国留学生保罗，我学习汉语，我是A班的学生。这是我们的老师，那是我朋友西蒙和李英男，他们也是留学生。他们都不是德国人，西蒙是法国人，李英男是韩国人。［6《我来介绍一下儿》同正文例（5）P46－47］

3.5 小结

“的”用在定语的后面。可以有三种情况：

定语是指人的名词或人称代词，中心词和前边的动词合起来表示一种动作，意思是这个人是所说的动作的受事（开他的玩笑）。

（1）用来造成没有中心词的‘的’字结构，代替上文所说的人或物（这是我的，那才是你的）。指某一种人或物（男的、送报的、我爱吃辣的）。“的”字前后用相同的动词、形容词等，连用这样的结构，表示有这样的、有那样的（推的推，拉的拉；大的大，小的小）。

用在谓语动词后面，强调这一动作的施事者或时间、地点、方式等（谁买的书），这个用法限于过去的事情。用在陈述句的末尾，表示肯定的语气（这件事儿我知道的）。

（2）运用。建立一个“的”使用的网络系统。在这一系统中综合考虑“的”用法的规律性与差别性。

（3）在易学原则制约下助词“的”的教学。

对以上现象在作了如此归纳以后，还需要说明使用的条件和语境。在教学过程中对“的”这一语法项目教学也应注意落实精当原则，如建立一个“的”使用的网络系统。如：

a. 有一个男孩子我很难忘记，他是一个印尼华侨男孩。

b. 我看到动物园熊猫很可爱，它长很胖。

a与b都存在偏误。正确的应当是：

a. 有一个男孩子我很难忘记，他是印尼华侨。

b. 我看动物园的熊猫很可爱，它胖胖的。

原因是误加了“一个……男孩”，因为前面出现过了，后面就不应当紧接着再出现，其中“一个……男孩”应当去掉。

4 两性冲突与高级阶段“的”教学取舍

4.1 高级阶段

高级阶段指全日制本科三年级到四年级或更高的阶段。“管用”就是能在演绎过程中尽量避免出现错误，且有针对性地进行教学。这时是针对语用失误（pragmatic-failure）和偏误（errors）的，而不仅仅是其中的一种。这需要全面描写“的”的用法，补充完善前面学过的简单内容。

如结构助词“的”的教学，就应当注重科学性、普遍性，而关注针对性、交际性，所言应当符合实用性和趣味性，即重在科学性、普遍性，注意针对性、交际性，符合实用性、趣味性。

4.2 实用性与针对性

语言规则的使用大概有两种模式：归纳模式和演绎模式①。归纳模式是将一系列语言现象归纳为几条可以把握的规则。演绎模式是应用规则造出合格的句子。到了高级阶段已经不限于定语、语气等方面的偏误，而是表现在语篇中了。如：

a. 对我来说，我的那个朋友具有积极性格这是我没有的、需要的东西。（具有开朗的性格）

b. 他的性格跟别的同学不一样，于是很多同学对他的关心特别多。（于是很多同学对他特别关心）

c. 从这两个方面看，我觉得集中精力和选择学习方法是很重要，它们和学习效率有很大的关系。（最重要的是集中精力……）

d. 可是也有可能一个人在一个地方只有一个人住的。（也可能一个人在一个地方只有他一个人住）

e. 他说：“我每天一个小时打篮球，一个多小时看电视，十个小时睡觉，四个小时真正地学习，后来考上大学了。”（每天打一个小时的篮球，看一个多小时的电视，睡十个小时的觉，真正的学习只有四个小时）

f. 从科学方而来说，我们能维持集中力的时间至多50分钟。按照这个证明，大部分的学校都安排上课时间，北京大学也不例外。（我们精力能连续集中的时间最多只有50分钟，大部分学校都据此安排上课时间……）（辛平，2001）

a是词语匹配的偏误当现而未现“的”。b是涉及对象的行为与指称没分清。c最佳是应用强调结构“是……的”结构。d不应该强调。e不会应用“报账式陈述”描述一天的时间安排。f用“的”构成的句式不紧凑，凸显的焦点也不准确。

4.3 “的”科学性与普遍性概括

要让学生理解掌握语法规则，自己去应用类推。这时的规则具有科学性、普遍性，能够演绎出正确有“的”字的句子，即“用有限的规则演绎出‘无限’的正确的句子”。

---

① “是……的”句强调说明已经发生的动作的时间、地点、方式等。“是”放在要强调说明的部分的前边，“的”放在句尾。例如：A. 我是上个月去的。B. 第一次是在全聚德吃的，第二次是在学校附近的饭馆吃的。C. 我不是坐车去的，我是骑车去的。如果动词后面有宾语，宾语又是名词，“的”也可以放在宾语前边。如：D. 我是上个月去的香山。E. 我和我朋友是在全聚德吃的烤鸭。

采用演绎模式。这时的学生已经掌握了不少汉语的语法规则，词汇量也积累到了一定的程度。到这一阶段实施演绎的条件已经成熟，就应该对此有深刻的体会，在此基础上突破难点。重难点根据学生实际，在教学中自然而然地跟学生一起在比较中进行分析、归纳和总结，而不是先给出定义然后进行讲解。总之要落实“精当”原则，只讲最典型的、出现频率最高的句法现象而不要面面俱到。“管用”原则所提的要求既是最终目标，也是整个“的”教学的核心。可按是否为句首、句尾“的”的三个原则概括如下：

（1）针对性趣味性“定中”。

①分类：我的书（谁的）。

无中心词：a. 我的（代替上文出现过的）；b. 男的（指某一类人）；c. 推的推，拉的拉（有这样的有那样的）。

②描述：漂亮的书（怎样的）。

③来源：买的书（怎么来的）。

（2）实用性交际性。

①动作与受事：开他的玩笑（一个动作：开玩笑）。

②有中心词→强调：谁买的书（强调施事者或时、地、方式等，此用法限于过去的事情）。

③语气：这件事儿我知道的（用在陈述句的末尾，表示肯定的语气）。

（3）科学性普遍性。

①句中。a. 是+代+的+名：今天开会是你的主席（取得这个身份）。

b. 代+的+名：你的主席我的记录（你当主席）。

②句尾：之类：a. 破铜烂铁的，他捡来一大筐；b. 闲言碎语的（等等）；c. 孩子们有说有笑的（状态）。

③在数量中间。

a. 表示相加：两个的三个一共五个。

b. 表示相乘：五米的三米，合十五平方米。

5 结语

华文语法教学遵循科学性底线、逻辑性纲领、普遍性准绳、系统性基础，贯彻起来以实用性为基础、趣味性为抓手、针对性为选项、交际性为目的。

参考文献

［1］曹慧．从留学生作文谈篇章层面的词汇问题［J］．语言文字应用，2002（2）．

[2] 侯学超．现代汉语虚词词典［M］．北京：北京大学出版社，1998.

[3] 华萍．关于“暂拟系统”的几个问题［J］．语文教学与研究，1981（3）.

[4] 金立鑫．词尾“了”的时体意义及其句法条件［J］．世界汉语教学，2002（1）.

[5] 金立鑫．试论“了”的时体特征［J］．语言教学与研究，1998（1）.

[6] 竟成．关于动态助词“了”的语法意义问题［J］．语文研究，1993（1）.

[7] 竟成．汉语的成句过程和时间概念的表述［J］．语文研究，1996（1）.

[8] 李讷，等．已然体的话语理据：汉语助词“了”［C］//戴浩一．功能主义与汉语语法．北京：北京语言学院出版社，1994.

[9] 戴浩一．功能主义与汉语语法［A］．北京：北京语言学院出版社，1994.

[10] 李铁根．“了1”“了2”区别方法的一点商榷［J］．中国语文，1992（3）.

[17] 李英哲，等．实用汉语参考语法［J］．北京：北京语言学院出版社，1990.

[18] 刘勋宁．现代汉语词尾“了”的语法意义［J］．中国语文，1989（5）.

[19] 刘勋宁．现代汉语的句子构造和句尾“了”的语法意义［J］．语言教学与研究，1999（3）.

[20] 刘勋宁．现代汉语句尾“了”的来源［J］．方言，1985（1）.

[21] 刘月华．动态助词“过1”“过2”“了1”用法比较［J］．语文研究，1988（1）.

[22] 刘月华．关于动态助词“了”的分和问题［C］．美国中文教师学会（华盛顿）年会论文，1991.

[23] 刘月华．关于中文教材的一些思考［C］．第七届汉语国际教学大会论文集，2002.

[24] 刘月华，等．实用汉语语法［M］．北京：商务印书馆，2005.

[25] 陆俭明．关于开展对外汉语教学基础研究之管见［C］．第六届汉语国际教学大会论文集，1999.

[26] 陆俭明．对外汉语教学中经常要思考的问题［J］．语言文字应用，1998（4）.

[27] 吕必松．吕必松自选集［M］．郑州：河南教育出版社，1994.

[28] 吕叔湘，等．现代汉语八百词［M］．北京：商务印书馆，1980.

[29] 吕文华．对外汉语教学语法探索［M］．北京：语文出版社，1994.

[30] 屈承熹，纪宗仁．汉语认知功能语法［M］．哈尔滨：黑龙江人民出版社，2005（1）.

[31] 石毓智．论现代汉语的“体”范畴［J］．中国社会科学，1993（6）.

[32] 孙德金．外国学生汉语体标记“了”“着”“过”习得情况的考察［J］．汉语学报，2000（2）.

[33] 王还．对外汉语教学语法大纲［M］．北京：北京语言学院出版社，1995.

[34] 辛平．对11篇留学生汉语作文中偏误的统计分析及对汉语写作课教学的思

考［J］．汉语学习，2001（4）．

［35］杨素英，黄月园，孙德金．汉语作为第二语言的体标记习得［J］．Journal of Chinese Language Teacher Association，1999（34）．

［36］张黎．“界变”论——关于现代汉语“了”及其相关现象［J］．汉语学习，2003（1）．

［37］周静．对外汉语语法教学中三原则与三模式的对应［C］//许嘉璐．第九届汉语国际教学研讨会论文选．北京：高等教育出版社，2010．

［38］周一民．中学语法教学的原则和策略［J］．语文建设，2008（2）．

［39］朱德熙．北京话、广州话、文水话、福州话里的“的”字［J］．方言，1980（3）．

［40］朱德熙．自指与转指——汉语名词化标记“的、者、所、之”的语法功能和语义功能［J］．方言，1983（1）．

［41］《第六届国际汉语教学讨论会论文选》编辑委员会编．第六届国际汉语教学讨论会论文选［C］．北京：北京大学出版社，2000．

【作者简介】

杨海明，暨南大学华文学院教授，主要研究现代汉语语法及其与教学。Email：yanghaiming@ hwy. jnu. edu. cn。

现代汉语正反问句式的语法化与华语文教学语法

［中国台湾］周美慧
（台北教育大学华语文教学研究所）

引言

含“吗”的是非问句以及反复问句，是初级华语学习者最先学到的句式之一，其语意与交际功能大致相当。但若是换成初级学习者最容易学会的动词“是”，情况就会有很大的区别，初级学习者很容易在此搞混用法。正反问句的句式相当繁复，且有语用上的差异，对于初级学习者容易造成困扰。

现代汉语中“是否＋V（N）P”句式，一般认为是古代汉语的句式的遗留，部分仍存于现代方言中。现代汉语的“是否”句式为正反问句，有很多不同的形式表现，其“是不是”“是否？／（是否是）”或是“是不？”等多样的句式表达，也显示出此句式的多样表达。

现代汉语的是否句式为正反问句，有很多不同的形式表现，以是否句式占绝大多数，且其“是不是”“是否？／（是否是）”或是“是不？”等多样的句式表达，也显示出此句式的多样表达。

本文以侧重阐述“是否”这一疑问句式，其句式之间的改变以及词义之间的改变与相对应的语境功能影响，在此基础上，探寻之间差异的成因；着重此句式的古代汉语口语数据中表达方式及类型，以及新出现的句式联系现代汉语的表达方式，凸显其在汉语史中的地位或作用。

将正反问句句式的来源及差异，聚焦于疑问和焦点这两个范畴，讨论疑问的表达手段以及焦点的表现形式对正反问句表达功能的影响，并应用于华语文教学语法上层次的构架以及教材编纂上的建议。

1　“是否”疑问句式的历史来源及成因

“是否”的两个语义类型。一为对或错，表反义并列，如苏轼《申省乞不定夺役法议状》：“乞取孙尚书及轼所议付台谏给舍郎官定其是否，然后罢其不可者。”二为对不对、是不是，表示然否的疑问副词，如《二十年目睹之怪现状》第二十二回：“我未曾到过外国，也不知他的说话是否全靠得住。”在此我们讨论的是表示然否的疑问副词。

现代汉语“是否＋V（N）P”句式，一般认为是古代汉语的句式的遗留，部分仍存于现代方言中。一般很少找到宋代之前的例证。在此我们以宋代口语特色作品为主，强调疑问句式的表达特点，以及联系现代汉语的“是否”正反问句句式，有很多不同的形式表现。

1.1　**唐宋代禅宗语录口语表正反疑问句式的类型与特色**

1.1.1　《祖堂集》表正反疑问句式“是否?”句式

在《祖堂集》中，并没有发现表正反疑问句式“是否?”句式，在选择问句上，《祖堂集》有“KVP那作麼?”，仅见“V（是）＋不/也无?”问句，共有8例。此句相同相似的意义，在50年后的宋代语录体《景德传灯录》中却被改为“是否?”句式①。

沩山问师：“承闻长老在药山，解弄师子沩山问曰：是否?”师曰：“是。”（《祖堂集》）

沩山问曰：“承长老在药山弄师子，是否?”师曰：“是。”（《景德传灯录》）

另发现《祖堂集》中有“是不是”句式，共有以下两例：

充天布纳到韶山，韶山勘曰：“闻你有充天之气，是不是?”对曰“不敢。”

问：“如何是心?”师云：“是则第二头。”云：“不是如何?”师云：“又成不是头。”僧曰：“是不是，总与摩时作摩生?”师云：“更多饶过。”

这两例都在同一段落中，一为句末疑问，一为句首表疑问，十分特殊。

1.1.2　《景德传灯录》表正反疑问句式“是否?”句式

“是否?”句式出现了32次。所陈述的绝大多数为已知之事，接着以正反疑问句式“是否?”对之前陈述的命题进行提问，答话者对其进行证实或确认；答话可直接用“是”“然”来作肯定回答。比较特别的问句形式为“莫便是否?”。

表1　《景德传灯录》表正反疑问“是否?”句式类型分析

句式	次数
答语为“是”的“T是否?”句式	9次
答语为“然”的“T是否?”句式	3次“然”相当于“是”

---

①《祖堂集》句式在《五灯会元》中的改动，疑是编者有意对“KVP那作摩?”这种方言问句作了删改。（参张美兰《论宋代禅宗语录的语言特色：从〈祖堂集〉与〈五灯会元〉语言的风格差异入手》）“是不/也无?”中的“不”“也无”中是带有当时南方（闽南一带）方言口语特征的疑问词（“不”可能属于当时通语中常用的疑问词），将口语系统的“是不?”“是也无?”改为属于书面语系统的句式“是否”，疑是编者有意的举动。

（续上表）

句式	次数
答语为“不敢”的“T 是否?”句式	2 次
答语为“斩”的“是否?”句式	1 次
前四类都是证实且肯定其态度及命题内容真实性，回答不敢是谦虚的态度	
答语为复杂的结构类型	15 次
没有回答句，仅有相关陈述	2 次

试举一类，其答语为“是”的“T 是否?”句式。

药山乃又问：“闻汝解弄师子是否。”师曰：“是。”曰：“弄得几出?”师曰：“弄得六出。”曰：“我亦弄得。”师曰：“和尚弄得几出?”曰：“我弄得一出。”师曰：“一即六六即一。”师后到沩山。沩山问曰：“承长老在药山弄师子是否?”师曰：“是。”曰：“长弄耶还有置时。”

1.1.3　《五灯会元》中表正反疑问句式的五种类型

句式主要包括“是否?”“还是否?”“是不?”“得否?”“还得也无?”五种形式。我们将焦点放在本文关切的“是否?”问句形式（主要关切“是否?”“还是否?”“是不?”三种句式差异）。

“是否?”句式出现了 66 次。一般来说，发问人常以“承闻”“远闻”“弟子我闻”“古人道”等开头陈述一个命题，其所陈述的绝大多数为已知之事，接着以正反疑问句式“是否?”，对之前陈述的命题进行提问，答话者对其进行证实或确认；答话可直接用“是”“然”来作肯定回答。

表 2　《五灯会元》中表正反疑问“是否?”类型分析

句式	次数
答语为“是”的“T 是否?”句式	25 次
答语为“然”的“T 是否?”句式	4 次
答语为“不敢”的“T 是否?”句式	5 次
肯定其态度及命题内容真实性	
答语为“无”的“是否?”句式	1 次

夹山问：“远闻和尚念观音，是否?”师曰：“然。”（《华林善觉禅师》卷三）

公问："此事人人有分，个个圆成，是否?"清曰："然。"（《侍郎张九成居士》卷二十）

"还是否?"句式，仅出现1次，疑问副词"还"，相当于"是否?"。

师曰："人人传使君读万卷书籍，还是否?"曰："然。"（《归宗智常禅师》卷三）

"是不?"句式，出现2次，且皆出于《投子大同禅师》。其先前的T命题是对事物的论断。

问："一切声是佛声，是不?"师曰："是。"（《投子大同禅师》卷五）
问："粗言及细语，皆归第一义。是不?"师曰："是。"（《投子大同禅师》卷五）

1.2 疑问表达手段与疑问焦点

疑问（interrogation）和焦点（focus）是两个重要的语法范畴。疑问从功能语法的角度来看，是一种交互性的语言行为，典型的交互式话语形式就是由一问一答构成的。(张伯江，2005)

关于现代汉语正反问句中的疑问焦点，较早的研究是汤廷池（1984）和林裕文（1985）。汤廷池（1984）将正反问句与是非问句作对比，指出是非问句提出一个肯定或否定的命题来表示问话者的认定或假设，并要求对方同意，但是对于命题内容的"信息焦点"或"疑问焦点"没有交代清楚，因此是非问句可以用判断动词"是"来加强其信息焦点或疑问焦点。

正反问句没有提出这种认定或假设要求对方同意，而是提出正反两方面的可能性要求对方选择，选择事项（即"X不X"）是正反问句的疑问焦点，因此正反问句不能再用判断动词"是"来加强其他的疑问焦点。

根据前述禅宗语录所标示的正反问句句式的多样类型，似可联系现代汉语中多样形式的来源，深究其答句的疑问及焦点，我们可以归纳出其特色为：

第一，T多为长句，为提问者的命题内容，结构相对复杂，宾语多由一个较长的主谓短语充当。回答句多简短，肯定居多。相对而言《五灯会元》所收录的例句数量以及类型都是比较丰富的。

第二，疑问焦点在句末，但疑问焦点所关涉的语义内容在于提问者的命题T的宾语。

第三，从语用上来看，多是发话人提出一种疑问或传闻，向听话人求证其真实性。

2 《朱子语类》

《朱子语类》共出现108处，皆于句末，表然否?（是不是）的疑问语气。回答句皆为肯定前所提出之疑问。

"克己复礼"，不是克己了，又复礼。只克去己私，便是礼。有是有非，只去了非，便是是。所以孔子只说非礼勿视听言动。只克去那非，便是礼。

曰："吕铭'痒疴疾痛，皆切吾身'句，是否?"曰："也说得，只是不合。将己对物说，一篇意都要大同于物。克，只是克这个。孔子当初本意，只是说克自己私欲。"（《朱子语类》卷四十二）

3 现代汉语"是否/是否（是）+VP"是不是? 是不? 疑问句式的历史推因

"是否?"句式于明代偶有使用，且"是否"一词已渐渐凝结成一个词的倾向。清代则已经成为固定结构，有"是否 + NP""是否+VP"两种用法，由句末疑问转为句中（或置于主语后），但是一般不用于疑问句，而是于陈述句中作为一个句子成分。

不知来者是否彩云，且听下回分解。（《孽海花》第七回）

"是否?"后接VP的句式，在现代汉语书面语中，还常常可以见到当疑问句式使用①。但如上句后接NP的句式，则在现代汉语中已渐渐消失。实际上，"是否"一词，已逐渐被语义和语法功能相当的"是不是"所取代。"是不是"可做附加问句；也可用于"是不是 +VP"和"是不是 +NP"的结构，在句中位置；还可以位于句首，表示反问语气。

"是否+VP"的复杂化，是促使此一句式消长的主要动因。正反问句中的"VP"在发展的过程中，多为动词或动词短语，后来还出现了形容词，在句中充当谓语成分。用"否"来表示其否定的一面，在VP之后，相对而言，在此结构松散，不容易看出正反疑问句式的特点。宋代禅宗语录《五灯会元》"T是否?""T得否?"句式就是在这一情况下出现的。否，或者脱落，或者虚化，或者出现新的句式（"是不是"句式）来弥补。

---

① 搜寻"平衡语料库"中"是否"一词。有4 057例都是当副词使用，位置在句中。另"是不"一词则是无法找到，推测可能是因为词条设定的问题。仔细将是字句分析之后，可以得出5例"是不?"例句。一般认为"是否""是不?"多为书面语上的使用。

在命题上，正反疑问句式由正反两个论域，即提问者先给出一个命题，然后用“是”和“否”并列提问，对命题的正确性与否作出询问。肯定的回复为肯定前面所提问的命题，否定则有否定整个命题或是否定 VP 的两种差异。

“是否”句式中，疑问点后移，十分类似于附加问句，在此的提问及回应则有助于突出疑问焦点。

4 现代汉语表正反疑问句式类型分析

搜寻现代汉语平衡语料库的语料，表正反疑问句式总计有三种类型。

4.1 “是否（是否是）+VP?”句式

搜寻关键词“是否”，当副词使用，总计有4 057例。大多于句中使用，表疑问语气，后接问号。

私人机构是否真能在此一经营目的之下开发游憩资源？

另于此句式中，进阶搜寻“是否（D）是（shi）”，则有39例。于句中，表强调语气。

这样的“传统”，是否是最合乎佛陀的精神？

4.2 “是不？”句式

搜寻总计5例，皆于句末，表疑问语气，后接搭肯定。现代汉语多以句末“是不是？”句式代替。

算咱们族人，你说什么来着？说她没有选举权与被选举权是不？可咱们做什么事情不跟她说通了你就甭想办去！

嗯！脸盘子很白净的。一朵鲜花插在牛粪上了，你说是不？嘻嘻！可不是么。他嘴里应付着，眼光一刻也没离了那女人。

杀人的迟早要被人杀，不杀人的也会不明不白被杀，是不？饶双林发觉女人依旧穿着那件暗绿色圆袖衫，头脸梳理得很整洁，细白的面容仍那么楚楚动人。

后来你按着一张不知谁送的纸条，找到了他的尸体是不？孟嫂想起三年前那个燠热的早晨，丈夫的尸首弄回来已恶臭难掩。

你好汉组，拿了那么些大人，不干活的话，也没办法，是不啊？因为他想的老是他自己发家的问题。

4.3 “是不是？”句式

搜寻关键词“是（shi）不（D）”，计604例，在此我们需扣除“不是不”“就是不”“是不”（此句式有19例）。细加分析其内部结构如下：

表3 现代汉语“是不是”句式的类型与分布

位置	句式	细分	数量（例）
句中	是不是 + VP	VP	188
		VP了	3
		也VP	8
		还VP	5
句中	是不是 + NP		22
句末	是不是？	是不是？	120
		是不是啊？	29
		是不是呀？	24
		是不是啦？	2
		是不是呢？	1

搜寻现代汉语平衡语料库，共计402例“是不是”句式。其中“是不是 + VP”的句式仍占多数（204例，51%），另在句末表疑问的“是不是？”句式也有近43%的使用频率。基本上带“是不是”正反疑问句式的问句，一般含有肯定性的假设前提，问话的目的是带有听话人的确认回应①。

5 教材中的语法点

初级学习者在一般的教材中，通常在第一课便会教完“A + 是 + B”的用法及是非问句“吗？”的疑问用法。如台湾通行的教材《视听华语》第一册：“你是法国人”“你是法国人吗？是的，我是法国人/不，我不是法国人。”

在第一册中没多久便会导入“A + 不/没 + A”的反复问句教学，在讲解语法点的过程中，一般就是重复陈述句中的动词，然后在中间加入表否定的“不”，通常在此，教师会提醒学生注意，在此句式中是不能加入句末“吗？”，二者情况相同且可以互换。在课堂操练时，教师也常使用是非问句来作反复问句的提示，学生对于此句式也比较容易掌握。

① 在此，我们需区分“对不对？”句式，在形式上仅能出现在句末。

小明今天上课吗？小明今天上不上课？

但是，在此我们忽略了初级学习者目前的动词词汇量是不够的，他们大多会使用含“是”的句子来做例句练习。这时候“是不是”正反问句的多样位置以及反问，讽刺责备语气的语用功能，相对而言，初级学生就很难掌握。

台湾地区近年推出全新的华语教材《当代中文课程》，由台湾师范大学邓守信教授主导编写，内容经过重新架构，着重于语法教学的层次，其2018年出版的《当代中文语法点全集》关于“是不是”句式的解释为：

〔Function〕With this pattern, the speaker seeks confirmation for information already known or obvious from the context.

你是不是在家等我？
那家餐厅是不是很有名？
你是不是刚旅行回来？

〔Usage〕是不是 questions are quite different from 吗 questions and A－not－A questions. It is not asking for new information but is asking for confirmation of old information. Please look at the differences below.

你银行有钱吗？
你银行有没有钱？
你银行是不是有钱？

In the following sentences, A－not－A cannot be used. 是不是 or 吗 is fine.

你比他高？
你是不是比他高？
*你比不比他高？
*你比他高不高？
你最近太忙了？
你最近是不是太忙了？
*你最近太忙不忙？

在此书中关于此句式的说明相对而言也不够清晰，仅能简单厘清问句及正反问句之间的差异。

6 语法点的层次架构

根据邓守信（2009）为对外汉语语法点做的难易度评定，思考教学语法顺序时应考虑的原则有以下几点：

（1）结构复杂度越高，困难度越高。

（2）语义复杂度越高，困难度越高。

（3）跨语言差距越大，困难度越高。

（4）越不易类化者，困难度越高。

（5）语用功能越强，困难度越高。

（6）口语结构困难度越低，文体结构困难度越高。

若以现代汉语正反疑问句式的教学顺序，依据本文先前的研究成果和学生习得程度与教学顺序，建议：

是非问句“吗?”疑问句式——注意以“是”为动词的是非问句①。

正反问句于句中位置“是不是 + NP?”句式——含有问句的假设前提，多为肯定。

正反问句于句中位置“是不是 + VP?”句式——注意否定用法②，在此有嘲讽及责备的特殊语用功能，特别是针对第二人称③。

反复问句“A + 不/没 + A”句式：

正反问句于句末“是不是?④”句式——答句多为肯定，听话人的确认⑤。

正反问句于句中“是否 + VP?”句式——书面用语特色⑥。

7 结论

我们从正反问句的历史来源及语法化过程，将许多不同的句式表现联系到现代汉语的句式中，研究“是不是”“是否/（是否是）”或是“是不？”等多样的句式表达。

其表现句式上的差别，语法化过程提供了历史的依据与来源，且聚焦于疑问和焦点，着重讨论疑问的表达手段以及焦点的表现形式对正反问句表达功能的影响。

将现代汉语中正反问句的多样句式逐一厘清，并呈现教材上的使用与语法书上的

---

① 例句：他是老师吗？我们建议初级学习者尽量避免用“是”来做示范及操练的语句，将“是不是?”当作一个用于确认的整体句式来看待。

② 例句：你明天是不是不上课？这种句式的假设是：你明天多半不上课。

③ 例句：你连汉字都能写错，你还是不是中国人？用反问的语气明知故问，说话者根本不预期对方回答，而是带有讽刺及责备的语用功能。

④ 在此“是不?”因数量少，且可以用句末“是不是?”代替，此语法点可忽略不教。

⑤ 在此对于母语为英语的学习者会有句末表疑问“是不是?”“对不对?”的偏误，英语 tag question，You are a student，aren't you？在此句中两者可代换。

⑥ “是否（是）+ VP?”的句式因数量也较少，虽更表强调语气，但为免学生混淆，在此也忽略。可将其合并入“是否 + VP?”句式中。

焦点教学，利用此一结果提出现代汉语正反问句的教学语法的架构及策略。

参考文献

[1] 丁力．从问句系统看“是不是”问句［J］．中国语文，1999（6）．

[2] 周裕锴．禅宗语言［M］．杭州：浙江人民出版社，1999.

[3] 张美兰．禅宗语言的非言语表达手法［J］．中国典籍与文化，1997（4）．

[4] 张美兰．禅宗语言概论［M］．台湾：五南图书发行公司，1998.

[5] 张美兰．《祖堂集》祈使句及其施为动词的语力级差［J］．清华大学学报，2003（2）．

[6] 张美兰．《祖堂集》选择问句研究［J］．中文学刊，2000（2）．

[7] 殷伟．《五灯会元》反复问句及选择问句研究［D］．南京：南京师范大学，2006.

[8] 袁卫华．《五灯会元》疑问句研究［D］．武汉：武汉大学，2012.

[9] 邵敬敏，朱彦．“是不是”问句的肯定性倾向及其类型学意义［J］．世界汉语教学，2002（3）．

[10] 邓守信．对外汉语教学语法［M］．台北：文鹤出版有限公司，2009.

[11] 邓守信．当代中文语法点全集［M］．台北：联经出版社，2018.

[12] 刘子瑜．古汉语语法论文集［M］．北京：语文出版社，1998.

[13] 刘月华．实用现代汉语语法讲话：增订本［M］．北京：商务印书馆，2005.

【作者简介】

周美慧，台北教育大学语文与创作学系华语文教学研究所副教授。Email：chouyuki@ tea. ntue. tw。

敷衍情态义应答语“那是那是”的产生与华文的词语叠用教学①

孟　丽

（武汉工程大学）

1　问题提出

最近中央电视台一套热播剧《开国元勋朱德》第28集中，有一段朱德和国民党将领的对话：

国：有人说八路军不抗战，一直在发展自己的势力。

…………

朱：那是我们八路军在抗日，她就得到了百姓的支持。老百姓一支持我们，我们的队伍当然就壮大了。

国：那是。但是有人说，八路军部队一多了，就容易抢地盘。

朱：抢地盘？……如果八路军不抢回这些地盘，难道让日本人永远占领我们的国土吗？

国：那是那是。请。

在这段对话中，国民党将领对朱德的认可使用了“那是”和“那是那是”两种形式，相比较而言，“那是那是”比“那是”的语义真值降低，且多了一层主观义。这种用法当答话人在交际环境中感受到来自发话人明显的压力时，表现更明显，如：

（1）——“我受的苦你人老八辈子都没受过，你信不信？”我瞪着眼问他。

——“嘿嘿……”他干笑着，似乎不信。

——“我告诉你吧，”我冷笑一声，“我是刚从劳改队出来的。”

a. ——“啊、啊！那是，那是……”老乡流露出畏惧的神色。（张贤亮《绿化树》）

*b. ——“啊、啊！那是……”老乡流露出畏惧的神色。

① 感谢罗耀华老师提供的文献资料和指导。该课题为武汉工程大学校内科学研究基金研究项目，编号K201602。

通过语境可以看出，以上例句中的“那是那是”都是答话人在受到外在压力时，对发话人言不由衷的认可。“那是”是一个表示认可的应答语（邢欣、白水振，2008；尹世超、孙杰，2009；张振亚、王彬，2009），而“那是那是”更多传达的是一种情态义。同时“那是那是”后面不再跟别的成分，如“那是那是自然”是错误的，而“那是”却可以，即“那是自然”。由此看来，“那是那是”不是对“那是”的简单重叠，而有可能已形成一个新的语言单位。但是，目前学界对新构式“那是那是”的关注很少，我们仅见过尹世超、孙杰（2009）的相关论述。

本文对北大语料库中“那是”类结构[①]做了穷尽性统计分析，以期证明“那是那是”已是新的构式，梳理出它的用法，并对其敷衍情态义的产生做出解释。

2 “那是”类结构的发展阶段

（2）“贤妹既然是说那妖怪天天三更之后必到房中，你为何不暗中窥探窥探，自然就明白了啊。”高竹坡说道：“那是自然，方才我问贤妹的时候，我就为的是夜间窥探。”（清《三侠剑》）

（3）丁银龙道：“你这小子，真能惹事。你就不用出去了。”杜林说：“那是，我不出去了，出去小命就得完。”（清《大八义》/话本）

（4）郭：“让我去，我没敢去。”于：“那是。”（相声小品《你要高雅》）

（5）刘果很感动，说，那是那是！（曾明了《作家文摘·宽容生活》）

（6）（陈维高）“那是，那是，我一定要写篇文章，好好赞美一下你……和你们的这出戏。”（徐坤《热狗》）

上述例句大致表明了“那是”类结构的发展轨迹。从明清时期普遍使用的“那是自然/一定”等短语，发展为清末民国时期出现的应答语“那是”，又到现代汉语里的叠用式“那是那是”。而“那是”类结构所出现的语篇环境有“a. 独立使用”（以下简称“独用”）和“b. 后面跟表示进一步解说、递进等语义的分句”（以下简称“后跟分句”）（王志恺，2007）两种。

我们将“那是”类结构分为“那是＋肯定义形容词”“那是”和“那是那是”三种形式。下面根据历时顺序对三种结构的发展做一下简单梳理，其中重点介绍新构式“那是那是”的产生。

3 应答语“那是”认可义客观性的降低与形义不匹配

下面主要从“应答语‘那是’认可义客观性降低”和“形义不匹配”两部分来

---

① 本文所论述的“那是”类结构，主要是表示应答义的“那是＋肯定义形容词”“那是”和“那是那是”三种结构。

论证一下促使“那是”进一步发展的因素。

3.1 应答语“那是”认可义客观性的降低

3.1.1 源结构“那是+肯定义形容词”的使用情况

李宗江、王慧兰（2011）将“那是”定义为“肯定对方的说法”。这说明学界认为“那是”的认可义是一种不以语境为转移的客观义项。但是我们从语料分析出发，认为“那是”认可义的客观性已经明显下降。

我们对CCL语料库做了穷尽性的调查。在古汉语语料库中发现“那是”类结构70例，其中几乎全部都是“那是+肯定义形容词”类短语，且多出现于b类结构，共有51例，占总例数的73.91%。这些后分句中，表进一步解说的有41例、表转折的4例、递进的5例、转换话题的1例，即这些分句中80%以上都是表进一步解说义，这是在篇章形式上对“那是+肯定义形容词”结构所表认可义的加强，从而强调认可的真实性和确定性，这点可以看作是语言相似性原则在起作用。

同时，我们认为认可义是一个连续统的概念，中间应该有不同的类别。从后分句语义来看认可程度的话，递进和转折其实还是对前面认可的进一步解说，只不过是向更深入或局部认可的方面再展开论述，而转换话题则是与前面认可的话题无关。因此，可以将此语义层级总结为如下序列：

进一步解说>递进>转折>转换话题

3.1.2 应答语“那是”的独立性表现

相比“那是自然”类结构的使用，“那是”的独立性已经明显增强。从数据上看，古代汉语中“那是自然”类结构独用（a类）的比例是26.09%，现代汉语语料库中，这类结构总共出现了41次，其中b类7次，所占比例为17.07%，独用的情况依然很少。

表认可的“那是”在现代汉语语料库里总共出现了201次，a类有110次，占54.73%，b类占43.27%，相比古代汉语中“那是自然”类结构后跟分句的比例（73.91%）已经明显下降，这说明“那是”认可义的客观性已开始减弱。

3.2 应答语“那是”的形义不匹配

有意思的是，现代汉语中“那是”后跟分句时，分句的语义比古代汉语的语义类别更单一。在我们的语料库中，仅出现过3例表示转折的分句，如：

（7）苏敏说：“那是！可您别忘喽，上座儿才上了六成。梅老板程老板是怎么个红法儿？”（陈建功、赵大年《皇城根》）

还有一种情况就是，“那是”后跟分句，且两者在语义上没有任何违和，但通过文中介绍的背景，可以清晰推理出，受话人对发话人的认可只是出于礼貌或敬畏，但这样的用法并不多，在我们的语料调查中仅此一例，即：

（8）——（徐总经理）"……有啥困难？不怕政府管理多么紧，套汇的办法多得很，了不起多贴点水不就行了。"

——"那是，"梅佐贤心里想：坐在上海洋房里策划当然很容易，别人亲手经管这件事可不那么简单，……但是梅佐贤嘴里却说，"他们办事手脚太慢，心眼不灵活。不怕政府管得紧，就怕我们不下本钱，钱可通神。"（周而复《上海的早晨》）

与后分句表转折的例子一起，这种对发话人认可度降低的例子，仅占b类总例数的4.4%。

综上所述，现代汉语中"那是"的独用比例明显上升，这代表其客观义已经下降；但当和后面分句连用时，语义仍以对发话人的客观认可为主。用构式理论来看，这样的形义矛盾，打破了"那是"表示客观认可的"形义匹配"（form - meaning pairing）状态。构式语言学认为，语言是形义配对体，那么形义之间搭配出现问题，就有可能促生新的构式，即构式化理论（constructionalization）（Traugott & Trousdale，2013）。"那是"所表认可义的降低，或许与"那是"的语法化有关，两者互为因果。下面我们就从语法化角度来讨论一下，为何"那是"会进一步发展，并采用重复的方式产生变体"那是那是"。

4 "那是"的语法化体现与"那是那是"的交互主观性

4.1 "那是"的语法化体现

王志恺（2007）证明"那是"语音发生了弱化，甚至"是"已发生语法化，这些带来了语义磨损，使得"那是"语义的客观性减弱。面对语法化的耗损，语言系统内部会选择"更新""强化"或"叠加"等形式进行弥补（刘丹青，2001），我们认为"那是"采用了"重复"的方式，"那是那是"处在由修辞性重复向语法性重复（徐默凡，2009）转变的过程中。吴福祥（2004）认为在语法化过程中，重复会导致"仪式化"（ritualization），使得反应者对刺激的反应减弱，人类语言中的套话和问候语就是这样形成的，"那是那是"出于礼貌原则的敷衍情态义也是同理。因此，"那是"采用了重复以期维持原有的认可程度，但这种方式又将自己推向了进一步的虚化。

在"那是"构式化为"那是那是"的过程中，作为内部成分的"那是"，从独立成分到黏着，从语篇义到情态义，从可以独立成句到成为分句的一部分，这些体现了语法化中完整性磨损（attrition）、结构辖域缩合（condensation）、黏合性聚结（coalescence）等弱化效应（the reductional effect of grammaticalization）。

4.2 "那是那是"的交互主观性（subjectivity）

从历时的角度来看，交互主观性来源于主观性，并且交互主观化还涉及一个语义—语用相互关联的单向性路径：内容的 > 内容的 + 程序的 > 程序的；非主观性的 >

主观性的+交互主观性的>交互主观性的；以命题内成分为辖域>以命题为辖域>以话语为辖域（吴福祥，2004）。下面我们就用这个单向性序列来证明“那是那是”的交互主观性。

4.2.1 程序义

刘丽艳（2011）认为所谓“程序义”是指“能够激发某种推理的信息”。根据Blakermore的观点，“也存在着另一种程序理论，……它的作用是引导听话者获取交际信息的某一方面”（陈家晃、刘成萍，2012）。

以“那是”为例，其后面经常跟有表示“进一步解说”的分句，它对发话人的认可是客观的，但“那是那是”的敷衍情态义已经比较明显。这种用法的“那是那是”对发话人观点的认可只是表面上的，与“那是”已不同，如：

(9)（陈毅）“要观望一下也没什么不可以。……可是，起义对人民有好处，对你们自己有好处”。“那是那是……”于参议一面答应着，一面心不在焉地考虑着什么。突然他出其不意地又站起身来敬了个礼，说：“我斗胆要求总座开恩，放我一条生路。”（邓友梅《我们的军长》）

“那是那是”此处传达了更多的是交际信息，而非凸显语义内容的真值，遵循礼貌原则以保证交际顺利进行，这便是“那是那是”单纯程序义的体现。

4.2.2 辖域

“那是”是对发话人观点的认可，其辖域是上文发话人的观点内容，如：

(10)“秦妈妈有经验，啥事情都比我们了解的清爽。”谭招弟心中的疙瘩给汤阿英几句话解开了。她微微一笑，说：“那是啊，秦妈妈走的桥比我们走的路还多啊。”（周而复《上海的早晨》）

但“那是那是”的主要功能不是对发话人观点的肯定判断，而是为了保证话语顺利进行，而采取的语用手段，所以它的辖域不是命题，而是话语。

从历时角度来看，“那是”的形义不匹配和语法化后的语义磨损使其成为新构式“那是那是”的组成成分，黏合性增强。同时，与“那是”相比，“那是那是”已具备交互主观性，我们称之为“敷衍情态义”。以上这些都表明了“那是那是”独立为新语言单位的必要性，下面我们就运用构式理论，来看看“那是那是”是否已成为独立的语言单位，而不是“那是”的简单重复这个问题。

5 叠用式“那是那是”的新构式体现

传统的语法化只关注语法化项的变化，但是构式化不仅要关注语法化项，还要关注其所在的构式。构式的产生一般会涉及图式性（schematicity）和能产性（productivity）的增加，以及组构性（compositionality）的减弱（Traugott & Trousdale，2013）。下面我们谈谈新构式“那是那是”在这三方面的具体表现。

5.1 “那是那是”的敷衍情态义

认知情态功能属于人际功能的范畴，它的使用有时是因为“礼貌原则的要求”（李战子，2002）。下面我们从两方面来说明“那是那是”的“认知情态”义。

5.1.1 内容的推理冲突

语料统计中这样的例子有3例，如例（1）和下面的例（11）：

（11）白展堂：喔……这些嫁妆，能值不少钱吧？

佟湘玉：瞧你说的，啥钱不钱的，嫁鸡随鸡嫁狗随狗，嫁妆再好，也比不上人好。

白展堂：那是那是……（走过去摸箱子）（电视剧《武林外传》）

通过白展堂“走过去摸箱子”的动作看得出，说话人的认可是受某种利益的驱使，这是一种语言的认知情态义。

5.1.2 认可度降低的关键词标识

这部分对认可度降低的判断更为简单直接，主要是通过文中出现的一些提示性词语，这样的例子在语料库中有2例，即：

（12）展侍卫：我不说，督公怎么会知道？你放心，咱俩是一条绳上的蚂蚱，我害你就等于害自己。

般十三：那是那是……（犹疑）（电视剧《武林外传》）

（13）“她不但是个好艺术家，还是个好女人。”李缅宁谁也不看地大声说……“那是。那是。”钱康赔笑。（王朔《无人喝彩》）

“犹疑”和“赔笑”是判断认可度高低的关键词，这种语言标识使得我们的推理更加简单直接。

5.1.3 “那是那是”图式义的构成

Traugott（1982）排出一个语法化序列：概念功能 > 语篇功能 > 人际功能。如前文所述“那是那是”构式已经具有了敷衍情态义功能，这个功能比其单纯做话语标记时的“语篇功能”要更为抽象。下面我们就将“那是自然”类结构、“那是”和“那是那是”它们的句法分布和语义倾向用连续统的形式表示出来：

单用 ←——————…………………——————→ 后跟分句

转换话题　转折　递进　进一步解说

那是那是__________那是__________“那是自然”类结构

敷衍义← __________…………………………__________→认可义

5.2 “那是那是”构式的使用频率

5.2.1 “那是那是”的单用比例

在我们搜集的语料里，“那是那是”总共出现了61例，其中单用的有46例，占总数的75.41%，这比同时期“那是”的比例（54.73%）有了明显提升。

5.2.2 “那是那是”后分句的语义类别比例

现代汉语语料库中，“那是那是”后跟分句的情况有15例，其分句的语义较为丰富，有2例是表示转折，如：

（14）“兄弟，”孔江子拍着俞小队副的肩膀，说，“你的苦处我知道，在人家手底下混事就是受气的买卖。……”“那是，那是！可都没有像郝三的为人不讲情面，这么歹毒……”（冯德英《苦菜花》）

转换话题的只有例（9）一处。总之，这种后分句认可度降低的例子总共3例，占b类总数的20%，比“那是”该种用法的比例（4.4%）有了明显上升。

综上所述，“那是那是”表示敷衍情态义的例子频率无论从单用的形式上，还是从后跟分句的语义类别上都有了明显提升。下面我们就把语料库统计中“那是自然”类结构、“那是”和“那是那是”独用和后跟分句的比例等相关数据做个总结，如表1所示。

表1 三类结构的句法、语义分布统计

结构类别	总例数	句法分布	语义类别	例数	占总例数比例
“那是自然”类结构	古代汉语（69）	a. 独用（18）	敷衍情态义表达凸显	0	0
			敷衍情态义表达未凸显	18	26.09%
		b. 后跟分句（51）	进一步解说	41	73.91%
			转折	4	
			递进	5	
			转换话题	1	

（续上表）

结构类别	总例数	句法分布	语义类别	例数	占总例数比例
“那是自然”类结构	现代汉语（41）	a. 独用（7）	敷衍情态义表达凸显	0	0
			敷衍情态义表达未凸显	7	17.07%
		b. 后跟分句（34）	进一步解说、递进、转折、转换话题	34	82.93%
那是	现代汉语（201）	a. 独用（110）	敷衍情态义表达凸显	0	0
			敷衍情态义表达未凸显	110	54.73%
		b. 后跟分句（91）	进一步解说	88	43.78%
			转折	3	1.49%
那是那是	现代汉语（61）	a. 独用（46）	敷衍情态义表达凸显	5	8.2%
			敷衍情态义表达未凸显	41	67.21%
		b. 后跟分句（15）	进一步解说	12	19.67%
			转折、转换话题	3	4.92%

5.3 “那是那是”构式的组构性

叠用式“那是那是”还不是一个成熟的语法形式，其组成成分“那是”在书写上，有时会用标点隔开。在语义上“那是那是”的敷衍义和认可义并存，对语境还有一定的依赖性，我们认为这是语法化“层次原则”的体现。但“那是那是”的敷衍情态义无法从其组合成分中推演出来，语义透明度下降，组构性明显降低，这些都是其成为一个独立构式的表现。

6 结语

构式化理论（constructionalization）（Traugott & Trousdale，2013）将传统的语法化研究和构式的历时研究结合，在理论依据和研究方法上都有突破。该理论将语言单位演变中形式和意义的变化放在了同等重要的位置，而且将新的语言单位产生（constructionalization）与语言单位内部的变化（constructional changes）进行区分，并提出了新语言单位产生的具体标准，这种研究视角弥补了以往我们对语法化成分形成后的演变过程的忽视。但是这种理论主要立足于印欧语，目前对汉语语言现象的研究还比较少。同时作为新的语言学理论，它的预测性和普适性还有待于进一步验证，对此国内学者进行了深入的探讨（李健雪、王炎，2015；彭睿，2016；周洋，2016；文旭、杨旭，2016）。

“那是”类结构的发展有三个阶段，笔者将另行文论述各阶段的不同表现。本文就运用构式化理论和语料库研究法，着重论证了敷衍情态义应答语“那是那是”的产生。“那是那是”在“那是”的基础上发展成为新的语言单位，具体表现为：图式性和能产性的增加，组构性的降低。另外，“那是那是”的形成也体现出语料库语言学在语言研究中的作用。有些语言的演变现象，单凭内省式的语感是较难察觉或证明的，但我们可以从语料的数据分析中找到证据。

汉语中有很多和“那是那是”一样，虽然与原词汇有一定的语义关联，但是重复后语义或者词性发生了改变的词汇，如“婆婆妈妈”“头头脑脑”等都不是“婆婆”和“妈妈”或者“头”和“脑”语义的简单相加（马庆株，2000）；再如“原原本本”“辛辛苦苦”等也不是“原本”或者“辛苦”的简单复制，并且重复后它们的词性发生了改变。但是以上这些例子中重复带来的意义改变不属于语法意义的范畴，因此我们将这种现象统称为“叠用”。华文教学关于语法范畴中词语重叠的研究已有很多（鲁健骥，1994；吕滇雯，2000；王茂林，2007；王振来，2008），但是关于叠用的还比较少。本文通过对敷衍情态义应答语“那是那是”产生的论证，证明了这些叠用的语言单位虽然不是语法形式的重叠，但是也有新的独立的语义，这与简单的重复有所不同，我们需要结合具体语境对叠用的语言单位进行语义解释。

参考文献

[1] 陈家晃，刘成萍．驳 Blakemore 的程序意义理论 [J]．中北大学学报，2012 (1).

[2] Elizabeth Closs Traugott and Graeme Trousdale. Constructionalization and constructional changes [M]. Oxford：Oxford University Press，2013.

[3] 李健雪，王炎．《构式化与构式演变》评介 [J]．现代外语，2015 (1).

[4] 李宗江，王慧兰．汉语新虚词 [M]．上海：上海教育出版社，2011.

[5] 李战子．话语的人际意义研究 [M]．上海：上海外语教育出版社，2002 (1).

[6] 刘丹青．语法化中的更新、强化与叠加 [J]．语言研究，2001 (2).

[7] 刘丽艳．汉语话语标记研究 [M]．北京：北京语言大学出版社，2011.

[8] 鲁健骥．外国人学汉语的语法偏误 [J]．语言教学与研究，1994 (1).

[9] 吕滇雯．日本留学生汉语偏误分析之（一）：动词重叠 [J]．汉语学习，2000 (5).

[10] 马庆株．关于重叠的若干问题：重叠（含叠用）、层次与隐喻 [C]．汉语重叠问题国际研讨会，2000 (1).

[11] 彭睿．语法化·历时构式语法·构式化：历时形态句法理论方法的演进 [J]．语言教学与研究，2016 (2).

[12] 王茂林．留学生动词重叠式使用情况浅析 [J]．语言教学与研究，2007 (4).

[13] 王振来．量词重叠的偏误分析及教学策略 [J]．云南师范大学学报，2008 (3).

[14] 王志恺．“那是”的对话衔接功能及其固化：兼论“是”的进一步语法化

[J]. 汉语学习，2007（3）.

[15] 文旭，杨旭. 构式化：历时构式语法研究的新路径 [J]. 现代外语，2016（6）.

[16] 吴福祥. 近年来语法化研究的进展 [J]. 外语教学与研究，2004（1）.

[17] 邢欣，白水振. 语篇衔接语的关联功能及语法化——以部分感观动词语法化构成的衔接为例 [J]. 汉语学习，2008（3）.

[18] 徐默凡. 语法性重复和修辞性重复 [J]. 修辞学习，2009（2）.

[19] 尹世超，孙杰. "那"字应答句 [J]. 语言文字应用，2009（2）.

[20] 张振亚，王彬. 应答语"那是"的语用环境及效果 [J]. 修辞学习，2009（3）.

[21] 周洋. 从构式语法看语言演变：《构式化与构式变异》评介 [J]. 外国语，2016（1）.

【作者简介】

孟丽，武汉工程大学讲师，主要研究方向为汉语国际教育。

汉字教学的挑战与新方向

［中国台湾］陈燕秋
（台湾开南大学应用华语学系）

引言

自从世界“华语热”的风潮兴起以来，华语已经超越了英文成为世界上使用人口最多的语言。但是自 2011 年以来，根据世界联合国教科文组织的调查，汉语已跃身为世界十大最难学习的语言之首。然而，外国人学习中文到底有多难？汉语到底难在哪里？其症结点除了语音之外主要为汉字。笔者近期对所教授的 158 位外籍学生（包括初、中、高级的学习者）做问卷调查，其中，就读应用华语学系（所）的 106 位学生当中，仍有 63% 的学生认为汉字学习是“难”或“非常难”。另外，在非华语学系（所）中，更有 80% 的初学者认为学习汉字是困难的事。

汉字，对于许多非汉字文化圈的学习者而言，是极为陌生的符号。在过去，更有学习者向笔者表示，汉字对于他们而言是“天书”。对汉字教学的教师们而言，要如何拉近学生与汉字之间的距离感，克服学生心中对汉字学习的陌生感和恐惧感是一大课题。在过去关于汉字教学的相关研究中，多半从“如何教”的角度研究。笔者认为，应从学习者着手，须先了解学习者在学习上的困难和在汉字认知策略上的认知心理，并顺应汉字造字的特性和原理，结合科技化的手段进行教学，才能排解学习汉字的困难。

在旧有的汉字教学方法里，教师仅仅将汉字的笔划结构、笔顺稍做说明，然后便让学生练习，反复书写，以达到巩固记忆的目的。近代汉字教学研究的风行，使得方法更科学，也更进步了。除了部首、笔顺之外，还新增了字源、汉字部件、字根等教学方式。这几十年来，由于科学的发展，科技为汉语教学提供了新的方向，也解决了学习者在汉字认知上的困难，其中包括字源、图像影片、汉字故事动画、高构字率部件图像动画和文字图像意义化动画教学。这些新开发的教学工具透过汉字构形的特色，将其与图像、故事做有意义的联结，不仅容易学习、加深学习者在大脑中认知的印象，还能巩固记忆，为汉字的教学开拓了新的方向。

1. 文献探讨

关于外籍学生中文识字认知历程的探讨，黄玺云（2011）提到，有关人在中文识字上认知历程，研究分为两派，其一是曾志朗（1991）所提出的“激发—综合理论”。曾志朗（1991）指出，一般人阅读中文，同时会采用多重的线索（multi-plecue），也就是同时采用字形和语音两个线索来辨认汉字。因为线索间相互合作的关系，所以使得单独一个线索时推测率低，若同时使用多个线索，就会因几个线索的综合而起加乘作用，提高推测率。换言之就是中文字几个线索之间产生的共谋效应，不同的线索对汉字的阅读历程产生了加值的效用。举例来说汉字的形、音、义等不同信息，在一开始是平行地分布储存于记忆系统中，当进行认字活动时，首先经过阶段一“激发”的过程，将目标字的各种线索都激发出来，如与目标字声旁有可能的发音再经过阶段二“综合”的过程，读者综合这些信息，结合成为一个最有可能的音，才能做出反应，达到识字的目的。

另一派理论为“多层次智慧辨识理论”，胡志伟、颜乃欣（1995）认为阅读者是透过长久以来习字阅读的经验，来分析呈现于视觉系统中的文字，达到文字辨识的效果。这个文字辨识的过程首先应用于长期记忆中“与字音和字义产生强弱的不同联结的字形记忆”这些联结被彼此交互激发或抑制，直到具有最高位阶的字形、字音、字义记忆，超过辨识的界线值，到达意识层面，这便完成文字的辨识工作。例如看到“好”这个字的时候，“女”“子”“好”等字的字形记忆同时被激发，这些被激发的字形记忆又会去激发“妈”“如”等字形的记忆。这些记忆会受到熟悉程度的影响而有差异，此差异产生互相抑制的作用，直到熟悉度最高、接受最多反馈的字形记忆与字音、字义表征联结，进而达到文字辨识的效果。（黄玺云，2011）

在外籍生学习汉字的书写策略上，叶德明（2000）《外籍生汉字书写策略探讨》一文中，阐明最多外籍生所使用的汉字学习策略，列表如下：

表1　多数外籍生所使用的汉字学习策略

策略	认知功能
一、多练习	增加信息编码的熟悉度
二、特别注意汉字难的部件	特别分析难点，加深认读能力
三、将汉字分成部件、字素分别记忆	利用部件信息来辅助语音
四、利用已经会写的汉字来学习新字	有意义的学习联结
五、按照教师规定的笔顺写字	字形笔划机译动码，动觉的联结
六、注意作业簿上错字并订正	顾伯庸（1988）的试验结果证明，订正错字可排除或避免错误。教师不纠错的话会造成系统上的错误，若是没教导繁简体字之间的差异和区别，也容易导致学生自行造假字

（续上表）

策略	认知功能
七、将字形和语音联想帮助记忆	万云英（1991）与中国儿童识字方法相同；曾金金（2000）汉字认知时，形、音、义三种信息可同时被激发
八、练习汉字时将汉字朗读出来	利用声音传译
九、辨识同音字字形或字意之差异	程度已为中高级，有能力辨别
十、单字赋予字形某种记忆，以助记忆	利用汉字在视觉上表现意义的显性（Oxford，1990）
十一、学书法	顾伯庸（1998）提出写书法能使学生集中注意力，增强汉字形体印象
十二、查字典	学生有部首在左、声符在右的概念

资料来源：参照管韵撰（2008）。

叶德明（1999）《华语文教学规范与理论基础》一书中提到，在汉字教学策略上，教师应遵循下列几点原则：

一是循语文自然发展文字结构逻辑与文化内涵进行。

汉字是由具象开始，以图形流传意义，在汉字教学上，教师应该特别强调介绍视觉上的特点，教导学生重要的汉字认读与书写原则，以便他们在学习时容易掌握要点。

二是字形分析与笔划肌译动码。

在教授学生认读汉字时，最重要的事，是分析字形，并将该字所包含的部首与字素加以说明，尽可能地讲述该字素原来的意义。如此，不但可以引起学生对汉字的兴趣，而且能帮助他们对字形的记忆。指导汉字笔顺和笔划，加强心理认知立，发展笔划肌译动码（曾志朗，1991）的功效。

三是部首主领语意范畴。

正如上述汉字结构可以分为两部分，即部首及其他字素，标准字典中都列有 214 个部首，凡是同部首的字，字义都有关联。而且部首所具有的重要的语意信息，绝不是一种抽象的规则，而是驾驭汉字意义的模式。

四是部件法主领汉字阅读与书写的特征。

“部”就是汉字部首，“件”就是字素，教汉字识别时，必须系统地将同部首的汉字做有关联的归纳、合逻辑的说明，才能加深学生认知上的文化观念。

2 研究方法

本文从学习端入手，以调查问卷的方式，针对所教授的 158 位外籍学生做问卷调查，调查学习者对汉字及教学方式、教学工具的看法，从中找出他们学习上的困难，什么样的教学法对他们最有帮助，何种辅导工具对他们最有效。

3 研究范围及对象

本研究之对象包括两所大学的美国、日本、韩国、德国、法国、芬兰、泰国、印度、越南、印度尼西亚、菲律宾、蒙古、巴基斯坦、危地马拉、尼加拉瓜及洪都拉斯16个国家的学生，其中文程度跨越初、中、高级，让他们对汉字学习的困难、工具和方法提出看法。问卷调查的问题包括：

①你对汉字学习有何看法？

②你觉得写汉字 □非常难 □难 □普通 □简单 □很简单

③你觉得怎样教可以帮助你学习汉字？

④你觉得什么样的辅助工具对你学习汉字有成效？

4 调查结果

第一项问题的调查显示，有近70%的学生认为汉字学习困难，他们认为汉字难记，结构复杂，笔划太多，容易写错。多数人认为汉字难在笔划。有学生认为汉字像在画画一样，并且很多字长得很像，需要长时间的学习才能记忆。也有学生认为汉字虽然难学、虽然复杂，但是学汉字很有意思。有一些学生认为，刚开始学的时候难，过了一段时间适应了就不难了，只要勤加练习就可以学得好。

超过20%的学生对汉字学习持正面的看法，有些学生认为汉字的学习，每学一个字，就从中领会到一些意思。有学生认为汉字每个字都有它的意义，懂了它的意义，就永远不会忘记。他们大部分认为学习汉字是必要、必须的，学习汉字系统很重要，对未来很有帮助，虽然刚开始会有点挑战，但久了就会觉得有趣，也不会感觉太难了。有些人对汉字的学习提出了积极的看法，他们认为学习汉字不仅是必须的、重要的，而且十分有趣好玩。

亚洲人，尤其是汉字文化圈中的日本人，觉得自己学习汉字并不困难，因为他们的文字系统也用汉字。关于如何克服困难，学生们认为，汉字学习是必须的，要克服学习上的困难，就要花很多时间，但只要有足够的练习就可以克服困难。法国学生罗莎拉说："I think it's a good thing，an importance to learn Chinese characters！"日本学生桶口美保说："I think they are interesting and I like to learn them. It's similar to Japanese Kanji characters."越南学生胡光泰说："我们需要了解汉字的结构，我相信透过了解汉字的意义，我们可以学得更好，更容易记忆。"美国史斯坦福大学的小春说："汉字很多，但如果你了解汉字部件，就会变得有趣而简单了！"透过汉字结构规律的解说或是透过有意义的故事方式来教学，学习的过程就会很有趣。另外有很多学生反映老师的教法很重要，好的教法可以帮助学生很快识字，增强汉字的吸引力。

根据第二项汉字困难度调查问卷，在158位外籍生中，与应用华语学系（所）有关的学生，63%认为汉字学习“难”或“非常难”，在非华语学系（所）的初学者中有80%的人认为汉字学习是难的。但学生当中也有差异，来自越南的华侨或是来自日本的学生都认为汉字学习不困难，也不是问题，甚至有好几位学生认为汉字的学习是简单的。许多学生都认为汉字学习是重要的而且是必须的。

第三项问题：“你觉得怎样教可以帮助你学习汉字?”调查发现，学生的回答跟反应非常多元。归纳如下：①要简单重复性的书写练习；②给他们很多的作业跟书写的功课；③教师清楚地告诉他们汉字的概念，教师的教法对学习很有帮助；④借助图像教学；⑤先学简易的汉字；⑥用练习本多练习，先学会常用的字、与生活相关的字；⑦集中式练习；⑧了解汉字构造和笔顺；⑨教师的教学虽然重要但学生自我练习更重要；⑩学习笔划、笔顺；⑪用游戏和应用软件学习；⑫查字典；⑬用计算机软件教笔顺和有用的字；⑭运用听写练习、电影跟中文歌教学；⑮先教部首，再理解汉字的意思；⑯利用电影和故事；⑰看汉字相关影片；⑱教和生活有关的字词；⑲边听边写；⑳教汉字字源；㉑从词典、字典、新闻、数位网上学习；㉒学习书法；㉓利用网上汉字查询的工具；㉔看动画片；㉕看影片、图片、游戏、故事、图画、汉字意义的解说；㉖读汉字故事。

第四项问题：“你觉得什么样的辅助工具对你学习汉字有效?”调查发现，学生提到汉字部首、图片、影片、故事、画图、汉字的意义、计算机软件、汉字查询工具、游戏和应用软件等都对汉字学习非常有帮助。

5　有效的汉字教学法

根据调查问卷中学习者的描述，汉字学习常遇到的困难有包括汉字笔划太多，结构复杂、不容易记忆，容易写错，无法了解意义就无法长久记忆等问题。对教师而言，如何教好汉字，是一大挑战。对外籍学生而言，汉字不是其熟悉的文字系统，不具图像文字概念，汉字不易记、不好写，而且难以辨认。教师要针对其困难，突破其学习瓶颈，满足其学习需求，并依循学习上的认知规律，选择有效的汉字教学法，来引发他们的学习兴趣、激发他们的学习效能，这是一门大学问。

胡永崇（2002）综合各家观点汇整出三十多种教学法，包括部首教学、部件教学法、造字原理教学法、笔顺教学法、听觉辅助识字教学法、朗读教学法、心象识字教学法、情境辅助识字教学法、全语言识字教学法、归纳识字教学法、儿歌教学法、字谜识字教学法、故事识字教学法、游戏识字教学法等。此外，关于字形的教学工具，黄沛荣在《汉字教学的字形工具》一文中提到的，包括笔划字形、部件字形、笔顺图形、笔顺动画文字形、古文字形、书法字形、注音字形和汉字结体图形等有效的字形教学法。

在这么多的教学法和教学工具中，如何选择适合学习者的教学法要看适用的对象。教师需要先分析教学对象，了解他们在学习上的困难和问题，再针对这些困难和问题，选择适合的工具，为他们量身设计最有效的教学法和教学工具。

尽管汉字对外籍学习者而言是一大难题，但问卷显示大部分学生仍希望学习汉字。因此，教师须具备良好的教学能力。第一，教师要有同理心。理解学习者的困难，以他们的处境为基点来设计教学法。第二，要降低学习者对汉字的恐惧感和陌生感。方块字是外籍学习者难以入门理解的，但图像却是人类共同的语言。图像能表达意念，因此，善用汉字图像的特性，能消除外籍生在心灵上的紧张感，开启尝试的大门。第三，引发学习兴趣。汉字的学习需要不断地练习，经历一段枯燥、冗长的过程。教师若无法引发学习者兴趣，促发学习意愿，教学效果就会大打折扣。教师可运用故事、歌谣、影片、游戏、计算机软件等工具，引发学习者的兴趣。第四，激发学习动机。根据凯勒（John keller）的动机理论，一个教学设计所引发出来的教学和教材，如果无法引起学习者的兴趣和专注力，就无法达成好的学习效果。能激发学习动机，且维持不坠，才能让学习者达到成功的境地。第五，给予学习者希望和成就感。学习者经常会有受挫的感受，教师需经常鼓励，给予学习者希望和成就感。一个小礼物、一次口头赞许、点头表示肯定等都能激励学习者，一个好的汉语教师必须是一个很好的鼓励者。而一个有效的汉字教学设计必能促使学习者渴望化解困难和解决问题，激励学习者持续练习。

6　汉字教学设计举例

6.1　字源教学

字源教学为图解识字教学的一种，黄沛荣（2006）提到，字源教学是透过汉字的本形说明本义，来强化学习的效果。字源教学多半用于图画性较强的文字如象形、指事、会意字，可以加深学习者对于中国文化与社会的认识。使用字源教学可扩充学习者识字的概念，让其识字量上升。在语言的学习过程中，语言信息的处理在左半脑，空间图像的处理在右半脑，应用图像教学可以让学习者左右脑并用，并且借图像与文字作有意义的联结，有利于记忆（见图1）。

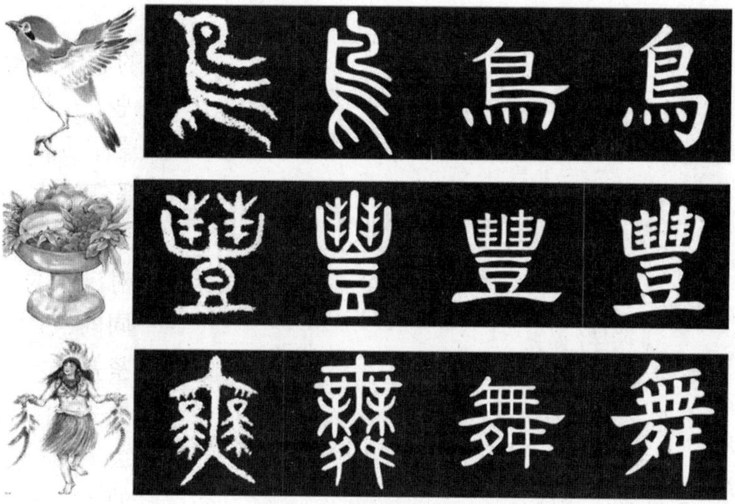

图 1　字源教学范例

资料来源：赖明德教授讲义：《汉字教学法与汉字结构分析》，台湾开南大学 2017 年演讲。

6.2　汉字结构图形教学

汉字结构图形教学除了字源教学，还要让学生对汉字书写空间结构有具体的概念。汉字结构符中，有 12 种字形结构，要教导学生对字形结构有完整的认知，才能强化汉字书写的能力（见表 2）。

表 2　汉字结构图形

序号	结构符	定义	范例
1		左右结构	到 抽 旺 明 析
2		上下结构	昌 炎 空 勇 思 某 泉
3		左中右结构	彬 琳 粥 概 狮 脚
4		上中下结构	芬 苔 莫 章 菩 草
5		全包围结构	回 固 国 园 圈 圆 围
6		向下包围结构	同 夙 周 冈 罔 风 闪
7		向上包围结构	凶 函 幽 豳
8		向右包围结构	叵 匡 匠 匣 匪 臣
9		向右下包围结构	床 居 店 房 屏
10		向左下包围结构	氛 甸 氧 氤 氢

（续上表）

序号	结构符	定义	范例
11	⿺	向右上包围结构	巡　爬　近　赴　迫　起　迷
12	⿻	嵌套结构	包　润

资料来源：参照黄沛荣．汉字教学的理论与实践［M］．台北：乐学书局，2006. 此表例字由繁转简，有删减。

6.3　汉字笔划教学

有了汉字的图像、空间结构为基础之后，即可开始教授汉字笔划字形，笔划是汉字书写的第一个难点，教师需清楚教会学生横、竖、点、撇、捺、折、勾等笔划，掌握由上而下、由左而右、由外到内等基本笔顺。

6.4　汉字笔顺动画教学

透过计算机动画教授汉字笔顺，辅助教师手写教学。学习者借由计算机多媒体，经由视觉观察学习，此法符合认知心理学上左右脑并用原理，有强化学习的效果。（黄沛荣，2005）

6.5　部首教学

东汉许慎《说文解字》将汉字划分为540个部首，后经简化至今有214个部首。汉字的结构多可分为两个部分，部首及其他字素，凡同部首的字体，意义上都有关联。在汉字的学习中，部首是最重要的一环，学习部首有助于认字、写字及查字，对强化学习者的汉字能力极有帮助。

6.6　高构字率部件动画教学

部件可视为构成汉字的“零组件”，它介于汉字笔划与部首之间，为汉字书写的最小单位。所有的汉字均由一个或数个部件组合而成，目前有40多个高构字率部件已做成动画字源变化图形，透过这些动画图形，学习者可以加深印象。记住汉字的重要部件对于汉字的书写极有帮助。

6.7　字根教学

当学习者有了汉字基础知识后，为加速学习步伐，教师可运用字根和字族教学，将同一字根的一系列文字集体解说，让学生一次学习更多相关汉字。用成群分级识字的方法，强化学习效率。例如：牒、碟、蝶、谍、鲽等字为同一字根，可一次学习。运用“青”字根，可同时学习情、晴、睛、请、清等一系列的汉字。

6.8　汉字动画故事教学

将汉字相关的知识变成动画故事，应用于教学，透过有趣的故事，引发学习者的兴趣。同时，学习者透过故事和联想可加深汉字记忆。笔者曾在课堂上播放有趣的汉字故事动画，让学生借此学习36个汉字，学生看过两遍后，被分成5组，每组派出代表比赛，看哪一组能写出更多影片中的汉字。第一次接触汉字的学习者，都觉得新鲜有趣，初学者借由影片记住了许多汉字。有的组甚至记下了全部36个汉字，得到满分，可见汉字动画故事教学的功效。

6.9 文字图像意义化汉字教学

文字图像意义化汉字教学，此法是利用汉字本身可能的意义线索和记忆线索，形成各种联想和意义的引申，来赋予文字意义。（胡永崇，2002）将文字化为图像，运用动画教学，将图像与文字的意义做联结，形成一种新的教学法。透过动画的生动解说、文字意义的联想，学习者能加深印象，达到学习的目标。

将上述字源、部首、笔画、部件、字根、动画故事等好的教学方法和工具，应用于汉字教学，必能强化学习者的学习能力，获得好的学习效果。

7 结语

外籍学生学习中文时，最大的困难除了语音之外，就是汉字。若不能排除此障碍，就会严重影响其学习兴趣。若能从“教”与“学”双向入手，预先了解学习瓶颈和困难，经由教学目标分析，再从教法着手，遵循学习者的认知规律进行教学，必能提升学习效率，达到事半功倍的效果。

参考文献

[1] 胡志伟，颜乃欣．辨识中文字的心理历程［J］．语言病理学基础，1995.

[2] 胡永崇．学习障碍学生之识字教学［J］．屏师特殊教育，2002（3）．

[3] 黄沛荣．中国文字的过去与未来［J］．交流（试刊号），1991.

[4] 黄沛荣．谈汉字的部首与归部问题［J］．国文天地，1991（7）．

[5] 黄沛荣．汉字教学的理论与实践［M］．台北：乐学书局，2006.

[6] 黄沛荣．汉字教学的字形工具［EB/OL］．https：//www.huayuworld.org，2005.

[7] 叶德明．华语文教学规范与理论基础［M］．台北：师大书苑，1999.

[8] 叶德明．外籍生汉字书写策略探讨［D］//世界华语文教育学会编．第六届世界华语文教学研讨会论文集　第三册　教学应用组．台北：世界华文，2000.

[9] 周碧香．从学习理论谈汉字形似字教学［J］．联大学报，2009（1）．

[10] 周碧香．图解识字教学原理探讨［J］．台中教育大学学报（人文艺术类），2009（1）．

[11] 张长颖．图解识字法对学习障碍学生之教学经验分享［J］．“国小”特殊教育，2013（55）．

[12] 曾志朗．华语文的心理学研究：本土化的沉思［J］．中国人、中国心，1991.

【作者简介】

陈燕秋，博士，台湾开南大学应用华语学系助理教授，主要研究方向为华语文教学、华语文教材教法。Email：idachen8@yahoo.com。

多模态在对外汉语阅读教学中的协同应用探新

韦　钰
（武汉工程大学外语学院）

引言

随着我国综合国力和国际地位的不断提升，特别是“一带一路”倡议得到了越来越多的国家的积极响应，国内大学纷纷成立了汉语国际教育专业，开设了对外汉语课程。然而由于汉语象形字的特殊构造及现代语篇的多模态性，对外汉语教学中注重对留学生多模态识读能力的培养已成为必然趋势。“多模态”是指同时混合使用文字、版式、手势、音乐、图像、颜色等融合在一起的符号资源来传达意义的方式（Kress，2000）①。科学技术与教学手段的日益发展，使得师生交流的形式不再局限于一维线性语言，而是不断与表情、眼神、手势、多媒体等多种符号资源相互交织，朝着多模态教学方向延伸。如今，我国对外汉语教学早已突破了手写文字与口头语言交流的范畴，许多教师积极自发地探索口头语言互动交流与多媒体技术，如 PPT、表情、眼神、手势等多模态相融合、协同的课堂教学模式。这种新颖的教学思想和教学方式不仅解决了对外汉语教学中多种模态对不同汉语水平留学生的协同与干扰问题，而且在教学氛围的营造、教学情感的激发等方面拥有较为显见的优势，为我们克服传统教学模式的弊端提供了全新的方式与视角。

模态协同和模态干扰是多模态理论中的重要问题，多模态协同教学实践和经验是多模态教学理论的重要组成部分。张德禄（2010）首次指出各模态间存在互补、非互补两种基本关系，模态协同可以是强化或补缺，前者指某一模态主导，其余模态对主导模态进一步加强；后者指多种交际模态共同发挥作用，互为补充、缺一不可②。张德禄、李玉香（2012）进一步指出，对于非互补关系而言，在意义的构建及体现过程中其他模态发挥的作用不大，即所有模态不是任何时候都能发挥作用，而是需要通过相互协同配合才能实现意义的构建及体现③。所谓“模态干扰”指的是多种模态在意义的构建及体现过程中互不相容或互相干扰。教学过程中多模态是否会出现模态干扰取决于教学阶段、教学对象的差异，如惠兆阳等（2013）在研究中发现在听力初级阶

---

① KRESS G. Multimodality ［C］ //COPE B，KALANTZIS M. Multiliteracies：Literacy learning and the design of social futures. London：Rouledge，2000：182－202.

② 张德禄，王璐．多模态话语模态的协同及在外语教学中的体现［J］．外语学刊，2010（2）：97－102.

③ 张德禄，李玉香．多模态课堂话语的模态配合研究［J］．外语与外语教学，2012（1）：39－43.

段，视觉模态对听觉模态产生了干扰，不利于听觉模态的信息吸收；而在中、高级阶段，视觉模态可以发挥补充、强化作用，促进听觉模态的信息吸收①。王祖嫘（2016）总结了多模态话语在美国中文沉浸式教学中的优点：不但有益于发展学习者的多元认知，而且能激发教师在课堂教学中的主导性与创造力②。由此看来，想要多模态在教学过程中最大程度上发挥其作用，必须处理好模态与教学阶段、教学对象的关系，避免教学过程中因设计不合理导致模态干扰的发生。

本文以北京语言大学出版社的《发展汉语Ⅱ》第二版中的课文《领子变化多》为例，基于多模态理论中的模态协同和模态干扰原理，设计对外汉语阅读教学模式，通过课堂教学实验和问卷调查方式，探究多模态在不同意识形态下、不同阅读教学环节中的相互协同及强化互补关系，提出多模态协同在对外汉语阅读教学中应用的优化策略和建议，为深化对外汉语课堂教学改革、提高教学效果提供理论参考。

1 多模态对外汉语阅读课堂教学设计

多模态教学强调语言、非语言多种教学模态的协同配合，其中，语言层面包含口语、书面语及伴随语言，非语言层面包含表情、眼神、手势、情境、多媒体等。同时，为避免多模态出现模态干扰，还需考虑到学习者的语言水平，在不同教学任务阶段配合相对应的模态信息。一般来说，多模态教学以语言交流模态为主，并辅以表情、姿态、手势、多媒体等多种模态形式，促进主次模态作用的强化、互补。

因此，基于多模态理论的模态协同与模态干扰原理，依据教学目标和任务，遵循“情境导入”“课文阅读与理解”及“语言应用”三个不断深入的教学阶段设计了对外汉语阅读课堂教学方案如下所示：

1.1 情境导入阶段教学设计

在情境导入阶段，以口语、书面语模态为主，以发音、手势、PPT 等模态为辅设计教学方案，实施步骤如下：

（1）阅读标题，教师引导学生思考：你今天穿的衣服有领子吗？是什么颜色的领子呢？以此带入话题。

（2）对生词“阶层，取代，趋势，革新，未知”进行讲解：①采用 PPT 图片展示、以汉语例句辅助学习生词；②上下义拓展训练来突破生词的障碍；③用这 5 个词连词成段。

在上述教学方案中，教师在导入话题、生词表讲解中主要应用了口语、书面语模态，在课堂表现不活跃时通过手势指着自身衣领颜色示意时应用了手势模态，同时在带读时融入声响、发音及 PPT 模态，通过主次模态的互补和强化实现课程的导入。

---

① 惠兆阳，王丽恒，赵莉莉．主次模态协同性实证分析——以英语听力教学为例［J］．山东外语教学．2013（3）：77－81．

② 王祖嫘．论美国中文沉浸式教学的多模态话语［J］．民族教育研究，2016（4）：124－129．

1.2 课文阅读与理解阶段教学设计

在课文阅读与理解阶段，仍以口语、书面语模态为主，并辅以表情、学生活动、PPT 等模态为辅设计教学方案。整个过程中教师可适时走动或进行面部表情、眼神的激励与暗示，增强与学生的直接互动。该教学阶段的实施步骤如下：

（1）让学生带着问题听录音，在初步了解课文内容的同时训练听力。找出文中有哪些不同的“领子”、分别有何特征，并找出不同“领子”阶层的信息点，然后根据提示概括它们代表的社会阶层特征。

（2）将词语与其含义用连线的方式进行配对。

（3）判断正误。该过程注重对生词的释义，可以综合运用听、说、读、写等方式使留学生有意识或无意识地习得词汇，以加深对课文内容的理解。

（4）在 PPT 课件上向学生展示各不同“领子”阶层的图片，让学生猜想图片中对象属于白领、蓝领、灰领、粉领还是金领，还可根据实际情况向学生介绍相关的背景知识或设置相关问题，供学生探讨。

与情境导入阶段相比，课文阅读与理解阶段中次模态发挥的作用进一步提升，在对主模态进行补缺的过程中加深对课文内容的讲解。

1.3 语言应用阶段教学设计

主要以情境模态及学生活动模态为主，着重激发学生对语言应用的主导作用，提升学生主导地位。具体实施步骤如下：

（1）分组表演对话，将学生分组，让其结合课文内容与生活经历，分角色编制包含白领、蓝领、灰领、粉领、金领的对话，并请学生上台表演。

（2）会话讨论要求学生分组，就“信息科技发展对社会分工的影响是什么?”这一问题进行会话讨论；适当给出一些词句的表达作为提示，来帮助汉语运用能力较差的学生。

该教学环节中所应用的分组表演、会话讨论等学生活动形式，一方面有助于检验学生对于课文内容的理解程度，另一方面能够提升学生的语言综合应用能力。

2 多模态协同在对外汉语阅读课堂教学中应用体现

为探究多种模态在对外汉语阅读课堂教学中的具体协同关系，笔者采用课堂教学实验和问卷调查的方式，首先设置“学生性别”“学生年龄”“学生学习汉语的时间”三种意识形态；将不同阅读教学环节中所采用的多模态类型总结为 9 种：“教师和学生的口头对话互动”“口语发声的语调、语气”“适当的面部表情与眼神”“穿衣打扮”“在学生座位旁适时走动”“适时的手势、姿态”“环境的布置”“精美的 PPT”“借助粉笔在黑板上写字”；而后通过对不同意识形态及不同阅读教学环节中 9 种教学模态的相互协同关系的实验探究，拟回答以下问题：①不同意识形态下各教学模态的协同关系；②不同模态形式在不同阅读教学环节中的协同关系。

本教学实验以 H 大学国际文化交流学院两个中级班留学生（至少一年的汉语学习

经历）为受试对象，采取问卷调查法做定量分析，调查内容包括“对外汉语阅读教学多模态不同形式协同关系调查”和“对外汉语阅读教学多模态不同形式在各教学阶段的效果调查”。调查问卷于2017年6月发放，让学生们在结束《领子变化多》一文学习之后进行现场作答。问卷表发放89份，回收73份，其中有效问卷表73份，回收率是82%，有效率是82%。最后运用SPSS Statistics20软件对问卷作答数据进行统计分析。

2.1　不同意识形态下各教学模态的协同关系

通过问卷统计，得出学生对各教学模态评分描述统计量如表1所示。

表1　学生对各教学模态评分描述统计量

教学模态	*N*	极小值	极大值	均值	标准差
教师和学生的口头对话互动	73	2.00	5.00	4.262	0.892 204
口语发声的语调、语气	73	1.00	5.00	4.086	0.823 631
适当的面部表情与眼神	73	3.00	5.00	4.167	0.687 184
穿衣打扮	73	1.00	5.00	3.059	0.972 966
在学生座位旁适时走动	73	2.00	5.00	4.061	0.832 644
适时的手势、姿态	73	1.00	5.00	3.971	0.999 567
环境的布置	73	1.00	5.00	3.985	0.969 575
精美的PPT	73	2.00	5.00	4.000	0.956 183
借助粉笔在黑板上写字	73	1.00	5.00	3.984	0.899 595
有效的*N*（列表状态）	73				

由此看出，在受试者对9种教学模态评分描述中，均值处于前3名的是“教师和学生的口头对话互动”“适当的面部表情与眼神”“口语发声的语调、语气”，说明这3种模态在对外汉语阅读教学中发挥的作用最大，应作为主模态；而“穿衣打扮”“适时的手势、姿态”“借助粉笔在黑板上写字”评分相对靠后，在应用时可相应减少其使用频次。

设置“学生性别”（女=1；男=2）、“学生年龄”（20岁以下=1；20~25岁=2；26~30岁=3；30岁以上=4）、“学生学习汉语的时间”（半年或小于半年=1；半年到一年=2；一年到一年半=3；一年半到两年=4）作为不同意识形态，与9种模态对汉语阅读理解的帮助评分均值进行相关性分析，经过相关性分析得到结果如表2所示。

表2　不同意识形态与学生对各教学模态评分均值相关性

		教师和学生的口头对话互动	口语发声的语调、语气	适当的面部表情与眼神	穿衣打扮	在学生座位旁适时走动	适时的手势、姿态	环境的布置	精美的PPT	借助粉笔在黑板上写字
学生性别	Pearson 相关性	0.742	0.702	0.742	0.732	0.732	0.715	0.730	0.767*	0.759
	显著性（双侧）	0.725	0.009	0	0.790	0.267	0.902	0.804	0	0.618
	N	73	73	73	73	73	73	73	73	73
学生年龄	Pearson 相关性	0.732	0.763	0.711	0.734	0.705	0.739	0.789	0.740	0.793
	显著性（双侧）	0.048	0	0.073	0.775	0	0.324	0.110	0.736	0.102
	N	73	73	73	73	73	73	73	73	73
学生学习汉语的时间	Pearson 相关性	0.764*	0.747	0.776	0.757	0.741	0.733	0.794	0.757	0.718
	显著性（双侧）	0	0.215	0.521	0	0.003	0	0.428	0.186	0.319
	N	73	73	73	73	73	73	73	73	73

注：* 表示在0.05水平（双侧）上显著相关；
** 表示在0.01水平（双侧）上显著相关。

表2中的Pearson相关性数值表示不同意识形态与学生对各教学模态评分相关性，数值的绝对值越接近1，则表示两者相关性越强。调查结果显示，“学生性别”与“精美的PPT”“适当的面部表情与眼神”显著相关，且两者Pearson相关性均为正且接近于1，可见女性留学生比男性留学生对PPT和面部表情与眼神的敏感度更高；“学生年龄”与“口语发声的语调、语气”“在学生座位旁适时走动”显著相关，且两者Pearson相关性均为正且接近于1，可见随着留学生年龄的增长，其对口语发声的语调、语气，教师在学生座位旁适时走动的敏感度越高，同时也倾向与教师眼神交流和对话互动；“学生学习汉语的时间”与“教师和学生的口头对话互动”“穿衣打扮”“适时的手势、姿态”显著相关，其中，“学生学习汉语的时间”与“教师和学生的口头对话互动”“适时的手势、姿态”的Pearson相关性均为正且接近于1，可见随着留学生学习汉语时间的增长，其对“教师和学生的口头对话互动”“适时的手势、姿态”的敏感性越高，而“学生学习汉语的时间”与“穿衣打扮”的Pearson相关性均为负且接近于1，可见随着留学生学习汉语时间的增长，其对“穿衣打扮”的敏感性越低。

2.2　不同模态形式在不同阅读教学环节中的协同关系

为探究不同形式对外汉语多模态的教学效果，实验设计了情境导入教学环节、课文阅读与理解教学环节、语言应用教学环节 3 个教学环节下的 9 种模态教学方式的效果评价问卷，让受试的留学生在方框中填写与数字对应的效果，其中：效果 1——“活跃课堂气氛，提高学生学习兴趣”；效果 2——“创设语言情境”；效果 3——“有助于教学中课文生词难句的理解与掌握”；效果 4——“有助于学生阅读技巧的提升”；效果 5——“有助于提升汉语的运用能力”，调查结果如表 3、表 4、表 5 所示。

表 3　情境导入教学环节各模态作用描述统计量

教学模态	N	极小值	极大值	均值	众数	标准差
教师和学生的口头对话互动	73	1.00	5.00	1.971	2	0.916 4
口语发声的语调、语气	73	1.00	3.00	1.457	1	0.577 8
适当的面部表情与眼神	73	1.00	3.00	1.072	1	0.310 2
穿衣打扮	73	1.00	2.00	1.056	1	0.230 6
在学生座位旁适时走动	73	1.00	5.00	1.985	2	0.848 7
适时的手势、姿态	73	1.00	5.00	2.986	3	1.189 2
环境的布置	73	1.00	5.00	2.070	2	0.908 9
精美的 PPT	73	1.00	5.00	3.973	4	1.097 6
借助粉笔在黑板上写字	73	1.00	5.00	2.958	3	0.919 5
有效的 N（列表状态）	73					

表 4　课文阅读与理解教学环节各模态作用描述统计量

教学模态	N	极小值	极大值	均值	众数	标准差
教师和学生的口头对话互动	73	1.00	5.00	3.069	3	0.713 5
口语发声的语调、语气	73	1.00	5.00	3.056	3	0.962 5
适当的面部表情与眼神	73	1.00	5.00	3.069	3	0.887 0
穿衣打扮	73	1.00	3.00	1.233	1	0.585 7
在学生座位旁适时走动	73	1.00	5.00	3.918	4	0.902 9
适时的手势、姿态	73	1.00	5.00	3.071	3	0.850 6
环境的布置	73	1.00	5.00	2.972	3	1.087 3
精美的 PPT	73	1.00	5.00	3.958	4	0.978 1
借助粉笔在黑板上写字	73	1.00	5.00	3.041	3	0.985 3
有效的 N（列表状态）	73					

表5 语言应用教学环节各模态作用描述统计量

教学模态	N	极小值	极大值	均值	众数	标准差
教师和学生的口头对话互动	73	1.00	5.00	4.247	4	0.678 0
口语发声的语调、语气	73	1.00	5.00	4.096	4	0.893 9
适当的面部表情与眼神	73	1.00	5.00	4.164	4	0.827 8
穿衣打扮	73	1.00	4.00	2.058	2	0.849 3
在学生座位旁适时走动	73	2.00	5.00	4.069	5	0.917 8
适时的手势、姿态	73	1.00	5.00	4.918	5	0.489 7
环境的布置	73	1.00	5.00	3.712	4	1.164 3
精美的PPT	73	1.00	5.00	3.972	4	1.079 8
借助粉笔在黑板上写字	73	1.00	5.00	3.972	4	0.644 9
有效的N（列表状态）	73					

由以上三个表的统计结果可知，在不同教学阶段9种模态教学方式的效果也存在一定的差异，如在情境导入教学环节中，教师和学生的口头对话互动、教师的适时走动和环境的布置更有助于创设语言情境，教师的语气语调、面部表情和穿衣打扮更能吸引学生的注意力，提升学生学习兴趣；在课文阅读与理解教学环节中，除教师穿衣打扮外，其余各模态基本上都有助于生词和课文内容的理解以及阅读技巧的提升；在语言应用教学环节中，除穿衣打扮外，其他模态对于学生阅读技巧和语言运用能力的提升具有显著效果。因此，在对外汉语阅读教学中多模态的应用应根据不同教学阶段有相应的侧重点。

2.3 实验结论

通过实验我们可以得出如下结论：

（1）“教师和学生的口头对话互动”“适当的面部表情与眼神”“口语发声的语调、语气”这3个模态在对外汉语阅读课堂教学中发挥的作用最大，应作为主模态积极应用；“适时的手势、姿态”“环境的布置”“借助粉笔在黑板上写字”评分相对较为靠后，在应用时可相应减少使用频次，在必要时适当选用，以辅助主模态来提升教学效果。

（2）相对而言，女性比男性更关注课堂中教师的面部表情与眼神、PPT的精致程度；年龄较长的留学生更关注口语发声的语调、语气，教师在学生座位旁适时走动；留学生学习汉语时间越长，越注重教师和学生的口头对话互动及适时的手势、身势，而对老师“穿衣打扮”的敏感性越低。

（3）或许是由于此次实验课选用课文主题与“服饰”相关，因而“穿衣打扮”在情境导入教学环节中的教学效果明显高于课文阅读理解教学和语言应用教学两个环节，但该模态的作用以及它与其他模态的协同作用在其他题材的阅读文章的教学中会有何种表现、是否同样重要，还有待探讨。

3 对外汉语阅读教学策略思考与建议

3.1 不同学习阶段的多模态选择需有差异化

实践证明，留学生初学汉语时，对教师的“穿衣打扮”比较注重，时间越长这方面的敏感度越低，而越来越注重教师和学生的口头对话互动、表情、眼神以及手势、姿态等。因此，在初级阶段，教师可通过穿衣打扮、环境的布置、精美的 PPT 等加强对学生的感官刺激，提高留学生语言的习得效果。到了中级阶段，教师可通过适当的面部表情与眼神、在学生座位旁适时走动等模态，对教学主模态进行补充、强化，促进学生对生词、课文内容的理解。到了高级阶段，教师可以通过加强与学生的口头对话互动和辅以适时的手势和姿态增进双方沟通的质量。值得注意的是，在初、中、高级阶段中，应以口头对话互动作为主模态，其他模态则发挥补充和强化作用。

3.2 不同教学环节的多模态选择需有差异化

由于在不同教学阶段，9 个模态教学方式的效果也存在一定的差别，因此，应在不同教学环节根据教学目标设计或采用不同教学模态。一般来说，情境导入教学环节模态的设计应侧重活跃课堂气氛，提高学生学习兴趣，此时教师穿衣打扮、精美的 PPT 等可以起到较好的气氛调节作用。随着教学的深入，如在课文阅读与理解教学环节，应利用口语发声的语调、语气，适当的面部表情与眼神，适时的手势、姿态等，促进留学生对生词和课文内容的理解与掌握，以及阅读技巧的提升；在语言应用教学环节，应尽可能多地给学生相互沟通交流的机会，提升其汉语实际运用能力。

3.3 对外汉语阅读教学的优化建议

其一，对外汉语阅读教学应注重主次模态的配合。要以主模态为主，可以在采用传统的课堂教学主模态“教师和学生的口头对话互动”时，添加“适当的面部表情与眼神”“口语发声的语调、语气”这两个模态同样用作主模态进行教学，使这几种模态在对外汉语阅读教学中发挥最大的作用。这就要求教师具备高质量的口头表达能力，即不仅要有清晰到位的口语表达能力，还要在必要时与学生进行适当的眼神交流，并做到发音准确、语调语气合适等。此外，要注重次模态对主模态的配合，利用不同模态的协同、强化互补关系来强化和补充主模态，提高教学效果。

其二，对外汉语阅读教学设计中多种模态的设计和选择需要考虑留学生的实际汉语水平。对于汉语水平从初级到高级的留学生，在运用好口语主模态的基础上，可选择适应不同汉语水平学生需求的次模态。如对于汉语水平初级阶段的留学生，可增强衣着、字体颜色等刺激，这有利于更快吸引学生的注意力并激发他们的学习兴趣；而对于汉语水平中、高级阶段的留学生，可以多语言沟通交流，辅以清晰流畅的板书和 PPT 等多媒体技术，既能加深该阶段学习者对文章中的生词、难句的理解，也能提升综合语言运用能力。

其三，对外汉语阅读教学中多模态的应用选择还需考虑到教学环节的差异，在多模态教学设计中也应根据不同教学阶段和环节进行有相应侧重点的教学。在不同教学环节，留学生对于课文内容的理解需要一个过程，往往是由浅入深、由表及里的。并且，每个教学环节中模态的设计总是服务于每个阶段的教学目标。因此，在各教学环节应尽量剔除干扰教学目标实现的模态形式，符合时宜地添加主模态之外的最佳辅助模态，从而保障教学能够科学、循序渐进地实施。

参考文献

［1］惠兆阳，王丽恒，赵莉莉．主次模态协同性实证分析——以英语听力教学为例［J］．山东外语教学，2013（3）．

［2］王祖嫘．论美国中文沉浸式教学的多模态话语［J］．民族教育研究，2016（4）．

［3］张德禄，王璐．多模态话语模态的协同及在外语教学中的体现［J］．外语学刊，2010（2）．

［4］张德禄，李玉香．多模态课堂话语的模态配合研究［J］．外语与外语教学，2012（1）．

［5］周洪学．汉语阅读课多媒体教学的应用与思考［J］．数字化汉语教学，2014（7）．

［6］张逵．多模态视角下高中英语阅读课教学的实证研究［D］．重庆：重庆师范大学，2014．

［7］KRESS G. Multimodality［C］//COPE B，KALANTZIS M. Multiliteracies：Literacy learning and the design of social futures. London：Rouledge，2000.

【作者简介】

韦钰，武汉工程大学外语学院讲师，主要研究方向为汉语国际教育。Email：weiyusea_gaga@163. com。

汉语“智力”类概念隐喻及其在对外汉语教学中的应用

黄海玲
（海南师范大学国际教育学院）

体验哲学认为人们是基于身体经验来认知和构拟世界的，我们认知与思维的特点是倾向于将我们熟知领域的认知经验投射到另一个陌生的领域，即通过始源域（source）范畴的认知结构去构想目标域（target）范畴，始源域范畴提供认知结构模式，我们可以据此去建构目标域范畴，表达对目标域的认知体验。这样语言就可以只用数量有限的概念系统去表达无限丰富的现实世界及可能世界。正是人们思维和语言表达的隐喻性质，促使我们去思考汉语智力范畴的隐喻表达方式与体系。

1　汉语“智力”隐喻的类型

智力是指人们认识、理解客观事物并运用知识、经验等解决问题的能力，包括观察力、记忆力、想象力、分析判断能力、思维能力、应变能力等。在表达人类的认知经验的过程中，出现了很多“智力”隐喻，我们需要系统总结汉语智力表达所使用的概念隐喻类型及其系统，分析构成这种概念隐喻的原因。本文检索 CCL 现代汉语语料库，以关键字检索得到语料 6 862 条，筛选具有隐喻的有效条目作为研究样本，归纳汉语的“智力”隐喻表达类型为 4 类。

1.1　用通达多维的事物来隐喻智力

智力运行是个通达多维的网络，需要有运行的空间与路径。因此，具有通达特性的事物可以用来隐喻智力的运行，相反，无空隙的实密事物则没有回旋的空间和路径，用来隐喻智力的愚蠢与思维的迟钝，二者形成对立关系。

1.1.1　用多维的空间来隐喻

古人认为“心之官则思”，心灵智慧的运行有曲折探索、多维联通、豁然开朗等特性，可以借用空间概念的多维、贯通等特征来隐喻，形成了以空间领域的“窍”“窟”“洞”“眼”等隐喻智力的表达体系，喻指智力上的聪颖、灵动、通达与机变等。如：

（1）“法轮功”邪教仍在使许多痴迷者魂迷三窍。（新华社 2001 年 3 月新闻报道）

（2）心较比干多一窍。（严歌苓《金陵十三钗》）

（3）老头乐了：“窟窿眼儿。”（郭德纲《相声集》）

（4）脑洞大开。(2015年12月《咬文嚼字》)

（5）我只有一个优势，鬼心眼多。(1993年《作家文摘》)

例（1）、（2）用“窍”来表达心灵及思维，例（3）用“窟窿”表达心思机变灵巧，例（4）的“脑洞”、例（5）的“心眼”都是表达思维的活跃与聪颖。这些词语通常用来表示智力程度高，是褒义色彩，但其否定形式则可表达贬义的智力概念，如愚蠢、不灵活等：

（6）他对那些脑子不开窍的笨蛋很没有耐心。（威廉·萨默塞特·毛姆《人性的枷锁》）

（7）“真是个不开窍的死心眼。”(1994年第4季度《人民日报》)

（8）老师竟当着全班同学的面骂小女孩：“真蠢，木头脑子不开窍！”（1995年10月《人民日报》）

以上例句中“不开窍”是“开窍”的否定表达，表示愚笨的意思。

1.1.2 用圆来隐喻

圆，周转顺畅，遍布圆满，所以汉语用圆来隐喻思维智力。思维的运动可用“运转”、思维的全面可用“圆滑”“周全”来表示，我们经常说的“圆谎”“圆滑”“自圆其说”“言方行圆”“外圆内方”等都是圆的特性在智力领域的投射。语料库用例子佐证了圆的隐喻表达思维模式。如：

（9）智欲圆而行欲方。(谚语)

（10）朵朵木这人很有本事，为人很圆滑，周围的人一个也不得罪。（李文澄《努尔哈赤》）

以上例句中“圆”“圆滑”等用圆的属性来表达思维灵巧。圆形成的智力隐喻形式丰富，色彩可褒可贬。

1.1.3 用水来隐喻

用多变的水来表达智力也是汉语智力隐喻的常见类型。中国五行学说就有“水主智”的说法，水遇阻主动转弯，运动没有阻滞，灵而无形，水浩瀚无际，都是智的特征。水表达智力的用法很多，如：

（11）知者乐水，仁者乐山。(孔子《论语·雍也篇》)

（12）怡山乐水，书海扬帆，可增长才气。(1994年第1季度《人民日报》)

（13）你要利落点儿水灵点儿有点儿“条儿”人能把咱这老北京给宰了？（魏润身《挠攘》）

(14) 智慧如同大海，人们不知道它的深浅。（伊本·穆加发《卡里来和笛木乃》）

以上例子中的“水”都与智慧、聪颖相联系，例（13）中的“水灵”更是表现了智慧的灵动、活泼，神情的机灵，是水的灵性的隐喻投射。

1.2 **用不易改变的事物来隐喻智力**

与上述的空灵、圆转隐喻相反，智力的愚笨方面可用实满无空、不易改变的事物来隐喻，如经常说的“冥顽不灵”就是根据其不变的特性来叙说的。常用来隐喻智力低下的不易改变的事物有：

1.2.1 用厚实的木来隐喻

木有厚实、不变的特性，常用来表达智力的不灵光。如：

(15) 呆若木鸡。(《中国成语大辞典》)

(16) 你这才明白！木头脑袋！(老舍《四世同堂》)

(17) 榆木脑袋，比被人们当作笑料的傻瓜好不了多少。(《读者》)

(18) 孔子知道后便骂他“朽木不可雕也”。(《论语·公冶长》)

这些例子都是利用木的厚实、笨重的特性来表达智力的愚笨，“木鸡”“木头”“榆木”“朽木”都是木类事物，隐喻的意思都相同。

1.2.2 用石头来隐喻

石头也是凝固不易改变的事物，石头的智力隐喻不仅体现在日常生活中，从古至今，文人们也常用石头来隐喻呆板、顽固、愚蠢等。如：

(19) 我看见他给一个像石头一样冥顽不灵的下等的傻子算计了去。（莎士比亚《第十二夜》）

(20) 顽石点头。(夏敬渠《野叟曝言》)

(21) 这人脑子顽固得像石头一样，你还跟他啰唆个啥！(知侠《铁道游击队》)

“石头”是汉语使用频率很高的智力隐喻始源域概念，“顽石”“石头”“石板”“茅厕里的石头”等词语经常出现在交际语言之中。

1.2.3 用糊状的事物来隐喻

糊状的物体在人的感觉体验上难以流动，内部结构混沌，因此与思维的模糊、迟钝产生了隐喻联系，它们既可以表达中性的思维反应迟钝，也可以表达贬义的愚笨等语义。如：

(22) 你的豆腐脑袋已经忘记了这件事了？（玛格丽特·魏丝、崔西·西克曼

《龙枪传承》）

（23）我一旦去想那些抽象的深刻的问题，脑子立刻就成一团糨糊。（《读者》）

（24）猪油蒙了心，冤枉好人。（金庸《天龙八部》）

（25）小小年纪，怎么也一脑子糨糊？（《乔家大院》）

例句中“豆腐”“浆糊”“猪油”都是糊状不易流动的事物，用来隐喻思维的愚钝和混乱。

此外，还可以用路径的阻塞，如“脑筋短路”“脑子灌水了”等来表示智力的迟钝和愚笨。

1.3 用循环的机器来隐喻智力

机器具有循规蹈矩、循环往复、精准无误和不知疲倦等特点，在现代常用来隐喻思维的固定、缜密和心灵的耐力，思维的停滞等也用机器的运转和锈蚀来表现。用机器来隐喻智力，可以是褒义、中性抑或是贬义的语义色彩。如：

（26）他的思维就像机器一样缜密。

（27）他的计算精确得像钟摆。

（28）他就是台机器，从不逾规。

（29）我的脑子今天运转不灵了。

（30）你脑瓜生锈了吗？

例（26）中用机器来隐喻智力思维的缜密，例（27）用钟表来隐喻思维的精确，例（28）则是用机器来隐喻思维的循规蹈矩，例（29）用机器的运转不灵来表达思维的迟钝，例（30）则是用机器的生锈来表达愚笨。机器的各种特征，如精确、按规则往复运动、不停歇、生锈等可以成体系地投射到智力活动之中，形成各类具体的智力隐喻。

1.4 用动物来隐喻智力

以动物来隐喻智力是汉语的常见表达方式，动物是人们日常所见的事物，依照认知语言学的身体体验哲学观，人们将日常的对动物的经验投射到抽象范畴的智力领域，作为智力语义系统的表达模式有着深厚的心理依据。人们对动物有褒贬不同的体验，形成了语言中聪慧与愚笨的不同隐喻类别。

1.4.1 聪慧的动物隐喻

狡兔、狐狸、猴、蛇等机灵的动物在汉语中常用来隐喻程度高的智商等。如：

（31）过来的那个人精如猴。（CCL网络检索语料库）

（32）聪明猴——聪明但没耐性！（CCL网络检索语料库）

（33）猴精猴精的！（陈廷一《宋氏家族全传》）

（34）阿菊是个白蛇精转世的伶俐人，你想，她还会不愿意？（吴强《红日》）

（35）幸运兔精灵。（葛竞《幸运兔精灵》）

例句中猴、兔、蛇都用来喻指聪明，构成了隐喻表达方式。

但也有例外，聪明的动物隐喻也可用于贬义表达，尤其是狡兔、狐狸等主要表示贬义的隐喻。如：

（36）狡兔三窟。（《战国策·齐策四》）

（37）这个狡猾的老狐狸。（李英儒《野火春风斗古城》）

另外，机灵的动物还可以用来隐喻思维与反应的灵敏性，我们常说“矫如兔”“动若脱兔”“矫如猿猴”等，就是这种隐喻思维的反映。例子有：

（38）静若处子，动若脱兔。（《中国成语大辞典》）

（39）像只灵活的猴子。（1995 年《作家文摘》）

（40）他灵巧如山羊，三脚两步便攀上一块嶙峋的危岩。（1994 年第 1 季度《人民日报》）

以上例句中的脱兔、猴子、山羊等都喻指灵巧，是汉语中常用的动物隐喻类型。有意思的是外国人用袋鼠来隐喻，带有国外的地域文化特点。

1.4.2　愚笨的动物隐喻

猪、驴、牛、狗熊、象、鹅、老鼠等动物在汉语中经常用来隐喻智商的低下或是思维反应的迟缓等。如：

（41）你这个猪脑袋，蠢货！（哈伯德《地球杀场》）

（42）管理员是个比接待员更蠢的笨驴，但是他却为此而得到高报酬。（约翰·格里森姆《鹈鹕案卷》）

（43）我俩同年，又有一样的经历，可他就是愚笨如牛。（《读者》）

（44）这老家伙，你别看他又胖又笨像个狗熊，他可会骑自行车，但是骑不快。（刘流《烈火金刚》）

（45）企业包袱越背越重，变成了一头“笨象”，造成生产成本高、劳动生产率低下。（1996 年 8 月《人民日报》）

（46）蠢驴，傻瓜，混蛋，瘦脸的混蛋，笨鹅！（莎士比亚《第十二夜》）

（47）“鼠目寸光！抓了芝麻，却丢了西瓜！”（李文澄《努尔哈赤》）

（48）鼠头鼠脑。（骆宾基《父女俩》）

例句中的“猪”“驴”“牛”“狗熊”“象”“鹅”等都是大型的动物或家禽，反应迟钝，行动笨拙，因此用来隐喻思维的迟钝、呆滞和愚笨等。“鼠目”“鼠脑”是目光短浅、智商低的隐喻表达，例句（47）、（48）中用老鼠隐喻了短视、愚昧等意义。

动物隐喻是人类语言运用中的一种普遍现象。人们把各种动物投射到智力隐喻范畴，往往是依据他们在日常生活中对动物的外形、动作、习性的认知，以及对动物的喜好和熟悉程度来建构的。因此，这就出现了同一种动物有褒贬不一的隐喻含义，而两种或几种动物对应同一隐喻含义。

2 “智力”隐喻在对外汉语教学中的作用

智力是语言表达中常见的范畴，概念隐喻是成体系的认知经验映射和语义表达，因此在汉语国际教育中具有重要的价值，“智力”隐喻作为概念隐喻的重要组成部分在汉语国际教学中发挥积极的作用，这种作用可以从两个方面来加以阐释。

2.1 深化汉语文化教学的内涵

隐含在语言中的文化是语言教学的难点和重点，它会影响学习者的理解和表达。汉语中蕴藏的文化内涵非常丰富，隐喻系统这种与民族生活体验和思维倾向紧密相关的语言表达方式，直接体现了民族的文化内涵。几乎每种文化都具有自己的概念隐喻系统，我们整理这种概念隐喻系统，揭示隐藏在这种隐喻系统之后的民族思维方式、行为特点和认知模式，可以更好地理解这种语言的内在精神，可以各类概念隐喻为纲，将零碎的、杂乱的语义和语言表达方式组织成系统的、连续的、有序的知识整体和模式网络，提升语言学习者的学习效果。

汉语“智力”隐喻系统体现了汉语的文化内涵。其一，中国人以水来喻智。中国古代哲学观主张世界是由金、木、水、火、土五种基本属性组成的有机系统，它们之间相生相克，共同形成有机的宇宙世界。五行中水主智，形成了汉文化中以水隐喻智力的表达模式。

其二，在人的五脏之中，古人认为“心之官则思”，心是主观情志与思维的器官，所以造字上与情感与思维有关的字都从心旁。心又对应五行中的火，所以产生了心火、智慧的火花等说法。

其三，汉语有不少自身的“智力”隐喻表达方式，如用空间的窍、窟、洞等来表达智慧的灵巧，以木等不易变动之物来隐喻智力的愚笨，以圆来隐喻思维的周全与圆滑都很有汉文化的特点。在动物隐喻方面，我们用驴、猪、鹅等来隐喻愚蠢，用猴、兔等表示灵活聪慧，兔在有些语境中也有贬义用法。而英语可用鲸鱼、猫、狗等来表示聪明，在澳洲多用袋鼠来隐喻笨拙等。狐狸，中英文都可隐喻聪明。汉语可用狡兔来喻指聪明，英语则用猫头鹰来隐喻聪慧。

“智力”隐喻文化内涵的揭示可以让学习者更准确地理解汉语的文化寓意，正确地运用汉语的隐喻表达方式。

2.2 增加概念表达的流利性

从认知语言学的角度看来，隐喻广泛存在于我们的日常语言之中，“智力”概念隐喻可以将抽象的智力概念具体化，有利于我们对抽象化的智力进行理解和表达。

Danesi（1992）认为，“概念流利性”主要是指一种匹配的能力，将目的语所反映概念的底层结构和表层结构匹配。目前语言教学重视语言的流利性而轻视概念的流利性，语言教学要在学习者的脑海中真正形成目标语的概念化世界，Danesi 称之为“概念重组”，即在重视语言的表层规则的同时，注重深入了解目的语的深层内涵，对世界进行“概念重组”以达到概念表达的流利。概念隐喻用目的语的始源域去整体表达目标域的概念，可以成系统地建构概念间的对照关系，生成成体系的语义表达方式。

如果在汉语国际教育中，让学生掌握了上述的汉语中表达“智力”的概念隐喻系统，让学习者知道用哪些事物来表达聪明，又用哪些事物来表达愚笨，可用哪些常见的动物来建构聪慧的表达体系，又用哪些动物来体现愚蠢的语义概念，这样就可以成系统地建构汉语的智力范畴的表达体系，将零碎的、无组织的语言要素组建成连续的、有序的概念隐喻整体，在表达汉语与智力有关的概念体系时能够做到流利顺畅，有效提高汉语习得的效果。如在机器与思维智力之间建立了概念隐喻关系，就可以成系统地运用机器的属性来表达思维智力的属性，做到概念表达的流畅。要表达思维的循规蹈矩和循环往复，我们可以用机器来隐喻，如“死板得像机器”；要表达思维的精准缜密，我们也可用机器来表示，如“他考虑问题像机器般严密”；要表达脑力的不知疲倦等特点，我们还是能用机器来传达，如“他真是台机器，永不停歇”；甚至思维的迟滞、停止，我们也可用机器的来喻指，如“我脑瓜生锈了”。这样借助智力与机器两个概念之间的隐喻关系，我们就可以流畅地用机器概念来表达“智力”的概念，并且是成系统地进行语义勾连，这一定会有助于汉语学习者语义表达的系统、丰富和流畅。其他的“智力”隐喻类型同样有这样的汉语习得指引作用。“智力”概念隐喻教学是促进汉语学习者概念流畅能力发展的有效途径。

3 结语

本文通过对“智力”隐喻在现代汉语中的相关语料的统计分析，归纳了汉语智力概念隐喻的类型，探讨了它们所体现的认知特点和文化价值，展现其在对外汉语教学中的作用。但因为掌握的语料相对有限，智力概念隐喻的归纳还不够完善，跨文化的对比还不够充分，有待日后的研究继续完善。

参考文献

[1] 霍力岩．多元智力及其对我们的启示［J］．教育研究，2000（9）．

[2] 冯英．汉语义类词群的语义范畴及隐喻认知研究［M］．北京：北京语言大学出版社，2009．

［3］黄琛．汉语中对隐喻的研究综述［J］．安徽文学（下半月），2015（4）．

［4］胡壮麟．认知隐喻学［M］．北京：北京大学出版社，2004．

［5］贾冬梅，蓝纯．五行之“火”行背后的概念借代和隐喻［J］．外国语，2013（5）．

［6］刘莹．从语法隐喻理论探对外汉语语篇教学［D］．成都：四川大学，2006．

［7］刘正光．隐喻的认知研究——理论与实践［M］．长沙：湖南人民出版社．2007．

［8］皮德敏．英语空间隐喻的认知研究［J］．湖南科技学院学报，2007（5）．

［9］束定芳．隐喻学研究［M］．上海：上海外语教育出版社，2000．

［10］许力珩．隐喻能力培养初探［D］．哈尔滨：黑龙江大学，2009．

［11］王天枝，韩叶．《我们赖以生存的隐喻》中的隐喻综述［J］．科学教育，2011（12）．

［12］谢菁．基于认知语言学的中医病因病机概念隐喻研究［D］．北京：北京中医药大学，2012．

［13］赵云．外语词汇教学的概念隐喻视角［J］．滨州学院学报，2008（4）．

［14］赵艳芳．认知语言学概论［M］．上海：上海外语教育出版社，2011．

［15］张静，樊葳葳．文化隐喻研究现状及概念初探［J］．外语教育，2003（0）．

［16］张全生．中国隐喻研究十年综述［J］．新疆师范大学学报，2004（9）．

［17］LAKOFF G & JOHNSON M. Philosophy in the flesh the embodied mind and its challenge to western thought［M］．New York：Basic Books，1999．

【作者简介】

黄海玲，海南师范大学国际教育学院在读学生，主要研究方向为汉语国际教育。

教学测试研究

“汉语桥”世界大学生中文比赛对汉语教学测试的启示

邱　睿[1]　杨　勇[2]
（西南大学国际学院）

引言

“汉语桥”世界大学生中文比赛是由中国国家汉办主办的大型国际汉语比赛，其节目形式丰富多样、与时俱进，节目内容将中国传统文化和中国流行文化相结合，吸引了来自世界各地的汉语学习者参赛。“汉语桥”作为一档电视节目，形式上是一个大规模的比赛，具备完整的竞赛淘汰机制，来自世界各地的汉语学习者在复赛阶段通过演讲和才艺展示的方式获得相应积分并按照积分确定名次。决赛阶段评委们根据选手在各项比赛环节中的表现打分，最后根据决赛中选手的积分确定冠、亚、季军。在“汉语桥”的比赛中，紧张刺激的游戏环节和现场的气氛使比赛过程充满了趣味性、挑战性、创新性。

这样的积分形式、比赛形式能否借鉴到我们的对外汉语教学测试中呢？我们传统的以考试考查学生学习成绩的方式，有很多弱点，例如应试教育的导向、缺乏趣味的枯燥试题和复习方式、缺乏个性的统一答案等。如果将“汉语桥”的积分、淘汰机制运用在对外汉语教学测试当中，在测试的形式上借鉴“汉语桥”的比赛模式，在测试内容上倾向于考查学生对于教材的掌握情况，在成绩统计方面则借鉴汉语桥的积分、淘汰制度。在此基础上设计出有别于传统纸笔考试的测评模式，该模式一方面具备检测学生学习情况的功能，另一方面具备“汉语桥”竞赛性、趣味性等特点。这样可以在测试中减轻学生对于考试的恐慌，激发学生持续学习的动力。

1　“汉语桥”节目形式的“测试性”

从汉语教学的测试研究出发，我们需要重点关注“汉语桥”节目的“测试性”，虽然很多研究者对这一节目有所研究，但是对节目的趣味性发掘更为偏倚。如果总结出该节目在测试性上的设计特色，我们可以进一步梳理和探究节目和汉语测试之间的关联。

由于第一届到第六届距今时间太长，节目形式差别较大且承办单位更换，本文不予研究。笔者对第七届到第十五届“汉语桥”世界大学生中文比赛的影像资料进行研究后得出关于节目形式和节目内容的相关统计。“汉语桥”在复赛阶段普遍采用主题演讲和才艺展示作为基本的考核形式，而在决赛和总决赛中文化体验、情景演绎和知识问答是主要的比赛形式。其中第十五届比赛的赛事主办方别出心裁，设计出很多中文游戏并进行中外竞技，一改以往的传统模式，使得节目颇具新鲜感。

从节目的形式来看，不少形式有趣但缺乏“测试性”，缺乏与课堂测试的关联，现总结几种适合应用于汉语教学测试的比赛形式：

1.1 主题演讲

在近几年的“汉语桥”比赛当中，主题演讲环节基本是固定不变的，它的规则是在规定时间内选择自己喜欢的主题进行演讲，并在演讲完成之后回答评委的问题，评委会对选手的演讲和问题的回答情况进行打分。每届比赛的情况不完全一样，但主题演讲的时间基本控制在两分钟以内。从 2012 年第十一届“汉语桥”开始，在主题演讲环节，赛事主办方开始给选手设定题目，使自由演讲变成了半命题演讲。

演讲的具体内容涉及理想、经历、中国人、文化差异、地域风情、国粹、文学作品等方面，其中理想、经历、文化差异是选手选择较多的演讲内容。2015 年和 2016 年两届比赛由于主题定为“我送给汉语桥的礼物”，因此选手们演讲的内容多数是把本国的文化同中国文化结合在一起，体现了文化交流互补的特点。

这个环节可以考查选手汉语的发音情况、语言组织能力、语法的运用、逻辑思维能力、中国文化知识等基本能力和选手的心理素质，也给了选手发挥的空间，选手可以根据自己所擅长的领域，向评委和观众展示自己最好的一面。而之后的问答环节则考查了选手的听力、临场反应能力和汉语知识储备。评委的问题并非一味考查选手的知识积累，更多是选择一些让选手有发挥空间的开放性问题，比如：如果你的朋友要来中国旅游，你将会推荐哪些景点，为什么？综合来看，这个环节的考查相对基础又非常全面，可以全面反映选手的汉语水平，放在第一项是再合适不过了。

1.2 才艺展示

才艺展示环节在近几届的大赛中也相对固定，这个环节应该可以看作主题演讲环节的补充。因为选手在学习的同时往往对中国的流行文化、传统文化或是传统技艺非常感兴趣，甚至有很多选手就是因为对中国文化很感兴趣而开始学习汉语。选手们也都身怀绝技，用自己的方式演绎中国武术、传统舞蹈、流行歌曲、诗词歌赋、琴棋书画。对选手来说，这不仅是在展示自己的才艺，也是一个享受的过程、一个圆梦的机会，当然表现出色的选手也可以通过自己的才艺来帮自己加分。观看选手们的表演，不仅观众和评委拍手叫好，选手自己也乐在其中。主题演讲和才艺展示所得积分共同决定了选手晋级决赛的资格。

1.3 知识问答

知识问答环节在前几年的“汉语桥”比赛当中已经逐渐弱化，但在第十五届“汉语桥”的比赛中知识问答再次成了比赛的主要形式。因为知识问答绝对是考查参赛选手汉语听力、知识储备以及语言表达能力的最直接的方式。知识问答一般是要求选手在规定时间内答对相应数量的题目，首先就需要选手听懂题目，这就考查了他们的听力理解能力，然后选手需要迅速作答，这就考查了他们的知识储备和汉语表达能力。从节目效果来说，知识问答的形式紧张刺激、扣人心弦，场内外的观众在看选手答题的同时，自己也会试着去回答，使比赛更具观赏性。但是题目毕竟是客观的、答案也是固定的，这样就完全限制了选手的发挥空间，无法全方位考查选手的汉语水平。因此，知识问答在前几年的“汉语桥”比赛中逐步沦为辅助选拔方式，但是它依然扮演着十分重要的角色。例如，2015 年的第十四届“汉语桥”世界大学生中文比赛的决赛冠亚军之争所采用的方式就是知识问答，两位选手也是棋逢对手，比分交替上升，给观众们带来了一场火星撞地球般的终极对决。最终来自新西兰的小伙子麦凯平略胜一筹，以一分的优势战胜了来自英国的中文学霸康可，问鼎第十四届“汉语桥”世界大学生中文比赛的冠军。2015 年冠亚军之争的比赛规则如下：两位选手之前的比赛积分全部清零，两位选手各有 90 秒的答题时间，一名选手答完题摁下按钮，另一位选手开始答题，两人轮流答题，直到 90 秒时间全部用完，问题答对多的选手获胜。不会回答的问题，可以直接摁下按钮说“过”。

赛会在安排题目的时候，每组题目所考查的内容十分接近，难度也基本持平。在第六组和第十一组问题中，两人同时出错，其余问题全部回答出来，在加时赛中，蓝方则是在第一组问题中就建立了优势，并最终获胜。两位选手在比赛中表现出了很强的心理素质，同时展示出自己过人的汉语知识储备量和听力理解能力。

1.4 情景演绎

情景演绎是“汉语桥”世界大学生中文比赛当中常用的一种比赛方式，自从 2008 年“汉语桥”落户湖南电视台以后，这种节目形式就一直深受选手和观众的青睐。情景演绎的规则是选手根据相应主题和助演嘉宾一起表演一段情景剧，台词和剧本由选手和导演共同设计。这样就给了参赛选手极大的发挥空间，他们可以根据自己的个性和喜好设计自己的台词和表演方式。例如，2008 年来自菲律宾的选手“肥龙”卢文龙在情景剧《宝莲灯》中所扮演的沉香就给观众留下了深刻的印象，他扮演的沉香憨态可掬，十分搞笑，为比赛增色不少。

情景演绎是一种十分考验选手汉语积累的比赛方式，想要在舞台上妙语连珠就需要具备深厚的汉语功底。这种方式给了选手很多发挥的空间，充分展示了自己的个性，无论胜负如何他们都拿出了自己的十八般武艺。从观众的角度来说，可以看到不同肤色、不同种族的年轻人穿着中国传统服饰扮演自己心中根深蒂固的古典形象，对视觉也是一种极大的冲击，这也是情景演绎一直沿用至今的重要原因。

“情景考演”是一种较为综合的考查形式，它是在情景剧的表演的基础上，对选手进行知识或才艺方面的考查，也考查了选手的演讲能力和即兴对台词的能力。而“情景考演秀”也成为 2014 年和 2015 年两届“汉语桥”总决赛的主要比赛形式。2015 年“汉语桥”的决赛中来自喀麦隆的孙頫宇就在情景剧《再见马可波罗》中扮演波斯迎亲大使阿布失哈，他不仅完整回答出了考题，还现场带来了一段精彩的胡琴表演。

“汉语桥”节目的内容和形式，由于其竞赛类的特点，呈现出一种对于知识的深度激发性，所有的比赛环节，都具有测试性的特点。这些测试性表现出对于汉语听、说、读、写能力以及文化水平的全方位测试。这些正是我们汉语测试的内容。传统的汉语测试在形式较为单一，对学生水平的深度激发往往不够，应试性更为突出。“汉语桥”的节目提供了这样一种参考，考试的形式可在模式化的测试方式之外探索多元化的方式。单纯的应试导向难以避免的是刻板的教学行为。多元化的测试其实给予了教师与学生在教和学过程中更多的空间，也可以探索后方法时代更多元的教学模式，学生也可以在后喻文化时代探索个性化的汉语学习方式。

2 “汉语桥”节目性质的“测试性”

“汉语桥”节目除了在形式上有可以为教学测试所借鉴的内容，在性质上对于教学测试也颇有启发性。节目的整体理念可以提醒我们思考现行的汉语教学测试所存在的问题以及改进方向。Bachman 在 *Fundamental considerations in Language Testing*（1990）中提出交际测试法必须具有激发性（motivating）、真实性（substantive）、综合性（integrated）和交互性（interactive）。对于“汉语桥”，我们可以梳理出相关的适用于测试的性质来，该节目除了具有激发性、交互性、真实性、综合性外，还具有文化性。

2.1 激发性

激发性可以说是“汉语桥”本质属性。“汉语桥”是一个大型的中文比赛，竞争是选手之间最基本的关系，他们来自不同的国家，学习汉语的时间不同、教育背景也有差异，但他们都有一个共同的目标，就是赢得“汉语桥”世界大学生中文比赛的总冠军。选手们的汉语综合能力都得到最大限度的激发。

然而，随着比赛进程的深入，选手们之间的竞争愈演愈烈。因为，比赛进行的过程中他们要面临的是残酷的淘汰，每轮比赛过后总会有选手离开，想要走到最后的总决赛进而问鼎冠军需要经历层层的考验，击败诸多强手。虽然在完成任务的过程中，他们当中的部分人会短暂地成为队友与其他团队争夺积分，但这也无法改变他们依然是对手的事实。

2016 年的第十五届“汉语桥”大赛把竞争推向了高潮，在这届比赛当中，选手们不仅要和其他汉语学习者竞争，还要和以汉语为母语的中国人竞争。来自世界各地的汉语学习者更是作为一个集团与以汉语为母语的主播团队同场竞技，在与主播团比拼文化知识的时候丝毫不落下风。

2.2 交互性

参赛者之间的合作是比赛的另一亮点设计。分组对抗是“汉语桥”进入决赛和总决赛阶段常用的比赛形式。在复赛阶段，选手的基数较大，评委和观众对于每位选手的个人情况，包括能力和个性完全没有认识。所以在复赛阶段以个人展示为主。而到了决赛阶段，由于参赛选手经过一轮的淘汰，在人数上便于分配，加上评委和观众对于选手的个人情况已有初步的了解，赛事主办方安排了大量以小组间对抗来进行的比赛环节。例如，2008年和2010年决赛以及2011年决赛中的快乐辩论赛环节，选手们被分为两组，就规定的主题进行辩论。2013年决赛阶段的外场考核古城体验、外场任务（寻找食材并烹饪），2014年和2015年决赛阶段的所有户外文化体验活动都是在组内合作、组间竞争的基础上进行的。小组成员之间同时存在合作和竞争的关系，他们通力协作完成主办方安排的任务，而在完成任务时他们激烈竞争，争取表现出色获得评委青睐。2016年的“汉语桥”有所不同，在决赛阶段，选手们共同组成了一个团队与以汉语为母语的主播团进行较量。可以说交互性在“汉语桥”的节目编排中扮演了十分重要的角色。

2.3 真实性

在节目形式上，“汉语桥”世界大学生中文比赛的主办方并没有一味坚持传统的汉语竞赛形式，而是与时俱进，使每届“汉语桥”的比赛形式与当前最流行的电视节目形式结合起来、推陈出新，反映出真实的汉语环境。比如文化体验活动就是对户外真人秀的借鉴。这样使选手有了参加比赛的激情，观众也有观看比赛的热情。第十五届的比赛则是以室内的竞技比拼为主，以室外的文化体验为辅。而在竞技模式方面，第十五届的比赛更是做出大胆创新，一改以往外国选手内部竞争的模式，首次引入中外竞技，让世界各地的汉语学习者和以汉语为母语的中国人同场竞技，把汉语学习者们的汉语水平发挥得淋漓极致。

2.4 综合性

比赛是一种综合能力的体现，这不仅体现在汉语表达能力，更是一种多元载体的汉语能力的体现，如何在表演中讲汉语故事，如何在歌唱中使用汉语口语，如何在舞蹈中表现汉语文化意境等，都不是简单的应试教育及传统考试方式所能包含的。综合性的意义在于对教学关系的调整是全方位的，学生和教师都需要在教学实践中以新时代语境下对人的全面发展作为教学的最高目标。

2.5 文化性

“汉语桥”节目中涉及了大量的传统文化知识，其中包括诗词歌赋、历史常识、历史事件、考古研究、汉字演变、成语故事、儒家经典、谚语典故、民间风俗等。这些知识是汉语学习者学习中文过程中重要的组成部分，也是中华文化的魅力之一。这些知识不仅对于汉语学习者来说十分重要，对于以汉语为母语的中国人来说也是重新认识自己的过程。

而选手在中国传统文化知识方面的表现往往让人惊叹，在2016年第十五届“汉语桥”总决赛当中，来自乌克兰的欧洲冠军曾子儒在面对《诗词大会》总冠军时表现得沉着冷静，完整对出了对方所给出的四句诗词，得到了满堂喝彩。缅甸少女郑佳佳也准确解释出了成语“呆若木鸡”最初的含义，更为精彩的是美洲冠军安德烈把周敦颐的《爱莲说》中的经典段落以及马致远的《天净沙·秋思》一字不差地背了出来。

“汉语桥”中的文化体验活动就肩负了文化传承的重任。它的基本规则是选手在规定时间内完成节目组布置的任务，或者在真实体验过后完成汇报，而任务和汇报多数是团队合作完成的，选手们被分在不同的小组，各组成员往往分工不同，在任务完成后，主办方对各个团队的完成情况进行评判，不仅体现了对抗性，也体现了团队合作的精神。这些任务多与中国传统文化或者是极具中国特色的习俗有关，比如：2015年第十四届“汉语桥”比赛大理站中，节目组要求选手在规定时间内搜集茶马古道最具代表性的两件器物——火腿和银器，谁曾想火腿和银器背后竟然隐藏了如此深厚的文化底蕴。

“汉语桥”的节目性质也体现出测试性，对于测试而言，最重要的是公平，“汉语桥”在此基础上，兼有激发性、交互性、真实性、综合性、文化性，这是测试中产生的要素，激发性将学生在测试中的个人潜能最大限度激活；交互性将学生的各自素养在语言项目中整合；真实性让测试不再是一种对于语料固化的教材的重复，而是一种与时代保持一致的语言能力；文化性将语言学习从简单的实用性误区中解放，让学习者能在语言和文化的结合中实现最终的语言学习价值。

3 “汉语桥”节目对汉语教学测试的启示

近年研究者对于对外汉语教学评估的态度越来越趋于多元化，“淡化鉴别，注重过程；注意综合评价，关注个体差异；定性定量结合，评估方法多元化；评估重心转移，终结和形成性评估结合”（杨翼，2009）。在评估理念的多元化之下，我们可以在“汉语桥”中寻求一些共通方案。“汉语桥”世界大学生中文比赛是一项比赛，选手们彼此之间的最基本关系是竞争。竞争是个体或群体间力图胜过或压倒对方的心理需要和行为活动。竞争也是个人或群体的各方力求胜过对方的对抗性行为，因此，其积极作用是能使人振奋精神，奋发进取。在社会生活中，竞争往往通过竞赛的形式表现出来。“汉语桥”对于我们汉语教学，特别是测试环节其实有很多启示。

3.1 “个人秀”的竞赛形式对汉语教学测试的启示

这里的“个人秀”主要包括“汉语桥”所涉及的主题演讲、才艺展示还有情景演绎。“汉语桥”选手的主题演讲可以自拟主题，根据主题自由发挥，既考查了选手的汉语词汇、语法基础，又考查了选手的语音、语调。才艺展示则是选手的个性展示，展示的才艺与中国文化有关，体现了选手对中国文化和传统技巧的热爱。主题演讲具有极大的灵活性，同时全面考查了学生的汉语功底，也是一种检查学生学习汉语情况的方式。而才艺展示则可以作为学生表现的加分环节。

第十三届和第十四届“汉语桥”大赛的情景演绎是选手根据故事梗概的再创作，体现的并非导演的意愿，而是选手自己的汉语水平和创作思路。而这一环节可以与授课班级学生的文化课相结合，把文化体验、文化学习和文化考查结合在一起。学生可以根据自己的汉语能力，借助相关的辅助材料和辅助工具塑造出属于自己的人物形象。情景剧的主题可以和所教授的课本内容相结合，也可以引入新的知识。虽然选手们身处在情景剧这样一个大环境当中，实际上他们所进行的依然是以“个人”为主的表演，他们完全可以不受其他选手影响，自主设计台词和表演形式，塑造自己的角色特点。“汉语桥”的“个人秀”形式的比赛环节体现了赛事公平性和竞争性的特点。

“主题演讲”“才艺展示”“情景演绎”当中完全是选手自身能力的展示，不存在团队协作的问题。而在实际的教学测试当中，学生的期末成绩代表了该学生在这个学期的整体学习状况和该学生本身的汉语知识水平，成绩与个人一一对应。因此，在一个学期的汉语测试当中，必须要有能够说明学生个人能力的内容，把个体与整体区别开，让每一个学生都拥有证明自己的机会。

基于以上分析，把“汉语桥”的“个人秀”表演形式引入汉语测试当中是可行的，在某种程度上说也是必需的。主题演讲和才艺展示的进行可以平均分布在每周的汉语课上，学生按学号依次进行，每节课抽出一分钟到两分钟时间让学生进行演讲或表演。

3.2 分组对抗的比赛形式对汉语教学测试的启示

和“个人秀”相比，分组对抗具备以下几个优点：

3.2.1 形式丰富

进入决赛阶段以后，有很多环节无法或者很难以个人的形式进行，例如，快乐辩论赛，每组需要至少三名组员才能达到辩论赛的要求。在户外文化体验活动中，由于任务比较复杂，时常需要组员在不同地点同时进行，这种情况下小组采用分头行动的方式就可以将困难迎刃而解。如果以个人的形式完成任务，则会浪费大量的时间，无论对于选手还是对于节目组都增加了很多负担。在这里，小组活动的形式就发挥了重要的作用。

3.2.2 激发学习动机

动机是激励个体从事某种行为的内在动力，常表现为为达某种目的而付出的努力和愿望。它是影响第二语言学习的诸多因素之一，可以分为内部动机和外部因素。竞争与合作无疑是重要的外部因素，合理的竞争可以集中学生的注意力，使学生把自己取得的成绩正确归因为竞争能力，从而更加积极参与活动。合作是不同个体为了共同的目标而在一起工作，工作过程中相互帮助，而这些个体在工作中组成了一个集体。每个个体的努力都会牵扯到集体的利益，因此个体之间相互依赖，各自承担了集体的责任，把工作重心放在集体成绩上。分组对抗中既有组员之间的合作也有小组之间的竞争，可以最大限度激发学习动机。

3.2.3 增强团队意识

“汉语桥”的参赛选手来自世界各地，他们的文化背景各不相同，而“汉语桥”是他们一次难得的交流机会，他们可以在这里结交来自各国的朋友，分享自己学习汉语的经验，讲述自己与汉语的故事，了解各国的风土人情。在并肩作战的过程中，他们增进友谊、优势互补、相互学习、培养团队意识、体验合作带来的快乐。

3.3 积分、淘汰机制对汉语教学测试的启示

在传统的汉语考试中也存在积分和淘汰制。纸笔考试中，每道题对应一定的分

数，答对问题可以获得相应的分数，答错不得分。完成整张试卷之后学生获得的分数即为学生的最终积分，自然也是学生汉语程度的体现。而淘汰制则体现在 HSK 这类水平测试当中，通过了 HSK3 级的学生就有资格参加 HSK4 级考试，而对于没有通过 HSK3 级的学生来说，则无法参加下一级别的考试，这就是一种淘汰。相比于传统的考试，"汉语桥"的积分、淘汰机制有以下优点：

3.3.1　及时反馈便于学生调整学习策略

"汉语桥"的积分、淘汰机制相比于传统考试积分最大的特点在于整个过程是一个动态的过程，学生在每一个环节过后可以通过积分的反馈看到自己在该环节的表现，并在下一环节中进行积极调整。另外，实时的比分显示了比赛进行过程中学生之间的排名，而每次比赛之后的实时积分也显示了每个学生在整个学期中排名的浮动情况。

3.3.2　加强激励效果

因为学生可以随时洞悉自己和对手的情况，因此任何一个微小的比分变化都有可能对学生的心态产生影响。而在每个环节结束后，领先的学生会受到鼓舞而再接再厉，落后的学生也不会因为一个环节的得失而落后太多，落后的压力反而会成为继续努力的动力。

3.3.3　增加趣味性

"汉语桥"的比赛其实也是一种游戏，在游戏中设定的积分、淘汰机制可以增加游戏的趣味性，而在教学测试中引入二者同样可以改变以往枯燥乏味的纸笔考试，以一种更加生动有趣的形式呈现，学生在游戏中看到自己的实力，在一定程度上减少了压力对于学生心理的打击。相比同在一个考场的考生之间的隐性竞争，"汉语桥"参赛选手之间的竞争更加针锋相对，选手之间也有了更多直接对话的机会，把竞争完全凸显出来了。

4　结语

现有的汉语测试仍存在较强的应试性，对于学生学习潜能的深度激发、学习效果的综合检测等都难以较好呈现。我们需要探索教学测试的改革，需要理论的跟进、实践的反馈，也可以寻求他山之石。国家汉办举办的"汉语桥"世界大学生中文比赛是一个大型汉语能力竞赛，也是一个大型的电视综艺节目。该节目以竞赛展示汉语能力，以竞赛促进汉语学习和跨文化交流，这些也是汉语教学的目标。该节目在竞赛形式和性质上的"测试性"，可以为汉语能力测试方式所借鉴，对传统汉语测试中呈现出的问题提出解决方案。"汉语桥"的节目提供了这样一种参考：考试的形式可以在模式化的测试方式之外探索多元化的方式，考试的理念可以在知识能力的分数指标之外寻求更多元的学生能力的发展。多元化的测试其实给予了教师与学生在教学过程中更多的空间，让教师可以探索后方法时代更多元的教学模式，也让学生在后喻文化时代探寻个性化的汉语学习路径。

参考文献

［1］BACHMAN L F. Fundamental considerations in language testing［M］. Cambridge: Oxford University Press, 1990.

［2］杨翼. 对外汉语教学测试与评估的历史演变与发展趋势［J］. 中国考试, 2009（1）.

【作者简介】

1. 邱睿，西南大学国际学院副教授，博士，主要研究汉语国际教育。Email: 37896458@qq.com。

2. 杨勇，西南大学国际学院2017级硕士研究生，主要研究汉语国际教育。

数位学习课程认证指针与学生学习反应评量之对应
——以台湾某大学“双语教学”课为例

[中国台湾] 胡依嘉
(台湾铭传大学)

引言

自2006年台湾教育主管部门举办数字学习教材与课程认证以来，参与的各大专院校任课教师已经以十二年的时间投注心力，达成今日可见的丰硕实验成果。然而投入者逐年增加的背后，其实仍意味着年年都还有许多教育工作者对此认证程序不甚了解。以课程认证为例，在该课程认证审查及认证申请须知中提到的37项认证指标，对有意参加认证但对数字课程教学细节尚不清楚的教师，实为一大挑战。除此之外，在台湾教育主管部门课程认证审查及认证申请须知中还提到，举办数位学习课程认证项目的目的，是确保数字学习质量，激发学生投入数字平台吸收知识的模式来促进终身学习（台湾教育主管部门远距教学暨交流认证网，2018）。但是“终身学习”的意义是什么？在达到“终身学习”的目标前，实际要先培养的是“自主学习能力”，那么就教学者而言，培养该能力的步骤又是什么呢？

在台湾铭传大学华语文教学学系，“双语教学”（Bilingual Education）是一门“理论介绍型”的大学部课程，内容涵盖对语言学、语言教学、英语教学（TESOL）、对外汉语教学（Teaching Chinese as a Second Language）理论的初阶探讨，及相关教学法与社会议题的认识。这样的课程因兼具跨文化与英/双语授课的特性而切合当今数字课程“公开、流通”的国际化模式。

本课程由笔者在所任教之华语文教学学系开设已经14学期。每学期都加入新元素，从10年前最早的“内容本位教学”（Content - based Instruction），到5年前的“合作学习”，到2016年分别以两学期实验的“渐进式翻转教室”与“翻转教室”，再到2018年上学期实验的“数字课程融入实习”，2018下学期的实验则一举朝“数字课程认证”而发展。依台湾教育主管部门数字课程认证指针，将课内所有教材升级，并以“网络大学”教学模式进行课程教学。

延续笔者近年来对课程数字化、互助学习、自主学习、翻转教室等议题的探讨，此次数字课程认证主要动机还有两点。第一，为加强网修课程“耳提面命”授课功能，笔者也选定了几个行动载具付诸实践。第二，笔者想借此检视数字化课程是否能促进学生“engage”（投入）、“practice”（练习）、“reflect”（反馈）、“articulate and share”（表达与分享）之四面向的发展（Oliver & Harrington，2001）。

本研究以一门按台湾教育主管部门认证程序而设计的华语文教学学系课程为例，探讨学生学习反应评量与数位学习课程认证指针之对应。研究样本为2018年春季学期参与“双语教学”网修课程之62名大学生。经由异步/同步在线课程、平台互动记录、9小时课辅面授、校外实习记录、参与者学习动机问卷，外加师生访谈，一一检验学生学习评量与台湾教育主管部门8大规范37项数字课程认证指针是否呈现对应。

1 文献探讨

1.1 数位学习认证之宗旨

“认证”的宗旨，彭江（2015）以澳大利亚政府自2011年起设立高等教育课程认证制度为例，说明高度系统化的评估规范与申请步骤，对申请者的权益保障、信息管理及课程质量皆有效益。徐新逸（2014）以美、英、韩三国课程认证机制为例，并以自身担任Epprobate国际认证咨询顾问的经验，说明现代化课程与国际接轨之必要。

为确保数字学习学分课程实施质量，提升各大专院校教学质量及竞争力，台湾教育主管部门自2006年4月起实施大专院校数字学习课程及教材认证申请。历来台湾大专院校同步及异步网络在线教学已开展多年，截至2018年1月，计有64校的974门课申请，其中499门通过，通过率达51%（林高永，2018）。

台湾教育主管部门办理数字学习教材与课程认证审查及认证之申请目的为落实数字学习认证制度，以确保数字学习质量、提升社会大众对数字学习的认同、透过数字学习认证制度提升学生参与数字学习之意愿，促进终身学习之实现。在2012年前申请此项认证的教材或课程，须达成4项规范，包括：教材内容与架构、教材设计、辅助设计、媒体与接口设计，共计28项指标。之后教材认证于2015年停办。根据2012年8月修正通过的数字学习课程认证指针及评定规准，欲参与认证的教育工作者，悉数皆以“数字学习课程”为申请项目，须达规范则变成8项，包括：科目说明、维持学习动机、学习者与教材互动、师生互动、同学互动、学习评量、教学管理服务、平台功能检核，共计37项指标（台湾教育主管部门远距教学暨交流认证网，2018）。

数字学习认证最主要的目的，是对数字学习发展“质量”的要求。李学敏（2014）将美国的远程教育与培训委员会、英国的开放与远程学习质量委员会、中国教育部现代远程教育资源建设委员会，以及中国台湾教育主管部门远距教学暨认证中心的认证宗旨、目标、规范、核心指针项目做一比较，得出它们对此的理念与要求是一致的。舒兆民（2009）指出，国外创立于1944年的美国训练与发展协会（American Society for Training and Development，ASTD）自2014年6月正式更名为人才发展协会（the Association for Talent Development，ATD），就在数字教学认证方面制定了完善的制度与规范，并于2002年完成数字化教材评鉴标准ECC（E－learning Courseware Certification）。而在台湾，数字学习质量服务中心（E－learning Quality Service Center，eLQSC）则重视数字学习的“质量辅导”程度，发展数字学习认证便成为确保数字学习持续追求卓越的开发机制，并提供教学者与学习者双方在既有的数字学习质量辅导规范下，能够享有优良质量的数字学习。

台湾本地教育主管部门发展的认证制度，经过多年实验，相关论文的探讨也不少。针对数位学习的管理策略、教学设计与平台标准三个方向，徐敏珠、杨建民（2006）以 SWOT 分析，汇集台湾教育主管部门遴选在教育科技领域、远距教学、信息科技、教育体系等领域学者十数次讨论，并利用矩阵分析，整理出 12 个议题与 9 项策略，是为当初数字学习组织架构与认证机制建立的标模。① 台湾教育主管部门于 2014 年举办“大学远距教学认证成果发表暨学术研讨会”，会后将 31 篇相关论文集结成书，可说是近年来对台湾大专院校远距教学认证沿革与现况最有系统的一次说明（黄慈，2014）。陈盈榕（2015）研究不同领域数字课程在数字学习认证之表现。陈钰燕（2015）则就大学数字学习硕士专班课程与一般课程在数字学习认证之表现作了差异分析。赵淑晶（2015）观察到报请认证的机构单位，也就是一般的大专院校，其支持度也影响课程认证质量。

随着教育科技日新月异，此项认证制度之指标历年来亦有更新，根据 2018 年版“办理数位学习课程认证审查及认证申请须知”，课程认证机制计有 8 大规范，必选项与非必选项共 37 认证指针。申请认证时需要填写自评表，将选项一一作质量内容叙述，送件后评委再以“A +”“A”“B”三级评分审核每一选项。分数达一定标准者才能通过认证（台湾教育主管部门远距教学暨交流认证网,2018）。

1.2 教育科技带动下之数字学习

植根于网络技术而发展出来的“数字学习”（E - learning），在十多年前就被学者冠以“新科学”的雅号（Huffaker & Calvert，2003）。现今教育科技（educational technology）的发展，以风驰电掣的速度在进步，并以革命性的力量改变人类的“学习特性”（learning identities）（Loveless & Williamson，2013；黄国祯、苏俊铭、陈年兴，2015）。将科技运用于教育，这概念并不难懂，但 Spector（2012）表示，再新的教育科技，仍需以 communication（沟通）、interaction（互动）、environment（环境）、culture（文化）、instruction（指令）、learning（学习）6 大基点出发才算得上是教育科技。这与其他学者提到添加科技元素的新型课程，需注意如何整合“科技、在线资源、教师、同侪与环境”的说法类似（杨淑卿，2009；胡依嘉，2013）。

E 化学习和行动载具元素的加入，是鉴于新时代课程重构中“教”与“学”应建立在开放的、支持的、信任的与非支配的建构论观点（Pate，McGinnis & Homestead，1995）。E 化学习的延伸是近年来逐渐演化而成的 M 化学习（mobile learning）。行动应用程序与平版装置是未来最重要科技趋势之一，“游牧学习”（nomadic learning）将成常态（Gartner，2011）。行动学习（mobile learning）的优点，总的来说，是学习较

① 根据徐敏珠、杨建民（2006），当初学者专家来自台湾教育主管部门、“中研院”“国科会”（现“科技部”）、资策会、地区大学等 32 名专家学者。

脱离阶级式与听讲式（hierarchical and lecture - recited）而转变成较个人化（personalized）与取决情境化（contextualized）（Naismith et al.，2005）。

这项优点促使近十多年来许多学者从事研究与实验。在 Attewell & Savill - Smith（2004）所编着的书中，可大量看到学者如 Rainger、Graham、Dawabi 等人说明、倡导行动学习在互动模式、社群动员学习，以及辅助科技（assistive technology）等各方面的成效与潜力。这类学习约在2006年的美国渐趋发展成“翻转教室”，参与课程设计与实验的倡议者就是于2012年首度提出“flip classroom”概念的 J. Bergmann 与 A. Sams。黄国祯（2016）指出，数字学习在于培养学习者沟通协调、批判思考、合作态度、创造力与解决问题的能力。

Parsons（2013）表示，M化学习的特性已经不只是“任何时间、任何地点”，如“可在公交车上看课业数据”般简单；不断融入并创造“社会性”才更是其所具的时代意义。在他编著的书中，有超过50位作者检视了教育科技的发展，探讨更见多元，如“游戏化”（gamification）、M化学习之性别差异、手机照相功能对科学课程的影响、在运动时以播客（podcast）进行学习等数十项议题。这些议题至今仍持续发展，同时衍生出如城乡差距、资源分配不均等问题的探讨（Dunkley - Bean，Crompton & Moffit，2018）。

1.3 “双语教育”及其学科相关议题

全球许多国家地区因不同历史文化背景，乃至经贸条件，发展出不同程度的双语教育（bilingual education）（Baker & Wayne，2017）。各语系国家重视双语教育的目的不尽相同，但不约而同的不外乎是以培育双语人才为主要目的，或是满足学习者未来发展的需要，甚至是提高国家的竞争力等（黄安余，2011）。拥有双语能力的人才在观光、证券、航空、银行、医疗、旅馆、法律与教学等行业中均扮演重要的角色（Baker & Wayne，2017）。双语人才于薪资上与单语者对比，也呈现“同工不同酬”的倾向；在瑞士，会说英语或其他外语的工人，其收入比起只会母语的人多出12%至30%（Grin，2003）。

双语教学不仅在欧美等原本就属多语的国家实施，许多亚洲国家如多元种族社会的印度、新加坡，及日本、韩国、中国大陆和中国台湾等过往被视为单语国家或地区也都对双语教育展开进行式的规划（王斌华，2003；黄安余，2011；吴文、李顺英，2014）。近年来，双语教学已渐渐地不再只是单轨式进行训练外语能力的课程，融合国际教育的理念也常与双语教学相提并论。周祝瑛（2009）提到，透过与国内外学校建立姊妹校的伙伴关系，以及建置国际教育课程与教材，除了能加强学生在跨文化沟通上的能力外，也能开拓学生的国际观与提升国际竞争力。黄乃荧（2011）指出，国际教育在中小学的推动势在必行，目的在于为培育国际化人才扎下稳固的根基。黄月纯、王如哲（2013）也提出虽然国际教育在台湾中小学实施现状的推动相对于高等教育国际化而言较晚，但目前政府已透过《台湾中小学国际教育白皮书》积极推动中小学之国际教育，希望朝教育国际化的目标迈进。①

新住民语言教育在中国台湾也算是全球在地化双语教育的一环（钟镇城，2012）。学者历来对于新住民语言教育及其相关社会学上的讨论甚多（夏晓鹃，2003；钟镇城，2012），本研究以华语文教学学系“双语教学”课为例，其学生实习地点为新北市某小学正规班与新住民语言加强班，正是循此思考脉络而产出的课程设计研究。

2 课程设计

2.1 课程背景

2.1.1 课程介绍

“双语教学”一课，由笔者在所任教之华语文教学学系开设已经14学期。授课语言为以英/中双语，教材亦包括英、中文版。每周依序介绍不同学派对双语教育之不同论述及衍生之相关教学法，让学习者对本学科有基础理解的同时，也能了解如何将诸学说应用于当学期实习及未来教学活动。

2018年春季学期修课学生期初为65人，期中之后退选3人，成62人。学生经由阅读英文教材、聆听英语题库、发表英文简报、进行英语试教来增进英语力。同时本课程结合校外实习，实习单位为新北市A小学、桃园市B小学，以及C民间儿童才艺班。学生实习内容包括辅导本地小学生母语、英文、数学，或新住民中文。

而按照校内规定，网修课仍须在修课期间提供两次到三次面授。本课程的三次面授内容为期初实习说明会、期中课辅以及期末成果发表。

2.1.2 认证指标介绍

台湾教育主管部门课程认证指标计8项规范，每个规范又分细项，共计37个细项指标。包括：“科目说明”（5细项）、“维持学习动机”（4细项）、“学习者与教材互动”（6细项）、“师生互动”（6细项）、“同学互动”（4细项）、“学习评量”（6细项）、“教学管理服务”（5细项）、“平台功能检核”（1细项）。审核评等分“A+”“A”及“B”三级，一个“A+”等级及一个“B”等级得相抵成为“A”等级，各项规范平均必须达A等级（含）以上才能获得认证。②

2.1.3 审查程序

台湾教育主管部门开放每年2月与7月受理申请，申请者与任职单位项目负责人需要进官网填写数据外，任课教师需提供“37项自评表与佐证数据”与“课程说明书”。审查时间约半年，其间评审委员可依申请者任职单位所提供的账号密码自由进入受评课程，检视平台所有内容。

---

① 台湾在2018年的现状是已有部门推动将英语作为第二官方语言的诸多构想，然学界与民间有不同的声音（冯靖惠，2018）。

② 此处文字参考2018年“台湾教育主管部门办理数位学习课程认证审查及认证申请须知”. https://ace. moe. edu. tw/files/download/cou/003. pdf.

2.2 数字平台课程设计

以下为本网修课依认证指标而设计的步骤与用意介绍，由此看出一门网修课程的特色与成效对应。

2.2.1 规范一

规范一“科目说明”细项审核需涵盖课程单元教学目标及学分数、单元架构及学习进度、科目成绩的考评标准、适用对象及学前能力、学生参与各种教学活动的方法。笔者将这些项目一一做成链接详列于校内 MOODLE 教学平台系统。

2.2.2 规范二

规范二“维持学习动机”细项审核需涵盖教学活动能包括教学目标、教学活动能检核学习者成就、教材及教学画面能显示该主题的学习总分量与进度、教师能依据教学目标选用多种适当的教学活动。

规范二的第四细项，需要安排超过五种以上的教学活动才能得“A +”。基于多元评量之教学宗旨，本课程根据教学目标安排了 12 类教学活动，包括：Google Hangouts 同步教学区、作业（学生下载/上传用）、文件夹（教材影音档）、讨论区、问卷意见调查、测验卷（题库）、档案（教师教学/回复/回馈/订正用）、网址（教师教学/补充教材用）、在线同侪互评、英语口说技巧录像检视、实体教室实习成果发表、校外实习。

2.2.3 规范三

规范三“学习者与教材互动”细项审核需涵盖具适当重点提示的教材、提供适当的实例以协助学生理解教材、教材具练习或反思活动、提供补充教材或外界网络资源、教材符合自学性质、教材具有下载功能。

Self Regulated Learning Video（自主学习影音档教材）在“课程大纲”中简称“a50 – min SRL video”，为教师根据原书章节，汇整重点，提纲挈领，以 Camtesia 软件所录制之影音教材。所有影音教材长度为 2 分钟到 20 分钟不等，学生可依其学习进度、状况，随选随看。

为了让学生有充分练习与反思活动，本课程每周皆有“讨论区”类型的作业设计。其中最具代表的反思活动，属第 13 周至第 15 周的“国际双语特派员计划专区”。内含 20 支影音档，由华教专业人士与毕业系友现身说法，让学生了解双语教学之国际趋势，并请每个影音档主角就沟通力、专业资格、职场伦理出三道题目，修课学生需依问题提供答案于讨论区。请学生于当周讨论区讨论国际华教现况，全体修课学生可在讨论区了解同侪对影片之观后感，对议题之心得，以及对时事的观点。

搭配原文书章节与重要议题，本课程汇整超过 50 项与课程单元息息相关之补充教材链接供修课学生全学期应用。而为了让学习者以自学途径了解教材内容，本课程每周皆设有自学题库。这类型的对象在 MOODLE 系统中被归为“测验卷”。

本课程使用的教学管理平台 MOODLE，英文全称 Modular Object – Oriented Dynamic Learning Environment，中译为“模块化面向对象动态学习环境”。在这样的系统中，所有经由上传程序而出现的对象，都具有下载的功能。

2.2.4 规范四

规范四“师生互动”细项审核需涵盖课程网页建有授课教师的介绍信息及课业辅导电子信箱、师生在异步教学中能针对议题积极参与讨论、教师能于课程讨论区适时响应学习者的问题、师生双方均能积极参与同步教学、教师实施固定的“在线办公室时间”、课程具在线学习辅导人员的服务。

本课程上课时间为每周五，教师会于固定时间在线进行异步与同步教学。网络教学可说“凡走过必留下痕迹”，关于本课程异步与同步教学的记录，在管理平台系统中数以千计。

师生于2018年6月13、15、22日进行了三次同步远距视频，所在地皆不同的学生以英文表达自己于第12周上传MOODLE的“英语力自学计划”，教师用英语进行讲评。本活动优良英语口语表达者之影音档则由教师汇整，于第17周供学生观摩。Google Handouts设计了在教师点选发言人时，参与视频的学生就会跳至主画面。

2.2.5 规范五

规范五“同学互动”细项审核需涵盖学习者之间对于课程相关议题有充分的交互讨论，教师于课程教学时使用合作学习策略，学习者间以同步方式进行讨论时有适当的互动，课程建有班级同学的自我介绍、电子信箱或个人网页等信息。

关于教师应用合作学习策略的设计，在本课程计有：第一，全体修课学生于期初即完成3~5人study group小组配置，每个小组皆确认有组长与副组长。全学期“组作业”高达25项，包括每周“出席证明”作业、同侪互评、讨论区议题等。第二，期中口头报告与期末英语试教采用两人一组，形成学伴关系，相互督促。第三，于第10（期中口头报告）、11（“偏误分析”案例）、14（英语试教教案）、16周（期末口头报告）所进行之同侪评分活动。

本课程除设有Facebook专区供大家查询课程动态与即时消息，全体修课学生皆依学习小组与校外实习小组成立LINE群组，随时以同步方式相互讨论课程相关议题。

本课程于第二周由教师发起修课学生自我介绍园地。先由教师写成履历档案空白格式，供学生下载，项目包括基本数据、通信方式、学历、社团经验、外语能力、嗜好、专长、30字形容自己等字段，学生填毕后上传到专区，让全体修课学生认识彼此。

2.2.6 规范六

规范六“学习评量”细项审核需涵盖学习评量配合教学目标与教材内容、课程具在线测验或评量活动、评阅者提供在线测验或评量活动结果与回馈、作业题目协助学习者汇整教材重点并激发深层的思考与应用、实施学习者在线作品观摩、教师以学生的学习历程记录作为评量依据。

配合教学目标与教材内容，本课程采用多元评价的方式。例如每周“出席证明”作业后半段总有3题到5题是询问学生自评当周学习状况。置于周间的15个自学题库，目的在于让学生自评学习状况，逐渐熟悉会考出题模式，并精进英语阅读力。置于周间的18个“周记英语听力训练”音频文件及作业，旨在营造英语听力学习环境。

再如期中会考中英双语命题，是为测试学生对指定教材的理解。期中/期末口头报告录像，报告前对视觉辅助器材（简报制作、教具制作）的准备，在于培养学生多媒体制作能力；完成报告并将录像上传则训练学生面对镜头之口语能力与制作影片技能。期中报告为采访双语者实例，使学生了解亲访后分析汇整的过程；期末报告为全英语试教，目的在于检测学生对教学的掌握与英语习得程度。同时，在一学期内全体修课同学皆须完成校外实习，以举办成果发表会的方式检测学生的行动力。

在评阅者提供评量结果与回馈方面以及实施学习者在线作品观摩方面，教师每周的作业批阅响应皆呈现在“订正档”，如第12周全班个人作业“英语力自学计划”，教师阅毕后提供综合建议PDF，5位学生的优良计划Word文档则公布于当周“订正档”，供全体学生参考。本课程的评阅者也包括学生同侪，如全学期两次口头报告分别在期中与期末举行，全体修课学生可以Google窗体链接随时观看每组上传的影片作品以资观摩，而教师评语与学生匿名评语公布于第10周与第17周，所以学生也可得知表现优良的组获得高分的理由。

在协助学习者汇整教材重点并激发深层的思考方面，除了2.2.3提到的“国际双语特派员计划专区”，教师于第15周举办“云端讲座”，请学生自拟关于台湾新住民议题Q&A并上传后，教师请到前台湾师铎奖得主，现为台湾教育主管部门督学担任评审，优良组别除于第17周成果发表会公开表扬外，当周亦发布获选结果与评语PDF。

网修课有助学习时间的弹性运用，教师依此特性将本课程衔接校外实习，让实习/实作成为本课程最大的“应用”作业。根据课程大纲，对本科目学理的认识在第10周告一段落，自第11周起每周皆有实习相关的讨论。如第14周Evernote各组实习计划阶段性报告区，教师于该区撰文提醒学生计划内容、缘起/动机/执行步骤；第17周举办实习成果发表会（为网修课之面授时段）；第18周提交实习报告。①

2.2.7 规范七

规范七“教学管理服务”细项审核需涵盖教学单位适当保存课程网站的科目数据、课程在“在线实施问卷”“课程评鉴”中显示学习者满意本科目的网络教学、教师充分利用在线公告栏、教师对班级实施师生面对面的科目检讨会议并将记录置于公布栏。

第一细项若要拿“A+”，当局的规定是“开课期间及开课结束后三年内，所有科目数据均有备份”。而笔者任职单位数字平台所有科目数据都至少保留10年，且每

① 本课程结合校外实习，2018年3月16日第一次面授全班前往实习单位之一的新北市A小学参加实习说明会。该校校长、教务主任、课业指导组长，与本课程任课教师一同主持。整个实习前、后期过程记录可见于本课程公布栏与第3、第17周同步/课后讨论区。

日备份。

笔者对在线公告栏的使用，采用 MOODLE 与脸书/LINE 同步宣达，如公布每周课程须知、期中/期末考试范围、口试注意事项、学习建议、导读说明、奖励措施、成绩评量与查询方式。所有与学生会晤前后内容的在线公告，可在管理平台的“报表”中看到记录。如以课程第 15 周为例，平台显示出笔者所发布的中英文信息，及修课学生响应数。[①] 平台“报表”系统显示了笔者于本课程中活跃的程度。此项记录让笔者名列当学期数字教材建置排行榜全校前 10 名教师。[②]

“在线实施问卷”这部分要通过认证，需要在期中或期末时，能在线实施学习者对科目教材、教学及平台环境的评鉴问卷；且在评鉴中显示 2/3 以上的学习者对学习本科目感到满意。关于问卷设计与结果，请见本文第 4 点“数据分析”。

2.2.8　规范八

规范八“平台功能检核”细项审核需涵盖课程教学所使用的管理平台功能是否符合教学需求。这一规范的佐证，是由申请认证者之任教单位提出。以本课为例，本校的信息网络处会将课程使用的 MOODLE 数字教学平台 2.6 版所有功能佐证呈报台湾教育主管部门审核，如档案上传/下载、外部联结、查看课程的其他学员的联系信息、讨论区、题库、取得推送通知（Push Notification）、简讯/短信、数据分析等。

用户破亿的 MOODLE，就进行 LMS 相关实验与研究而言，是相当可靠的工具（MOODLE Open - Source Learning Platform Official Website，2018）。这也是本课程采用 MOODLE 为 LMS 的原因。

3　研究方法

本研究采量化、质化资料，进行交叉比对判读，以达研究目的。量化数据采取内建于 MOODLE 教学平台的问卷、报表记录；质化数据执行步骤加入了“行动研究”（Action Research）（Nunan，2004）。此法的特点为：第一，研究者即为课程施教者（researcher is the practitioner）；第二，涉及师生协作（teacher - student collaboration）；第三，其目标为改变现况（it is aimed at changing things）（Nunan，2004）。

本研究以笔者在 2018 年春季学期开授的网修“双语教学”为实验课程。笔者逐周记录实体课堂与网络教学平台之学习反应（如自学题库、各单元上传/下载率）。研究样本为该学期华语文教学学系选修该课的学生 62 人。该班接受问卷调查、访谈，与体验网修课程活动的时间，为当学期 18 周与期末考后和教师网络联系的两周，故为 20 周。研究数据包括如电子邮件、网络通信、面谈之记录。数据取得的方式为问卷、采访、面授/在线课堂观察、助教回报、教学成效（含期中、期末全英文笔试，

---

① 本课程修课人数为 62 人，平台数字显示每则信息有超过半数以上的学生浏览。

② 记录可见于铭传大学数字教材建置全校前 50 名教师排行榜，https：//moodle. mcu. edu. tw/mcu/topn. php? sem = 10602&topn = 50。

教学反应，回家作业与口、笔试成绩记录）。研究、施教地点与资料收集地点则在每周五修课指定之在线教室、3次面授课的实体教室和所有注册该课学生所使用的个人MOODLE学习平台。

4 数据分析

4.1 量化问卷分析

本课程设有学生对科目教材与教学活动的反应问卷，共24题，分“很有关联”“反思”“互动”“老师的支持”“同学的支持”“诠释”6小项，每项各4题，以“几乎总是”（最高5分）、“经常”（4分）、“偶而”（3分）、“很少”（2分）、几乎没有”（最低1分）为5点量表。全班修课为62人，有效答卷者为57人，答卷率约92%。

图1为6小项24题回答结果的综览，显示6项全部都在“偶而”3分级距以上。在MOODLE系统中，将光标移至任一长方蓝色色块，点击后会出现各小项的结果分布如图2至图7所示。

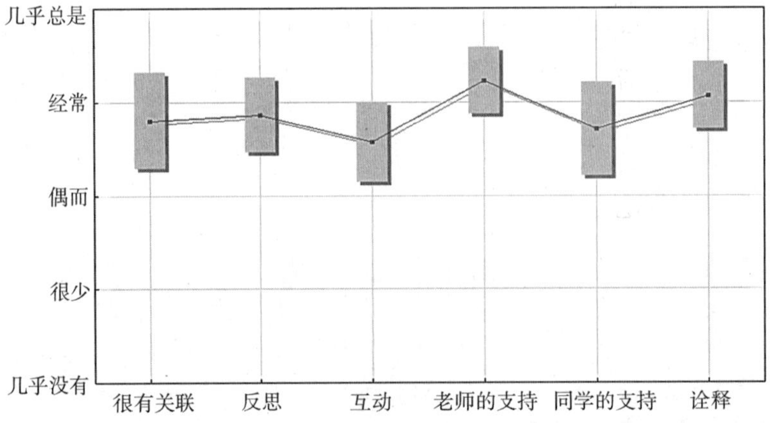

图1 问卷结果综览（$N=57$）

图2显示问卷第一题“我只学习我感兴趣的东西”落在“偶而”与“很少”之间，是因为这题是统计问卷上所谓的反向题，即得分高未必等同结果好。本题这样的结果显示相当多修课学生并不只挑自己喜欢的事务学习，这从本项的其他3题“所学习到的内容对未来专业需求很重要”“我学会如何增进我的专业技能”“所学习内容和未来职场专业需求很吻合”结果都在4分左右可见一斑。

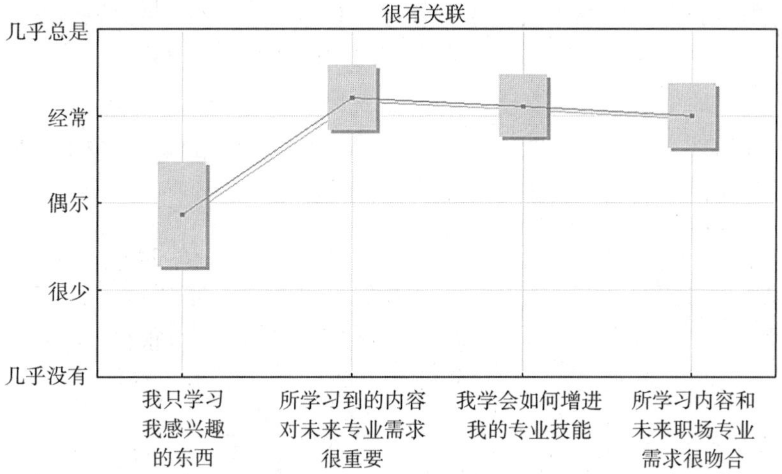

图2　“很有关联”项问卷结果（$N=57$）

图3显示在“反思”项中前3题“我会很仔细思考本身学习的状况”“我会很仔细思考自己的论点”“我会很仔细思考同学的论点”皆落在“经常”与“偶而”之间，稍微下降的是最后一题“我会很仔细思考书本上的论点”。这样的结果，多少反映了新时代学生对于“书本”的感觉较疏离。这一点也印证了在质性访谈中，受访的学生Z、L、W就表示，本课程英文原书虽已经过教师摘录并录制成双语影音单元解说，但读起来仍有些吃力。

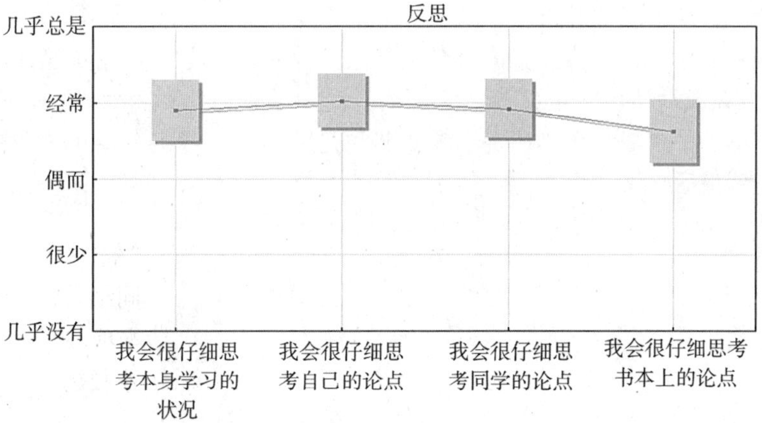

图3　“反思”项问卷结果（$N=57$）

图4显示在“互动”项中4题也都在3分以上，其中落点较高的第1、4题“我会向其他同学解释我的论点”“其他同学响应我的论点”意味着本课程数字教学平台提供了一个适当的渠道让学生互动。至于第2、3题“我要求其他同学解释他们的论点”与“其他学生要求我解释我的论点”落点稍低，可能是因为本课程设计的出发点并没有在“要求解释”这一点上有绝对的规定。

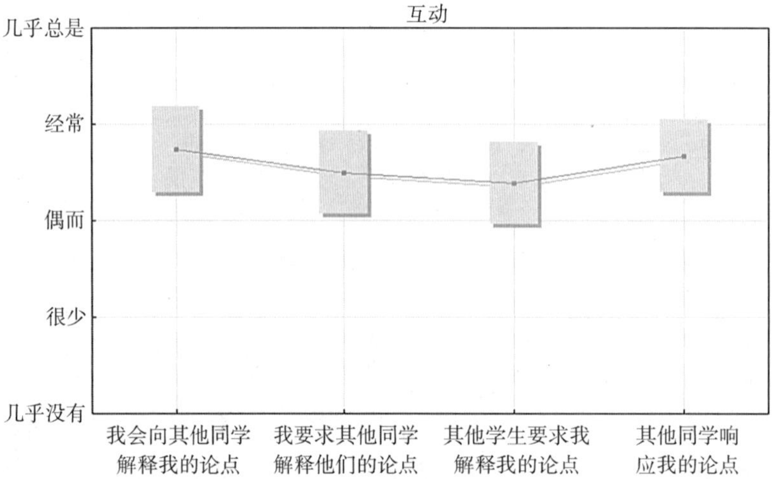

图4　“互动”项问卷结果（$N=57$）

全6小项中得分最高的就是图5显示的“老师的支持”项。这意味着本数字课程内容设计周全，加上老师的投入，以致学生能感受到支持。同理在图6也传达出数字教学平台顺利让学生彼此感到支持。至于落点较低的第4题“其他同学都认为我学习得很辛苦”，在质性访谈中是可相互印证的。受访学生H、Y、S、C、J与G皆表示，本课程作业不少，挑战性高，还要于修课期间完成校外实习，许多同学需靠小组支持打气才能走到最后。

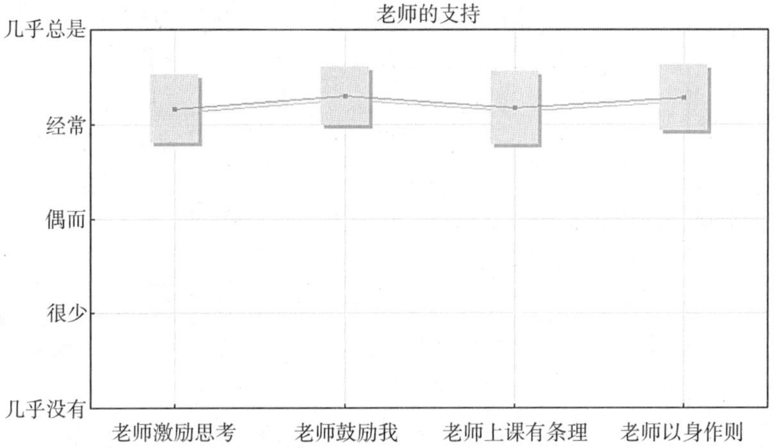

图 5　“老师的支持”项问卷结果（$N=57$）

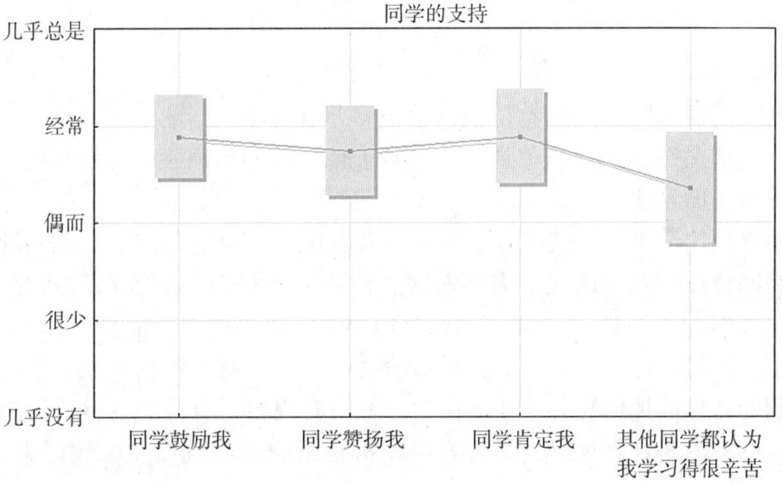

图 6　“同学的支持”项问卷结果（$N=57$）

全 6 小项中得分次高的就是图 7 显示的“诠释”项。这部分题目包括“我能体会其他同学所提供的信息”“同学会很注意体会我所提供的信息”“我能体会老师所提供的信息”“老师能理解我的信息”，落点在 4 分“经常”上下，亦说明“信息”的发收因本课程数字平台的设计周全而得以流通。

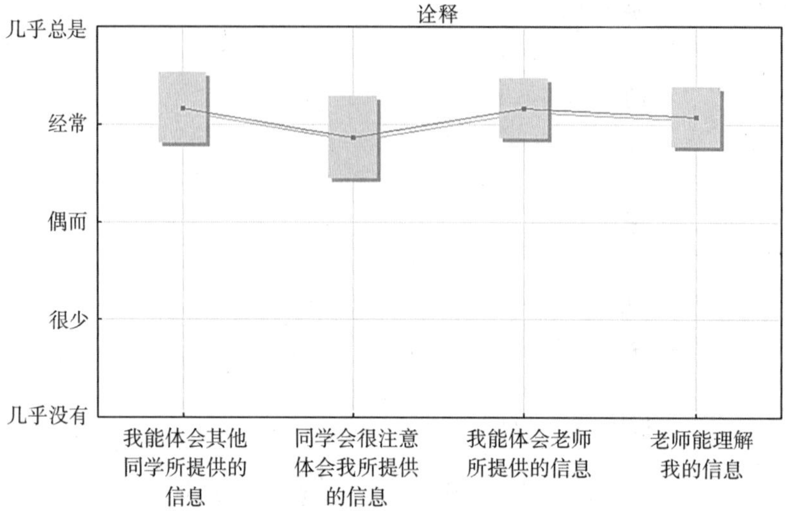

图7　“诠释”项问卷结果（$N=57$）

4.2　质性问卷

期中之后进行多周质性问卷访谈，学生多呈正面响应。教师并于第18周将质性访谈问卷设为期末作业，62位修课学生全数上传了他们的回答。总的来说，大多数学生对本课程持正面看法。

持负面意见的学生在回馈内容中并没有人表示是讨厌这门课的，他们的意见多围绕在不习惯网修课模式、适应上需要时间、作业活动过多、学校网络系统有时不稳。在合作学习方面，全班18个小组仅两组反应组员合作协调有待加强。

笔者主持网修课已不是第一次，深知学生初步对“网修”的印象，常以为其较不受时空限制的特性而掉以轻心。然而在学习一门有内容、有组织的网修课时，便会发现当设备、内容的条件具足时，学习者的动机是影响学习成效的关键因素（张国恩、宋曜廷，2012）。

综合质性问卷与访谈，以下列举几位学生的回应：

（1）是目前修过最充实的课，喜欢！（学生H）

（2）网修的课程，可以让学生学习如何管理自己的时间！（学生L）

（3）感谢老师及助教这一学期的努力及用心！（学生C）

（4）我觉得这堂课很棒，虽然是网修课，却学习到很多的东西，我觉得很有帮助！（学生M）

（5）很扎实地学了一整个学期！（学生Z）

（6）课程内容丰富，很有挑战性。（学生A）

(7) 每周都会有听力作业，为了完成此项作业，总是需要好好地听，因此训练了我的听力。(学生 J)

(8) 经过本课程的培养，我认为我在阅读大量的英文文章时变得较不排斥，以前都觉得字很多、很像火星文，会没办法好好静下心来看，但因为每周的作业就是逼你一定要熟悉课本上的内容，所以有慢慢养成看大篇幅英文文章的习惯。

(9) 我觉得透过课程里的英文学习活动让我学习到了许多新的词汇，而且听力也一周比一周更进步了。(学生 S)

(10) 很高兴能上这门课程，这是我第一次上网修课，也很幸运能参加课程的实习！我觉得这是我在台湾一个学期收获最大也是最充实的一门课了！(虽然刚开始决定上这门课的时候心情忐忑哈哈) 课上涉及的内容也给我今后继续研读提供了很多想法！最主要的是，托课程的福，小组作业和实习让我结交了一些朋友，我觉得以后也会和她们保持联系，真的很幸运！感谢您。(学生 Y)

4.3 Log 分析

在 MOODLE 系统中有“报表”功能，内有各项网络课程参与者所有的活动进出记录。图 8 为部分修课学生的 Log 数据截图，自左至右的 7 项依序为课程检视、发表文章、回复文章、检视讨论区、检视文章、在线资源、上传档案。虽然进出教学平台次数的多寡并不能绝对表示学生对课程投入的程度，但将此数据比较某些的学生课业表现、口/笔试成绩、互动与实习态度等又常可得到某种印证。例如图 8 最下方王姓修课学生的数据记录呈现一枝独秀，而他在全学期各项表现的确也名列前茅。证诸其他 15 位表现优良的学生，其 Log 记录显示他们进入课程的次数也是较多的。反观 Log 记录中次数特别低的几位，依笔者的观察其在课业表现、学习动机与实习认真的程度上便较弱。

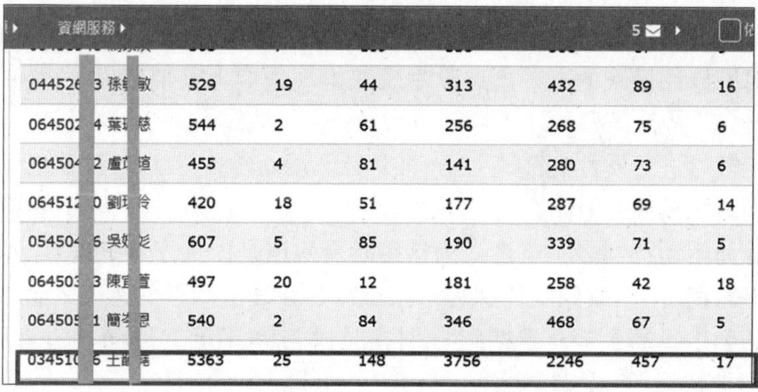

04452[redacted]3 孫[redacted]敏	529	19	44	313	432	89	16
06450[redacted]4 葉[redacted]慈	544	2	61	256	268	75	6
06450[redacted]2 盧[redacted]萱	455	4	81	141	280	73	6
06451[redacted]0 劉[redacted]伶	420	18	51	177	287	69	14
05450[redacted]6 吳[redacted]彣	607	5	85	190	339	71	5
06450[redacted]3 陳[redacted]萱	497	20	12	181	258	42	18
06450[redacted]1 簡[redacted]恩	540	2	84	346	468	67	5
03451[redacted]6 王[redacted]綺	5363	25	148	3756	2246	457	17

图 8　部分选修学生的 Log 数据截图

5 结论与建议

由于数字课程需紧扣“行动学习”（mobile learning）与“无所不在学习”（ubiquitous learning）的基调，“异步教学”（asynchronous learning）步骤的设计便更显重要。本课程每周“出席证明”作业虽是以 Word 文件存在的一个作业，然此形式串联每周的“教”与“学”，实可谓扮演着异步教程的灵魂角色。每周“出席证明”作业中皆有讨论议题，教师可于学生缴交作业时看到反馈。自第四周起，全体修课学生每周皆于“同步/课后讨论区”，就十几个与科目相关的议题进行讨论。分布于课程中的 15 个“题库”，提供学生自学与自我检视的机会。从教学平台内“报表”可见教师、助教、学生异步活动记录高达数百则，浏览达千次。

而数位课程若缺乏“同步教学”（synchronous learning）元素，课程便会给人感觉“少了那么点活力”。于是本课程全学期每周周五下午 5 点到 7 点（课程表定时间），教师与助教于家中或办公室的“网络教室”待命，随时回答学生的问题，并于“同步/课后讨论区”与实时通讯 App 响应。此外笔者还规定了 4 次共 12 小时的同步远距视频，回答学生对课程、语言学习计划，乃至职涯规划等方面的问题。

设于每周的“同步/课后讨论区”则兼具同步与异步的特性。这是方便学生、助教、教师就每周单元议题发文、留言、响应的一种设计。在本区有极多讨论与课程学理与应用相关，故深具教学功能。

对理论加以理解，连带在相关的方法论中构思，进而付诸行动，将构思应用于实习与未来教学中，是本课程的理念。本研究中的课程实验样本，是对数字化课程自主学习概念还有待建立的大学生。为了扭转学生认为网络教学平台只是“上传作业”的刻板印象，任课教师设计了很多学习活动，循序渐进地引导学生，让他们了解、花相当多时间浏览、研读网修课中的数据、参与在线讨论，乃至善用网修课时间较为弹性的特点完成校外实习，是体验数字课程继而培养自主学习（self - regulated learning）能力的必经路程。研究显示，学生对于“网修”“自主学习”有了正面的进一步认识。但由于对网修课模式的不熟悉，学生反映出现适应上需要时间、作业活动过多等问题。

期中之后开始进行质性问卷访谈，学生多呈正面响应。大多数学生觉得“终于”了解到什么是“网修课”，什么是“自主学习”。然而也不可讳言，许多学生都感到网修课的作业与活动特别多。笔者认为这种感受应该是因为学生轻忽了网修课的”威力”。若将网修课程活动放到实体课程中来进行，在线活动量的感受就会相对减少。

为了鼓励学生，笔者于开学期间特别找时段与修课学生见面（并非面授时段），进行“期初精神喊话”，希望学生学到一些“带得走的东西”。网修课的过程就像是一场知音寻觅，在不少感到“需要不断适应”“挑战”“作业繁复”的声浪中，也出现不少喜欢变化、愿意挑战、认真负责的实例。由讨论区、量化质化问卷与教师逐周观察看来，这门课的确让大家觉得“分量十足”；但也让许多人了解到，自主学习能力绝非一朝一夕就得以养成。

至于认证指标所要求的课程内容，如影音教材之制作与实用性、同步/异步授课、师生互动、学习者彼此互动、平台功能检核，以及该课程是否真正营造多元合作学习以维持学习动机等面向，本课程皆一一做到。量化与质化问卷结果皆呈现学生对课程具较高满意度。

本课程认证相关佐证资料已写成两百多页的“自评表”与八十多页的“认证课程说明书”。课程认证的过程是耗时耗力的，而过程中则不断提供省思的机会。例如尽管笔者也设计了视频练口语技巧的活动，并认为这样也是一种让年轻人面向影像时代的技巧训练，但语言学习类的课程首重“沟通”“涵养”，在此前提下，“全部网上见”是否为最好的设计呢？如何设计符合认证指标又能引领学生重视“沟通”“涵养”的数字课程？这些还需我们持续检讨、改进、实作。

参考文献

[1] 王斌华. 双语教育与双语教学 [J]. 教育研究月刊，2003 (116).

[2] 李学敏. 高校网络教育数字化学习资源认证研究 [D]. 北京：北京交通大学，2014.

[3] 吴文，李顺英. 双语教学的发展趋势 [C] //郑红苹，吴文. 双语教学论. 广州：广东教育出版社，2014.

[4] 林高永. 107 年度第 2 梯次数位学习认证简介 [EB/OL]. https：//ace. moe. edu. tw/cert_movie/index.

[5] 胡依嘉. 行动载具学习趋势与相关华教 App 之运用——兼谈 M 化华教课程设计 [C] //周静琬，王爱平，等. 第二届两岸华文教师论坛会后论文集. 台北：台北教育大学人文艺术学院，2013.

[6] 徐敏珠，杨建民. 我国高等教育之数位学习发展策略分析 [J]. 教育学刊，2006 (26).

[7] 徐新逸. 数位学习与国际接轨：Epprobate 国际认证经验对台湾数字教材质量认证机制之启示 [C] //杨镇华. 2014 大学远距教学成果专书. 台北：台湾教育主管部门数字学习认证项目计划办公室，2014.

[8] 周祝瑛. 比较教育与国际教改 [M]. 台北：三民书局，2009.

[9] 夏晓鹃. 实践式研究的在地实践：以“外籍新娘识字班”为例 [J]. 台湾社会研究季刊，2003 (49).

[10] 黄乃荧. 全球领导与国际教育 [M]. 台北：学富文化，2011.

[11] 黄安余. 双语教学理论与实践研究 [M]. 上海：上海人民出版社，2011.

[12] 黄慈. 大专校院远距教学认证制度与历年成果 [C] //杨镇华. 2014 大学远

距教学成果专书. 台北：台湾教育主管部门数字学习认证项目计划办公室，2014.

［13］黄国祯，苏俊铭，陈年兴．数位学习导论与实务［M］. 台北：博硕文化，2015.

［14］黄国祯．翻转教室的定义目的及发展［C］. //翻转教室理论策略与实务. 台北：高等教育出版社，2016.

［15］台湾教育主管部门远距教学暨交流认证网．2018 台湾教育主管部门办理数位学习课程认证审查及认证申请须知［EB/OL］．［2018 – 08 – 15］．https：// ace. moe. edu. tw/files/download/cou/107 – 2/c003. pdf.

［16］陈盈榕．不同领域数字课程在数字学习认证表现之研究——以一般课程为例［D］. 高雄：树德科技大学，2015.

［17］陈钰燕．大学数字学习硕士专班课程与一般课程在数字学习认证之表现差异分析研究［D］. 高雄：树德科技大学，2015.

［18］彭江．澳大利亚高等教育课程政府认证制度及其特点分析［J］. 复旦教育论坛，2015（3）.

［19］张国恩，宋曜廷．数字学习质量管理的基本概念［C］//数字学习质量管理. 台北：高等教育，2012.

［20］舒兆民．华语文数字学习教材之评选原则分析［EB/OL］.［2018 –01 –10］. http：//edu. ocac. gov. tw/discuss/academy/netedu06/html/PDF/paper1/A51. pdf.

［21］杨叔卿．行动载具与实时远距系统的运用：以新竹香山湿地的螃蟹研究为案例［EB/OL］.［2017 –12 –02］. http：//mail1. tmue. edu. tw/ ~math/980110 –2. pdf

［22］赵淑晶．机构支持因素对数字教材质量影响之分析研究：以“教育部”数位教材认证为例［D］. 高雄：树德科技大学，2015.

［23］钟镇城．移民华语教学：全球在地化的语言民族志研究［M］. 台北：新学林，2012.

［24］ATTEWELL J & SAVILL – SMITH C. Learning with mobile devices［M］. London，UK：Learning and Skills Development Agency，2004.

［25］BAKER & WAYNE. Foundations of Bilingual Education and Bilingualism（6th Edition.）［M］. Bristol，UK：Multilingual Matters，2017.

［26］DUNKLEY – BEAN. Crompton & Moffit Tensions between the local in the global［C］//HERRO D，et al. Mobile Learning：Perspectives on practice and policy. Charlotte，USA：IAP，2018.

［27］GRIN F. Language planning and economics［J］. Current issues in language planning，2003，4（1）.

［28］HUFFAKER D A & CALVERT S L. The new science of learning：Active learning，metacognition，and transfer of knowledge in e – learning applications［J］. Journal of educational computing research, 2003: 29 (3).

[29] MOODLE Open - Source Learning Platform Official Website. [EB/OL]. [2018 - 09 - 10]. https: //moodle. org/.

[30] NAISMITH L, LONSDALE P, VAVOULA G, et al. A Report for NESTA Futurelab [EB/OL]. [2017 - 11 - 20]. http: //www. futurelab. org. uk/download/pdfs/research/lit_reviews/futurelab_review_11. pdf.

[31] NUNAN D. Research Methods in language Learning [M]. Cambridge, UK: Cambridge University Press, 2004.

[32] OLIVER R & HARRINGTON J. Teaching and learning online: A beginner's guide to e - learning and e - teaching in higher education. [EB/OL]. [2017 - 11 - 20]. https: //ro. ecu. edu. au/cgi/viewcontent. cgi? referer = https: //www. google. com. tw/&httpsredir = 1&article = 7832&context = ecuworks.

[33] PARSONS D. Preface [C] //PARSONS (Ed.). Innovation in mobile education technologies and applications. Hershey, USA: IGI Global, 2013.

[34] REYES J A. The skinny on big data in education: Learning analytics simplified [J]. Tech trends, 2005: 59 (2).

[35] SPECTOR J M. Foundations of educational technology [M]. New York: Routledge, 2012.

【作者简介】

胡依嘉，台湾铭传大学副教授，主要研究华语文教学。Email: yeech @mail. mcu. edu. tw.

英国 GCSE 中文考试体系研究

张承姣
（桂林电子科技大学）

引言

GCSE① 考试大纲将听、说、读、写分成读写和听说两大模块，即语言理解和语言表达两大组合。各个部分都有指定的考试范围和内容，大致如表 1 所示。

表 1　GCSE 考试各部分的考试范围和内容

听、读部分的共同话题范围 Common topic areas	说、写部分的主题及可涉及的内容 Theme（Possible related content）
外出相关 （游客信息、天气情况、当地设施、住宿、公共交通、方位）	媒体与文化 （音乐、电影、阅读/时尚、名人、宗教/博客、互联网）
顾客与交易 （咖啡馆与餐馆、商店、处理问题）	运动与休闲 （兴趣、爱好/体育活动/生活方式）
个人信息 （一般兴趣、休闲活动、家庭和朋友、生活方式）	旅游与观光 （假日/住宿/餐饮、食品）
未来规划、教育和工作 （基本网络语言、简单工作广告、简单工作申请和个人简历、学校与学院、工作与工作经历）	商业、工作和就业 （工作经历、兼职/产品或服务信息）
	考试中心选项 （其他与课程相关，但以上项目尚未包括的话题）②

---

① General Certificate of Secondary Education，简称 GCSE，中文译为普通中等教育证书，是英国学生完成第一阶段中等教育会考所颁发的证书。

② 罗青松．英国新版 GCSE 考试大纲透视［G］．//世界汉语教学学会秘书处．世界汉语教学学会专题资料汇编，2009（3）．

在英格兰传统的公立学校，从 7 年级开始中文是兴趣课，一般两周一节课（一节课一小时），会与其他课程共用一个上课时间；8 年级学生可以根据兴趣选修中文，由于中文课是列入课程表的常规课程之一，从 9 年级开始选修中文的学生就是将来要把中文作为 GCSE 的科目来学的。正因为中文是一门正式的课程，英国学校的中文教学迄今为止也比较成体系，8 年级是一周一节中文课，主要用的教材是《进步 1》，9 年级开始用由英国专长学校联合会孔子学院（SSAT）（世界汉语教学学会常务理事单位）与全球教育出版业的领军机构培生集团（Pearson）合作出版的 *Edexcel GCSE Chinese*。

在 GCSE 中文考试体系中有三个需要注意的问题：①这一考试体系分为汉语普通话（Mandarin Chinese）和粤语（Cantonese）两个分支。汉语普通话考试的听力标准音是普通话，使用简体字作答；而粤语考试中听力标准音是粤语，使用繁体字作答。②*Edexcel GCSE Chinese*（2009 年版）与考试大纲是紧密结合的，上课内容就是考试内容，全书共分为 9 个章节，覆盖了我的生活（My life）、学校（School）、空闲时间（Leisure）、媒体（Media）、我住的地方（Where I live）、假期（Holidays）、饮食（Food and drink）、生活方式（Lifestyle）和工作（The world of work）等话题，在考试大纲的附表上还列出了 GCSE Chinese 考试覆盖的语法点和词汇，更利于学生复习备考。③GCSE 中文考试的听、说、读、写四项技能，听读的总分为 40 分，说写的总分为 60 分，并且听力和阅读分为高级（Higher Tier）和初级（Foundation Tier）两套测试卷，考试结果以等级的形式呈现。高级考试有 A*、A、B、C、D、E、F、G 八个等级，而初级考试最高只到 C。

1 GCSE 中文分项技能测试

1.1 阅读考试

阅读高级考试时间为 50 分钟，阅读初级考试时间为 45 分钟，阅读考试旨在让学生认识汉字并理解文意，阅读的语言材料都为中文（简体字或者繁体字），提问和作答的语言为英文。阅读材料主要包括短文、通知、新闻等体裁，题目会交代一些背景知识，同时文中也会涉及汉语的一些正式和非正式表达。例如 2017 年的高级考试中第六大题为：

Put a crossin the correct box.

今年英国伦敦的美食节将从八月十五日到八月十七日举行。
大家可以吃免费的小吃，喝不同的果汁和茶，也可以学习做小蛋糕。
每天都有不同国家的厨师在现场表演，还有跳舞表演。

(i) Where is the festival held?

A France	B Britain	C China
□	□	□

(ii) On which date does the festival star?

A 15July	B 15August	C 17August
□	□	□

(iii) What can people can learn to make there ?

A tea	B fruit juice	C small cakes
□	□	□

(iv) What performance can you see?

A dance	B comedy	C magic
□	□	□

高级考试阅读题型主要分为主观题和客观题，客观题有选择题、判断正误、搭配题等；主观题主要为简答题，根据文章意思作答，提问也主要围绕时间、地点、职业、兴趣爱好、活动等话题进行。考试结束后，老师要根据学生考试情况进行反馈。考试的最终结果也会以等级的形式呈现，听读卷面总分为100分，等级的分布如表2所示。

表2 等级的分布

Unit grade	A*	A	B	C	D	E	F	G
Maximum uniform mark = 60	54	48	42	36	30	24	18	12

初级考试阅读题型与高级考试阅读题型类似，同一年的两套试卷题目会有交叉，但是初级考试难度低主要表现在：第一，在客观题中设置搭配题，或者看图选择题；第二，在主观题中，减少阅读材料的字数篇幅和主观问答题数量。例如，2017年高级考试的第三题为：

Customer service

3 Various customers ask these questions.

A 这电视机太贵了，有没有便宜一点的？
B 可以给我们北京烤鸭和牛肉炒面吗？
C 我忘了带钱，请问可以用信用卡吗？
D 这双鞋子是黑色的，请问你们有没有红色的？
E 这个面包不新鲜，我可以换一个吗？
F 请你看一看，我的手表是不是坏了？

	A	B	C	D	E	F
Example：We have sold out. Would you like cake Instead?	☐	☐	☐	☐	☒	☐
(i) We have a cheaper TV.	☐	☐	☐	☐	☐	☐
(ii) We only have blue and white shoes.	☐	☐	☐	☐	☐	☐
(iii) We accept credit cards if over $ 10.	☐	☐	☐	☐	☐	☐
(iv) We can change the battery for you.	☐	☐	☐	☐	☐	☐

2017 年初级考试的第三题为：

3 What are their career paint?

A 美美喜欢科学，她想当科学家。
B 王勇喜欢画画，他想当画家。
C 李平喜欢运动，他想到运动员。
D 丽丽喜欢唱歌，她想当歌星。
E 明明喜欢法语，他想去法国工作。
F 马田喜欢地理课，他想当地理老师。

Put a cross in the correct box.

	A	B	C	D	E	F
Example：singer	☐	☐	☐	☐	☒	☐
(i) science	☐	☐	☐	☐	☐	☐
(ii) sports person	☐	☐	☐	☐	☐	☐
(iii) Geography teacher	☐	☐	☐	☐	☐	☐
(iv) painter	☐	☐	☐	☐	☐	☐

相比之下，高级考试主要注重更高层次的、对文意理解的考查，初级考试难度降低了很多。

1.2 听力考试

听力总分为40分，听力播放前有5分钟的读题时间，高级考试整个听力时长为40分钟，初级考试的时长为35分钟，包括中间的停顿，形式为独白或者对话，每段独白或者对话读两遍。听力材料也由母语为汉语的人士进行录音，分男声和女声，会尽量考虑到学生的听力水平。GCSE中文考试大纲对学生中文听力能力的具体要求是：①理解文章的主要大意；②从文章中推断单词的意思；③能从文中提取具体信息；④能判断文章的观点态度和情感；⑤对一些不熟悉的语言要有一定的领悟。

听力问题的主要形式有：完成表格、计划；多选题；填空；判断正误；搭配题。每道题目的主题非常明确，让学生有一定的心理预期，有利于学生通过读题后，提前预知相关知识点，激活学生对这一模块的知识储备，排除在听力材料中其他信息和内容的干扰，凸显了考试的任务性。例如2017年高级考试的第一题（见表3）。

表3　2017年高级考试第一题

话题领域	子话题领域
话题A 国内外	居住在城镇或者乡村 天气和气候 旅游、交通和方向 假期和旅行信息 科技（例如：手机、银行、邮局） 习惯和宗教 在说中文国家每天的生活、传统和集体
话题B 教育和就业	童年 学校生活和常规 职业生涯 未来计划
话题C 房子、家和日常	家的类型 自我信息、家庭信息、朋友信息 帮忙做家务 食物和饮食

（续上表）

话题领域	子话题领域
话题 D 现代世界和环境	事实与社会问题 环境问题 媒体平台（例如：电视、电影、广播、报纸） 资讯及通信科技（例如：互联网、移动电话、电邮）
话题 E 社会活动、健身与健康	特殊时刻 爱好、兴趣、运动和锻炼 购物和金钱 事故、损伤、常见疾病和健康问题

每个话题的叙述最好是结合学生学过的词汇和语法点进行表述，这样既显得学生是学以致用，又有贴切的表达。

1.3 写作考试

写作考试也是进行可控制评估（Controlled assessments）的，也是开卷的，学生只要在截止日期之前提交答卷就行了。由于考生直接运用汉语的能力有限，写作考试的准备过程是，考生可以根据 GCSE 中文考试的话题先打好英文草稿，再将英文翻译成中文，原则就是尽量多地使用在课堂上学过的词组和语法点，贴近教学内容。最后，把中文誊写到答题纸上。英国孩子汉字普遍写得很工整，有些甚至比国内的孩子写得还好，不过，他们左手拿笔或者写倒画笔是常事。在 GCSE 中文考试中对学生的汉字书写能力没有要求，因此学生在学习汉语的时候虽然抄写过不少汉字，但并没有真正有意识地去记忆这些汉字，所以也还不能脱离课本独立地写汉字。但他们的学习态度还是很认真的，中文对英国人来说是一门非常难学的外语，因此选修中文的孩子一般都是学习能力比较强的。

GCSE 中文考试大纲对写作考试也做了一些说明和具体要求：第一，写作不组织专门的考试，任课老师可以根据需要安排写作考试，在这个过程中，学生可以查字典、看笔记，只要在 5 月将写作答卷提交考试委员会就行。第二，考生需要完成两个写作任务，每个考试用时不少于 45 分钟，字数不少于 100 字。第三，写作考试要达到 C 等以上的学生，两次写作考试的字数分别要达到 100～150 字。第四，在写作过程中，任课老师要确保汉字都是学生写的，在不会写汉字的情况下，允许用拼音代替汉字。

口语和写作考试的总分为 100 分，考试结果也是以等级的形式呈现的，具体分布如表 4 所示。

表4　口语和写作等级

Unit grade	A*	A	B	C	D	E	F	G
Maximum uniform mark = 90	81	72	63	54	45	36	27	18

GCSE 中文考试委员会对于写作有严格的评分标准和要求，例如表5，它的作用在于为学生评估做准备，并使教师能够确保学生理解任务要求。学生可以使用这个表格和教师一起准备复习的笔记，但是对于学生的语言，教师不能提供任何与任务相关的反馈。

表5　学生评估

你的计划	教师	学生
表达不要超过30个单词（英语或者拼音）或者多达50个字符的注释（不超过5个小图样）		
表达中不包括代码		
用着重号或者思维导图形式写作		
被提议的做法在写作任务中充分体现		
所有被要求的部分/着重号（如果适当的话）在写作中被覆盖		
写作内容与主题是相关的		
能使用不同类型的结构和词汇		
写作表达中包括不同的时间框架（如果适当的话）		
能辨认和查找关键词汇		
有给出描述的句子（如果适当的话）		
有给出观点/理由的句子（如果适当的话）		

例如，学生如果选择“我的工作”作为写作话题，那教师在具体评价中主要从内容、语言和准确性方面做衡量，以表6至表8的评分细则作为标准。

表 6　评分细则 1

分数	语言标准范围	对或错
9～10	广泛的词汇和结构	
	能自信地使用更多复杂的句子	
	成功地用时间表达	
7～8	能使用好的词汇和结构	
	成功地尝试使用更多复杂的句子	
5～6	能使用一些类型词汇和结构	
	尝试使用长句	
	有时会成功地使用一些适当的连接词	
3～4	使用一些基本的词汇	
	大量的简单的结构	
1～2	使用不适当的词汇	
	对语言结构的了解不足	
0	没有能正确使用的语言	

表 7　评分细则 2

<table>
<tr><th>分数</th><th>内容标准</th><th>对或错</th><th>检查语言范围</th></tr>
<tr><td rowspan="6">13～15
非常好</td><td>完全相关</td><td></td><td rowspan="10">①语言与任务标题的相关程度
②词汇与结构
③意见/建议/观点
④原因
⑤时间表达
＊现在时：
＊过去时：动词＋了/过，等等
＊未来时：想/要/打算/要是……就/将要，等等
⑥描述/形容词
⑦定位表达
⑧量词</td></tr>
<tr><td>详细回答</td><td></td></tr>
<tr><td>所有信息传递正确</td><td></td></tr>
<tr><td>意见/建议/观点（最少 2 点）</td><td></td></tr>
<tr><td>解释（至少 2 次）</td><td></td></tr>
<tr><td>很好的结构组织</td><td></td></tr>
<tr><td rowspan="4">10～12
好</td><td>大量相关</td><td></td></tr>
<tr><td>大量信息的传递清晰的</td><td></td></tr>
<tr><td>意见/建议/观点（最少 2 点）</td><td></td></tr>
<tr><td>解释（至少 2 次）</td><td></td></tr>
</table>

（续上表）

分数	内容标准	对或错	检查语言范围
7～9 充足的	总体上是相关的		⑨比较：比/更/没有/一样/最，等等 ⑩小品词：的/得/地/在/着，等等 ⑪副词/连词：和/跟/A跟（和）B一起/也/还/常常/都/每 + M. W. + 都/先/再/然后/A离B（很/不）远（近）/（因为）……，所以……/除了……，还……/除了……以外/（虽然）……，可是（但是）……/只要（如果）……，就……等等
	许多信息的传递清晰的		
	意见/建议/观点（最少2点）		
	发展		
4～6 有限的	有限的		
	只传递了一些内容		
	简单的意见（最少2点）		
	在基础的想法上发展		
1～3 差的	很有限		
	很少信息被传递		
	没有真正的结构		
0	没有相关信息传递		

表8　评分细则3

分数	精确标准	对或错
5	大量符合标准的表达	
	复杂句中有一些偏误	
	时间表达正确	
4	总体上符合标准	
	时间表达基本正确	
3	符合标准的表达多于不符合标准的表达	
	时间表达有时会不成功	
	意思想要表达清晰	
2	许多错误	
	经常阻碍交流	
	时间表达很少有符合标准的	
1	很少准确地理解基本语言结构错误	
	错误会阻碍交流	

说明：表5至表8译自 Edexcel GCSE in Chinese Specification www. edexcel. com。

2　GCSE 中文考试体系特点

2.1　教考紧密结合

Edexcel GCSE Chinese（2009 年版）是由 GCSE 主题组成的，包括我的生活、学校、空闲时间、媒体、我住的地方、假期、饮食、生活方式和工作。这本教科书包含了大量的语法和词汇并在新的 GCSE 中文考试大纲中列出。因为假设学生已经具备了普通话的一些基础知识，例如汉语数字、常用名词或量词，这些基本语法就没有编排在教材里了。这本书共有九章，平均一章大约有 16 个阅读练习、9 个写作练习、15 个听力练习和 6 个口语练习。

GCSE 中文由 GCSE 话题明确规定，这对于学生发展词汇和了解特定话题很有帮助。在每一章中，口语、听力、写作和阅读练习都是混合在一起的。这种形式使教师能够灵活地测试学生的不同能力。然而，由于 GCSE 考试分为四个单元，即口语、听力、阅读和写作，教科书的结构使得学生难以在每次考试前复习特定单元。因为阅读、写作、口语和听力所需的技能是不同的，教授这些技能的重点也不同。如果将教科书分成阅读、写作、口语和听力部分以及主题领域的子部分，那么可能会更加实用。

而 GCSE 中文考试内容的设置与教材的编排是紧密结合的，考题的主要词汇和语法 90% 以上出自教材，考点基本上是考纲上列出的重点内容，下面我们以 2016 年听力考试原文为例，截取部分以参考：

第一题“Hotel”取材于第六章《假期》（Holidays）：

这家酒店一晚一百二十元，我觉得不错。服务员，他们都会说英语，这也很好。不过，市中心有点儿远，不方便。酒店里有一个游泳池，我很高兴。但是房子里的空调坏了，晚上睡不好。

第二题“Faulty goods”取材于第三章《空闲时间》（Leisure）。

第三题“Using technology”取材于第四章《媒体》（Media）：

F：我是宝宝。我住的地方年轻人比较少，不过可以在电脑上交新朋友。

M：我是李山。我用电脑可以一个人做很好听的音乐！

F：我是婷婷。我有很多朋友住在美国，我常常给她们发电子邮件。

M：我是东东。我住的地方商店不多，不过网上买东西很便宜！

第四题“A new job”取材于第九章《工作》（The world of work）：

F：听说，你有工作了。

M：是的。在市中心的电影院。这是新开的电影院，能坐三百五十个人。

F：这个工作，你是怎么找到的？

M：是一个同学告诉我的。

F：那里的工作好不好？

M：真的不错。除了星期一和星期三，我每天都有工作。同事们也都很友好。

第五题"Around town"取材于第五章《我住的地方》（Where I live）。

第六题"City life"取材于第五章《我住的地方》（Where I live）：

F：你好。我叫宝宝。我住在香港。你呢？

M：我也住在香港。香港夏天太热了，不过我家在海边，要去游泳很方便。

F：我哥哥住在北京。他说那里的夏天也很热！我想明年去北京。我打算听音乐会，参观博物馆。很好玩。

M：我姐姐告诉我，上海的公共汽车和地铁很好。

F：上海的飞机场也很大。

第七题"Reading"取材于第一章《我的生活》（My life）。

第八题"A healthy life"取材于第八章《生活方式》（Lifestyle）：

F：王先生您好。我姓李。是本地报纸的记者。

M：你好。

F：王先生，你是在哪儿出生的？

M：我是在中国的东北出生的。

F：你很健康。你多大了？

M：我下个月就八十岁了！

F：有人说饮食习惯对健康很重要。你觉得呢？

M：我觉得做运动一样重要。我每天都锻炼身体，打太极拳、跳舞。我最喜欢的是跑步。

2.2　考试内容时代性鲜明，贴近生活

GCSE中文考试除了与教材紧密相连之外，其考试内容时代性还很鲜明，考题设置与日常生活紧密相连，使考试内容生动活泼，富有生活气息。例如，2017年的高级听力考试中考到了如下这些话题：

第三题"Cycling"：

我是李英。我很喜欢骑自行车，因为是免费的。可是陈仪不喜欢骑自行车，因为路上的车太多了，她觉得不安全。婷婷觉得早上骑自行车很方便，也比较快。马田住的地方很远，他说骑自行车太累了！艾伟坐地铁去上学，因为骑自行车比坐地铁慢。

第七题“Smart phones”：

我是大勇 。我用手机拍照，很有意思 。

妹妹的手机不太大，但是她很喜欢用手机玩游戏。我妈妈不喜欢用手机，可是她的朋友常常给她打电话。我哥哥用手机学外语。他说这样学习很容易。我爸爸觉得手机很有帮助。去外面工作的时候，他给同事发电子邮件，告诉他们他在哪儿。

2017 年高级阅读，

第一题“Seasons”：

北京一年有四个季节：春天、夏天、秋天、冬天。北京的春天，天气很好，但是风很大。夏天的天气热。七月、八月常常下雨。北京有很多游泳的地方。每年夏天，游泳的人也很多。北京的冬天很冷，但是不常下雪。北京的冬天也可以溜冰。秋天是去北京旅游最好的季节。

第六题“Food festival”：

今年英国伦敦的美食节将从八月十五日到八月十七日举行。大家可以吃免费的小吃，喝不同的果汁和茶，也可以学习做小蛋糕。每天都有不同国家的厨师在现场表演，还有跳舞表演。

2.3 强调实际应用能力的测试观

GCSE 中文考试重视考查学生的语言实际运用能力，从汉语的听、说、读、写四项技能来说，GCSE 中文考试不是机械地强调某一项技能，而是有意识地凸显四项技能的综合运用能力，并且弱化了汉字的书写能力。除了在写作中要求写汉字以外，其他考试对汉字不做要求，都是英文作答。在听力考试中，卷面是英文的，减轻了考生在答题中阅读中文的负担。GCSE 中文考试强调的是对听力文本的中文理解能力，考试侧重点突出，测试点任务性强。以 GCSE 考试主观题口语部分为例，其评分没有仅局限于语音、词汇、流利度等单项标准，而是要看考生是否顺利完成了。这种评分方式将单项标准和任务完成情况进行了整合，以全面考查学生的语言知识和语言运用能力。试题的编制非常强调学生的认知和语言的综合运用能力，例如“我住的地方”这一话题，在口语考试中设置了以下的子话题：

第一，请你谈一谈你住的房子？
第二，如果可以，你希望怎么改变你住的房子？
第三，你住的地方周围都有什么？
第四，你住的房子附近有哪些好玩的地方？
第五，你住的地方有哪些不好的？
第六，将来，你希望你住的地方有哪些变化？

这些题目都围绕同一个话题，有针对性地对考生不同模块的知识进行了测试，考查了学生对语言的综合运用能力。

参考文献

［1］罗青松．英国新版 GCSE 考试大纲透视［G］//世界汉语教学学会秘书处．世界汉语教学学会专题资料汇编，2009（3）.

［2］吴继峰，王健昆．AP 中文考试特点分析——兼与新汉语水平考试（HSK）比较［J］．国际汉语教育，2011（4）.

［3］王天虹．针对英国中小学汉语教学的少儿汉语教材分析［J］．国际汉语教育，2015（1）.

［4］王薇宁．浅析 GCSE Chinese（Spoken Mandarin）口语测试［J］．长江丛刊，2018（11）.

［5］Edexcel GCSE Chinese［G］//世界汉语教学学会秘书处．世界汉语教学学会专题资料汇编，2010（1）.

【作者简介】

张承姣，桂林电子科技大学助教，硕士，2015 年赴英国担任汉语助教，主要从事汉语国际教育研究。

苏格兰SQA汉语初、中级考试模式分析

田早慧
（桂林航天工业学院国际教育学院）

引言

英国作为欧洲孔子学院最多的国家，近年来汉语发展迅速，孔子课堂达到148所。在苏格兰，汉语已经被列入学生可自由选择的现代外语课程之一。苏格兰为了支持中文发展，也制定了相应的中文考试，即SQA（Scottish Qualification Authority）汉语考试。然而，苏格兰的汉语教师们对SQA考试模式缺乏了解，因而本文的创作也在一定程度上弥补了这一空白，让更多苏格兰汉语教师了解这一考试模式，并针对考试提出了对应的教学策略。

1 苏格兰SQA汉语初、中级考试简介

英国有两套教育体系，一是以苏格兰为主的教育体系，二是以英格兰、威尔士和北爱尔兰为主的教育体系。SQA是苏格兰学历管理委员会Scottish Qualification Authority的简称，它隶属于苏格兰教育部，主要负责一些专业资格和其他学历资格的开发、评估、资格鉴定。SQA目前主要颁发三项资格认证：国家资格证（National Qualification）、高等国家资格证（Higher National Qualification）、苏格兰职业资格证（Scottish Vocational Qualification）。苏格兰国家资格证中的汉语考试即本文所谈到的SQA汉语考试。SQA汉语考试的制定参照了《欧洲语言共同参考框架：学习、教学、评估》（以下简称《欧框》）中关于语言等级划分的标准①。本文主要对SQA国家3级、4级和5级进行分析，即本文的研究对象是SQA汉语考试中的初、中级考试。

---

① Curriculum for Excellence：modern languages，principles and practice. 这里提出的SQA汉语考试等级与《欧框》里的语言等级有关联。

2 SQA 汉语初、中级考试等级划分模式

2004年，苏格兰进行了课程改革，并把课改后的课程称为“卓越课程”①。2013年，SQA汉语考试等级根据《卓越课程》的设计原则与目标进行等级调整，如表1所示。

表1 新旧SQA考试等级划分对比图②

苏格兰学历学分框架（SCQF）等级	新SQA考试	旧SQA考试
1和2	国家1级和2级	初级1等和2等
3	国家3级	初级3等（基础）
4	国家4级	中级1等（普通）
5	国家5级	中级2等（优良）　标准等级
6	新高级	高级
7	新高级高等	高等高级

2.1 考试成绩等级划分不一致

从表1可知，SQA汉语考试分为从国家1级到新高级高等七个等级，但汉语考试只从国家3级考试开始，因此，本文的SQA汉语初、中级考试指的是新国家资格证中的国家3级、4级、5级（以下简称SQA 3、4、5级）。而初、中级考试中每一级内部的成绩等级划分不一致。SQA3级和4级成绩等级是从外部划分的，而5级的考试等级划分是内外部兼有。3级的考试内容是单元评估，4级的考试内容是单元评估和附加单元评估。3级、4级和5级都有三个大单元，每个大单元包含两个小单元，参加3级汉语考试的学生只要完成一个大单元要求的任务，教师根据学生的成绩用专业知识判定学生通过与否。参加4级汉语考试的学生需要完成一个大单元要求的任务和一个附加单元（Added Value Unite）。而参加5级考试的学生在完成三个大单元的评估后，还需要参加外部的试卷考试，考试结果分为四个等级，由高到低分为A、B、C、D四

① “卓越课程”即Curriculum for Excellence. 2002年苏格兰组织教育全民大讨论，2004年发布《卓越课程》，确定课程改革框架。它是苏格兰对3~18岁孩子课程学习的制定原则、目的、价值的体现。它针对的是任何教育背景的青少年，强调要使用各种方法帮助他们，最大限度地激发他们的潜能。最终实现让学生成为成功的学习者、自信的个体、负责的公民和有效的贡献者，即发展他们的“四种能力”。《卓越课程》分为《卓越课程Ⅰ》《卓越课程Ⅱ》《卓越课程Ⅲ》《卓越课程Ⅳ》《卓越课程Ⅴ》五个部分。

② 资料来源：Scottish Qualification Authority. Design of the new National Course and Units [EB/OL]. www.sqa.org.uk, 2016.

等，学生的成绩等级根据考分所对应的等级来判定。由此可见，SQA 汉语初、中级考试成绩等级的划分呈现出内外兼备的划分方式。这是由苏格兰教育体制的特点决定的。苏格兰《卓越课程Ⅲ》明确说明了 S1 到 S3 的学生只需完成一个大单元要求的任务，没有外部的考试。S1 到 S3 的学习不能以考试为依托，国家资格证是帮助支持课程的学习而不是填鸭式的课程学习。教师要有更多的机会运用他们的专业技能关注学生的个体差异，并满足学生的学习需求。

此外，由于参加 SQA5 级考试的一般都是 4 年级的学生，SQA5 级的设立也是为了突出学习的渐进性及高中学习的难度。在苏格兰，S1 到 S4 阶段为义务教育阶段，学生在 S4 阶段结束时（若年满 16 周岁）就可以毕业离校，直接就业或者进入职业技校或者继续高中后两年选修阶段的学习，因而 SQA5 级考试的成绩等级对不管是直接就业或者是就读技校及继续高中学习的学生都很重要。

2.2 笔试和口试共用一种等级形式

口试和笔试往往是语言测试中两个不可缺少的部分。不同的语言测试常常采用不同的测试方式，有的是口试和笔试同时进行，采用同一种等级形式，有的则是把口试和笔试分开，采用不同的等级形式。SQA 汉语初、中级考试笔试和口试需要考生同时参加。每一级别的考试都分为语言理解（understanding language）和语言运用（using language）两部分，其中语言理解包括听力和阅读，语言运用包括口语和写作。因此 SQA 汉语初、中级考试实际上包含了语言测试中的听、说、读、写四部分内容。SQA 汉语初、中级考试这一特点产生的原因主要有两点。首先，《卓越课程：现代外语的原则和实践》明确强调了通过学习现代外语，学生能发展他们运用语言来交流思想和情感及回应他人的能力，发展他们的听、说、读、写技能，这些技能是学习、工作、生活的重要部分。其次，《欧框》提出为了完成交际的任务，语言的使用者必须参加语言交际活动，听、说、读、写可以视为语言交际。因此，要完成《欧框》所说的语言交际活动，就必须把口试和笔试结合起来，考查学生听、说、读、写各方面的语言技能。

3 SQA 汉语初、中级考试测试方法模式

社会语言学的研究证实了语言的使用会受到语境的制约。同样，语言测试的方法也会影响考生的测试行为。Bachman 在总结交际性测试理论时提出语言测试方法分为测试环境、测试说明、考试材料的输入方式、答题方式以及考试材料的输入及答题之间的关系五个层面（刘润清、韩宝成，2017）。SQA 汉语初、中级考试在测试说明上有其独特的模式。Bachman 认为测试说明包括试卷组织结构、测试时间分布和题目描述。

3.1 试卷组织结构上：言语技能全面考查

试卷组织结构是指考试的项目。SQA 汉语初、中级考试包括对言语技能的全面考查。SQA 汉语初、中级考试笔试和口试是一个整体，考生必须完成这两部分的考试，SQA 汉语初、中级考试每一级都包含了对听力、阅读、写作和口语四部分的考查。由

上可知，采取听、说、读、写全面考查的方式是对《欧框》语言交际活动所需四要素的回应。

3.2　测试时间分布上：各级别考试时间分布不均

SQA汉语初、中级考试，除了SQA5级由苏格兰学历管理委员会组织的外部试卷测试，其他的测试都没有固定的时间限制。如SQA3级、4级、5级的内部测试是由学校相关部门和任教老师统一决定的，SQA5级的外部考试由苏格兰学历管理委员会决定，一般在每年的六月初举行。

SQA汉语初、中级内部测试评估的时间不固定，主要原因有：首先，《卓越课程V》提出测试是评价的一种方式，评价的目的是支持学习。而将形成性评价和总结性评价相结合可以实现此目的，尤其强调形成性评价的重要性。这就意味着评价不但是一种持续的学习方式，而且是一种周期性地回顾学生取得进步和成就的方式。其次，在苏格兰，教师的独立性很高，拥有很大的自主权，教师可以根据教学标准运用自己的专业技能来组织教学，确定测试时间。《卓越课程Ⅰ》谈到当今苏格兰的教师有更广阔的视野和空间来决定他们上课的内容及教学法，在教学上教师也会有更大的创造性空间。

3.3　题目描述上：采用英语作为题目描述语言

SQA汉语初、中级考试各级考试说明都是采用英语作为题目的描述语言，其原因有：首先，SQA汉语初、中级考试面向的群体是母语为英语的苏格兰中学生，采用英语作为答题语言可以让学生有效地理解题目，排除因不理解题目而造成的考生考试水平发挥失常的考试干扰因素。其次，SQA考试不管是汉语还是法语、西班牙语、德语，都是采用英语作为题目描述语言。这主要是考虑到把考试的非智力性影响因素降到最低，尽量排除学生因看不懂题目或对题意的理解有问题而影响考试成绩的情况。

4　SQA汉语初、中级考试命题模式

SQA汉语初、中级考试主要有听力、阅读、写作、口语四大题型。四大题型的命题模式不一。

4.1　听力和阅读命题模式

听力和阅读命题模式以主观题为主，客观题为辅。选择题、填空题和简答题是语言测试的重要题型。SQA汉语初、中级听力考试中的填空题主要是以完成句子的填空形式考查，因此它和简答题有异曲同工之妙。简答题要求考生根据题目要求以书面文字形式作答，较选择题而言，简答题更能展现考生的能力基础，表现出更大的灵活性。但缺点是回答较费时间，评卷时也费力。SQA汉语初、中级考试阅读题基本上采用了选择题、填空题和简答题的方式；在题型上采用主客观结合的问题形式，使得两种题型优势互补，提高了试题的信度；在考查内容上主要是考查学生的细节理解能力。

4.2 口语命题模式

4.2.1 以问答题为主，个人陈述为辅

口语测试题型常有：朗读、问答、看图说话、扮演角色、讨论。（刘润清、韩宝成，2017）SQA汉语初、中级考试的题型主要是问答题，只是在SQA 4级的附加单元和5级的外部考试中出现了个人陈述题。考生在听到考官的问题后给予回答，问答都是围绕一个大话题进行的，且考生与考官以面对面的方式交谈。这种考试题型接近真实的汉语交际活动，并且可以比较全面地考查学生的口语能力。汉语口试更准确地说是一种跨文化的汉语口头交际能力的测试。（杨翼，2010）它包括交际能力和跨文化能力，其中交际能力包括语言能力、语用能力和策略能力，跨文化能力包括敏感性、宽容性和灵活性。以问答形式为主的口语测试全面考查了考生的交际能力和跨文化能力。

4.2.2 采用直接型测试方式

口语测试的模式分为直接型测试、半直接型测试和间接型测试。（刘润清、韩宝成，2017）直接型测试是通过交际性任务，让考生直接展示口语交际能力，从而对其口语能力进行评价。半直接型测试是指在一些大规模考试中，由于考生多、考官少，直接对所有考生进行口试做不到时，而采取的口语测试方式。间接型测试是指以笔试的方式来测量考生的口语水平。SQA汉语初、中级口语考试则采用直接型口试，从回答问题到角色扮演都在一定的交际任务中展开，以完成一定的任务为目标。直接型测试受到了基于任务的测试观的影响，强调以任务为中心，测试的编写、评定都围绕任务展开。SQA汉语初、中级口语考试基于具体的交际任务，考查学生运用汉语解决实际问题的能力，而不仅仅考查学生的语言知识和语言表达能力，更具有真实性和有效性。这也是因为SQA汉语初、中级考试主要是在苏格兰地区进行，需要的口试考官数量有限，所以口语采用直接型测试得以实现。

4.3 写作命题模式

写作是一门综合性测试，它不仅能考查学生的语言输出能力，同时能考查学生的接受能力。SQA汉语初、中级考试的写作测试内容一般由一到两部分组成，前一部分是对话题进行描述，后一部分是就话题进行书面提问。SQA汉语初、中级考试写作呈现出如下特点：

4.3.1 以有指导的写作为主

写作测试有句子转换、组词成句等形式，但这些方式大都是测试语言的形式，而不是信息的表达。SQA汉语初、中级考试的写作测试是有指导的写作，一般限制写作内容、段落、体裁，但提供了参考材料。这样的写作测试测量的是考生的“产生性运用技能”（刘润清、韩宝成，2017），可以测验学生的组织能力、分析能力、表达能力、逻辑推理能力等。

4.3.2　采用直接型测试方式

对于写作测试而言，直接型测试是直接通过交际任务测试考生的书面写作能力，而间接型测试是通过考生在与书面表达有关的语言知识和科技运用方面的表现来评价其写作能力。从测试的方式来看，SQA 汉语初、中级考试中的写作完全是由考生根据题目要求写作小短文，对学生的能力要求较高。

5　SQA 汉语初、中级考试语言能力体现模式

《欧框》把语言能力分为词汇能力、语法能力、语义能力、语音能力、拼写能力。SQA 汉语初、中级考试在词汇能力、语法能力、语义能力上与其相关联，各语言能力主要体现在各级考试的考试评分标准说明里。

5.1　词汇能力

《欧框》认为词汇能力包括对词汇的认知与应用能力，词汇包括了固定短语、成语、并且分等级设计了词汇能力测评量表与词汇掌握程度量表。鉴于此，SQA 汉语初、中级考试对词汇能力的考查有：如 SQA 3 级大单元 2 口语考试的评分标准为：①能使用一定范围的词汇、短语来交流；②能足够准确地使用简短的语言，并能让对方听懂。

5.2　语法能力

《欧框》认为语法能力包括对一种语言的语法体系的认知和应用能力。SQA 汉语初、中级考试各级考试评分标准对考生的语法能力做了说明。如 SQA 4 级第二个大单元中对写作中语法能力的考查标准做了细致的描述，在“招聘”写作中，考生要会用以下表达：①我是一位 + 名词。②我善于 + 动词词组。③我在学校学过了 + 名词。我做过 + 名词。④我喜欢做与公众有直接交往的工作。/我会说中文和英文。/我值得信赖。/我擅长团体工作。

5.3　语义能力

《欧框》认为语义能力指对词义、语法和语用的认知意识和控制能力。SQA 汉语初、中级考试各级的评分标准里对汉语语义理解能力进行了量化。如 SQA 4 级第二个大单元中阅读题对语义能力的考查为：①能理解文章主旨和主要观点。②能运用现代语言知识。

5.4　语音能力

《欧框》认为语音能力指辨音和发音的理论知识及其实际应用能力，并制作了相应等级的量表。SQA 5 级对考生口语语音面貌及表达的评分也做出了量表，总分 10 分，一共分为六个等级。如在准确率上，0 分的标准为：①使用的语言不准确。②语法准确性低。③考生能使用的语音和语调大部分都不能让听者听懂。2 分的标准为：①使用的语言大部分都不正确。②出现了严重的语法错误并且阻碍了交际。③考生能使用的语音和语调正确性不够，听者听不懂，很多语音语调不清晰。

6 针对 SQA 汉语初、中级考试的教学建议

通过以上分析，我们对 SQA 汉语初、中级考试模式有了深入的认识。对即将赴苏格兰进行汉语教学的教师们，笔者有以下一些建议。

6.1 深入了解苏格兰的教学理念

赴任前要了解苏格兰不同于英国其他地区的教育体制特点，这样在教学时才会游刃有余。大部分赴任的志愿者或外派教师都会接触苏格兰的中小学生，因此尤其要关注英国的中小学教育体制。汉语国际推广不仅仅是语言的推广，很多时候也是一种文化的适应过程，只有充分地适应、符合当地人们的需求，汉语才有可能得到推广。因而在苏格兰我们要吃透苏格兰的各项语言政策。例如在进行中文教学时，我们的教学目标要与《卓越课程：现代外语的原则和实践》的语言课程在培养学生成为四有公民的目标相切合。教学内容要符合《卓越课程：现代外语的原则和实践》强调通过运用语言来交流思想和情感，发展学生的听、说、读、写技能。教师角色认知要与《卓越课程Ⅰ》苏格兰教师角色独立性相符，明确教师在教学法及测试上的广阔创造性空间。

6.2 抓住 SQA 汉语初、中级考试模式

解读 SQA 汉语考试标准，对 SQA 汉语考试形式进行全面的了解。如在等级划分上，SQA 3、4 级都是由学校的任课教师主导的内部单元测试评估，教师需要对学生的学习情况进行深入的了解，知道在什么阶段对学生进行评估。在考查的技能上，SQA 汉语初、中级考试每一级都包含了对听力、阅读、写作和口语四部分的考查，因而在平时的教学中，教师要综合发展学生听、说、读、写四方面的能力，做到各个击破。

6.3 改进教学方法和内容

苏格兰非常重视学科之间的融合，他们认为各学科不是独立的，它们是可以互相融合的。跨学科式的教学可以让学生从不同的角度来观察问题，建立学科之间的联系，从而探索到学科间更深层次的问题，培养学生的批判性思维。语言课程可以和其他的课程结合起来，激发学生的学习兴趣。

除了教学理念、教学方法上的改进，SQA 汉语初、中级考试毕竟是一种考试，我们要在平时的教学中潜移默化地渗透给学生一些考试方法和技巧。从第四部分的分析可知，SQA 听力题主要是以简答题为主。这涉及学生能否迅速抓住汉语声音信号所传递的信息，记忆储存新信息，对后续新的汉语声音信号进行分析、辨别和解码及整合信息。在教学时，教师要通过给学生讲解一些听力的技巧，如听前看问题，猜测会听到什么，学会在听力中抓关键词，快速抓住细节来训练学生概括主旨的能力。SQA 汉语初、中级考试口语试题采用直接型测试的方法，因而教师要注重培养学生口头用汉

语进行交际的能力，尤其要学生适应面对面地与人交谈，克服胆怯的心理。口语考试具有很强的临场性，学生还要学会随机应变，根据考官的问题随时做好应变的准备。另外，教师要注意学生口语表达的逻辑性，SQA汉语初、中级考试口试问答题是围绕同一个话题来展开，所有的问答题之间是有联系的，表达的条理性十分重要。

7 结语

通过阐述可知SQA汉语初、中级考试以《欧框》为参照，所考查的语言技能全面，听、说、读、写各项语言技能都会考查，对学生的要求较高。这一定程度上体现了《卓越课程》对现代外语教学的要求。我们对其在等级划分、测试方法、考试命题、语言能力方面做了深入分析，对即将赴苏格兰进行汉语教学的教师们，我们建议大家要深入了解苏格兰的教学理念，抓住SQA汉语初、中级考试模式，改进教学方法和内容，以期有助于汉语在苏格兰的推广。

参考文献

［1］韩宝成．Lyle. Bachman的语言测试理论模式［J］．外语教学与研究，1995（1）．

［2］姚相全．苏格兰“卓越课程”评价体系述评［J］．教学研究，2012（2）．

［3］国家汉语国际推广领导小组办公室．国际汉语教学通用课程大纲［M］．北京：外语教学与研究出版社，2014．

［3］刘润清，韩宝成．语言测试及它的方法［M］．北京：外语教学与研究出版社，2017．

［4］欧洲理事会文化合作教育委员会．欧洲语言共同参考框架：学习、教学评估［M］．北京：外语教学与研究出版社，2008．

［5］杨翼．对外汉语教学的成绩测试［M］．北京：北京大学出版社，2010．

［6］罗娜．苏格兰卓越课程改革研究［D］．上海：华东师范大学，2011．

［7］Scottish Qualification Authority. Design of the new national course and Units.［EB/OL］．［2018－04－21］．http：//www. sqa. org. uk.

［8］The Scottish Government. Curriculum for excellence：modern languages，principles and practice.［EB/OL］．［2018－04－21］．http：//www. sqa. org. uk.

［9］The Scottish Government. Curriculum for excellence. Building the curriculum3. A framework for learning and teaching.［EB/OL］．［2018－04－21］．http：//educationscotland. gov. uk.

［10］The Scottish Government. Curriculum for excellence. Building the curriculum5. A framework for assessment：reporting.［EB/OL］．［2018－04－21］．http：//educationscotland. gov. uk.

[11] The Scottish Government. Curriculum for excellence. Building the curriculum1. The contribution of curriculum areas: reporting. [EB/OL]. [2018 - 04 - 21]. http://educationscotland. gov. uk.

【作者简介】

田早慧，桂林航天工业学院助教，硕士，研究方向为汉语国际教育。Email: tianzaohzoe@ 163. com。